언어의 중심 어휘

Language and the Lexicon: An Introduction
by David Singleton

언어의 중심 어휘

데이비드 싱글턴 지음 배주채 옮김

삼경문화사

옮긴이의 말

이 책은 데이비드 싱글턴(David Singleton) 교수가 2000년에 낸 *Language and the Lexicon: An Introduction*(London: Arnold, xii+244)을 번역한 것이다. 원서의 제목을 직역하면 '언어와 어휘부'가 되겠지만 책의 주제를 생각하여 번역서의 제목을 '언어의 중심, 어휘'로 정하였다.

지은이는 아일랜드의 더블린대학교(University of Dublin) 삼위일체대학(Trinity College)* 언어소통과학부(School of Linguistic, Speech and Communication Sciences) 언어소통학과(Centre for Language and Communication Studies)에서 응용언어학을 전공하는 교수이다. 지은이는 1948년 영국 남서부 도싯(Dorset) 주의 자그마한 항구도시 풀(Poole)에서 태어났다. 더블린대학교 삼위일체대학에서 프랑스어 및 독일어 전공으로 학사학위를 받고 1977년에 케임브리지대학교에서 프랑스언어학으로 박사학위를 받았다. 1980년에 더블린대학교에 부임했고, 1982년부터 1985년까지 아일랜드응용언어학회(Irish Association for Applied Linguistics) 회장, 1993년부터 1996년까지 국제응용언어학회(Association Internationale de Linguistique Appliquée) 총무이사, 1999년부터 2003년까지 유럽제2언어학회(European Second Language Association) 회장을 지낸 바 있다. 의미론, 어휘론, 제2언어 교육론에 관한 연구를 해 왔는데 최근에는 제2언어 교육론을 주로 연구하고 있다. 1999년에 낸 책 『제2언어 머릿속 사전의 탐구(*Exploring the second language mental lexicon*)』의 중국어판이 2007년에 나오기도 했다. 지은이에 대해서는 언어소통학과 홈페이지(http://www.tcd.ie/slscs/clcs/)를 참조할 수 있다.

* 더블린대학교(The University of Dublin)에 속한 대학은 삼위일체대학(Trinity College)이 유일하다. 그래서 이를 간단히 더블린삼위일체대학(Trinity College, Dublin)이라고 부르기도 한다. 아일랜드에서 가장 오래고 권위 있는 대학교로서 1592년에 설립되었다.

이 책에서 지은이가 끊임없이 강조하고 있듯이 단어가 언어에서 차지하는 비중은 실로 크고 언어의 모든 면이 단어와 관련되어 있다. 그러한 단어를 집합적으로 바라볼 때 어휘(語彙)라는 용어를 쓰고 어휘를 학문적으로 연구하는 언어학의 하위분야가 어휘론이 된다. 따라서 이 책을 어휘론 개론서 또는 더 나아가 언어학 개론서쯤으로 생각할 수 있겠다. 원서의 부제를 'An Introduction(입문, 개론)'이라고 붙인 지은이와 출판사의 의도도 그렇게 해석된다. 또 각 장의 끝에 본문의 내용을 간단히 정리한「요약」, 관련 주제에 관한 좋은 참고논저의 소개, 그리고「연습문제 및 토론거리」를 붙인 것도 개론서의 성격을 보여주는 부분이다.

그러나 이 책을 개론서라고만 할 수는 없다. 현재 나와 있는 대표적인 어휘론 개론서로는 다음 세 가지를 들 수 있다.

카터(R. Carter) (1998)『어휘 : 응용언어학의 관점(*Vocabulary: applied linguistic perspectives*)』, 제2판, London: Routledge. [초판(1987). 원명옥 역(1998)『어휘론의 이론과 응용』, 한국문화사, 초판의 번역]

리프카(L. Lipka) (2002)『영어어휘론 : 어휘구조, 단어의미론, 조어법(*English Lexicology: Lexical Structure, Word Semantics, and Word-Formation*)』, 제3판, Tubingen: Narr. [초판(1990), 제2판(1992)]

잭슨(H. Jackson) · 암벨라(E. Z. Amvela) (2007)『단어, 의미, 어휘 : 현대영어어휘론 입문(*Words, Meaning and Vocabulary: An Introduction to Modern English Lexicology*)』, 제2판, London: Continuum International Publishing Group. [초판(2000)]

이 책들이야말로 전형적인 어휘론 개론서라 할 수 있다. 이 책들은 어휘론의 세부

내용을 언어학의 틀에 맞추어 소개하고 어휘론 또는 언어학에 독자가 더 깊이 들어가는 길을 안내하고 있다.

그런데 싱글턴의 이 책은 이러한 어휘론 개론서의 특징도 얼마간 지니고 있지만 그보다는 교양서로서의 특색이 진하다. 독자를 어휘론이나 언어학이라는 낯선 학문의 영역으로 끌어들이려 하기보다 어휘론과 언어학의 주요 개념과 사실을 그 영역 밖으로 끌어내어 멀찌감치 서성거리고 있는 독자에게 가져다 바치는 식이기 때문이다. 또 독자가 그러한 개념과 사실이 학문적일 뿐 아니라 현실적이기도 함을 깨닫고 딱딱한 느낌을 덜 받도록 하기 위해 지은이는 언어학의 울타리를 자주 넘나들며 다양한 이야기를 풀어놓는다. 문체 또한 독자와 거리를 둔 채 객관적인 사실을 전달하는 식이 아니고 할아버지가 손자를 무릎에 앉혀 놓고 체험담을 들려주는 태도로 서술하고 있다.

그렇기 때문에 어휘론과 언어학의 주요 개념을 빠짐없이 그리고 일목요연하게 정리하는 식으로 서술하지는 않고 있다. 또 어휘의 통계적 분석과 같이 어휘론의 주요 내용이라 할 만한 것을 다루지 않은 것도 있다. 빠진 내용은 어휘가 언어의 중심이라는 책의 주제와 관련이 적은 것들이다. 주제를 향한 일관된 목소리가 책 전체에 울려퍼지고 있다는 점에서 개론서의 범주를 다소 벗어나 있는 책이라고 할 수 있다. 그렇다고 교양서를 자처하고 나설 만큼 대중의 인기를 염두에 둔 가벼우면서도 흥미로운 내용이 자주 나오거나 삽화나 편집 등의 면에서 시각적인 단맛이 나지도 않는다. 전체적으로 헐렁한 개론서와 소박한 교양서의 피가 반반 흐르는 책이다.

그래서인지 이 책에 대한 언어학계의 관심은 적다. 개론서로 소개하거나 책의 내용을 인용한 예를 찾기 어렵다. 변변한 서평도 나와 있지 않다. 드웰(Jean-Marc Dewaele)이 쓴 서평은 찬사 일색에다 책의 내용을 장별로 요약한 정도이다(*Applied Linguistics* 23-2, 2002). 외국어로 번역한 것도 이 책이 처음이다. 이러한 소외는 이 책의 성격이 여러 가지로 어중간한 결과일 것이다. 위에서 언급한 바와 같이 어휘론 책이라고 하기에는 다룬 범위가 넓고 언어학 책이라고 하기에는 빠진 내용들이 적지 않으며 개론서라고 하기에는 간결하게 정리된 맛이 부족하고 교양서라고 하기에는 독자의 흥미와 기분을 덜 헤아리는 것이다.

언어학에서 어휘론을 본격적으로 문제 삼기 시작한 것은 비교적 최근이다. 19세기에 발달한 역사언어학을 언어학의 시작으로 본다면 언어학 이론의 역사는 다음과 같이 도식화할 수 있을 것이다.

19세기: 역사언어학
20세기 전반: 구조언어학(음운론→형태론)
20세기 후반 전기: 생성언어학(통사론)
20세기 후반 후기: 인지언어학(의미론)

어휘론은 방언학, 사회언어학, 문자론, 화용론 등처럼 언어학의 주류에 낀 적이 없이 변두리에서 이어져 온 분야이다. 주류의 관심을 받게 된 때는 생성언어학이 통사론 중심으로 문장의 구조를 설명하는 데 한계를 느끼는 과정에서 '어휘부(lexicon)'라는 공간을 진지하게 들여다보게 된 1970년대 중반이라 하겠다. 그러나 어휘부는 어디까지나 형태론과 통사론을 보조하는 존재로 인식되었으므로 언어학의 주인공이 된 적은 없었다고 하겠다.

이 책에서 지은이가 강조하고 있듯이 어휘는 언어의 거의 모든 면과 밀접한 관련을 맺고 있기 때문에 언어학 이론도 어휘를 중심에 놓고 재정립해야 옳은지 모른다. 그렇다면 21세기 언제쯤에는 어휘론 중심의 새로운 언어학 이론이 등장하게 될 수도 있다. (그러한 이론의 발원지가 부디 한국이길 바란다.) 언어학 이론의 역사가 그렇게 흘러간다면 이 책이 새 이론의 밑거름이 된 선구적인 업적으로 인정받게 될 것이다.

이 책은 본문 열 장과 결론으로 구성되어 있다. 1장(서론)에서 단어의 중요성과 개념을 검토한 뒤, 본론인 2장부터 10장까지는 어휘와의 이론적 관련성이 큰 문제에서 작은 문제의 순으로 배열하고 있다. 그리고 어휘를 보는 시야도 좁은 데서 넓은 데로 나아가고 있다. 각 장과 절의 분량이 뒤로 갈수록 점점 많아지는 경향은 이와 관련되어 있다. 그런데 어떤 절은 복잡하거나 어려운 내용이 길게 이어져 버티고 읽기가 괴로울 듯해서 옮긴이가 항을 나누고 소제목을 달아 놓았다. 5_5, 6_5, 9_3, 9_4, 9_6, 10_2, 10_3, 10_4가 그것이다. 10장에서 지은이의 주전공인 외국어교육에서의 어휘교육 문제를 집중적으로 다루고 10장 뒤에 결론을 따로 마련하여 책의 주제를 다시 강조한 것이 특별하다.

원서에는 결론을 뺀 각 장의 끝에 「인용문헌과 더 읽을 거리(Sources and suggestions for further reading)」가 있다. 이 중 인용문헌을 소개한 부분은 참조주를 후주처럼 단 셈이다. 주석번호를 붙이지 않았으므로 일반적인 주석의 형태와 다르다. 주석번호도 없이 장의 끝에 많은 주석이 나열되어 있으므로 독자는 불편하다. 번역서에서는 이들을 모두 방주(傍註)로 달아 독자가 금방금방 참고할 수 있게 했다.

원서에는 참고문헌란이 따로 없다. 번역서에서는 「인용문헌과 더 읽을 거리」에 나오는 모든 문헌을 일반적인 참고문헌란의 형식으로 책 뒤에 실었다. 색인도 원서보다 많은 항목을 뽑아 다시 작성해 실었다. 본문에서 주요 전문어를 굵은 글씨로 표시한 것도 원서에 없는 것이다.

번역서 치고는 역주(譯註)를 꽤 많이 달았다. 원서가 영어로 쓰여 있고 지은이가 영어권에서 활동하는 학자이므로 영어 예가 가장 많고 유럽의 여러 언어의 예가 자주 등장하는 것은 당연하다. 그런데 이 책을 읽을 한국인 독자는 한국어 예를 궁금해 할 것이므로 역주에서 한국어 예를 보충했다. 지은이의 설명을 부연하거나 한계를 지적하기 위해 역주를 단 것도 있다. 책의 다른 부분을 참조하도록 안내하기 위해서도 역주에 신경을 썼다. 말이 나온 김에 덧붙인다면 지은이가 "5장에서 언급했듯이"처럼만 표시한 것을 옮긴이는 되도록 "5_1에서 언급했듯이"와 같이 하위항목을 명시하려고 노력했다.

지은이의 문장은 그런 대로 명료하지만 간결한 맛은 부족해서 늘어지고 꼬이는 경향이 있다. 그래서 우선 내용이 정확하고 간결하게 전달되도록 옮겨야겠다는 자세로 임한 옮긴이의 작업이 자주 덜컥거렸다. 지은이의 흔들대는 걸음을 옮긴이가 그대로 독자에게 전하지 않도록 애를 쓴다고 썼으나 여전히 남은 진동에 독자도 가끔 멀미를 느낄지 모르겠다. 그래도 한 문장 한 구절을 옮길 때마다 번역투를 벗어나 자연스러운 우리말 문장으로 되살리려고 힘을 기울였으니 어지간한 번역서보다는 읽을 만하리라고 기대한다.

용어의 번역에서 관용을 따르지 않은 경우가 가끔 있는데 특별한 경우에는 역주에서 그 사실을 밝혔다. 이 자리에서 언급해 둘 만한 것은 'communication'을 '소통'으로 번역한 것이다. 이 단어를 흔히 '의사소통'으로 번역하고 있으나 이 말은 4음절이나 된다는 점에서 불편한 번역어이다. 그래서 '통보'라는 번역어도 제시된 바 있는데 이것은 일방적인 의사전달만을 뜻하는 느낌이 강해 부적당하다. 소통이라고 하면 교통소통 같은 물질적인 차원의 소통이 있고 의사소통 같은 정신적인 차원의 소통이 있다. 둘 다 소통은 소통이다. 언어학에서 문제가 되는 소통은 당연히 의사소통이므로 그것을 '소통'이라고만 해도 무방하다.

인용한 문헌과 출처의 표시에 관한 관례를 잠깐 언급해 두고자 한다. 참고문헌을 인용할 때는 다음과 같이 '필자(연도)' 방식을 따른다.

Cook(1997) : 쿡(V. Cook)이 1997년에 낸 책 또는 논문.

Cook(1997:14-18) : 그 책 또는 논문의 14쪽에서 18쪽까지.

Cook(1997:14ff) : 그 책 또는 논문의 14쪽에서 그 뒤 몇 쪽까지.

「한글 제목」, '영어 제목' : 논문이나 기사.

〈한글 제목〉, '영어 제목' : 시, 노래가사 같은 짧은 작품.

『한글 제목』, 영어 제목(이탤릭체) : 단행본 학술서.

《한글 제목》, 영어 제목(이탤릭체) : 장편소설, 서사시 같은 단행본 작품, 정기간행물.

'필자(연도)'에 뒤따르는 조사의 형태는 연도에 이어 발음하도록 맞추었다. 조사 '이/가'를 예로 들면 'Chomsky(1988)이', 'Chomsky(1988:15)이', 'Chomsky(1995)가', 'Chomsky(1995:4장)가'와 같이 적었다.

한국어판을 내겠다는 뜻을 흔쾌히 받아들이고 번역과정에서 던진 질문들에 상세히 답해 준 이역만리의 지은이에게 감사의 인사를 전한다. 또 책을 낼 때마다 옮긴이보다 더 많은 애정을 책에 쏟아 늘 새로우면서도 반듯한 책을 만들어 주신 삼경문화사의 박종성 선생님께 감사드린다. 끝으로, 지은이가 머리말에서 했던 인사도 옮겨야 할 처지이다. 가장 따뜻한 감사의 말은 지난 2년이 넘는 기간 내내 옮긴이를 여러모로 도와주고 참을성 있게 지켜봐 준 아내 곽용주와 아들 배강현에게 해야 하겠다.

2007년 12월 10일

배 주 채

한국어판에 부치는 글

지은이의 책, *Language and the Lexicon: An Introduction*이 한국에서 출판되어 기쁘다. 한국의 문화와 역사가 보여준 수준 높은 언어학적 교양을 지은이도 알고 있기 때문에 한국어 번역을 허락해 달라고 요청받은 것을 무척 영광스럽게 생각한다.

이 책의 기본 주제는 언어의 어휘적 차원이 언어체계나 언어사용의 모든 부분에 걸쳐 있다는 것이다. 다시 말해 지은이는 어휘적이라는 것에 대해 아주 폭 넓은 관점을 취했다. 그 결과 어휘부가 전통적으로 생각해 온 것보다 훨씬 더 풍부하고 흥미로운 현상으로 드러나게 되었다.

이 책에서 몇 가지 이론적 문제들도 다루려고 하긴 했지만 전체적으로 가능한 한 논의와 예들이 까다롭지 않게 하려고 애를 썼다. 그러므로 초보 언어학도들도 지은이의 설명과 논의 대부분을 틀림없이 따라갈 수 있을 것이다.

이 책을 한국어로 옮기는 일에 노고와 정성을 아끼지 않은 배주채 교수에게 깊이 감사한다. 그리고 이 책에 관심을 가져 주어 지은이의 초라한 노력에 보답해 준 한국의 독자 여러분께도 특별한 감사를 드린다.

2007년 12월 더블린에서

데이비드 싱글턴

Preface to the Korean Edition

I am delighted to welcome this Korean edition of my book, *Language and the Lexicon: An Introduction*. I am aware of the linguistic sophistication evidenced in Korean culture and history, and I accordingly feel greatly honoured to have been invited to allow my work to be translated into Korean.

The essential theme of this volume is that lexical dimensions of language are all-pervasive in the language system and in language use. I take here, in other words, a very comprehensive view of what is lexical. The corollary of this perspective is that the lexicon emerges as a much richer and a much more interesting phenomenon than it has traditionally been assumed to be.

Although I have tried in the book to come to grips with some important theoretical issues, my aim throughout has been to make the discussion and the examples as accessible as possible. This means that even the novice linguist should be able to follow most of the exposition and the arguments.

I am deeply grateful to my translator, Juchae Bae, for a most careful and painstaking approach to the material, and I am, of course, especially grateful to my Korean readership for rewarding my humble efforts with their attention.

Dublin, December 2007

추념문

불굴의 재즈음악가이자 비상한 문장가이며 둘도 없는 짝이었던

내 그립디그리운 친구 코리건(Andrew Corrigan)에게 이 책을 바친다.

성직자에게는 너무도 불경하게,
현자들에게는 너무도 무관하게,
유쾌하게 많은
불경과
무관 속에
의미를 감추는
단어의 미로를 헤매며,
나는 궁리 중이네.

Too irreverent for the clergy,
Too irrelevant for the sages,
I tinker on,
Lost in a maze of words
That hide their meanings
In a jovial host
Of irreverence
And irrelevance.

—코리건(Andrew Corrigan), 〈사이에 놓인 불신(Disbelief between)〉, 1973년 10월.

차례

머리말

이 책이 나오기까지 아주 많은 사람들이 귀중한 도움을 주었다. 이 책의 구상과 집필의 초기 단계에 절대적인 도움을 준 현 더블린종합대학교(University College, Dublin) 언어학 연구원인 라이언(Lisa Ryan)에서 특별히 감사를 표한다. 그의 도움이 없었더라면 앞쪽 장 일부는 행복한 결말은 고사하고 아무런 결말에도 이르지 못했을 것이다. 또 시간을 내어 1998~1999년에 동남아시아의 타이에서 가르치면서 타이어 예를 수집하여 내 책에서 활용할 수 있도록 전해준 패리소(Jennifer Pariseau)에게도 빚을 졌다.

다른 여러 동료 학자들이 이 책에서 나보다 뛰어난 자신의 전문분야에 관련된 부분들을 비판적인 눈으로 훑어봐 준 것은 평소에 보여준 호의 그대로였다. 더블린대학교(Trinity College, Dublin)의 매클릴랜드(Nicola McLelland, 게르만어학과), 오루크(Breffni O'Rourke, 언어소통학과), 포겔(Carl Vogel, 컴퓨터학과), 그리고 더블린종합대학교의 리건(Vera Regan, 프랑스어학과)이 그들이다. 또 큰 도움이 되었던 든든한 지원부대는 에드워드 아널드출판사(Edward Arnold)의 편집팀이었는데 그중 특히 페리(Christian Wipf Perry)에게는 끊임없이 내 용기를 북돋우며 내가 막다른 골목에서 헤맬 때마다 예리한 감각으로 차분히 길을 찾아 준 데에 크게 감사하지 않을 수 없다.

기관 차원으로는, 어휘 분야 연구의 재정지원을 해 준 더블린대학교의 인문사회과학 자선기금에, 그리고 내가 이 책을 준비하고 있을 때 6개월의 연구휴가를 허락해 준 더블린대학교의 위원회에 감사한다.

끝으로 가장 따뜻한 감사의 말은 지난 2년이 넘는 기간 내내 나를 여러모로 도와주고 참을성 있게 지켜봐 준 아내 에머(Emer)와 두 아들 크리스토퍼(Christopher)와 대니얼(Daniel)에게 해야 하겠다.

이상의 많은 사람들에게서 받은 조언과 도움에도 불구하고 이 책이 전혀 완전하지 못한 결점투성이임을 잘 안다. 나는 배짱이 좋아 그 책임이 전적으로 내게 있음을 인정하는 바이다. 결국 부플레르(Chevalier de Boufflers)의 말처럼 완성가능성과 완성의 관계는 시간과 영원의 관계와 같으니까.

2000년 2월
위클로 카운티(County Wickow)의
그레이스톤스(Greystones)에서

데이비드 싱글턴

1 서론:
어휘부 – 단어들 그 이상

1_1 몇 가지 정의

이 책은 **어휘부**(lexicon)에 관한 것이다. '어휘부'는 그리스어 단어 'lexicón'이 영어화된 말이다. '어휘부' 는 기본적으로 '**사전**(dictionary)'을 뜻하는데 언어학자들은 단어와 관련된 언어의 측면들, 또는 언어의 어휘적인 면들을 가리키는 말로 사용한다. '어휘부'는 '**어휘**(lexis)'라는 말에서 나왔다. 이것에 해당하는 그리스어 단어 'léxis'는 '단어'라는 뜻이다. 그런데 언어학 용어로서의 '어휘(lexis)'는 '**어휘**(vocabulary)'라는 집합적인 의미로 사용된다.[1] 어휘(lexis)와 어휘부에 대한 학문을 "**어휘론**(lexicology)"이라고 부른다.[2]

300페이지가 조금 넘는 이 책을 봐 나가면 언어의 거의 모든 것이 어떻게든 단어와 관련되어 있음을 보게 될 것이다. 한편 언어의 어휘적 차원을 어휘항목(lexical item)의 목록 이상의 어떤 것으로 여겨야 함도 알게 될 것이다.[3]

1_2 단어와 언어

태초에 말이 있었느니라…
(In the beginning was the Word…)

신약성서 요한복음 처음에 등장하는 이 선언은 우주의 기원에 대한 옳은 주장일 수도 있고 아닐 수도 있다. 그러나 언어에 대한 우리의 생각이 어디서 시작되었

1 역주 'lexicon'이 'lexis, vocabulary'와 분명히 구별되는 경우도 있지만 그렇지 않은 경우도 많다. 분명히 구별해야 할 때는 '어휘부'라고 하고 그렇지 않을 때는 '어휘'라고 해도 무방하다.

2 역주 어휘는 단어의 집합이라는 뜻이므로 개별적인 단어를 어휘라고 부르는 다음과 같은 표현들은 옳지 않다. '느긋하다'라는 어휘(×), 하루에 새 어휘를 10개씩 외운다(×), 문장에 쓰인 어휘의 의미를 잘 파악해야 문장을 정확히 이해할 수 있다(×).

3 역주 어휘항목은 어휘, 어휘부, 사전 등을 구성하는 기본단위로서 단어가 대표적이고 관용구와 일부 형태소들도 포함한다.

는가(그리고 계속해서 시작되는가)에 대한 진술이라고 생각하면 틀린 말이라고 하기 어렵다.

요한복음의 원본은 그리스어로 쓰여졌다. 이 원본에서 '말(word)'에 대응하는 단어는 'lógos'이다. 이것이 '단어(word)'뿐만 아니라 '말(speech)'을 뜻하기도 했다는 사실, 그리고 현대그리스어에서도 마찬가지라는 사실은 의미가 있다. 단어라는 개념과 말 또는 언어라는 더 일반적인 개념 사이의 이러한 연관성은 그리스문화에 한정되지 않는다. 예를 들어 요한복음을 좀더 살펴본다면 위 인용문의 라틴어 번역문 "In principio erat Verbum…"에서 'lógos'는 'verbum'으로 대치되었는데 이것은 그리스어의 경우처럼 '단어' 뿐만 아니라 '말'을 뜻하기도 하는 말이다. 그래서 예를 들어 라틴어에서 '공개적으로 말하다(to speak in public)'는 'verbum in publico facere(글자 그대로는 '단어를 공개적으로 만들다'라는 뜻)'이다.

'단어'와 '말'의 그러한 연관성은 다른 언어에도 많이 나타난다. 예를 들어 프랑스어 'parole', 이탈리아어 'parola', 스페인어 'palabra'도 똑같은 이중적 의미를 가진다. 비슷하게 일본어의 'kotoba(言葉, '단어, 구, 표현'의 뜻)'는 'koto' 또는 'goto'로 줄어서 'hitorigoto-wo iu(獨り言を言う, 혼잣말을 하다)', 'negoto-wo iu(寢言を言う, 잠꼬대를 하다)'와 같이 '말'을 뜻하는 표현에서 접미사처럼 쓰인다.[4] 또 스웨덴어의 'en ordets man(글자 그대로는 '단어의 사람'이라는 뜻)'은 능란한 이야기꾼을 가리킨다. 독일어에서 '남이 말하는 것을 허락하지 않다'를 표현하는 한 방법은 '남에게서 단어를 빼앗다(einem das Wort entziehen)'와 같이 말하는 것이다. 다음 예에서 보듯이 영어에서도 단어와 언어를 관련짓는 것이 일상적인 어법에서 언어적 사건을 표현하는 한 큰 특징이다.

4 역주 한자어에서도 '어(語)'가 단어를 뜻할 때도 있고 언어를 뜻할 때도 있다. '주어(主語), 신어(新語), 약어(略語), 합성어(合成語), 전문어(專門語)' 등에서는 단어를 뜻하고 '문어(文語), 모어(母語), 표준어(標準語), 교착어(膠着語), 국제어(國際語)' 등에서는 언어를 뜻한다.

That traffic warden wants a word with you.
(저 교통감시원이 당신하고 얘기를 좀 하고 싶어 한다.)
A word in the right ear works wonders.
(오른쪽 귀에 한 한 마디가 기적을 행한다.)
When you are free for lunch just say the word.
(점심 같이 할 시간 있으면 말만 해.)
The Prime Minister's words have been misinterpreted by the media.

(총리의 발언을 언론에서 오해해 왔다.)
The wording needs to be revised.
(그 표현은 수정되어야 한다.)

언어에 대한 사람들의 이해에서 단어가 이렇게 큰 비중을 차지하는 것은 놀랄 일이 못 된다. 결국 단어는 언어적 소통에서 필수적인 것이고 단어 없이는 별로 많은 내용을 전달하지 못한다. 예를 들어 스페인어권 국가 방문자가 어떤 곳에서 화장실이 어디 있는지 알고 싶을 때 스페인어 발음과 문장을 잘 구사한다 하더라도 화장실을 뜻하는 'servicios'(스페인에서) 또는 'sanitarios'(라틴아메리카에서)라는 단어를 모르면 곤란을 겪을 것이다.

단어를 의식하는 것이 문자가 있는 사회에만 있는 일은 아니라는 점을 덧붙여야겠다. 미국의 언어학자 사피어(Edward Sapir, 1884~1939)는 20세기 초에 북미 원주민을 대상으로 현지조사를 많이 했다. 그는 전에 기술된 적이 없는 원주민 언어들을 전사하고 분석하고자 했다.[5] 그는 자신이 조사한 원주민들이 문자가 없어서 문자화된 단어의 개념에 익숙하지 않지만 한 단어씩 그들이 불러 주는 대로 받아쓰는 데는 전혀 문제가 없었고 그들 스스로 개별 단어를 분리해 낼 수도 있고 한 단위로서 반복할 수도 있음을 알았다.[6]

언어습득 과정에 있는 아이가 문장 구성의 원리를 깨닫기 전에 단어의 존재에 대한 의식이 먼저 발달하는 것으로 보이는 점도 흥미롭다. 예를 들어 만 2세에서 3세 반 정도 된 아이들은 문장 형성에서 자발적인 교정을 시작하기 전에 단어의 오류를 스스로 교정한다는 실험결과가 있다. 그러므로 아래의 첫 번째 같은 예가 두 번째 같은 예보다 먼저 나타나기 시작할 것이다.[7]

you pick up … you take her
(너가 걜 가져가 … 걜 데려가)
※처음 선택한 'pick up'을 'take'로 대체함.
The kitty cat is … the … the spider is kissing the kitty cat's back
(야옹이가 … 그 … 그 거미가 야옹이 등에 뽀뽀해)
※"The kitty-cat's back is being kissed by the spider."(야옹이 등이 거미에게 뽀뽀당해.)라는 피동구성을 피하기 위해 어순을 바꿈.

언어에 대한 학자들의 연구도 매우 단어중심적으로 이루어져 왔다. 언어의 음

5 역주 전사(轉寫, transcription)는 구어를 표음문자나 음성기호로 옮겨 적는 일을 말한다.

6 북미 원주민 언어 연구에 대한 사피어의 이야기는 Sapir(1921:33-34) 참조.

7 이 예는 Clark and Andersen(1979)에서 인용한 것이다. 이 논문은 Brédart and Rondal(1982)에서 요약하고 논의한 바 있다.

성구조를 뜻하기도 하고 그에 대한 학문을 뜻하기도 하는 "**음운론**(phonology)"의 주된 관심은 개별 언어에서 의미 있는 음성차이를 확인하는 일이다. 예를 들어 영어를 조금이라도 아는 사람이라면 t소리와 p소리의 차이는 중요한 반면 유기음 t(공기가 많이 방출되는 t소리)와 무기음 t(공기가 많이 방출되지 않고 발음되는 t소리)의 차이는 중요하지 않다는 것을 안다. 유기음과 무기음의 차이는 영어에서 t 소리가 나타나는 개별 환경에 따라 결정될 뿐이다. 즉 유기음 t는 'ten, tight, toe'와 같이 어두에 나타나고 무기음 t는 'steer, sting, stool'과 같이 s소리 뒤에 나타난다.[8] 음운론 연구자들은 주어진 언어에서 환경적 조건에 따른 t소리의 변이형들은 /t/라는 **음소**(音素, phoneme)에 속한다고, 즉 음소 /t/의 실현형들이라고 하고 그 변이형들을 그 음소의 **변이음**(變異音, allophone)이라고 말한다. (음소를 빗금(/ /)으로, 변이음을 꺾쇠괄호([ ])로 표시하는 것이 언어학의 관습이다. 예를 들어 /t/의 유기 변이음은 [tʰ]로 적는다.)

단어의 역할 문제로 돌아가서, 음소적 차이(phonemic distinction)의 결정적인 시험법은 단어의 구별(lexical differentiation)에 관한 것이다. 즉 특정한 음성차이가 단어와 단어를 구별하는가 하는 시험법이다. 이것은 'pin/tin, top/tot, gape/gate'와 같이 한 소리만 차이가 나는 단어의 쌍인 **최소대립쌍**(minimal pair)을 이용해 알아낼 수 있다. 영어의 p소리와 t소리의 차이처럼 단어와 단어를 구별하는 **분절음**(sound segment)들의 차이를 "음소적" 차이라고 부른다.[9] 한편 영어 자음의 **기식**의 정도와 같이 단어와 단어를 구별하지 못하는 분절음들의 차이는 "비음소적(non-phonemic)" 차이로 기술한다.[10] 유기음과 무기음의 차이가 영어에서는 변이음적이지만 산스크리트어와 그 후손인 현대의 언어들 같은 여러 언어에서 영어의 /p/와 /t/의 차이처럼 단어와 단어를 구별하는 힘이 있음을 지적해 둔다.[11]

음성을 연구하는 다른 방법, 즉 음소를 관련시키지 않음으로써 단어 문제를 전혀 건드리지 않는 방법도 있다. 예를 들어 특정한 언어에서 단어의 구별을 문제 삼지 않으며 한 음성 대신 다른 음성을 사용하는 것의 의미론적 함축을 관련짓지 않으면서, 말의 음향적 특성을 음성의 물리학적 관점에서 연구하거나 발화의 생리적 측면(입술, 혀, 성대 등의 상호작용)을 연구하는 것이 전적으로 가능하다. 이런

8 역주 더 정확히 말하면 유기음 t는 강세음절의 초성에서 바로 앞에 s가 없을 때 나타난다. 'ten, tight, toe'는 그 자체로 모두 강세음절이라서 초성의 t가 유기음으로 발음된다. 'attack, hotel, criteria, seventeen' 등의 t는 모두 어두에 있지 않지만 강세음절의 초성에 있으면서 바로 앞 소리가 s가 아니므로 유기음으로 발음된다.

9 역주 분절음은 자음, 모음과 같은 낱낱의 말소리를 뜻한다.

10 역주 기식(氣息, aspiration)은 발음할 때 섞여 나오는 숨(공기)을 말한다. 'ㅎ' 또는 h를 발음하는 것 같은 특징이 섞여 있을 때 기식이 많다거나 기식이 있다고 말한다. 한국어의 'ㅊ, ㅋ, ㅌ, ㅍ' 같은 유기음, 영어의 'pen, ten, can' 등에서의 유기음 p, t, k는 기식이 많이 섞인 소리이다.

11 역주 한국어에서도 유기음 'ㅊ, ㅋ, ㅌ, ㅍ'과 무기음 'ㅈ, ㄱ, ㄷ, ㅂ, ㅉ, ㄲ, ㄸ, ㅃ'이 음소적 차이를 보인다. 즉 기식이 한국어에서는 변별자질(6_2 참조)인데 영어에서는 그렇지 않은 셈이다.

종류의 현상과 그 연구를 "**음성학**(phonetics)"이라고 한다. 그리스어 어근 'phōnē(음성, 목소리)'는 'phonetics(음성학)'와 'phonology(음운론)'에 다 들어 있다.[12] 음운론은 개별 언어의 음성체계를 다루고(또 그러한 탐구에서 언어질 보편적인 조직의 원리도 다루며) 동시에 단어의 구별을 중요한 기준점으로 사용하는 반면, 음성학은 언어체계 및 의미와 관련 없이 말소리를 다룬다. 따라서 이런 의미에서 음운론과 음성학의 차이는 단어의 구별에 대한 관심 여부에 있다고 할 수 있다.

문법의 층위에서도 약간 다른 방식이긴 하지만 두 주요 관심분야의 차이가 역시 단어 주위를 맴돈다. 전통적으로 문법은 **통사론**(syntax)과 **형태론**(morphology)이라는 두 분야로 나뉜다고 보아 왔는데 두 분야의 정의 모두 단어를 바탕으로 하고 있다. 그리스어 'sýntaxis(순서대로 모으다)'에서 파생된 'syntax'라는 용어는 문장성분의 조합에서 나타나는 규칙 전체를 가리키는데 문장성분은 대체로 단어나 단어의 연쇄에 해당한다. 예를 들어 영어에서 진술(John can swim.)의 통사론과 질문(Can John swim?)의 통사론의 차이는 (한 가지만 말한다면) 단어를 배열하는 방식의 차이이다. 'morphology'라는 용어는 그리스어 어근 'morphē(형태, 모양)'에서 왔는데 단어의 내적 구조(그리고 그것에 관한 학문)를 가리킨다. 홀로 단어가 될 수도 있고 되지 못할 수도 있는 기본단위, 즉 "**형태소**(形態素, morpheme)"라고 하는 것으로부터 어떻게 단어가 형성되는지를 다루는 분야이다. 예를 들어 'un-just-ly, de-nation-al-ize, re-en-act-ment' 등과 같은 구조를 연구한다.[13]

언어학자의 관심의 중심에 있는 세 번째 분야인 의미의 영역(그리고 그것에 관한 학문), 즉 **의미론**(semantics) 역시 단어와 밀접히 관련되어 있다. 그리스어 'sêma(기호, 신호)'에서 온 'semantics'라는 용어는 어휘의 범위를 넘어서고 의미론 연구자가 분명 개별 단어의 의미에만 관심을 한정하는 것은 아니지만, 단어 층위의 의미는 늘 의미론의 연구와 이론화의 출발점이었고 아직도 논란의 초점으로 남아 있다. 예를 들어 'man'이라는 단어의 의미를 'man'과 'animal, woman, child' 등의 관계의 합계로 보아야 하는지, 더 작은 의미의 원자('인간, 남성, 어른' 등)로 분해될 수 있는 것으로 보아야 하는지, 현실의 남자와는 대립하는 이상화되고 전형적인 심상(心象)으로 간주해야 하는지, 아니면 이 세 관점을

12 역주 한국어 단어 '음성학'과 '음운론'에도 '소리'를 뜻하는 한자 '음(音)'이 공통으로 들어 있다.

13 역주 형태소는 "의미를 지닌 최소의 언어단위"로 정의된다. 'un-just-ly'의 'un-', 'just', '-ly' 등이 각각 형태소이다. 형태소에 대해서는 3_1, 3_2 참조.

어떻게든 통합해야 하는지에 대해 계속 논의가 이어지고 있다.[14]

1_3 단어 속에는 뭐가 있는가?

위에서 본 바와 같이 전문가나 비전문가나 모두 단어가 언어의 중심에 있다고 생각하는 것은 분명하지만 단어를 정의하려 하면 한두 가지 문제가 등장한다. 우선 무슨 뜻으로 '단어'를 쓰느냐 하는 것은 단어 자격이 있는 어떤 항목의 실제 출현형에 대해 말하고 있는 것인지 아니면 그러한 항목을 어떤 방식으로든 묶거나 분류하려고 하는 것인지에 달려 있다.

예를 들어 비틀스의 〈그녀는 너를 사랑해(She loves you)〉라는 노래의 후렴을 살펴보자.

She loves you, yeah, yeah, yeah;
She loves you, yeah, yeah, yeah;
She loves you, yeah, yeah, yeah, yeah.

이 세 행에 단어가 몇 개 있는가? 어떤 항목의 실제 출현형, 즉 **개형**(個形, token)을 기준으로 센다면 첫 행은 6단어, 둘째 행도 6단어, 셋째 행은 7단어 해서 전체 19단어가 될 것이다. 반면에 **종형**(種形, type), 즉 동일성이 있는 항목을 기준으로 한다면 전체가 4단어(she, loves, you, yeah)밖에 안 될 것이다.[15] 마찬가지로 "going, going, gone"이라는 구에서는 개형을 세면 단어가 3개, 종형을 세면 단어가 2개(going, gone)가 될 것이다.

단어의 또 다른 의미에서 "going, going, gone"에는 동사 'go'라는 한 단어가 두 가지 형태(going, gone)로 나타난 것으로 볼 수도 있다. 이와 같이 단어를 관련 형태들의 가족, 즉 언어적 환경의 요구에 따라 여러 형태로 실현될 수 있는 추상적인 단위로 보는 견해는 음소와 변이음의 개념을 떠올리게 한다(앞절 참조). 음소 개념과의 관련성은 용어에도 반영되어 있다. 다시 말해서 형태들의 가족, 즉 추상적 단위로서의 단어는 **'어휘소(lexeme)'**라고 부르고 어휘소의 구체적인 실현형은 **'어형(word-form)'**이라고 부른다.[16] 사전의 표제항처럼 주어진 어휘소를 언급하고자 할 때는 여러 형태 중 하나만 사용하는데 이때 선택된 형태를 **'인**

14 역주 이 세 관점은 5장에서 볼 구조의미론, 성분분석이론, 원형이론에 각각 해당한다.

15 역주 '개형'과 '종형'은 'token'과 'type'에 대한 번역어로서 여기서 처음 제시하는 것이다. 개형과 종형은 단어뿐만 아니라 다른 요소들의 통계에서도 중요한 개념이다. 예를 들어 "언어"라는 말에 쓰인 낱글자를 센다면 개형은 5개(ㅇ, ㅓ, ㄴ, ㅇ, ㅓ), 종형은 3개(ㅇ, ㄴ, ㅓ)가 된다.

16 역주 따라서 'go, goes, going, gone'은 모두 'go'라는 같은 어휘소에 속하는 어형들이다.

용형(citation form)'이라고 한다. 인용형은 관습에 따라 결정되며 문화마다 언어마다 다르다. 프랑스어 동사 어휘소의 인용형은 부정법 형태('donner, sortir, prendre' 등)인 반면 현대그리스어는 현재 직설법의 일인칭 단수형('káno, thélo, akúo' 등)을 쓴다.[17]

17 역주 한국어에서는 용언의 인용형을 흔히 기본형이라고 부르며 어간에 어미 '-다'를 붙여 '가다, 만들다, 좋다, 따뜻하다'와 같이 표현한다.

언어적 분류의 층위에 따라 단어를 보는 다른 관점도 있을 수 있다. 영어 'thinks'를 정서법(표기법)의 층위에서 보면 't+h+i+n+k+s'와 같은 글자의 연쇄가 될 것이고 음운론의 대상으로 보면 /θ/+/ɪ/+/ŋ/+/k/+/s/처럼 음소의 연쇄가 될 것이다(/θ/는 영어에서 'th'로 표기된다). 또 문법의 관점에서 보면 동사의 3인칭 단수 현재형을 확인하게 되고 의미를 가진 단위로 본다면 다음과 같이 다른 문맥에서 치환할 수 있는 동의어와 관련짓게 될 것이다.

I think/believe I can do it.
(나는 그걸 할 수 있다고 생각한다/믿는다.)
The philosopher's task is to think/cogitate.
(철학자의 일은 생각하는/사고하는 것이다.)
I'll think about/consider your suggestion.
(네 제안을 생각해 보겠다/숙고하겠다.)

의미를 들먹이다 보면 **내용어**(content word)와 **형식어**(form word)라는 전통적인 구분도 필요하다. 내용어를 '**실사**(實辭, full word)', '어휘적 단어(lexical word)'로, 형식어를 '**허사**(虛辭, empty word)', '문법적 단어(grammatical word)', '**기능어**(function word)'로 부르기도 한다. 내용어는 문맥이 없을 때도 실질적인 의미를 지닌 단어이고 형식어는 독자적인 의미가 전혀 또는 거의 없고 주로 문법적인 역할을 하는 단어를 말한다. 'bucket, cheese, president' 등이 내용어이고 'a, it, of' 등이 형식어이다. 이 구분에 문제가 없는 것은 아니다. 이른바 형식어라고 하는 많은 단어들, 예를 들어 'around, towards' 같은 전치사나 'although, whereas' 같은 접속사는 의미적 내용이 비어 있지 않다. 어떻든 "의미적 내용(semantic content)"이라는 개념에 주의할 필요가 있다. 그것이 은유적 표현이라는 점과 단어가 의미를 전달하는 도구이지만 단어가 아닌 사람이 의미의 원천이라는 점을 명심해야 한다. 실제로 내용어와 형식어의 더 좋은 구분법은 집합의 원소를 생각하는 것이다. 형식어는 어느 정도 고정된 원소들의 집합에 속하고(적어도 한 화자의 일생 동안은) 내용어는 새 항목이 들어오거나 어떤 항목이 사라지기도 하여 원소들이 급격한 변화를 겪는 열린 집합에 속한다.[18]

이 절에서 말한 것들을 모두 고려한다면 언어학자들이 단어의 일반적인 정의를 위해서 여러 가능한 정의적 속성들에 매달리는 것은 그렇게 놀랄 일도 아니다. 그러한 다양한 시도 중 주된 몇 가지를 살펴보겠다.[19]

18 역주 한국어에서도 실사인 명사는 대표적인 열린 집합을 구성하며 새 명사가 끊임없이 생겨나고 있다. 반면에 허사인 조사(助詞)는 닫힌 집합을 구성하며 새 조사가 생겨나는 일은 아주 드문 현상이다.

19 단어 정의의 여러 관점에 대한 논의는 Carter(1998), Cruse(1986), Lyons(1968), Ullmann(1962)의 관련 부분을 많이 참고했다.

【정서법의 관점】

정서법의 관점에서 단어는 띄어 쓴 빈칸 사이의 글자연쇄로 정의된다. 이 정의는 로마자나 키릴문자 같은 문자를 사용하는 언어에만 적용될 수 있다.[20] 중국어나 일본어와 같이 단어경계를 일관성 있게 표시하여 적지 않는 언어나 [21] 아랍어의 지역방언들처럼 표기 형태가 대체로 없는 언어나 많은 북미 원주민 언어들처럼 문자로 표기된 적이 없는 언어에 대해서는 유용하지 않은 정의이다. 또 단어가 결코 문식(文識, literacy)의 결과가 아니며[22] 인류 언어의 역사나 개별언어의 역사에서 문어가 구어보다 늦게 출현했다는 점에서 단어를 문자라는 매체의 관점에서 정의하는 데는 어색한 면이 있다. 나아가 단어를 글자의 연쇄로 정의하는 것은 단어의 추상적인 개념을 결코 설명할 수 없는 대단히 형식중심적이고 개형중심적인 행위임을 지적할 수 있다.

20 역주 키릴문자는 러시아 등 동유럽에서 주로 쓰는 문자이다. 로마자와 마찬가지로 그리스문자를 바탕으로 만들어졌다.

21 역주 중국어와 일본어에서 띄어쓰기를 하지 않음을 말한다.

22 역주 문식은 글자를 읽어서 이해할 수 있고 글자로 생각을 표현할 수 있는 상태를 뜻한다.

【음성학적 관점】

단어를 정의하는 다른 한 방법은 단어가 소리 나는 방식의 관점에서 (특정 언어의 음성체계와 관련 없이) 확인할 수 있다고 보는 것이다. 예를 들어 말 속에서 단어는 **휴지**에 의해 분리된다고 생각할 수 있을 것이다.[23] 저런! 삶이 그렇게 단순하지 않은 것을! 대체로 소음의 연속적 분출인 일상적인 말의 흐름 속에서 물리적으로 개별 단어를 콕 집어내는 것은 거의 불가능한 게 사실이다. (이것을 확인해야겠다는 사람은 전혀 모르는 언어로 나오는 라디오방송을 틀어 보라.) 또 고대영어 'nafugar'에서 변화한 'auger(나사송곳)', 고대프랑스어 'naperon'에서 변화한 'apron(앞치마)'처럼 영어에서 어두 /n/이 앞에 놓인 부정관사 'an'의 끝소리라고 생각되어서 탈락한 경우나 'an ewt'에서 온 'a newt(영원, 蠑蚖)', 'an eke-

23 역주 휴지(休止, pause)는 발음 도중에 잠깐 쉼을 뜻한다. 구체적으로는 단어, 구, 문장 같은 단위들의 사이에서 이어서 발음하지 않고 끊어서 발음하는 부분을 뜻한다.

name'에서 온 'a nickname(별명)' 처럼 "도둑맞은" /n/이 첨가된 경우와 같은 언어변화를 설명하려면 개별 단어의 음성적 독립성이 없다고 보아야 한다.[24] 물론 단어 사이에 휴지가 놓일 수 있는 것이 사실이고, 전에 기술된 적이 없는 언어를 조사하는 언어학자가 원어민에게서 자료를 수집할 때 사피어가 그랬던 것처럼(1_2 참조) "잠재적 휴지(potential pause)"라는 기준을 이용할 수도 있겠지만[25] 화자가 늘 휴지를 두지는 않으므로 이 기준은 제한된 가치만 가진다.

【음운론적 관점】

소리에 바탕을 두고 단어를 정의하는 더 유망한 방법은 특정 음성체계 안에서의 단어의 특징을 관찰하는 것이라고 생각해 볼 수 있다. 일부 언어에서(영어가 적절한 예이다) 위치는 바뀔 수 있지만 한 단어에 한 음절만 강세를 받는 경향이 있다(renew, renewable, renewability).[26] 단어가 관련된 다른 음운론적 특징으로 에스토니아어, 핀란드어, 헝가리어, 터키어 등의 모음조화(母音調和, vowel-harmony)를 들 수 있다. 어두음절 모음의 성질에 따라 비어두음절 모음이 결정된다. 헝가리어 단어 둘을 예로 들면 다음과 같다. kegy-etlen-ség-ük-ben('동정심-없-음-그들-안에' =그들의 잔인성에서), gond-atlan-ság-uk-ban('주의-없-음-그들-안에' =그들의 부주의에서).[27] 여기서 또 생각해 볼 것은 어떤 언어에서 개별 음소나 음소의 연쇄가 단어의 특정 위치에서 전혀 나타나지 않거나 거의 나타나지 않는 현상이다. 예를 들어 영어에서 /z/는 어두에 잘 나타나지 않으며 /ŋ/은 전혀 나타나지 않는다. 이러한 단어의 음운론적 정의가 지니는 한 문제점은 그것이 본질적으로 특정 언어나 특정 언어유형에만 관련된다는 점이다. 또한 그러한 정의가 절대적으로 기댈 수 있는 기준이라기보다 대체적인 경향 정도로 이해되어야 할 때가 많다. 그래서 영어의 강세에 관해 말하자면, 단어로 인식되는 많은 단위들이 일상적인 말에서 사실상 강세를 받지 않거나(and, but, by, if, the) 고정표현(fixed expression, 4_3 참조)에서 전체 구에 걸쳐 주강세(main stress)가 하나만 나타나기도 한다. building worker(건설 노동자), dancing lesson(춤 강습), lifeboat crew(구명선 선원).

24 이들 예는 Ullmann(1962)에서 가져왔다.
역주 한국어의 '업신여기다'는 원래 '무시(無視)하다'의 뜻인 '없이 너기다'라는 형태에서 왔다. '신'의 'ㄴ'은 원래 '너기다'(>녀기다>여기다)의 첫소리였던 것이다.

25 역주 어떤 두 단위 사이에 휴지가 나타나지 않았더라도 휴지가 나타날 가능성이 있으면 잠재적 휴지가 있다고 말한다. "운수 좋은"이란 말을 휴지 없이 '운수좋은' 처럼 이어서 발음했을 때도 다른 상황에서 '운수'와 '좋은' 사이를 띄어서 발음하는 것이 가능하므로 두 단어 사이에 잠재적 휴지가 있다고 말한다.

26 역주 밑줄은 강세음절을 표시한다.

27 이 헝가리어 예는 Ullmann (1962)에서 가져왔다.
역주 첫 단어에서 어두음절의 모음이 전설모음 'e'이므로 비어두음절의 모음도 전설모음 'e, ü'로 나타나고 두 번째 단어에서 어두음절의 모음이 후설모음 'o'이므로 비어두음절의 모음도 후설모음 'a, u'로 나타난 예이다.

【의미론적 관점】

소리의 관점에서 내린 정의에 한계가 있다면 의미의 관점에서 내린 정의는 어떤가? 이를테면 단어를 언어에서의 의미의 기본단위로 정의하는 것이 가능하지 않을까? 그 대답은 불행히도 "아니다"이다. 하나의 단순어로 표현되는 의미의 개별 단위가 있음은 분명하다. 영어 단어 'ant(개미), bottle(병), shoe(신발)' 등은 특정한 개별 의미를 전달하는 개별적이고 분리불가능한 단위이다. 그러나 단일한 단어와 개별적인 의미의 관계가 항상 그렇게 바로 통하는 것은 아니다.

영어 단어 'teapot(찻주전자)'을 보자. 이것은 단일한 항목으로 표기하고 있고 단일한 대상을 지시하는 것으로 생각될 수 있다. 그러나 이것이 'tea(차)'와 'pot(주전자)'이라는 또 다른 단어를 포함하고 있는 것이 사실이다. 'public house(술집), cricket pavilion(크리켓 천막), ice-cream kiosk(아이스크림 가판대)'와 같이 띄어 쓰는 말들도 있다. 이러한 말들의 의미를 잘 생각해 보면 각 단어들이 의미론적으로 기여하는 바를 인식할 수 있지만 이 말들에 대해 우선 떠오르는 이미지는 단일한 건축물의 이미지임이 분명하다. 단어를 최소의 의미단위로 보려는 생각에 대해 또 지적할 수 있는 사실은 의미단위의 역할을 하는 단위가 실제로 단어 층위 아래에 존재한다는 것이다. 단어 안에 자립해서 쓰이지 못하는 단위가 있을 수 있음은 이미 언급한 바 있다.[28] 'un-just-ly'라는 단어는 'just'라는 단어를 핵으로 가지고 있지만 의미에 결정적인 영향력을 가진 두 요소(un-, -ly)도 가지고 있다('un-'은 '아니다'를 뜻하고 '-ly'는 '어떠어떠한 방식으로'를 뜻한다).

28 역주 1.2에서 형태소에 대해 언급한 것을 말한다.

【문법적 관점】

가장 문제가 적을 것 같은 단어 정의 방법은 문법적 관점에서 정의하는 것이다. 문법적 관점은 **이동성**(positional mobility)과 **내적 안정성**(internal stability)의 기준을 사용한다. 단어는 한 문장 안에서 특정한 위치에 고정되어 있지 않다는 점에서 이동성을 가진다고 할 수 있다. "The cat drowsily stretched her elegant forelegs."(그 고양이가 졸음에 겨워 우아한 앞다리를 쭉 뻗었다.)라는 문장은 중요한 요소를 없애거나 망가뜨리지 않고 다양한 방식으로 단어를 재배열할 수 있다.[29]

29 역주 어순(語順)의 자유로움에 대한 언급이다. 영어보다 한국어가 어순이 더 자유롭다는 것은 널리 알려진 사실이다. 따라서 한국어 문장에서도 이동성을 쉽게 확인할 수 있다.

The cat stretched her elegant forelegs drowsily.
Drowsily the cat stretched her elegant forelegs.
Her elegant forelegs the cat drowsily stretched.

내적 안정성은 한 단어 안에서 형태소의 순서가 고정되어 있음을 가리킨다. 'forelegs'의 형태소 성분들은 순서를 바꿀 수 없다. 'sforeleg, slegfore, legfores, foresleg, legsfore'는 모두 이 단어의 가능한 변이형이 못 된다.[30]

이동성과 내적 안정성을 지닌 단위로 단어를 정의하는 것은 여러 언어에 잘 적용된다. 그러나 이 정의도 성공적인 정의가 되려면 어떤 제한이 필요하다. 예를 들어 영어의 정관사 'the'는 대개 한 단어로 치지만 그 이동성은 아주 제한적이다. 즉 지금과 같이 'the'를 연구의 대상으로 언급할 때를 제외하면[31] 'the'는 명사나 명사를 수식하는 다른 요소들 앞에 쓰여서 명사구의 일부가 되어야 한다 (the wolf, the large wolf, the extremely large wolf). 문장 안에 놓일 수 있는 위치에 제약이 심한 단어는 주로 문법적 단어, 특히 정관사(the), 부정관사(a, an), 전치사(in, on, to, from,…)이고, 이들은 위에서 본 것처럼 전통적으로 단어 중 소수집단으로, 즉 실사가 아닌 것으로 처리되어 왔음이 흥미롭다.[32]

30 역주 한국어에서도 단어의 내적 안정성을 확인할 수 있다. 예를 들면 '창문틀'을 '창틀문, 문창틀, 문틀창, 틀창문, 틀문창' 등으로 형태소의 순서를 바꿔 표현할 수 없다.

31 역주 바로 앞 원문의 "the English definite article *the* would normally be considered a word"(영어의 정관사 'the'는 대개 한 단어로 치지만)와 같은 구절에서 인용을 위해 쓰인 '*the*'가 'would' 앞에 놓여 있듯이 정관사의 전형적인 위치에 놓이지 않을 수 있음을 언급한 것이다.

32 역주 한국어에서도 단어가 이동성이 없는 예들을 흔히 볼 수 있다. 예를 들어 "맨 앞에 선 사람"에서는 모든 단어가 제자리를 떠날 수 없으며, "그 문제는 나도 전혀 생각을 못했다."에서는 관형사 '그'가 명사 '문제'의 바로 앞에 고정되어 있어서 '그 문제는'이 한 덩어리로 이동하지 않으면 안 된다.

【단어의 정의: 요약】

지금까지 단어를 정의하는 여러 방법들을 훑어보았는데, 그렇다면 무엇이 정답인가? 분명한 것 한 가지는 단어를 보는 관점이 하나만 있는 것이 아니라는 점이다. 단어를 종형이나 개형으로 볼 수도 있고 어휘소나 어형으로 볼 수도 있으며 표기의 단위, 음운론적 단위, 문법적 단위, 의미론적 단위로 볼 수도 있다. 또 실사와 허사를 구별할 수도 있다.

단어를 정의하는 다양한 관점 중에서 문법적 관점이 분명히 가장 문제가 적고 여러 언어에 잘 들어맞는다. 음성학적 관점이나 의미론적 관점은 정의의 기준으로서는 별 도움이 되지 않지만 제보자를 대상으로 언어조사를 하는 언어학자에게 절차상의 암시를 주는 면이 있다. 정서법의 관점과 음운론적 관점에서 나온 기준은 언어마다 다른 방식, 다른 정도로 적용된다.

언어마다 달리 작용하는 특수한 기준들은 이 언어의 단어와 저 언어의 단어에 공통되는 특징이 거의 없거나 별로 없기 때문에 생긴 것이다. 단어강세(word-stress)와 모음조화가 있는 핀란드어의 단어는 그런 현상이 없는 프랑스어의 단어와 상당히 다르다. 그렇다고 해서 여러 언어를 한꺼번에 다루는 상황에서 '단어'라는 용어를 쓰는 것이 부적절하다고 할 수는 없다. 핀란드어와 프랑스어 단어는 특정한 언어나 언어유형과 관련이 없는 다른 기준(문법적 기준, "잠재적 휴지"라는 기준 등)을 가지고 인식할 수 있다.

1_4 어휘부의 영역

우리는 예상한 것만큼 단어를 정의하는 것이 쉽지 않음을 보았다. 이런! 단어의 정의에 대한 충분히 만족스러운 결론을 얻었다고 하더라도 **어휘부**가 무엇인지 정의하기는 아직도 멀었는데.

위에서 보았듯이 '어휘부'는 '사전'을 뜻하는 그리스어 단어의 영어화된 말이다. 그러므로 어휘부의 영역에 대해 논의하는 자리에서 우선 **사전**에 전형적으로 실리는 정보가 어떤 것인지 살펴보는 것이 유익하다. 다음 예는 『간명 옥스퍼드 영어사전(*Concise Oxford English Dictionary*)』을 적당히 펼쳐서 가져온 것이다.[33]

33 『간명 옥스퍼드 영어사전』(제8판, 1991:650)에 나오는 예이다.

> **kin** /kɪn/ *n.* & *adj.* One's relatives or family. – *predic. adj.* (of a person) related (*we are kin; he is kin to me*) (see also AKIN) □**kith and kin** see KITH. **near of kin** closely related by blood, or in character. **next of kin** see NEXT. □□**kinless** *adj.* [OE *cynn* f. Gmc]

이러한 풀이에서 흥미로운 점은 사전편찬자가 분명히 'kin'이라는 특정한 단어에 초점을 맞추고 있지만 그보다 폭넓은 정보가 여기에 등장할 수밖에 없다는 것이다. 그래서 표기(kin), 발음(/kɪn/), 의미(친척이나 가족)에 관한 정보뿐만 아니라 n.(명사), adj.(형용사)와 같은 문법적 역할, 서술형용사(predic. adj.)로 쓰이는 예(we are kin; he is kin to me), 관용구의 예(kith and kin, near of kin, next of kin), 접미사가 붙어 만들어진 단어의 예(kinless), 게르만어에서 온 고대영어 'cynn'이 'kin'의 어원이라는 역사적 정보(OE *cynn* f. Gmc)가 실려 있다.

어떤 단어를 찾아보더라도 대체로 이와 마찬가지이다. 주어진 단어가 다른 요소들과 어떻게 어울리는지에 관한 문제 같은 것들도 여기서 빠질 수 없다. 'dog'라는 아주 단순하고도 평범한 단어의 예를 보자. 우선 이 단어가 명사이면서 동사라는 기본적인 신상정보를 인식해야 한다. 이러한 문법적 범주 규정은 이 단어가 "We all pat the dog."(우리 모두가 그 개를 쓰다듬었다.), "The President was dogged by misfortune."(대통령 뒤에 불운이 따라다녔다.)와 같은 문장에 쓰일 수 있음을 함의한다.[34] 또 자주 쓰이는 단어결합, 즉 **연어**에도 'dog'가 널리 쓰인다는 점도 인식해야 한다(연어 속에서의 의미는 '개'와 쉽게 관련지어지지 않을 수도 있다).[35] 'dog in the manger(자기한테 필요 없는 물건을 남에게 주지 않으려는 사람), dog's dinner(엉망), raining cats and dogs(비가 억수같이 내리다)' 등.

어떤 단어와 그 언어적 환경 사이의 이러한 상호작용 중에서 특별히 흥미로운 것은 뜻이 비슷한 단어라도 주어진 환경에서 서로 다른 단어를 선택하면 그 반향도 달라진다는 것이다. 다음의 영어, 프랑스어, 독일어 예가 이 사실을 잘 보여준다.

We are forbidden to leave the building after midnight.
(우리는 자정 이후에 이 건물을 나가서는 안 된다.)
We are prohibited from leaving the building after midnight.
(우리는 자정 이후에 이 건물을 나가지 못하게 되어 있다.)
※ 'forbid'를 선택하면 'to+동사'를 써야 하고 'prohibit'를 선택하면 'from+동사-ing'를 써야 한다.

Nous espérons qu'elle chantera.
(우리는 그녀가 노래 부르기를 바란다.)
Nous voulons qu'elle chante.
(우리는 그녀가 노래를 부르면 좋겠다.)
※ 'espérer' 동사를 선택하면 뒷절 동사가 직설법 단순미래형(chantera)이 되어야 하고, 'vouloir' 동사를 선택하면 접속법 현재형(chante)이 되어야 한다.

Sie hat mir geholfen.
(그녀가 나를 도왔다.)
Sie hat mich getröstet.
(그녀가 나를 위로했다.)
※ 'helfen' 동사(과거분사형은 'geholfen')는 목적어 대명사를 여격형(mir, 독일어 문법용

34 역주 앞문장의 'dog'는 명사로 쓰인 예, 뒷문장의 'dogged'는 동사로 쓰인 예이다.

35 역주 연어(連語, collocation)에 대해서는 4장 참조.

어로 3격형)으로 요구하고 'trösten' 동사(과거분사형은 'getröstet')는 목적어 대명사를 대격형(mich, 독일어 문법용어로 4격형)으로 요구한다.

어휘와 언어의 다른 부문들의 상호관계에 대해서는 본론에서 더 살펴볼 것이다. 이 문제를 여기서는 맛만 본 셈이지만 그래도 다음의 두 가지 결론을 얻을 수 있다. 첫째, 어휘부를 어떻게 개념화하더라도 개별 단어 이외의 요소들을 포함하는 넓은 범위에 걸치는 것으로 보지 않으면 안 된다. 둘째, 통상 어휘적이라고 생각하지 않는 부문, 특히 문법 현상들도 어휘적 차원과 어떤 관련성이 있음을 인식해야 한다.

1_5 요약

이 장에서는 문자를 사용하는 사회든 아니든 언어를 단어의 관점에서 생각하는 다양한 모습들에 주목했는데 언어를 단어로 생각하는 일이 아이들의 언어발달에서도 특징적이라는 데까지 나아갔다. 또 언어학자들이 연구대상으로서의 언어에 다가가는 방식에서 어휘중심성(lexico-centricity)의 증거를 지적하기도 했다. 그렇지만 단어가 정말 무엇인지 정의하는 일이 결코 쉽지 않다는 사실을 음운론, 정서법, 의미론, 문법론 등 여러 관점에서 살펴보았다. 그 다음에는 단어를 언어의 다른 부문과 분리하여 관찰해서는 안 된다는 명제에 관한 몇 가지 생각을 제시했다.

이제 2장부터 다루게 될 내용은 다음과 같다.

- 2장에서는 어휘와 통사론의 관계에 대해 이 장에서 시작한 논의를 계속한다.
- 3장은 단어가 어떻게 구성되어 있는지를 살펴본다.
- 4장은 습관적인 단어결합, 즉 연어(連語)를 다룬다.
- 5장은 단어의미론에 대한 여러 주제들을 탐구한다.[36]
- 6장은 개별언어에 대해 어휘와 음운론, 정서법의 관계를 검토한다.
- 7장은 어휘와 사회적, 지역적, 상황적 언어변이의 관련양상을 고찰한다.
- 8장은 언어의 역사적 발달과정에 나타나는 어휘변화의 여러 유형을 예와 함께 살펴본다.

36 역주 종래 '어휘의미론'으로 번역해 오던 'lexical semantics'를 '단어의미론'으로 번역한다. lexical semantics가 어휘(vocabulary)에 관한 의미론이 아니라 단어를 비롯한 어휘소에 관한 의미론이기 때문이다. 또 '단어의미론'이라고 해야 문장의미론(sentence semantics)과의 대립관계가 잘 드러날 수 있다.

• 9장은 언어습득의 관점에서 내적 어휘부(internal lexicon), 즉 머릿속 사전(mental lexicon)의 구성에 관한 문제를 다루고 머릿속 사전이 어떻게 조직되어 있고 그 내용에 어떻게 접속하게 되는지 논의한다.
• 10장은 사전 만들기, 즉 사전편찬의 발달을 그 기원에서부터 아주 최근의 공학적 기반의 형태에 이르기까지 다루고 언어교육의 면에서 어휘가 어떻게 다루어져 왔는지를 설명한다.

10장 뒤의 「결론」에서는 여러 갈래의 논의들을 종합하면서 어휘부의 범위와 역할에 대한 의식을 확대하는 데 대한 몇 마디를 덧붙일 것이다.

이 장에서 제기한 문제들에 관해서는 다음 책들을 더 읽으면 좋을 것이다.

카터(R. Carter)(1998) 『어휘 : 응용언어학의 관점(*Vocabulary: applied linguistic perspectives*)』, 제2판.[37]
핀치(G. Finch)(2000) 『언어학 용어와 개념(*Linguistic terms and concepts*)』.
잭슨(H. Jackson)(1988) 『단어와 그 의미(*Words and their meaning*)』. 특히 1장.
루이스(M. Lewis)(1993) 『어휘적 교수법 : 영어교육의 현황과 앞날(*The lexical approach: the state of ELT and a way forward*』. 특히 5장.
라이온스(J. Lyons)(1995) 『언어의미론 개설(*Linguistic semantics: an introduction*)』. 특히 2장.
파머(F. Palmer)(1971) 『문법(*Grammar*)』. 특히 2장.[38]
핑커(S. Pinker)(1994) 『언어본능(*The language instinct*)』. 특히 5장.[39]
위도슨(H. G. Widdowson)(1996) 『언어학(*Linguistics*)』. 특히 3, 4, 5장.[40]

37 역주 원명옥 역(1998) 『어휘론의 이론과 응용』, 한국문화사. 초판(1987)의 번역.

38 역주 박경수 역(1981) 『문법론』, 한신문화사.

39 역주 김한영 · 문미선 · 신효식 역(1998) 『언어본능』 상 · 하, 그린비.

40 역주 유석훈 · 김현진 · 강화진 역(2001) 『언어학』, 박이정.

연 습 문 제 및 토 론 거 리

1 1_2에서 "I want a <u>word</u> with you."(당신하고 얘기를 좀 하고 싶어요.)와 같은 여러 표현들을 통해서 언어에 대한 우리의 일상적 관념이 단어와 아주 밀접하게 관련되어 있음을 보았다. 영어나 당신이 아는 다른 언어에서 그러한 표현들을 더 찾아보라.

2 1_2에서 음운론과 관련하여 음소적 차이의 시험법으로서 단어의 구별을 언급한 바 있다. 예를 들어 최소대립쌍 'tie/dye'는 /t/와 /d/의 차이에 의해서, 그리고

그 차이에 의해서만 구별된다. 다음 쌍들 중에서 한 가지 음소적 차이에 따라 단어가 구별되는 것은 어느 것인가?

beat – peat	role – bowl
breath – breathe	scope – rope
deep – sleep	wreath – wreathe
dot – doll	witch – filch
phoney – pony	wreck – neck

3 1_2, 1_3에서 의미의 최소 단위가 단어가 아니라 형태소임을 보았다. 예를 들어 'unwise' 라는 단어에는 형태소 'un-' 과 'wise' 가 들어 있다. 'wise' 는 단어이기도 하지만 'un-' 은 그렇지 않다. 다음 표현들을 형태소로 분석해 보라.

antidepressant	misfire
bowler	poetically
disembarked	resting
encage	unlawful
hateful	wedding-bells

4 1_3에서 단어 정의의 문법적 기준으로 "이동성"을 제시한 바 있다. 영어 단어 목록을 하나 만들고(실사와 허사를 모두 포함하여) "이동성"의 관점에서 검토해 보라. 다른 단어들보다 이동성이 더 높은 단어가 있는가? 당신이 아는 다른 언어의 대응 단어들은 이것들보다 이동성이 높은가 낮은가, 아니면 비슷한가?

5 1_4에서 어떤 문장에서 한 어휘항목의 선택이 그 문장의 다른 어휘항목의 선택에 일련의 반향을 불러일으킬 수 있으며 그 선택을 바꾸면 반향 또한 달라짐을 보았다. 그래서 "The residents <u>protested against the development plan</u>."(주민들이 개발계획에 항의했다.)과 "The residents <u>objected to the development plan</u>."(주민들이 개발계획을 반대했다.)의 차이가 생긴다. 영어나 다른 언어에서 단어선택의 변화가 그 문장의 형식에 영향을 미치는 예를 더 찾아보라.

2 어휘와 통사론

2_1 결어

특정한 통사적 유형이 특정한 어휘항목과 관련되어 있음을 앞장에서 보았다. 이러한 관련성을 '결어(colligation)'라 부르기도 했다. 'colligation'이란 말은 라틴어 'cum(함께)'과 'ligare(묶다)'에서 왔다. 여기에는 언어요소들이 통사적 필요성에 의해 "함께 묶여 있다"는 생각이 깔려 있다.[41]

과거에는 결어라는 개념을 동사와 그 뒤에 붙는 동사보어 형태의 관련성 같은 상당히 "국지적인" 통사적 관련성에만 적용하는 경향이 있었다.

41 역주 'colligation'의 번역어로 제시한 '결어(結語)'는 어떤 책이나 글의 '맺는말'이라는 뜻으로 이미 쓰이고 있는 단어이나 여기서는 본문에 서술된 바와 같이 '함께 맺어진 말'이라는 새 뜻을 주기로 한다. 요즘에는 잘 쓰지 않는 용어이고 이 책에서도 더 사용하지 않고 있다.

She will eat chocolate tonight.
(그녀는 오늘밤 초콜릿을 먹을 것이다.)
※will+동사
She wishes to eat chocolate tonight.
(그녀는 오늘밤 초콜릿을 먹었으면 한다.)
※wish+to+동사
She intends to eat/intends eating chocolate tonight.
(그녀는 오늘밤 초콜릿을 먹으려고 한다.)
※intend+to+동사/intend+동사-ing
She regrets eating chocolate tonight.
(그녀는 오늘밤 초콜릿을 먹은 것을 후회한다.)
※regret+동사-ing
She is indulging in eating chocolate tonight.
(그녀는 오늘밤 초콜릿을 실컷 먹고 있다.)

※indulge+in+동사-ing

She is refraining from eating chocolate tonight.

(그녀는 오늘밤 초콜릿을 삼가고 있다.)

※refrain+from+동사-ing

그러나 최근에는 어휘부와 통사론의 폭넓은 상호작용을 인정하는 추세여서 어디까지가 어휘부이고 어디서부터가 통사론인지 확실히 말하기 어려운 지경에 이르렀다.

이 장에서 우리는 통사론과 어휘부의 관련성을 여러 언어학파, 즉 컴퓨터언어학, 런던학파, 결합가문법, 어휘기능문법, 촘스키문법이 어떻게 설명하고 있는지를 훑어볼 것이다.

2_2 컴퓨터언어학의 관점

컴퓨터언어학(Computational linguistics)이란 컴퓨터과학과 언어학을 관련짓는 모든 연구를 말한다.[42] 컴퓨터언어학의 한 차원은 인간이 언어를 습득하고 사용할 때 하는 행위와 컴퓨터의 작용을 관련짓는 연구이다. 그래서 일부 컴퓨터언어학자들은 기계번역이나 음성합성과 같은 아주 실용적인 목적을 염두에 두고 언어습득의 양상과 컴퓨터의 정보처리 과정의 모형을 만들려고 애쓰고 있다. 컴퓨터언어학의 다른 한 과제는 언어분석에서 컴퓨터를 보조수단으로 사용하는 것이다. 예를 들어, 자연스럽게 사용되는 언어자료를 광범위하게 수집하고 분석하여 개별 항목의 빈도나 서로 다른 항목들이 함께 쓰이는 빈도를 계산해 내는 일에 컴퓨터를 활발하게 이용하고 있다.[43] 컴퓨터언어학의 두 방향에서 모두 어휘부와 통사론을 명쾌하게 가르기 어렵다는 사실이 드러난다.

컴퓨터언어학이 언어의 모형을 만드는 문제에 있어서 흥미로운 연구사례는 파리의 자동문헌언어연구소(Laboratoire d'Automatique Documentaire et Linguistique=LADL)의 경우인데 거기에서는 컴퓨터가 텍스트에 기계번역과 같은 연산을 수행하는 시스템을 개발하려 하고 있다. 이 연구소에서 개발하려는 시스템은 사람의 도움 없이 단어를 인식하고 해독하고 선택하고 결합할 수 있어

42 역주 컴퓨터언어학을 전산언어학이라 부르기도 한다.

43 역주 4_5에 소개된 것과 같은 말뭉치(corpus)를 이용한 연구를 말한다.

야 한다. 그러한 전자사전을 구축하는 데서 생기는 주된 문제는 어휘부와 문법을 가르기 어려운 점과 관계된 것이라는 얘기가 들린다.

그래서 그 연구소의 연구자들에게 아주 괴로운 문제는 똑같은 구조에 의미도 비슷한 문장들을 여러 가지로 변형할 때 똑같이 행동하지 않고 개별 단어에 따라 행동이 달라지는 현상을 처리하는 일이다.[44]

44 LADL의 예는 Lamiroy (1991: 133-139)에서 가져왔다.

Cette question concerne Pierre.
This question concerns Pierre.
(이 문제가 피에르에게 관련된다.)
Pierre est concerné par cette question.
Pierre is concerned by this question.
(피에르가 이 문제에 관련된다.)
⇒영어와 프랑스어에서 모두 피동문이 성립한다.

Cette question regarde Pierre.
This question regards Pierre.
(이 문제가 피에르에게 관련된다.)
Pierre est regardé par cette question.(×)
Pierre is regarded by this question.(×)
(피에르가 이 문제에 관련된다.)
⇒영어와 프랑스어에서 모두 피동문이 성립하지 않는다.

컴퓨터공학을 언어분석의 도구로 활용하여 어휘부와 통사론의 관련성에 빛을 던져 주는 예로서 여기서 인용해야 할 사례는 콜린스·버밍엄대학교 국제 언어데이터베이스(Collins Birmingham University International Language Database=COBUILD(코빌드), 자세한 내용은 4_5 참조)의 후원으로 수행되고 있는 연구이다. 우리의 관점에서 이 연구가 제시하는 중요한 사실은 개별 단어나 의미가 개별 통사구조와 밀접히 관련되어 있다는 점이다.[45] 예를 들어, 'yield'라는 단어는 두 가지 주요 의미를 지닌다('포기하다/굴복하다/항복하다'와 '생산하다'). 첫 번째 의미는 거의 항상 자동사 용법과 관련되어 있다.

45 코빌드사업의 어휘통사적 결과물에 대한 설명은 Sinclair(1991)의 4장에 바탕을 둔 것이다.

But we did not yield then and we shall not yield now.
(그러나 우리는 그때도 포기하지 않았고 지금도 포기하지 않을 것이다.)

Love yields to business…
(사랑은 … 사업에 굴복한다.)
In Sweden the authorities yielded at once to the threats…
(스웨덴에서는 당국이 … 협박에 즉시 굴복했다.)

반대로 두 번째 의미는 대부분 명사 용법과 관련된다.

…a nuclear shell with a 15 kiloton yield…
(…15,000톤의 폭발력을 가진 핵폭탄…)
…more fertilizer than Europe to achieve similar yields…
(…비슷한 생산량을 달성하는 데 유럽보다 많은 비료…)
…Bangladesh's low annual yields…
(…방글라데시의 적은 연간 생산량…)

컴퓨터언어학에서 아주 널리 활용하는 통사이론은 **핵중심 구구조문법**(Head-driven Phrase Structure Grammar=HPSG)이다.[46] HPSG는 특히 유럽에서 기계번역에 널리 활용하고 있다. HPSG는 통사론이 작용하는 내용을 명료하게 제공하려 한다는 점에서 컴퓨터언어학에 특별히 유용하다. HPSG는 결합가문법, 어휘기능문법과 마찬가지로, 단어에 문법정보가 풍부하게 들어 있어서 어떤 단어가 쓰인 문장의 통사적 형식을 결정하는 핵심적인 역할을 바로 그 단어가 한다고 생각한다. 이것이 '핵중심 구구조문법'이란 표현에서 '핵중심(head-driven)'이 뜻하는 바이다. HPSG에서 구구조의 개념은 명사구, 동사구 같은 주어진 구의 핵(즉 명사나 동사처럼 구를 형성하는 중심에 있는 개별 단어)이 그 주변의 통사구조의 주요 특징을 결정하는 속성을 지닌다는 것이다. 예를 들어, 'bakes'라는 동사의 사전적 풀이에서 그것이 주어 명사 하나를 가져야 하고 직접목적어 명사 하나를 가질 수 있으며 또 주어와 직접목적어의 관계는 **행위주**(agent, 동작을 하는 주체)와 **피동주**(patient, 동작을 당하는 주체)의 관계라는 점을 명시해야 할 것이다.[47] 따라서 다음 예들에서 동사구의 핵인 동사는 각 문장에 쓰인 명사들의 적격성을 결정하고 명사들의 문법기능과 상호관계를 결정한다.[48]

동사구
Joanna [bakes]. (조애너가 빵을 굽는다.)
핵 (동사)

46 핵중심 구구조문법에 대해서는 Borsely(1996), Pollard and Sag(1994), Sag and Wasow(1999)를 참고했다. 관련하여 다음 웹사이트도 참고했다.
http://hpsg.stanford.edu/hpsg/hpsg.html.

47 역주 이어서 제시되는 두 예문에서 'bakes'가 주어 명사 'Joanna'를 요구한 것이며 두 번째 예문에서 역시 'bakes'가 직접목적어 명사 'bread'를 요구한 것이라는 뜻이다.

48 'bakes'의 예는 Humphreys(1996)을 참고한 것이다.

※ 'bakes'라는 동사구의 핵이 'bakes'라는 동사임.

동사구
Joanna [bakes bread]. (조애너가 빵을 굽는다.)
핵(동사)
※ 'bakes bread'라는 동사구의 핵이 'bakes'라는 동사임.

2_3 런던학파의 관점

코빌드사업은 런던언어학파의 창시자인 20세기 중반의 영국의 언어학자 퍼스(J. R. Firth)의 연구에서 영감을 얻었다. 퍼스는 한 단어의 의미를 그 단어의 언어적 환경의 합계와 같다고 보고 언어학자는 그 단어의 연어를 빠짐없이 분석함으로써 그 단어의 의미를 알아내는 데 필요한 정보를 찾을 수 있다고 했다. 퍼스의 언어연구 태도는 **런던학파** 전통의 빛나는 계승자이자 코빌드사업의 주도자인 싱클레어(John Sinclair), 그리고 핼리데이(Michael Halliday)의 연구를 통해 현대언어학에 꾸준한 반향을 불러일으키고 있다.

우리는 벌써 싱클레어의 연구를 살펴보기 시작했고 4장에서도 다룰 것이다. 핼리데이와 그의 추종자들은 어휘부와 통사론을 분리된 부문으로 보지 않고 **어휘문법**(lexicogrammar)이라 부르는 단일한 연속체의 양끝일 뿐이라고 본다.[49] 핼리데이의 관점에서는 'man(남자)'과 'woman(여자)'의 차이와 같은 어휘적 차이를 이 단어들의 출현환경의 차이로 생각한다. 이것은 'dog(개)'와 같은 가산명사(可算名詞, count noun, countable noun)와 'mud(진흙)'와 같은 물질명사의 차이를 이 단어들이 출현할 수 있는 통사적 틀의 차이로 보는 것과 마찬가지다. 가산명사는 수사나 'several(몇몇), many(많은)' 같은 수량사(quantifier) 뒤에 출현할 수 있지만, 물질명사는 그럴 수 없고 'much' 같은 수량사 뒤에 출현할 수 있다. 이와 비슷하게 'man'은 'prostate(전립샘)' 같은 단어와 긴밀하게 어울려 출현할 수 있지만 'woman'은 그럴 수 없으며, 'woman'은 'pregnant(임신한)' 같은 단어와 긴밀하게 어울려 출현할 수 있지만 'man'은 그럴 수 없다는 것이다.

49 역주 핼리데이의 어휘문법의 이론에 대한 논의는 Halliday(1961)과 같은 초기 연구뿐만 아니라 Halliday(1994)와 같은 최근 연구에 나오는 설명과 논증에도 바탕을 두었다.

- 수사+가산명사

She has two dogs.
(그녀는 개가 두 마리다.)
He drank three litres of water.
(그는 물 3리터를 마셨다.)

- 수량사+가산명사

The child had to have several stitches.
(그 아이는 몇 바늘을 꿰매야 했다.)
We've visited Ireland on many occasions.
(우리는 여러 차례 아일랜드를 방문했다.)

- 수량사+물질명사

There was too much mud and not enough grass for a decent game.
(제대로 경기를 하기에는 진흙이 너무 많고 잔디가 부족했다.)
We didn't get much enjoyment out of it.
(우리는 그것이 그다지 즐겁지 않았다.)

- man…prostate

The poor man had prostate problems.
(그 불쌍한 남자는 전립샘에 문제가 있었다.)

- woman…pregnant

That woman is pregnant.
(그 여자는 임신했다.)

통사적 차이가 어휘적 차이와 질적으로 다른 게 아니라는 핼리데이의 주장에 대한 반론은 통사론이 "순수하게" 언어적인 현상인 데 반해 어휘적 차이는 실제 세계의 본질에 바탕을 두고 있다는 것이었다.[50] 예를 들어 'man'과 'pregnant'를 병렬해 쓰지 않는 것은 단순히 남성의 생리적 한계 때문이라고 할 수 있다. 그렇지만 통사적 범주나 과정이 작용하는 원리도 적어도 부분적으로는 실제 세계와 관련이 있다는 주장 또한 가능하다. 다시 가산명사와 물질명사의 차이 문제를 예로 든다면, 'mud(진흙), air(공기), enjoyment(즐거움), darkness(어둠)' 같은 단어 앞에 수사를 쓰지 않는 이유가 그런 물질들 또는 그런 물질들이 가리키는 경험들이 본질적으로 그런 물질들을 개별적인 실체보다는 연속적인 전체로 지각하게 만들기 때문이라고 해도 무방할 것이다. 이것은 가산명사와 물질명사의 차이가 있는 여러 언어에서 세부적인 차이는 있을지라도 같은 종류의 물질과 경험들이 물질명사로 분류된다는 사실에서도 지지를 얻고 있는 생각이다. 예를 들어

50 핼리데이의 입장에 대한 반론은 Sampson(1980)에서 가져왔다.

'mud'와 'air'의 **번역대응어**(translation-equivalent)들, 즉 프랑스어의 'boue, air', 독일어의 'Schlamm, Luft', 스페인어의 'barro, aire', 현대그리스어의 'laspi, aéras'가 원래의 의미로 쓰일 때 모두 물질명사로 행동한다. 이 문제에 대한 가장 합리적인 태도는 어휘부와 통사론이 언어외적 실제(언어 바깥에 사물들이 존재하는 방식)와 언어내적 실제(언어 안에 사물들이 존재하는 방식) 사이의 상호작용에 의해 결정된다고 보는 것일 듯싶다.[51]

2_4 결합가문법의 관점

결합가문법은 역사적으로 독일 언어학과 특히 관련이 깊지만 일반적으로 문법에 대해 생각하는 데에 광범위한 영향을 미치고 있다.[52] 여기서 **결합가**(結合價, valency)라는 용어는 화학에서 빌려온 것이다. 화학에서 주어진 원소의 **원자가**(原子價, valence, valency)는 다른 원소와 결합할 수 있는 능력으로 정의된다.[53] 언어학에서 결합가는 어떤 통사적 요소가 다른 통사적 요소와 결합하여 이루는 구성의 수와 유형을 가리킨다. 결합가문법은 전통적으로 동사를 문장의 기본적이고 중심적인 요소로 보고 동사와 동사에 의존하는 요소들 사이의 관계에 주된 관심을 둔다. 동사에 의존하는 요소들을 가리키는 용어는 **논항**(argument), 표현(expression), 보어(complement), 결합어(valent) 등으로 다양하다. 우리의 논의와 관련되는 사실은 결합가문법이 문장구조의 모습을 단어선택의 결과, 즉 특정한 결합가를 가진 특정한 동사를 선택한 결과로 본다는 것이다. 동사 결합가의 예를 보자.

exist(존재하다), snore(코를 골다), vanish(사라지다)

위의 동사들은 주어 하나만을 요구한다.

Poverty exists. (빈곤이 존재한다.)
He was snoring. (그가 코를 골고 있었다.)
The problem vanished. (문제가 사라졌다.)

51 역주 저자가 절충적인 태도로 끝맺은 데서도 드러나듯이 통사론이 실제 세계와 관련되어 있기는 하지만 전적으로 일치하는 것이 아님은 분명하다. 저자가 예시한 물질명사의 경우에는 실제 세계의 경험이 통사론에서 물질명사라는 부류가 존재하는 근거가 될 수 있다. 그러나 독일어에서 'Mond(달), Baum(나무), Kontrast(대조), Staat(국가)' 등이 왜 'Mann(남자), Knabe(소년)'와 함께 남성명사이고 'Sonne(해), Arznei(약), Zeitung(신문), Nation(국가)' 등은 왜 'Frau(여자), Braut(신부)'와 함께 여성명사인지, 그리고 'Fenster(창문), Mädchen(소녀), Weib(여자)' 등은 왜 중성명사인지를 실제 세계에 근거해서는 설명할 수 없다.

52 결합가문법에 대한 논의는 주로 Allerton(1982, 1995)에 의거했다.

53 역주 더 구체적으로 말하자면, 어떤 원소의 원자가 다른 원소의 원자와 결합하는 능력을 나타내는 수를 '원자가'라 한다. 흔히 수소(H)를 기준으로 하여 수소원자를 1가로 한다. 예를 들면 염화수소(HCl)는 염소원자(Cl) 1개가 수소원자 1개와 결합하므로 염소원자의 원자가는 1가이며, H_2O(물)에서 보듯이 산소원자(O)의 원자가는 2가이다. 마찬가지로 질소원자(N)의 원자가는 NH_3(암모니아)에서 알 수 있듯이 3가이다.

전통적인 용어로는 이런 동사를 **자동사**(intransitive)라고 한다. 결합가문법의 용어로는 결합가가 1인 **1가동사**(monovalent verb)이다.[54]

annoy(괴롭히다), damage(손상하다), scrutinize(면밀히 조사하다)

위의 동사들은 주어 하나와 직접목적어 하나를 요구한다.

You annoy me. (네가 나를 괴롭힌다.)
The storm damaged the sea-wall. (폭풍이 방파제를 손상했다.)
We have scrutinized the documents. (우리는 그 기록들을 면밀히 조사했다.)

이런 동사는 전통적으로 **타동사**(transitive)라 불렀다. 결합가문법에서는 결합가가 2인 **2가동사**(bivalent verb)라 한다.[55]

bestow(수여하다), give(주다), inform(알리다)

위의 동사들은 주어 하나와 직접목적어 하나, 그리고 다른 결합어를 하나 더 요구한다.

The king bestowed a knighthood on him.
(왕은 그에게 기사작위를 수여했다.)
Jeremy gave the parcel to his aunt.
(제레미는 그 소포를 숙모께 드렸다.)
The police informed Jack of Jill's safe return.
(경찰은 잭에게 질이 잘 도착했음을 알렸다.)

이런 동사는 전통적으로 **이중타동사**(ditransitive)라 불렀다. 결합가문법에서는 결합가가 3인 **3가동사**(trivalent verb)라 한다.[56]

앞에서 언급한 바와 같이 결합가의 개념은 전통적으로 동사에 적용되어 왔다. 그러나 결합가문법에서 영감을 받고 **의존문법**(Dependency Grammar)이라는 이름 아래로 모여들고 있는 여러 문법이론들에서 결합가라는 기본적인 생각을 형용사나 명사 같은 다른 어휘범주에까지 확장하고 있다.[57] 예를 들어(홀로 명사를 꾸밀 수 있는) 'tall(키가 큰)'이라는 형용사의 결합가는(다른 요소를 요구하는) 'susceptible(영향을 받기 쉬운)'이라는 형용사의 결합가와 분명히 다르다.[58]

The professor is tall. (그 교수는 키가 크다.)

54 역주 한국어 대응어 '존재하다, 사라지다'도 자동사로서 1가동사이다. 다만 '골다'는 항상 '코를'이라는 목적어를 요구하는 타동사로서 2가동사이다.

55 역주 한국어 대응어 '괴롭히다, 손상하다, 조사하다'도 직접목적어를 요구하는 타동사로서 2가동사이다.

56 역주 한국어 대응어 '수여하다, 주다, 알리다'도 직접목적어 외에 '…에게/께'라는 간접목적어를 요구하는 이중타동사로서 3가동사이다.

57 의존문법이론에 관한 여러 자료는 다음 웹사이트를 참고한 것이다. http://ufal.mff.cuni.cz/dg/dgmain.html.

58 역주 한국어 형용사는 '작다, 빨갛다, 조용하다'처럼 보어가 필요하지 않은 것이 많으나 '친하다' 같은 형용사는 주어가 단수일 때 '…과/와'라는 성분을 요구한다. "철수는 친하다."는 이상하고 "철수는 민호와 친하다."처럼 표현해야 자연스럽다.

The professor is susceptible to pressure. (그 교수는 압력에 약하다.)

명사 'problem(문제)'과 'propensity(성향)'의 경우도 마찬가지다.[59]

He has a problem. (그는 문젯거리가 있다.)
He has a propensity to violence. (그는 폭력적인 성향이 있다.)

59 역주 한국어 명사는 일반적으로 보어가 필요치 않다. 다만 '아는 것, 할 수 있다, 있는 듯 없는 듯' 등의 '것, 수, 듯' 처럼 바로 앞에 반드시 관형어를 보어로 가져야 하는 명사 부류가 있는데 이들을 의존명사라 부른다.

2_5 어휘기능문법의 관점

어휘기능문법(Lexical-Functional Grammar, LFG)은 1980년대에 촘스키문법에서 갈라져 나왔다.[60] 이 이론은 통사론의 이론적, 기술적(記述的) 처리를 발화를 표현하고 이해하는 심리적 과정에 대해 알려진 사실들에 더욱 밀착시키려 했다. LFG는 그 이름이 암시하듯이 어휘부를 통사론 설명의 한가운데에 둔다.

60 LFG 예들의 출처는 Bresnan and Kaplan(1982), Dik(1981), Neidle(1996)이다. 다음 웹사이트도 참고했다.
http://clwww.essex.ac.uk/LFG/,
http://www-lfg.stanford.edu/lfg/.

LFG에서는 어휘부 안의 모든 항목들이 발음, 표기, 의미에 대해 표시가 되어 있을 뿐 아니라 문장 안에서 관련을 맺는 다른 요소들의 역할 및 그러한 역할에 부여된 문법기능에 대해서도 표시가 되어 있다. 예를 들어 동사 'walk(걷다)'와 'stroke(쓰다듬다)'는 다음과 같이 기술된다.

(주어)	– 문법기능의 배당
walk (행위주)	– 논항구조
(주어) (목적어)	– 문법기능의 배당
stroke (행위주, 대상)	– 논항구조

'walk'의 논항구조는 주어와 관련되는 **행위주**(agent) 논항(동작의 행위자 역할)으로만 구성된다.

(동사 'walk'의 주어)
Eric was walking. (에릭은 걷고 있었다.)
(행위주 : 걷는 주체)

'stroke'의 논항구조는 주어와 관련되는 행위주 논항(동작의 행위자 역할)과 목적어와 관련되는 **피동주**(patient) 논항 또는 **대상**(theme) 논항(동작을 당하는 주체의 역할)으로 구성된다.

(동사 'stroke'의 주어) (동사 'stroke'의 목적어)
Jill stroked the cat. (질은 고양이를 쓰다듬었다.)
(행위주 : 쓰다듬는 행위자) (대상 : 쓰다듬음을 당하는 주체)

그래서 LFG는 HPSG, 결합가문법, 여러 형태의 의존문법들과 마찬가지로 단어선택을 모든 문장의 통사구조를 결정하는 요소라고 주장한다. 문장은 어휘구조(lexical structure), 성분구조(constituent structure, 즉 c구조), 기능구조(functional structure, 즉 f구조)를 포함하고 있는 것으로 간주된다. 문장 안의 각 어휘요소가 논항구조를 표시한다고 보기 때문에 그 문장의 어휘구조는 그 문장의 성분구조(즉 그 문장을 구성하는 성분들과 그 성분들이 서로 관련되는 방식)를 결정한다고 할 수 있다. 또 각 어휘항목이 가진 다양한 역할(행위주, 대상 등)이 문법기능(주어, 목적어 등)과 관련된다고 생각하기 때문에 기능구조 역시 어휘구조에 의존한다고 할 수 있다.

2_6 촘스키문법의 관점

마지막으로, 아주 최근까지도 통사이론 중에서 가장 통사론적이라고 인정되어 온 이론, 즉 촘스키(Noam Chomsky)라는 이름이 붙어 있는 이론을 살펴보자.[61] **촘스키문법**의 초기 이론에서는 어휘부가 자율적인 부문으로 인정받지 못했다. 다시 말해 단어는 통사론이 자신을 드러낼 수 있도록 해 주는 요소, 즉 신학적 표현을[62] 빌리자면 "안에 있는 통사론의 바깥쪽 기호(the outward signs of inward syntax)"에 불과했다.

그러나 1950년대에 촘스키문법이 생겨난 이후 그 진화의 방향은 어휘부를 점점 더 중시하는 쪽이 되었다. 전에는 순수하게 통사적 과정으로 표현했던 현상을 이제는 어휘부를 참조하여 다루게 되었다. 그 좋은 예가 피동화(被動化, passivization)의 사례이다. 촘스키의 첫 책 『통사구조(*Syntactic Structures*)』(1957)에서는 처음에 다음과 같은 구구조규칙(phrase structure rule)에서 통사구조가 생성되는 것으로 표현했다.

61 촘스키문법에 대한 논의는 Cook(1988), Cook and Newson(1996), Radford(1981, 1997a, 1997b)에서 가져왔다. 이와 관련된 촘스키의 원래 저작은 Chomsky(1957, 1981, 1995)이다.

62 역주 고대로마의 신학자 아우구스티누스(St. Augustine, 354~430)가 "성사(聖事)는 보이지 않는 은총의 보이는 표시이다."(Sacraments are outward signs of inward grace.)라고 한 것을 말한다.

S→NP+VP
(문장은 명사구와 동사구로 이루어진다.)
NP→(DET)+N
(명사구는 항상 명사 하나를 포함하며 그 앞에 결정사(determiner, 관사 'a, the'와 같은 것들)를 포함하거나 포함하지 않을 수 있다.)

구구조규칙이 명시하는 기본구조 또는 핵구조(kernel structure)는 피동변형을 포함한 다양한 **변형**(transformation)을 겪을 수 있다. 피동변형은 대체로 다음과 같다.

능동문				**피동문**				
NP_1 +	V +	NP_2	⇒	NP_2 +	be +	V +	by +	NP_1
명사구1	동사	명사구2		명사구2		동사		명사구1

이에 대한 예는 다음과 같다.

능동문		**피동문**
The man hit the ball.	⇒	The ball was hit by the man.
NP_1 + V + NP_2	⇒	NP_2 + be + V + by + NP_1

(그 남자가 그 공을 쳤다.)

그러나 후에 촘스키주의자들은 피동이 통사규칙만으로 다루어질 수 있는 것이 아님을 인정하게 되었다. 어쨌든 피동에 관한 통사규칙은 능동문의 명사구2가 피동문에서 명사구1 위치로 이동하며 그 반대로의 이동도 가능하다고 처리하게 될 것이다. 그것은 다음 피동문이 능동문으로부터 어떻게 만들어졌는지를 설명할 수 있을 것이다.

A picture was taken of Brett by the official photographer. (피동문)
The official photographer took a picture of Brett. (능동문)
명사구1 (The official photographer) 명사구2 (a picture) 명사구3 (Brett)
(공식 사진사가 브렛의 사진을 찍었다.)

그것은 또 능동문의 명사구3이 주어 자리로 옮겨간 "?Brett was taken a picture of by the official photographer."가 어색함을 설명해 준다.[63] 그렇지만 직접목적어가 아닌 목적어가 피동문의 주어 자리로 이동하는 경우가 있기는 있다. 예를 들어 다음 세 문장 다 완벽하게 자연스럽지만 세 번째 문장의 'John'은

63 역주 문장 앞의 '?'는 그 문장이 어색함을 나타낸다.

명사구3으로서 능동문에서 직접목적어가 아니고 전치사의 목적어이다.

They took advantage of John. (그들은 존을 이용했다.)
명사구1 명사구2 명사구3
Advantage was taken of John.
John was taken advantage of.

이것을 설명하려면 'take advantage of(이용하다)'와 같은 표현을 복합타동사의 일종으로 재구조화할 수 있도록 허용하는 어휘적 재구조화규칙(lexical restructuring rule)을 활용해야 할 것이다. 이러한 수의적인 **재구조화**는 아주 불규칙적인 것으로 보인다.[64] 재구조화가 'take care of(돌보다)'에는 잘 적용되지만("The job was taken care of."), 'take offence at(성내다)'에는 잘 적용되지 않는다("?The chairman's remarks were taken offence at."). 따라서 특정한 단어 선택이 어휘적 재구조화의 가능성이나 불가능성을 결정하고 그것이 다시 어떤 종류의 피동화가 허용되는지를 결정한다고 할 수 있다.[65]

1980년대 초에는 어휘부가 통사구조에 결정적인 영향을 미치는 것으로 생각했다. 1980년대에 유행한 촘스키의 **지배결속이론**(Government and Binding theory)에서 이른바 투사원리(Projection Principle)는 어휘내항의 속성들이 문장의 통사구조에 투사되는 것으로 기술했다.[66] 그것은 어휘부와 통사론의 관계 문제에 대해 본질적으로 HPSG, 결합가문법, LFG의 관점과 일치하는 것이다.

투사원리는 다음과 같이 설명할 수 있다. 앞에서 본 대로 촘스키의 초기 이론에서는 통사론의 구구조부문이 문장의 기본성분들을 완전히 명시한다.

S→NP+VP
NP→(DET)+N

여기서 동사구의 전개는 다음과 같다.

VP→V(+NP)
(동사구는 항상 동사 하나를 포함하며 그 뒤에 명사구를 포함하거나 포함하지 않을 수 있다.)

한편 동사의 어휘내항은 동사 뒤에 명사구가 있을 수 있는지를 명시한다. 예를 들어 'hit(때리다)'와 같은 타동사는 다음 정보를 가질 것이다.

64 역주 '수의적'은 '필수적'의 반대말로서 어떤 규칙이 수의적이면 그 규칙이 적용되어도 좋고 적용되지 않아도 좋다.

65 역주 요컨대 피동문의 형성에서 'take advantage of, take care of' 등은 한 단어처럼 행동할 수 있지만 'take offence at'은 그렇지 않다고 규정해야 하면 그것은 문법적이라기보다 어휘적인 처리라는 설명이다.

66 역주 어휘내항(語彙內項, lexical entry)은 어휘부에서 각 어휘항목에 대해 제시한 풀이를 가리킨다. 다의어는 의미별로 풀이가 따로 제시되므로 한 어휘항목에 둘 이상의 어휘내항이 대응할 수 있다. 여기서 "어휘내항의 속성들이 문장의 통사구조에 투사된다"는 것은 기본적으로 개별 단어의 속성들이 문장의 통사구조를 결정한다는 말로 이해하면 되겠다.

[___ NP]
(명사구 앞에 출현한다.)

반면에 'snooze(졸다)'와 같은 자동사는 이런 특별한 환경의 명시를 포함하지 않을 것이다. 따라서 구구조규칙과 어휘부가 제공하는 정보가 서로 겹친다. 투사규칙이 기술하는 것처럼 개별 단어의 속성들이 통사구조의 형성에 관여한다는 것을 인정하면 동사구 안에 명사구가 출현하는지를 통사론의 층위에서 일반화하여 진술하는 것은 의미가 없게 된다. 왜냐하면 개별 동사 뒤에 명사구가 이어질 수 있는지에 대한 정보를 어휘부가 이미 제공하고 있기 때문이다.

그 후 촘스키문법은 어휘주의 쪽으로 아주 많이 나아갔다. 언어에 대한 촘스키의 주요 견해 중의 하나는 모든 인간이 언어능력(language faculty)을 가지고 태어나며 어린아이가 언어를 습득할 수 있게 해 주는 것이 바로 이 언어능력이라는 것이다.[67] 그 결과 인간의 언어들이 본질적으로 언어능력의 구조를 반영하는 똑같은 모양으로 조직되어 있다고 주장한다. 그것이 아니라면 언어능력이라는 개념으로 모든 어린아이가 적절히 노출만 되면 어떤 언어든지 습득할 수 있다는 사실을 설명할 수 없게 된다. 촘스키는 자신이 상정한 언어들의 구조적인 공통적 핵심을 **보편문법**(Universal Grammar)이라 부른다. 1980년대의 촘스키문법 이론에 따르면 보편문법은 모든 언어에 적용되는 원리(principle)들의 집합과 언어에 따라 아주 제한된 부분만 달라지는 매개변항(parameter)들의 집합으로 구성된다. 그 원리들 중의 하나가 앞에서 본 투사원리이다. 매개변항 중의 하나는 핵매개변항(Head Parameter)인데 그것은 기본적으로 각 구(전치사구, 동사구 등) 안에서 그 구의 핵(전치사, 동사 등)이 항상 다른 요소들(보어)의 왼쪽에만 또는 오른쪽에만 놓인다는 것이다. 그래서 영어는 다음과 같은 예를 바탕으로 "핵머리(head-first)" 언어라고 본다.

전치사구

[in Japan] (일본에)

핵 (전치사)

– 전치사구 안에서 전치사 핵이 왼쪽, 그 보어가 오른쪽

67 **역주** 언어능력을 'linguistic competence'라고 칭하기도 한다. 촘스키가 언어수행(linguistic performance)과 대립하는 개념으로 제시한 것이다.

동사구

[am Japanese] (일본인입니다)

핵 (동사)

– 동사구 안에서 동사 핵이 왼쪽, 그 보어가 오른쪽

한편 일본어는 다음 예에서 보듯이 "핵꼬리(head-last)" 언어이다.

전치사구

[nihon ni] (日本に, 일본에)[68]

핵 (전치사)

– 전치사구 안에서 전치사 핵이 오른쪽, 그 보어가 왼쪽

동사구

[nihonjin desu] (日本人です, 일본인입니다)

핵 (동사)

– 동사구 안에서 동사 핵이 오른쪽, 그 보어가 왼쪽

그러나 1980년대 말에 매개변항이 원리에 속하는 것이 아니라 어휘항목의 속성이라는, 이른바 어휘적 매개변항화 가설(lexical parameterization hypothesis)이 등장했다.[69]

영어와 독일어의 전치사구 예에서 어휘적 매개변항화 가설을 지지하는 증거를 살펴보자. 두 언어 다 전치사구에서(그리고 다른 구에서도) 핵의 위치를 보면 핵머리 언어라고 할 수 있다.

영어

전치사구

[in Germany] (독일에)

핵 (전치사)

– 전치사 핵 'in'이 보어의 왼쪽

전치사구

[with me] (나와 함께)

핵 (전치사)

– 전치사 핵 'with'가 보어의 왼쪽

독일어

전치사구

[in Deutschland] (독일에)

핵 (전치사)

68 역주 일본어의 'ni(に)'는 명사구 앞에 놓이므로 전치사라고 할 수 없다. 일본어문법에서는 조사(助詞)라고 하지만 언어유형론의 관점에서 전치사와 대비하여 후치사(後置詞)라 부르기도 하는데 여기서도 후치사가 더 정확한 용어일 것이다. 여기서의 일본어에 대한 서술은 한국어에도 그대로 적용된다.

69 어휘적 매개변항화 가설은 Wexler and Manzini(1987)이 제안한 것이다.

– 전치사 핵 'in'이 보어의 왼쪽

전치사구

[mit mir] (나와 함께)

핵 (전치사)

– 전치사 핵 'mit'가 보어의 왼쪽

그러나 두 언어에는 보어 오른쪽에 놓이는 전치사도 있다.

영어

전치사구

[your objection notwithstanding] (너의 반대에도 불구하고)

핵 (전치사)

– 전치사 핵 'notwithstanding'이 보어의 오른쪽

독일어

전치사구

[der Schule gegenüber] (학교 맞은편에)

핵 (전치사)

– 전치사 핵 'gegenüber'가 보어의 오른쪽

이 두 예에서 보듯이 전치사구에서 핵의 위치는 주어진 언어의 모든 경우에 대해 일률적으로 정해지는 것이 아니라 어휘적 매개변항화 가설이 주장하는 것처럼 개별 전치사의 어휘적 속성에 따라 정해지는 것으로 보인다.

촘스키문법의 어휘주의화 경향은 촘스키의 가장 최근 이론인 **최소주의이론**(Minimalist Programme)에서 필연적인 결론에 다다른다.[70] 이 이론에서는 통사구조를 도출하는 전체 과정이 어휘부에서 출발하는 것으로 표현된다. 어떤 문장에 선택된 개별 어휘요소가 그 문장의 내용과 형식 양쪽을 모두 결정하는 주된 인자가 된다는 점을 이제 촘스키와 그의 추종자들은 다른 많은 언어학파들처럼 (앞절들 참조) 받아들이게 된 것이다. 최소주의이론에서 '최소주의'라는 표현은 바로 초기 이론들의 낯익은 특징들을 많이 버린 상태에서 통사적 층위들과 작용들을 최소로 줄이고 어휘부가 문장을 구성하는 체계 전체를 끌고 나감을 뜻한다. 그래서 문장 차원에서 통사규칙들로부터 시작해서 그 문장을 구성하는 어휘요소들을 예를 들어 'S→NP+VP'와 같은 틀에 채워넣는 대신, 개별 어휘항목 주변

70 역주 최소주의이론을 종합적으로 제시한 것이 Chomsky(1995)이다.

에 개별적인 구조를 형성하는 데서 시작해서 어휘에 바탕을 둔 그 개별적인 구조들을 합쳐 더 큰 구조를 만들어나가게 된다.

2_7 요약

이 장에서는 아주 다양한 이론적 전통의 통사론자들이 어휘부를 문장의 형성에서 중대하고 결정적인 역할을 하는 것으로 본다는 것을 살펴보았다. 런던학파나 결합가문법은 처음부터 어휘와 통사론의 상호관련성을 인정했고 컴퓨터언어학은 기본적인 자료들의 작업을 통해서 불가피하게 그러한 해석을 인정할 수밖에 없었다. 또 촘스키문법은 초기 이론의 결함을 깨달아 발전시킨 후기 이론으로 갈수록 어휘부가 통사구조에서 가지는 중요성을 점점 더 많이 인정하게 되었다. 이상의 모든 (그리고 많은 다른) 언어학파가 동의하는 점은 모든 문장의 통사적 모습이 대부분 그것을 구성하는 어휘요소의 속성이 작용한 결과라는 점이다.

통사론을 더 공부하고자 한다면 다음 중 하나로 시작하는 것이 좋을 것이다.

토마스(L. Thomas)(1994) 『통사론 입문(*Beginning Syntax*)』.[71]
베이커(C. L. Baker)(1995) 『영어통사론(*English Syntax*)』, 제2판.[72]

특히 촘스키통사론에 대해서는 다음 논저들이 잘 소개하고 있다.

쿡(V. J. Cook) · 뉴슨(M. Newson)(1996) 『촘스키의 보편문법 개론(*Chomsky's Universal Grammar: an introduction*)』.
래드퍼드(A. Radford)(1997b) 『통사론 : 최소주의 개론(*Syntax: a minimalist introduction*)』.[73]
샤피로(L. P. Shapiro)(1997) 「길잡이 : 통사론 개설(Tutorial: an introduction to syntax)」.

어휘부와 통사론의 접면(interface)에 대한 더 깊은 논의는 다음에서 찾을 수 있다.

험프리스(R. L. Humphreys)(1996) 「형식문법에서의 어휘부(Lexicon in formal grammar)」.
스토웰(T. Stowell)(1992) 「통사이론에서의 어휘부의 역할(The role of the lexicon in syntactic theory)」.
스토웰(T. Stowell) · 웨얼리(E. Wehrli)(1992) 「총론(Introduction)」.

71 역주 손장진 역(1997) 『통사론 입문』, 한신문화사.

72 역주 박의재 역(1991) 『영어통사론』, 한신문화사. 초판(1989)의 번역.

73 역주 이홍배 역(1999) 『최소주의 통사론』, 한신문화사.

연습문제 및 토론거리

1 2_1에서 동사보어의 다양한 유형으로서 다음 예들을 제시한 바 있다.

will eat [will+동사]
(먹을 것이다)
wish to eat [wish+to+동사]
(먹기를 바라다)
intend to eat/intend eating [intend+to+동사 / intend+동사-ing]
(먹으려고 하다)
regret eating [regret+동사-ing]
(먹은 것을 후회하다)
indulge in eating [indulge+in+동사-ing]
(먹는 것에 빠지다)
refrain from eating [refrain+from+동사-ing]
(먹기를 삼가다)

각각에 대해 동사보어의 유형이 같은 동사를 둘씩 제시하라. (예를 들면 'must'는 'will'의 유형을 그대로 따른다.)

2 2_3에서 어휘적 차이도 어떤 문법적 차이처럼 어휘항목이 어떤 요소와 **공기**(共起)하는지(co-occur) 하는 관점에서 관찰할 수 있음을 보았다. 그런데 공기가능성(co-occurrence possibility)이 상황이나 의도된 의미의 영향을 받는 것 또한 사실이다. 그래서 'man'과 'woman'의 경우 다음 두 예문이 영국 국교회의 상황에서는 (남자 아닌 여자 사제도 가끔 있으므로) 특이할 게 없지만 로마가톨릭이나 그리스정교회의 상황에서는 (여자 사제가 없으므로) 두 번째 예문이 불가능하다.

The priest was a fine man.
(그 사제는 좋은 남자였다.)
The priest was a fine woman.
(그 사제는 좋은 여자였다.)

가산명사와 물질명사의 경우에도 비슷한 현상이 있다. 생수 종류가 조금밖에 안 되는 슈퍼마켓의 상황에서는 'not many waters(많지 않은 물)'가 아무 문제 없이 가능하지만, 가뭄으로 물의 양이 줄어든 저수지의 상황에서는 'not much water(많지 않은 물)' 라는 표현이 쓰일 것이다. 상황이 공기가능성에 영향을 주는 다른 예를 생각해 보라.

3 2_4에서 결합가문법은 동사가 취하는 논항의 수를 그 동사의 결합가라고 본다고 했다. 그래서 'exist(존재하다), sleep(자다), vanish(사라지다)' 같은 자동사는 결합가가 1인 1가동사(monovalent)이고, 'annoy(괴롭히다), damage(손상시키다), scrutinize(면밀히 조사하다)' 같은 타동사는 결합가가 2인 2가동사(bivalent)이며, 'give(주다), inform(알리다), characterize(특징짓다)' 같은 이중타동사는 결합가가 3인 3가동사(trivalent)이다. 이 세 가지 결합가 범주에 속하는 동사 예를 다섯 개씩 찾아보라. 이때 어떤 동사는 문맥에 따라 결합가가 달라짐에 유의하라. 예를 들어 'dream(꿈을 꾸다)' 과 같은 1가동사가 어떤 문맥에서는 2가동사가 되기도 한다. "He dreamt a strange dream."(그는 이상한 꿈을 꾸었다.)이 그 예이다.

4 2_2의 HPSG와 2_5의 LFG의 논의에 따라 다음 문장들에서 행위주와 (가능하다면) 피동주를 확인하라. 각 동사의 논항구조를 명시하기 위해 얻은 정보를 이용하라.

The folk-dancers slapped their thighs.
(포크댄스 추는 사람들이 자기 허벅지를 쳤다.)
John was working.
(존은 일하고 있었다.)
Every February we ski in the French Alps.
(매년 2월 우리는 프랑스알프스에서 스키를 탄다.)
Mr McVeigh sliced the tomatoes very fine.
(맥베이 씨가 토마토를 아주 잘게 썰었다.)
Christopher was tuning his guitar.
(크리스토퍼는 기타를 조율하고 있었다.)[74]

5 2_6에서 촘스키문법의 발달을 설명하면서 핵 매개변항의 예를 가지고 설명한 매개변항이라는 개념을 접했다. 다른 예로 대명사탈락 매개변항(Pro-Drop

74 **역주** 이것은 실제 상황에 바탕을 둔 예문일 것이다. 저자의 머리말에 나오는 저자의 아들 크리스토퍼가 크리스 싱글턴(Chris Singleton)이라는 이름으로 가수 겸 작곡가로 활동하고 있기 때문이다.

Parameter)이란 것이 있는데 그것은 동사 앞에서 주어 대명사가 탈락할 수 있는지 없는지에 관한 것이다. 스페인어는 대명사탈락 언어에 속한다. 'yo entiendo(나는 이해한다)' 와 같은 표현에서 'yo(대명사 '나')' 가 탈락할 수 있고 또 대체로 탈락해서 'entiendo' 라고만 말하는 것이 보통이기 때문이다. 프랑스어에서는 'je comprends(나는 이해한다)' 의 'je(대명사 '나')' 가 탈락할 수 없고 다른 많은 예들에서도 마찬가지이므로 프랑스어는 비대명사탈락 언어에 속한다. 그렇다면 영어는 어디에 속하겠는가? 혹시 주어 대명사의 탈락가능성이 문맥이나 개별 동사에 따라 달라지는가?

3 어휘와 형태론

3_1 단어의 내면

1_2에서 '형태론'이 '형태, 모양'을 뜻하는 그리스어에서 온 용어이며 단어의 내적 구조(그리고 그것에 관한 학문)를 가리킨다고 했다.[75] 단어는 분석할 수 없는 통짜의 의미 또는 문법기능을 지닌 소리나 글자의 연쇄에 불과한 것이 아니다. 단어는 의미를 지닌 성분들이 합쳐져 만들어진 것일 수 있다. 그 성분들은 그 자체로 단어가 되기도 하고 다른 단어의 일부로만 쓰이기도 한다.

다음 문장들의 밑줄 친 단어를 보자.

The enormous fish looked rather fearsome.
(그 거대한 물고기는 좀 무서워 보였다.)
If you are going to dance the cancan you will need some fishnet stockings.
(캉캉춤을 출 거면 망사스타킹이 필요할 거야.)
This is a story about three little fishes.
(이 이야기는 작은 물고기 세 마리에 관한 것이다.)
There's a fishy smell in here.
(여기서 생선 비린내가 난다.)

'fish(물고기)'는 분명히 홀로 쓰일 수 있는 단어이다. 그렇지만 'net(그물)'와 같은 독립된 다른 요소와 결합할 수도 있다. 또 독립적으로 단어로는 존재하지 않지만 의미와 기능이 분명한 어떤 요소와 결합할 수도 있다. 그래서 'fishes' 끝의 '-es'는 물고기가 두 마리 이상임을 나타내고 'fishy' 끝의 '-y'는 명사

75 역주 독일의 시인 괴테(1749~1832)가 생물의 형태를 연구하는 학문을 가리키는 'Morphologie'라는 독일어 용어를 만들었고 언어학자 슐라이허(August Schleicher, 1821~1868)가 그것을 언어학의 하위 학문을 가리키는 용어로 받아들였다. 생물학의 'morphology'를 한국어로는 '형태학'이라고 번역하므로 언어학의 형태론과 구별된다.

'fish'를 형용사로 바꾼다. 다른 언어에서도 마찬가지이다. 예를 들어 'fish, fishnet, fishes'의 독일어 번역은 각각 'Fisch, Fischnetz(Fisch+Netz, 둘 다 독립된 단어이다), Fische('Fisch'에 복수를 나타내는 어미 '-e'가 붙었다)'이다.

따라서 의미와 문법을 구성하는 기본 단위는 단어가 아니라 단어를 구성하는 더 쪼갤 수 없는 성분들, 즉 의미나 문법기능을 지닌 채로는 더 이상 분해되지 않는 요소들이다. 이런 요소를 **형태소**(morpheme)라 한다. 이 장에서는 형태소가 어떤 역할을 하고 통상 어떻게 분류되며 어휘부와 어떻게 관련되는지 살펴볼 것이다.

3_2 형태소와 이형태[76]

형태소는 한 언어에서 의미적, 문법적 의미를 지닌 가장 작은 요소로 정의할 수 있다. 앞에서 본 바와 같이 어떤 형태소는 'fish'처럼 단어이기도 하다. 반면에 어떤 형태소는 단어 이하의 단위이지만 그래도 그것이 들어 있는 단어 안에서는 독자적인 의미나 문법기능을 지닌다. 'fishes, fishy'의 '-es, -y'가 그 예이다.

홀로 단어가 될 수 있는 형태소는 **자립형태소**(free morpheme)라 부르고, 단어의 일부로 쓰일 때만 의미나 기능을 지니는 형태소는 **의존형태소**(bound morpheme)라 부른다. 의존형태소의 대부분은 'disobey(불복종하다)'의 'dis-'와 같이 단어의 앞에만 붙는 **접두사**(接頭辭, prefix)이거나 'idolize(우상화하다)'의 '-ize'처럼 단어의 뒤에만 붙는 **접미사**(接尾辭, suffix)이다. 접두사와 접미사를 합쳐 **접사**(接辭, affix)라고 부른다.[77] 일부 언어에 접사의 다른 종류인 **접요사**(接腰辭, infix)나 **접변사**(接邊辭, circumfix)도 나타난다.[78] 접요사는 자립형태소의 가운데에 끼인다. 예를 들어 필리핀의 본톡어(Bontoc)에서 접요사 '-um-'은 형용사나 명사에 붙어 동사를 만들어낸다. 'fikas(강한)'와 'fumikas(강해지다)'를 비교해 보라. 접변사는 관련된 **어기**(語基, base)를 둘러싸는 요소이다.[79] 아메리카 원주민 언어인 치카사우어(Chickasaw)에서 부정을 표현하려면 어기의 앞뒤를 모두 변화시킨다. 'lakna(덥다)'와 'iklakno(덥지 않다)'를 비교해 보라.[80] 조금 후에 보게 되겠지만 의존형태소 중 어떤 것은 아무 형태가 없는 것도 있다. 그

76 형태소와 이형태에 대한 설명은 Katamba(1993), Lyons(1968:5장), Matthews(1974) 등에 서술된, 형태론 연구에서 쌓인 지혜의 폭넓은 전통에서 가져왔다.

77 역주 물론 모든 의존형태소가 접사인 것은 아니다. 접사가 아닌 의존형태소로는 한국어의 '먹-, 예쁘-' 같은 용언의 어간을 들 수 있다. 한국어에서 자립형태소는 '눈물, 반바지, 산불, 라디오, 설마, 아이고'에 들어 있는 '눈, 물, 반, 바지, 산(山), 불, 라디오(radio), 설마, 아이고' 같은 것들이다. 의존형태소는 '맨발, 가위질, 만들었다'에 들어 있는 '맨-, -질, 만들-, -었-, -다' 같은 것들이다. 여기서 '맨-'은 접두사, '-질'은 접미사이다. '-었-, -다'도 접미사라고 하는 경우가 있으나 이들은 어미라고 하여 접사와 조금 다르게 취급할 때가 많다.

78 역주 대부분의 언어와 마찬가지로 한국어에는 접요사와 접변사가 없다.

79 역주 어기는 단어의 중심이 되는 성분을 말하며 접사가 아닌 부분에 해당한다. 'fishnet, disobey, idolize'에서는 'fish, net, obey, idol'이 어기이고, '맨발, 눈물, 만들었다'에서는 '발, 눈, 물, 만들-'이 어기이다.

80 본톡어와 치카사우어의 예는 Fromkin and Rodman(1998) 6판의 3장에서 가져왔다.

런 것은 접사를 붙인 것이라고 보지 않고 형태론적 과정(process)을 겪은 것으로 보기도 한다.[81]

영어와 프랑스어에서 자립형태소와 의존형태소의 예를 더 보자.

영어

자립형태소	의존형태소
fire (불)	pre- (앞, 미리) 예 : predispose (경향이 있게 하다)
red (빨간)	-ize (-화하다) 예 : idolize (우상화하다)
fast (빠른)	-ing (동사어미) 예 : sailing (돛배 몰기)
in (안에)	-s (동사어미) 예 : considers (숙고한다)

프랑스어

자립형태소	의존형태소
pomme (사과)	ré- (다시) 예 : réinventer (재발명하다)
jaune (노란)	-ment (부사화접미사) 예 : poliment (정중하게)
là (거기에)	-ions (동사어미) 예 : parlions ((우리는) 말한다)
sur (위에)	-s (복수접미사) 예 : vins (포도주들)

한 형태소가 나타나는 환경에 따라 둘 이상의 형태로 실현될 수 있다. 그것을 형태소의 교체형(morphemic alternant) 또는 **이형태**(allomorph)라 한다. 예를 들어 영어의 과거시제 형태소는 /ɪd/(wanted), /d/(stayed), /t/(jumped) 등으로 실현된다. 이탈리아어의 자립형태소 'a'(문맥에 따라 '에'나 '로'를 뜻한다)는 자음으로 시작하는 단어 앞에서 'a'로, 모음으로 시작하는 단어 앞에서는 'ad'로 나타난다.[82]

Andiamo a Milano. (우리는 밀라노에 간다.)
Andiamo ad Athène. (우리는 아테네에 간다.)

비슷한 프랑스어 예를 보자. 다만 여기서는 **영이형태**(零異形態, zero allomorph)가 등장한다. 명사에 붙어 복수를 나타내는 의존형태소는 자음으로 시작하는 단어 앞에서는 묵음(默音)인 반면, 모음으로 시작하는 단어 앞에서는 말투나 속도에 따라 /z/로 발음될 수도 있고 묵음일 수도 있다. 예를 들어 표기된 형태 'voitures(차들)'의 복수어미 's'는 아래의 첫 문장에서는 묵음인데 두 번째 문장을 비교적 격식적인 말투로 또박또박 말할 때는 /z/로 발음된다.[83]

81 역주 아무 형태가 없는 의존형태소라고 하기보다 의존형태소의 이형태 중 어떤 것이 아무 형태가 없다고 해야 더 정확하다. 아래에 나오는 영이형태를 두고 한 말이다.

82 역주 한국어에서 이형태의 예로는 '잡아, 접어'에서의 어미 '-아'와 '-어'를 들 수 있다. 이들의 발음 /ㅏ/와 /ㅓ/를 같은 어미형태소의 두 이형태라 할 수 있다. 또 '잡다 [잡따]', '잡는다 [잠는다]'에서의 어간형태소는 /잡-/과 /잠-/이라는 두 이형태로 나타난다.

83 역주 다시 말해서 'voitures' 뒤에 자음이 오면 복수형태소 's'가 묵음이 되고 모음이 오면 's'가 /z/로 발음된다. 첫 번째 예문에서 'ralentissaient'의 첫소리가 /r/로서 자음이고 두 번째 예문에서는 'allaient'의 첫소리가 /a/로서 모음이다.

Les voitures ralentissaient. (차들이 속도를 줄이고 있었다.)

Les voitures allaient très vite. (차들이 아주 빨리 달리고 있었다.)

3_3 조어형태론과 굴절형태론

앞에서 본 바와 같이 일반적인 형태론이 단어의 구조에 대한 것이므로 모든 형태론을 어휘적이라고 단정해도 터무니없는 일은 아닐 것이다. 그렇지만 단어형성과 관련되는 형태론적 현상, 특별히 이름하여 **조어형태론**(造語形態論, lexical morphology)이라는 것과 단어의 문법적 변화와 관련되는 형태론적 양상, 즉 **굴절형태론**(屈折形態論, inflectional morphology)을 구별하고 싶어 하는 형태론자들이 많다.[84] 예를 들어 형용사 'kind(친절한)'에 의존형태소 '-ness'를 붙여서 추상명사 'kindness(친절)'를 형성하는 것은 조어형태론에 속하게 될 것이고, 주어가 'he, she, it'이고 시제가 현재일 때 동사 'run(달리다)'에 의존형태소 '-s'를 붙이는 것은 굴절형태론에 속하게 될 것이다.[85]

위의 정의에 따른 조어형태론은 다시 **합성**(合成, composition, compounding)과 **파생**(派生, derivation)으로 나누어진다. 전통적으로 합성은 자립형태소끼리 결합한 경우를 말한다. 예를 들어 자립형태소 'light(등)'와 'house(집)'가 결합하여 합성어 'lighthouse(등대)'가 만들어진다. 이 합성어의 의미는 각 성분형태소의 의미로부터 도출되기는 하지만 자신만의 특별한 의미를 지니게 된다. 파생은 의존형태소가 참여하는 단어형성을 가리킨다. 예를 들어 'unwise(어리석은)'는 'wise(현명한)'와는 의미가 다른 독립된 단어이며 자립형태소 'wise' 앞에 의존형태소 'un-'이 붙은 것이다.[86] 영어와 네덜란드어에서 **합성어**와 **파생어**의 예를 들면 다음과 같다.

영어

합성	**파생**
teapot (찻주전자)	payment (지불) (의존형태소 : –ment)
override (우위에 서다)	enrage (분노하게 하다) (의존형태소 : en–)
bittersweet (달콤쌉쌀한)	smallish (자그마한) (의존형태소 : –ish)
anyone (아무나)	swiftly (신속하게) (의존형태소 : –ly)

84 역주 'lexical morphology'를 '어휘형태론'으로 번역하기도 한다. 조어형태론은 '조어론' 또는 '단어형성론'이라 표현하는 것이 간단명료하고 혼동의 우려도 적으나 원문의 표현을 존중하여 '조어형태론'이라 번역해 둔다.

85 조어형태론과 굴절형태론의 구분은 Matthews(1974)를 참고한 것이다. Katamba(1993)도 비슷한 입장을 취하고 있다. 굴절형태론이 어휘적이라기보다 문법적이라는 생각은 역사가 길다. Bloomfield(1933:274), 아니면 그 이전으로 거슬러 올라간다.

86 역주 한국어에서 '눈물, 덮밥, 힘들다, 굳세다, 돌아가다'는 합성어이고 '맨발, 가위질, 휘젓다'는 파생어이다. 한국어를 고려하면 합성어와 파생어를 자립형태소와 의존형태소의 개념을 가지고 규정하는 것은 옳지 않다. 합성어는 어기와 어기가 결합한 단어이고 파생어는 어기와 접사가 결합한 단어라고 규정하는 것이 일반언어학적으로 더 타당하다.

네덜란드어

합성	파생
zeeman (선원)	grootheid (위대함) (의존형태소 : -heid)
lichtbruin (연한 갈색인)	verhuizen (이사하다) (의존형태소 : ver-, -en)
eenmaal (한 번)	katje (어린 고양이, 새끼고양이) (의존형태소 : -je)
welkom (환영)	onwel (편치 않다) (의존형태소 : on-)

위의 예들에서 알 수 있듯이 파생에 참여하는 의존형태소는 그것이 붙는 자립형태소의 문법범주, 즉 품사를 바꿀 수도 있고 바꾸지 않을 수도 있다. 예를 들어 파생어를 만드는 의존형태소 '-ment'가 동사 'pay(지불하다)'에 붙으면 명사 'payment(지불)'가 만들어진다. 'arrange(배열하다)→arrangement(배열)', 'excite(흥분시키다)→excitement(흥분)', 'resent(분개하다)→resentment(분개)' 등도 마찬가지다. 반면에 파생어를 만드는 의존형태소 '-ish'가 형용사 'small(작은)'에 붙으면 다른 형용사 'smallish(자그마한)'가 만들어진다. 'grey(회색의)→greyish(회색빛이 도는)', 'slow(느린)→slowish(느릿한)', 'warm(따뜻한)→warmish(따스한)' 등도 같다.[87]

87 역주 한국어에서 명사 '발, 가위'에 '맨-, -질'이 붙은 '맨발, 가위질'도 역시 명사이다. 한편 명사 '슬기'에 접미사 '-롭-'이 붙으면 형용사로 바뀐다(슬기롭-).

이제 영어와 네덜란드어에서 굴절형태론의 예를 보겠다.

영어

trees : 굴절형태소 '-s'

The trees are lovely. (나무들이 사랑스럽다.)

recognizes : 굴절형태소 '-s'

She recognizes me. (그녀가 나를 알아본다.)

lifted : 굴절형태소 '-ed'

Jill lifted her head. (질이 고개를 들었다.)

vaccinating : 굴절형태소 '-ing'

The doctor was vaccinating the ten-year-olds.
(의사가 열 살배기들에게 예방접종을 하고 있었다.)

네덜란드어

boeken(책들) : 굴절형태소 '-en'

De boeken zijn thuis. (그 책들은 집에 있다.)

koopt(산다) : 굴절형태소 '-t'

Hij koopt sijn krant in de winkel. (그가 가게에서 신문을 산다.)

kookte(끓었다) : 굴절형태소 '-te'

Het water kookte. (물이 끓었다.)
goede(좋은) : 굴절형태소 '-e'
Mijn vader was een goede man. (우리 아버지는 좋은 사람이었다.)
비교 : Mijn vader was goed. (우리 아버지는 좋았다.)

위의 예에서와 같이, 굴절형태소는 단어형성에 참여하지 않으며 그것이 붙는 자립형태소의 문법범주도 절대 바꾸지 않는다.[88] 그 대신에 단어에 약간의 변화를 일으키는데 그 변화는 동사의 경우 시제, 인칭, 수 등과, 명사의 경우 수, 격 등과 관련된 변화로서 문법적으로 중요하다. 다음 여러 언어들의 예는 그러한 다양한 문법적 변화를 보여준다.

독일어에서 현재와 과거의 구별
er lebt (그가 산다) – er lebte (그가 살았다)

스페인어에서 1인칭과 2인칭의 구별
regreso (나는 돌아간다) – regresas (너는 돌아간다)
regresamos (우리는 돌아간다) – regresais (너희는 돌아간다)

프랑스어에서 단수와 복수의 구별
elle chantera (그녀는 노래를 부를 것이다)
– elles chanteront (그녀들은 노래를 부를 것이다)

스웨덴어에서 단수와 복수의 구별
apelsin (오렌지) – apelsiner (오렌지들)

현대그리스어에서 주격과 속격(소유격)의 구별
to neró (그 물) – tu nerú (그 물의)

굴절형태소가 단어구조에 관여하는 문법적 속성 때문에, 그리고 언뜻 보기에는 어휘항목의 개별성보다 규칙에 따라 행동하는 것 같기 때문에, 어떤 언어학자들은 굴절형태소를 어휘부의 영역 밖에 존재하고 문법규칙과 더 잘 어울리는 것으로 생각해 왔다. 통사론과 관련하여 앞에서 본 바와 같이 어휘부와 문법을 엄격하게 구별하는 것은 쉽지 않은 일이다. 다음 절에서 밝혀지겠지만 형태론의 경우에는 그러한 구별이 아무런 의미가 없다.

88 역주 한국어에서 형용사 어간 '높-'에 파생형태소에 속하는 부사화접미사 '-이'가 붙으면 파생부사 '높이'가 만들어지는데 '높이'는 '높다'와 구별되는 단어로서 사전의 표제어로 실린다. 한편 '높-'에 굴절형태소에 속하는 부사형어미 '-게'가 붙으면 '높게'라는 부사형이 만들어지는데 '높게'는 '높다'와 같은 단어로 취급되어 사전의 표제어가 되지 못한다. 즉 굴절형태소 '-게'가 품사를 바꾸지 못함을 알 수 있다.

3_4 굴절형태소와 어휘부

파생형태소는 어휘부에 바탕을 두지만 굴절형태소는 그렇지 않다는 주장이 안게 되는 첫 번째 아주 기본적인 문제는 일부 경우에 특정 형태소가 파생형태소인지 굴절형태소인지 불분명하다는 점이다. 이 문제와 관련하여 흔히 인용하는 예는 영어의 원급, 비교급, 최상급 형태이다.

원급	비교급	최상급
bright (밝은)	brighter (더 밝은)	brightest (가장 밝은)
dear (친애하는)	dearer (더 친애하는)	dearest (가장 친애하는)
quick (빠른)	quicker (더 빠른)	quickest (가장 빠른)

이것은 아주 규칙적으로 나타나는 유형이기 때문에 영어 원어민 대부분은 'quicker'나 'quickest'를 'quick'의 한 형태로 생각하지 다른 단어로 생각하지는 않을 것이다. 이것은 관련된 형태소 '-er'와 '-est'가 굴절형태소임을 뒷받침한다고 할 수 있다. 그러나 한편 이러한 변화는 명사에 복수어미를 붙일 때처럼 형용사를 문법적 환경에 맞추는 식은 아닌 것으로 생각된다. 이것은 '-er'와 '-est'가 'quickish' 등의 '-ish'와 같은 파생형태소임을 뜻한다고 하겠다.

어떤 형태소가 어휘부에 속하는지 속하지 않는지를 엄밀하게 구별하는 것과 관련된 또 다른 문제는 같은 형태소가 문맥에 따라 굴절적 역할을 할 수도 있고 파생적 역할을 할 수도 있다는 것이다. 예를 들어 의존형태소 '-ing'은 영어 동사의 진행상(進行相, progressive aspect) 표지이다.[89] 즉 동사가 고정된 상태 또는 완결된 과정이나 동작을 가리키지 않고 진행 중인 과정이나 동작을 가리킨다는 것을 표시한다.

She is being awkward. (그녀는 어설프게 굴고 있다.)
대비 : She is awkward. (그녀는 어설프다.)
I was working. (나는 일하고 있었다.)
대비 : I worked. (나는 일했다.)

이런 경우에 '-ing'은 분명히 굴절적 역할을 하는 것으로 보인다. 그러나 '-ing'은 '-ion'이나 '-ment' 같은 파생형태소처럼 동명사의 형성에도 쓰인다.

89 역주 상(相)은 시제와 다른 문법범주이나 분명한 구별이 어려운 경우도 있다. 진행상(가고 있다), 반복상(박수를 치고 있다), 완료상(앉아 있다)이 대표적인 상의 유형이다.

Two judges were responsible for the <u>administering</u> of the oath.
(판사 둘이 그 선서의 집행을 맡고 있었다.)
비교 : Two judges were responsible for the administration of the oath.
The <u>deferring</u> of the meeting had some unfortunate consequences.
(모임의 연기가 불행한 결과를 초래했다.)
비교 : The deferment of the meeting had some unfortunate consequences.

이 경우에 '-ing'은 분명히 단어형성에 참여하므로 파생형태소로 처리해야 한다. 그렇다면 '-ing'을 어떤 때는 어휘부가 공급하고 어떤 때는 아니라고 해야 할까?[90]

이와 관련된 세 번째 문제는 굴절형태론이 생각만큼은 규칙적이지 않다는 점이다. 예를 들어 영어 명사의 복수형 형태론은 상당히 불규칙적인 면이 있다(아래의 예 참조). 규칙에서 벗어난 정도가 부사형성의 일반적 (파생) 유형, 즉 형용사에 파생형태소 '-ly'를 붙여 부사를 만드는 것보다 결코 작지 않은 것이다. '형용사-ly'가 부사가 되는 예로는 'dark(어두운)/darkly(어둡게), delicate(섬세한)/delicately(섬세하게), spiteful(심술궂은)/spitefully(심술궂게)' 등을 들 수 있으며 'fast(빠른)/fast(빨리)'는 예외적이다. 명사의 복수형 형성과 형용사의 부사 파생에서 해당 단어가 일반적인 유형을 따르는지 따르지 않는지, 그것도 아니라면 어떤 형태론적 특이성이 관련되는지에 대한 최소한의 정보를 어휘부가 마땅히 가지고 있어야 할 것이다.

단수	복수
sheep (양)	sheep (양들)
wife (아내)	wives (아내들)
man (남자)	men (남자들)
woman (여자)	women (여자들)
mouse (쥐)	mice (쥐들)
die (주사위)	dice (주사위들)
child (어린이)	children (어린이들)
ox (황소)	oxen (황소들)
phenomenon (현상)	phenomena (현상들)
basis (기초)	bases (기초들)
formula (공식)	formulae, formulas (공식들)
stimulus (자극)	stimuli (자극들)
datum (자료)	data (자료들)

90 형태소 '-ing'의 양면성은 Akmajian et. al.(1990)을 참고했다. 역주 '높이, 따뜻이, 평화로이' 등에 쓰인 한국어의 부사화접미사 '-이'는 파생형태소가 분명해 보인다. 그런데 "돈 없이 며칠을 지냈다."에서의 '없이'는 '돈'이라는 주어를 취하고 있어서 파생부사로 보기 어렵고 '없게' 처럼 형용사로 보아야 자연스럽다. 그렇다면 '없이'의 '-이'는 굴절형태소인 어미로 해석된다. 똑같은 형태소 '-이'를 어떤 때는 파생형태소, 어떤 때는 굴절형태소로 보는 데서 영어 '-ing'과 동일한 문제가 발생한다.

corpus (자료뭉치)	corpora (자료뭉치들)
graffito (낙서)	graffiti (낙서들)
plateau (고원)	plateaux, plateaus (고원들)
cherub (지품천사, 智品天使)	cherubim, cherubs (지품천사들)

마지막으로 굴절형태소가 어휘부에 바탕을 두고 있는가 하는 문제와 관련하여 굴절형태소가 자립형태소에 붙을 때 어떤 영향을 미치는지 살펴보자. 대부분의 경우에는 구어형에서나 문어형에서나 아무런 영향을 느낄 수 없다. 예를 들어 'fill, jump, stay, want'에 '-ed'를 붙여도 어기의 형태에 아무런 변화가 없다. 그렇지만 위의 복수형 자료에서 보듯이 자립형태소의 형태가 분명히 바뀌는 예도 많이 있다. 어떤 때는 두 형태소가 만나는 부분이 조금 바뀐다. 위의 'wife'가 좋은 예이다. 단수형의 말음 /f/가 복수형에서 /v/로 바뀌는 것이다(wife /waɪf/→ wives /waɪvz/). 어떤 때는 (특히 고대그리스어와 라틴어에서 차용한 복수형에서) 단수형의 말음절이 복수형에서 다른 음절(들)로 바뀐다(stimulus /ˈstɪmjʊləs/→ stimuli /ˈstɪmjʊlaɪ/). 또 어떤 때는 복수형의 가운데 부분에서 변화가 일어나기도 한다. 'children'이 그러한 예인데, 어기 'child' 뒤에 변칙적인 형태소 '-ren'이 붙음과 동시에 어기의 모음이 /aɪ/에서 /ɪ/로 바뀌는 것이다(표기는 둘 다 'i'로 변화가 없지만). 'man–men'에서는 어기 중간의 모음 /æ/가 /ɛ/로 바뀌는 것이 복수를 나타내는 유일한 표시이다.

앞 단락에 제시한 복수형은 모두 언어학자들의 고민거리이다. 형태론자들이 다루는 형태소들이 'jump-ed, cat-s, sing-ing' 같은 예들처럼 깔끔하게 계기적이고[91] 이형태들이 서로 비슷한 꼴이어서 음운환경으로부터 예측가능하다면 형태론자들은 비교적 단순하고도 구체적인 분석을 제시할 수 있을 것이다. 하지만 'wives, children, men, stimuli' 등의 경우 형태소는 꽤 추상적인 모습을 띠며 그 이형태들은 음운환경에 따라 형태가 결정되는 접미사로 설명하기 어렵고 부분적으로 아니면 전체적으로 과정(process)의 관점에서 처리해야 할 것이다. 예를 들어 'wives'에서 '-s'의 부가뿐만 아니라 어기 말자음 /f/를 /v/로 바꾸는, 그 결과 '-s'의 발음도 /z/로 바꾸는 과정까지 복수형태소의 이형태에 포함하게 된다. 'children'에서도 마찬가지로 변칙적인 어미 '-ren' 더하기 /aɪ/를 /ɪ/로 바

91 역주 '계기적(繼起的)'이란 요소들이 결합할 때 한 줄로 차례차례 결합하는 특성을 말한다. '동시적'과 대립하는 말이다.

꾸는 과정이 복수형태소의 이형태가 된다. 'man – men, stimulus – stimuli' 에서는 각각 /a/→/ɛ/, /əs/→/aɪ/와 같은 **과정이형태**(process allomorph)만 작용한다.[92]

이제 굴절형태소가 자립형태소에 아무런 형태상의 영향도 주지 않고 붙기만 하는 요소가 아닌 것은 확실해졌다. 이런 관점에서 굴절형태론과 파생형태론을 비교해 보자. 어떤 파생형태소들은 음운론적 영향으로 보아 "중립적"이다, 즉 어기에 아무런 영향을 주지 않는다고 말한다.[93] 예를 들어 앞에서 본 부사화접미사 '-ly' 는 어기에 아무런 영향을 주지 않으므로 'warm(따뜻한)' 과 'warmly(따뜻이)' 에서 'warm' 부분은 형태가 일정하다. 'pave(포장하다) – pavement(포장)' 의 '-ment', 'white(흰) – whiteness(흰색)' 의 '-ness', 'cage(새장) – encage(가두다)' 의 'en-' 도 이런 "중립적" 파생형태소이다. 다른 파생형태소들은 어기에 주는 영향의 관점에서 "비중립적"이라고 말한다. 어기와 관계를 맺는 층위가 다르며 더 깊게 "어휘적"이라고 말한다. 예를 들어 'meteor(유성)' 에 붙는 형용사화접미사 '-ic' 은 강세유형을 바꾼다(meteor – meteoric). 또 명사화접미사 '-ion' 은 어기에 갖가지 변화를 일으킨다. 즉 강세의 위치를 바꿀 때도 있고 어기의 분절음을 바꾸거나 어기에 분절음을 덧붙이기도 하며 어떤 때는 강세와 분절음의 변화를 한꺼번에 일으키기도 한다.

admire (존경하다)	admiration (존경)
admit (허가하다)	admission (허가)
assume (가정하다)	assumption (가정)
divide (나누다)	division (구분)
revolve (회전하다)	revolution (회전)

굴절형태소가 어기와의 관계가 "비중립적"일 수 있는 점은 파생형태소와 한 치도 다름이 없다. 영어 복수형태소가 명사의 형태에 중대한 변화를 일으킬 수 있음을 본 바 있다. 그런데 영어의 과거시제(simple past tense, preterite) 형태소는 어기에 영향을 미치는 범위가 더 넓다. 즉 'play(놀다) – played, hope(희망하다) – hoped, want(원하다) – wanted' 같은 것들 외에 다음과 같은 현재 – 과거의 대응을 볼 수 있다.

bear (참다)	bore

92 역주 복수를 표시하는 이형태가 실체로서 존재하는 것이 아니라 어기의 어떤 부분을 변하게 하는 과정 자체가 복수를 표시하는 이형태라는 뜻이다.

93 형태론에서의 중립성/비중립성 개념은 Katamba(1993), Harris(1994)에서 논의하고 있다. Kiparsky(1983)도 참조.

come (오다)	came
drive (차를 몰다)	drove
go (가다)	went
sing (노래를 부르다)	sang

요컨대 원칙적으로 단어형성과 관련된 형태론과 그렇지 않은 형태론의 구별이 있기는 하지만 그 구분이 칼로 자른 듯 분명한 것은 아님을 늘 명심해야 한다.[94] 또 굴절형태론이 변덕스러워서 조어형태론처럼 어휘적으로 결정된다는 점도 올바로 인식할 필요가 있다. 끝으로 굴절형태소가 어기의 형태에 미치는 영향이 "어휘"형태소만큼 크다는 점 또한 무시해서는 안 된다. 전체적으로 굴절형태소가 어휘부의 영역 밖에 있다는 주장은 터무니없는 것이라 하겠다.[95] 또 "lexical morphology(조어형태론)"란 용어가 비어휘적인 형태론(morphology which is non-lexical)도 있음을 함축하는 것으로 오해될 수 있으므로 주의하여 사용해야 할 것이다.[96]

94 파생형태론과 굴절형태론을 구별하기 어렵다는 점은 언어학자들이 널리 (일부는 마지못해 그러는 것이긴 하지만) 받아들이고 있다. 예를 들어 Spencer(1991) 참조.

95 모든 형태론이 기본적으로 어휘적인 바탕을 가지고 있다는 생각을 지지하는 예는 특히 Jensen and Strong-Jensen(1984)가 제시하고 있다. 대체로 비슷한 방향의 논의를 Aronoff and Ashen(1998)에서도 볼 수 있다.

96 역주 'lexical morphology'를 '어휘형태론'으로 번역하면 그런 오해가 생길 수 있으나 우리는 '조어형태론'으로 번역했으므로 그런 문제가 없다.

3_5 요약

이 장에서는 단어의 내부구조를 고찰했다. 우선 홀로 쓰일 수 있는 자립형태소와 단어의 일부로만 나타나는 의존형태소를 구별했다. 그리고 형태소의 교체, 즉 형태소가 여러 가지 모습으로 실현되는 현상을 다루었다. 그러고 나서 단어형성과 관련된 조어형태론과 단어를 문법적 환경에 맞추는 것과 관련된 굴절형태론의 구분에 대해 논의했다. 이 두 범주의 구분이 명확한 것은 아니라서 어떤 형태소는 양쪽에 걸쳐 있기도 하며 굴절형태소가 "어휘"형태소만큼 어기에 큰 영향을 줄 수 있음을 보았다. 이러한 관점에서 특정한 형태소의 범주, 즉 굴절형태소 범주가 어휘부의 영역 밖에 있다는 생각은 근거 없는 것임을 논의했다.

형태론의 기본 개념들에 대한 괜찮은 설명은 허다한 언어학 입문서에 다 나온다. 특히 추천할 만한 것은 다음 둘이다.

프롬킨(V. Fromkin)·로드먼(R. Rodman)(1998) 『언어 입문(*An introduction to language*)』. 제6판.[97]

97 역주 제8판(2006)이 나와 있다. 한국어 번역본인 박의재 역(2004) 『현대영어학개론』(경문사)은 제7판(2003)의 번역이다.

로빈스(R. H. Robins)(1989) 『일반언어학 개관(*General linguistics: an introductory survey*)』. 제4판.

형태론을 더 깊이 있게 다루고 있어서 고급 독자들에게 적당하리라고 생각되는 책으로 다음을 권할 만하다.

매슈스(P. H. Matthews)(1974) 『형태론 : 단어구조이론 개설(*Morphology: an introduction to the theory of word-structure*)』.

카탐바(F. Katamba)(1993) 『형태론(*Morphology*)』.[98]

카스테어스매카시(A. Carstairs-McCarthy)(1991) 『최신 형태론(*Current Morphology*)』.

형태론에 관한 개별 이론들을 들여다보려면 다음이 도움이 될 것이다.

형태론의 최근 연구사

매슈스(P. H. Matthews)(1993) 『블룸필드에서 촘스키까지의 미국의 문법이론(*Grammatical theory in the United States from Bloomfield to Chomsky*)』.

형태론의 인지적 차원

홀(C. J. Hall)(1992) 『형태론과 마음 : 언어학에서의 설명에 대한 통합적 접근(*Morphology and the mind: a unified approach to explanation in linguistics*)』.

촘스키이론의 틀 안에서의 형태론의 역할

스펜서(A. Spencer)(1991) 『형태이론 : 생성문법에서의 단어구조 개론(*Morphological theory: an introduction to word structure in generative grammar*)』.[99]

아주 포괄적인 연구서

스펜서(A. Spencer)·즈위키(A. M. Zwicky) 편(1998) 『형태론 총람(*The handbook of morphology*)』.

98 역주 김경란·김진형 역(1995) 『형태론』, 한신문화사.

99 역주 전상범·김영석·김진형 역(1994) 『형태론』, 한신문화사.

연습문제 및 토론거리

1 다음 글에서 자립형태소와 의존형태소를 다섯 개씩 찾아보라.

I wanted to go to Philip's party, but Robert, my boyfriend, hates spending time around that particular crowd, so we decided instead to sample one of the latest delights on offer down at the local multiplex cinema. As it turned out, we both enjoyed the film in question, but we definitely did not appreciate the two guys sitting in front of us, who were very tall and very noisy.

2 다음에서 합성, 파생, 굴절의 예가 되는 단어를 찾아보라.

grapes	proven	bookshelf	sisters'
seaside	frighten	tightrope	adores
brightly	oldish	sweaty	media
lice	Tim's	oxen	instep
lousy	doorbell	tended	unfit

3 3_3에서 '+-(e)s'와 같은 일반적인 유형을 벗어나는 영어 복수형 예를 보았다. 이러한 불규칙 복수형을 다섯 개 더 찾아보라. 또 '+-ed'와 같은 일반적인 유형에 맞지 않는 영어 과거형의 예도 다섯 개 더 찾아보라. 영어 아닌 다른 언어의 굴절형태론에 대해 생각해 보고 그 언어에서 불규칙한 굴절의 예를 찾아보라.

4 다음 단어들을 관련된 의존형태소가 "중립적" 영향을 가진 것과 "비중립적" 영향을 가진 것으로 나누라.

active	houses	motion	bulbous
action	poetic	movement	harshly
had	normal	hooves	Chomskyan
has	swollen	roofs	Hallidayan
proceeded	paying	gracious	titular

5 다음 예들은 형태론자들을 난처하게 만든다고 한다. 왜 그렇다고 할 수 있는가? 비슷한 난처함을 느끼게 하는 예를 더 들 수 있는가?

bilberry	contain	fission	equine
cranberry	maintain	fissile	equestrian
unkempt	retain	locate	invade
dishevelled	select	locomotion	evade
disparage	elect	frantic	pensive

4 단어들의 짝하기

4_1 연어 : 함께라는 요소

전통적으로 문법의 테두리 안에서 처리하던 많은 현상들이 실질적으로 어휘적인 속성을 띠고 있음을 1_4에서, 그리고 2장에서 또 본 바 있다. 문장 안에서 일단 어떤 단어선택이 이루어지면 그것이 그 문장 안에 다른 요소가 나타날 수 있는지 없는지 하는 데에 중대한 영향을 미치게 된다는 점을 주목했었다. 단어선택이 지니는 결정의 속성이 이렇게 강하기도 하지만 단어선택에는 본질적으로 확률적인 특성도 있다. 이 특성은 여러 가지 이유로 특정한 단어가 빈번히 어떤 다른 단어들과 몰려다닌다는 사실과 관계가 있다. 그런 경우에 주어진 문맥에서 어떤 단어나 단어들을 선택하면 십중팔구 그것이 다른 단어나 단어들을 늘 같이 어울리는 집단 안에서 선택하게 된다. 예를 들어 라디오나 텔레비전 아나운서가 'breaking(깨뜨리는)' 이라는 단어를 쓰면 그 뒤에 'news(뉴스)' 라는 단어가 뒤따라 나와도 전혀 놀랍게 생각하지 않는다.[100] 다음 예들도 마찬가지다.

at this moment in	time (지금)
law and	order (법과 질서)
the Middle East peace	process (중동평화 협상)

앞장들에서 보았듯이 이렇게 단어들끼리 무리를 짓는 현상을 **연어**(連語, collocation)라고 부른다. 'collocation' 은 라틴어 'cum(함께)' 과 'locus(장소)' 라는 말에서 왔다. 연어를 형성하는 단어들은 반복적으로 "함께 놓인다". 즉 말이

100 역주 라디오나 텔레비전의 뉴스 시간에 'breaking news(속보)' 라는 구가 자주 쓰임을 말한다. 속보는 뉴스의 흐름을 깨뜨리고 끼어들기 때문에 'breaking' 이라는 단어를 이용해 표현한다.

나 글에서 서로 가까운 거리 안에 자주 함께 나타난다. 이제 이 장에서는 연어적 범위의 개념을 간략하게 살펴보고 고정표현과 합성어를 고찰할 것이며 전통적인 사전에서의 연어정보의 역할을 검토하고 최근의 말뭉치 기반의 연어연구를 훑어볼 것이다. 또 언어사용이 어느 정도까지 이미 만들어진 단어결합체에 바탕을 두고 있는지, 그리고 어휘단위의 개념을 이해하는 데 연어현상이 어떤 함축적 의미를 지니는지를 논의할 것이다.

4_2 연어적 범위

어떤 언어에서 단어들을 함께 사용하는 양상을 극히 상식적으로 생각해 봐도 어떤 단어는 수많은 다양한 어휘적 짝을 이루는 반면 어떤 단어는 단어결합을 구성할 때 훨씬 더 "까다롭게 군다(choosy)"는 것을 느낄 수 있다. 이 척도에서 두루 잘 어울리는 쪽의 극단에 영어 단어 'nice(좋은)'가 있다. 'nice'와 자주 어울려 쓰이는 단어의 목록은 거의 무한정인 것 같다.[101] 광범위한 'nice' 연어의 일부를 보면 다음과 같다.

nice body (좋은 신체)
nice day (날씨 좋은 날)
nice food (좋은 음식)
nice house (좋은 집)
nice idea (좋은 생각)
nice job (좋은 직업)
nice manners (훌륭한 예의)
nice move (좋은 수(장기 같은 놀이에서))
nice neighbourhood (좋은 이웃)
nice person (좋은 사람)
nice time (좋은 때)
nice weather (좋은 날씨)

이 척도의 반대쪽 끝에는 'addled'가 있다. 이것은 글자 그대로 '썩은'의 뜻일 때는 'egg(s)'와만 어울리고 '뒤죽박죽인'이라는 비유적인 뜻일 때는 'brain(s), mind' 같은 단어와만 어울린다. 이러한 결합가능성의 여러 유형을 가리켜 **연어**

101 역주 물론 형용사 'nice' 뒤에 모든 품사의 단어가 올 수 있다는 뜻은 아니다. 'nice'의 수식을 받을 수 있는 명사에 거의 제한이 없다는 뜻이다.

적 범위(collocational range)라고 부른다.[102] 'nice'는 연어적 범위가 아주 넓고 'addled'는 아주 제한되어 있다고 할 수 있다.[103]

여기서 연어적 범위, 또는 연어연구 일반에 관해 떠오르는 문제 한 가지는 어떤 말이나 글에서 "서로 어울린다(keeping company)"고 할 수 있는 두 단어가 서로 얼마나 멀리 떨어져 있을 수 있는가 하는 것이다. 예를 들어 다음 예문들에서 'garden(정원)'을 출발점 또는 마디(node)로 볼 때 'garden'과 연어적 관계를 맺을 만한 거리에 있는 단어는 어느 단어인지를 살펴보자.

They invited me to a garden party.
(그들이 나를 정원잔치에 초대했다.)
County Wicklow is sometimes called the Garden of Ireland.
(위클로 카운티는 아일랜드의 정원이라고 부르기도 한다.)
The children were playing in the garden.
(아이들이 정원에서 놀고 있었다.)
None of these houses has a decent garden.
(이 집들은 모두 변변한 정원이 없다.)
The garden was totally devoid of flowers.
(그 정원은 꽃이 전혀 없었다.)
These gardens are famous for their exotic trees.
(이 정원들은 이국적인 나무들 때문에 유명하다.)
I planted those tulip bulbs I bought in Amsterdam in the garden this year.
(나는 암스테르담에서 산 저 튤립들을 올해 이 정원에 심었다.)

첫 문장의 'party'는 'garden'과의 사이에 아무 단어도 끼어 있지 않으므로 분명히 중요하다. 그렇다면 마디와 짝 사이에 다른 단어가 몇 개나 끼어 있을 수 있는가? 하나만 끼어 있을 수 있다면 두 번째 문장의 'Ireland'는 틀에 들어맞는다. 다섯 개까지라면 'playing'(세 번째 문장), 'houses'(네 번째 문장), 'flowers'(다섯 번째 문장), 'trees'(여섯 번째 문장)도 된다. 마지막 문장의 'tulip'과 'bulbs'는 어떤가? 예닐곱 단어가 끼어 있어도 "서로 어울린다"고 할 수 있는가? 이에 대해 연구자마다 다른 숫자를 제시하겠지만 속 시원한 해답은 없는 게 확실하다. 또 어떤 한 가지 해답을 인정하게 되기나 할는지도 논란의 여지가 있다.[104]

102 연어적 범위의 개념은 McIntosh and Halliday(1966)이 처음 제시한 것이다. 여기서는 Carter(1998)의 3장의 도움을 많이 받았다. 연어에 대한 다른 설명들도 사실 이 책에 많이 의지했다.

103 역주 한국어에서 연어적 범위가 아주 좁은 예로는 명사 '요란(搖亂/擾亂)'과 '여념(餘念)', 동사 '골다'를 들 수 있다. '요란'은 동사 '떨다'의 목적어로만 쓰여 '요란(을) 떨다'의 형태로만 나타나고, '여념'은 형용사 '없다'와만 어울려서 '여념이 없다'의 형태로만 쓰이며, '골다'는 늘 목적어 '코'와 함께 어울려서 '코(를) 골다'의 형태로만 쓰인다.

104 역주 마디와 짝 사이의 거리는 본문에서 추구한 것처럼 물리적인 거리로써 규정하기는 어려울 것이다. 예를 들어 '코를'과 '골다' 사이에 단어가 몇 개나 끼어들 수 있느냐를 따지는 것보다 어떤 성분이 그 사이에 끼어들 수 있느냐를 탐구하는 것이 더 유익할 것이다.

4_3 고정표현과 합성어

한 언어에서 매우 자주 등장하는 특정한 단어연쇄를 **고정표현**(fixed expression)이라고 부른다. 영어의 예를 몇 개 보자.

once in a blue moon (가뭄에 콩 나듯)
seeing is believing (백문이 불여일견)
the more the merrier (사람이 많을수록 즐겁다)
the other side of the coin (현상의 이면)
to throw in the towel ((기권의 뜻으로) 수건을 던지다)

고정표현 가운데서도 더 고정적인 고정표현이 있는 것이 사실이다. 위의 예 중 어떤 것은 의미나 성립가능성을 해치지 않고는 어순이나 사용된 단어를 바꾸는 것이 거의 불가능하다. 예를 들어 'seeing is believing'은 'seeing is really believing'처럼 'is' 앞에 부사를 끼워넣을 게 아니라면 원래대로 써야 한다. 'the more the merrier'도 'merrier' 앞에 강조하는 단어(대개 금기어이거나 금기어의 완곡표현)만 넣을 수 있을 뿐이어서 'the more the bleedin' merrier'(사람이 많을수록 뒈지게 즐겁다)처럼 쓴다. 다른 예들은 표현적인 효과를 해치지 않으면서 구문이나 단어를 바꿀 수 있다. 'the other side of the coin'은 기본적인 정체성을 유지한 채 여러 가지로 개조할 수 있다.[105]

Moving on to the cost of the project, here we see the negative side of the coin.
(사업의 비용 문제로 넘어가면 현상의 부정적인 이면을 보게 된다.)
Of the French economy it has been remarked that this is the coin that has two very different sides.
(프랑스 경제는 아주 다른 두 면을 가진 동전이라고들 언급해 왔다.)
As for the present political situation, well, which side of the coin shall I begin?
(요즘 정치상황 말입니다만, 두 가지 면 중 어느 쪽부터 시작할까요?)

또 고정표현은 그 전체적인 의미가 그 고정표현을 구성하는 단어들의 의미를 단순히 합친 것에서 어느 정도 멀리 있는지도 다 다르다. 'seeing is believing'은

105 역주 한국어에서 "우레와 같은 박수"는 완전히 고정되어 있는 고정표현이고, "머리에 피도 안 마르다"도 '안' 앞에 '전혀'를 넣을 가능성만 있을 뿐 대개는 그대로 쓰므로 고정성이 강하다. 반면에 "입 안에서 뱅뱅 돌다"는 "입 끝에서 뱅뱅 돌다", "혀끝에서 뱅뱅 돌다"로 바꿔 쓰거나 '뱅뱅'을 빼고 쓸 수도 있으며 "입 안에서 억울하다는 말이 뱅뱅 돌았다."처럼 다른 말이 중간에 끼어드는 경우도 있어서 고정성이 더 약하다.

각 단어의 일반적인 의미만 알고서도 그 표현 전체의 의미를 해석할 수 있다. 하지만 'to throw in the towel'은 이 고정표현의 의미를 이미 알고 있거나 비유적인 의미를 해독할 만큼 권투에 대해 잘 알고 있지 않다면, 즉 권투에서 기권을 표시하기 위해 수건을 링 안에 던져 넣는 관습이 있다는 것을 모른다면 그것이 '포기하다, 항복하다'와 같은 의미라는 것을 이해할 도리가 없다. 이처럼 "의미상 불투명한(semantically opaque)" 표현을 일반적으로 **관용구**(慣用句, idiom)라고 부른다.[106]

106 역주 'idiom'은 전통적으로 '숙어(熟語)'라고 번역해 왔으나 요즘에는 '관용구, 관용표현'이라는 번역어를 더 많이 쓴다.

너무나 자주 붙어 쓰이는 어휘항목들은 서로 꼭 붙어서 **합성어**가 되기도 한다(3장 참조). 'blackboard(black+board, 칠판), keyhole(key+hole, 열쇠구멍), paintbrush(paint+brush, 그림붓)'가 그 예이다. 이때 합성어의 의미와 그것을 구성하는 단어들의 의미가 가지는 관계가 단순하지만은 않다. 예를 들어 'blackboard'는 까매진 아무 낡은 판자나 가리킬 수는 없다. 흔히 교실에 있는, 그리고 분필로 글씨를 쓸 수 있는(잘못 긁을 때 듣기 괴로운 소리를 내기도 하는) 아주 특수한 종류의 검은 판자를 가리킬 뿐이다.

합성어와 고정표현을 구별할 때 동원하는 첫째 기준은 정서법이다. 문어에서 어떤 두 단어를 붙여 쓰고 있다면 그것은 합성어이고 띄어 쓰고 있다면 고정표현이다. 그러나 이 구별은 매우 자의적이다. 한 언어에서 주어진 표현이 여러 가지로 표기될 수 있기 때문이다.

air bag	air-bag	airbag (에어백)
coffee shop	coffee-shop	coffeeshop (찻집)
gold mine	gold-mine	goldmine (금광)

1_3에서도 본 바 있지만 어떤 언어는 단어경계를 표시하지 않고 적고,[107] 또 어떤 언어는 아예 문자로 적지도 않는다. 이런 경우에는 고정표현과 합성어를 정서법에 따라 구별하려는 노력이 물거품이 된다.[108]

107 역주 예를 들어 중국어와 일본어에서는 띄어쓰기를 하지 않는다.

108 역주 고정표현 또는 연어와 합성어의 구별은 기본적으로 구와 단어의 구별이라 할 수 있다. 그런데 띄어쓰기는 구와 단어의 구별을 바탕으로 하고 있으므로 띄어쓰기를 기준으로 구와 단어를 구별한다는 것은 순환론에 빠지는 셈이다.

이 수수께끼를 음운론적으로 풀려는 시도도 큰 도움이 되지 못한다. 1_3에서 보았듯이 영어 단어 대부분은 주강세(main stress)가 한 음절에만 나타나는데 정서법 상, 그리고 원어민의 직관 상 합성어로 생각되지 않는, 둘 이상의 단어로 된 표현이 주강세를 하나만 가지는 일이 흔하다.

barber shop group (이발관 단체)
feel good factor (느낌이 좋은 요인)
skin care ointment (피부보호 연고)

또 언어사회에 따라 이러한 음운론적 용법에 차이가 날 수도 있음을 유의해야 한다. 예를 들어 "Happy New Year!"(새해 복 많이 받으세요.)에서의 'New Year(새해)' 에다가 어떤 사람은 주강세를 하나만 두고(New Year) 또 어떤 사람은 양쪽 단어에 모두 강세를 둔다(New Year).

합성어와 고정표현을 의미론적 관점에서 간단히 구별할 방도도 없는 것 같다. 합성어를 구성하는 각 단어의 의미로부터 합성어 전체의 의미를 직접 계산해 낼 수 없는 예를 앞에서 본 바 있다. 그렇지만 의미론적으로 특이한 연어의 예 또한 똑같이 쉽게 찾을 수 있음을 앞에서 본 바 있다. 'heavy smoker(골초)'는 '과체중인 흡연가'가 아니고 'criminal lawyer(형사 전문 변호사)'는 대체로 '법을 어긴 변호사'가 아니며 'artificial florist(조화 장수)'는 '인공 꽃장수'로 해석되지 않는 게 보통이다![109]

109 'heavy smoker', 'criminal lawyer', 'artificial florist'는 Palmer(1971)에서 가져온 예이다.

또 합성어처럼 고정표현도 언뜻 느껴지는 의미 그대로인 경우가 많다. 그래서 'heavy vehicle(중형차)'은 단순히 무거운 차를 가리키고 'criminal behaviour(범법 행위)'는 법을 어기는 행위를, 'artificial additive(인공 첨가물)'는 대자연의 범위를 넘어선 첨가물을 가리킨다. 마찬가지로 'coalminer(탄광부)'는 석탄 캐는 광부를, 'sunlight(햇빛)'는 해의 빛을, 'workplace(작업장)'는 작업하는 장소를 가리킨다.

4_4 연어와 사전

합성어와 연어를 엄밀히 구별할 수 있든 없든, 또 둘 이상의 개별 어휘항목이 함께 나타나 생성되는 의미가 각 어휘항목의 의미의 단순한 합계이든 아니든, 주어진 단어가 어떤 결합을 만들어 낼 수 있는지와 그 결합들이 어떤 의미를 가지게 되는지가 그 단어의 정보로서 중요한 게 틀림없다. 사전편찬자들은 실용적인 차원에서 이 점을 인식하고 전통적으로 사전(아주 작은 휴대용 사전은 빼고)에서 해당 단어를 풀이하는 일 외에 자주 함께 쓰이는 단어들이 무엇인지도 밝히고 있다. 대표적인 예를 『해럽 불영 소사전(*Harrap's Shorter French and English Dictionary*)』(1940)에서 볼 수 있다.[110]

110 이 풀이는 Mansion (ed)(1940: 259)의 1965년판을 인용한 것이다. 역주 프랑스어 단어 'fatigue(피로)'의 풀이에 'tomber de fatigue(녹초가 되다)' 같은 연어들이 여러 개 실려 풀이되어 있음을 보여주고 있다.

> **fatigue** [fatig], *s.f.* **1.** (*a*) Fatigue, tiredness, weariness. **Tomber de fatigue**, to be dropping with weariness. **Brisé de fatigue**, dog-tired; dead-beat. (*b*) **Souliers de fatigue**, strong walking shoes. **Habits de fatigue**, working clothes. **Cheval de fatigue**, cart-horse. *Mec. E*: **Pièces de fatigue**, parts subject to strains. **2.** Wear and tear (of machines, clothes etc.).

2_3에서 언급했듯이 영국의 언어학자 퍼스(J. R. Firth)가 어휘부의 연구는 본질적으로 연어를 남김없이 연구하는 것임을 오래 전에 주장했었다.[111] 사실 이 문맥에서 그는 특히 사전편찬론을 언급한 것이었다. 사전편찬이 연어연구에 바탕을 두어야 한다는 생각은 오늘날 누구도 뒤집지 못하고 있다. 그것은 사실 최근 10년 내지 15년 이상 세력을 키워 온 생각이다. 더욱이 퍼스의 시대 이후 정보기술이 발전하여 이제는 퍼스가 요구한 연어의 철저한 연구가 전산화된 말뭉치(corpus)를 이용하여(2_2 참조) 가능하게 되었고 그러한 말뭉치는 사전편찬에도 이용되고 다른 식으로도 다양하게 이용되고 있다.

111 사전편찬의 문제에 대한 퍼스의 연어적 관점을 이렇게 표현한 것은 Firth(1957)에 실린 논문 「언어이론 개요(A synopsis of linguistic theory)」의 26-27쪽에 나오는 것을 원래 표현 그대로 인용한 것이다.

4_5 말뭉치와 연어

오늘날 많은 언어학자들은 연어연구가 전산화된 말뭉치의 활용과 밀접하게 관련되어 있다고 보고 있다.[112] 많은 양의 실제 자료와 그것을 정렬하는 소프트웨어를 가지고 말뭉치를 처리해야만 어떤 단어가 어떤 단어와 어울려 쓰이는지에 대해 믿을 만한 결론을 얻을 수 있기 때문이다. 전자말뭉치의 등장 이전에도 연어연구는 있었다. 1950년대의 퍼스의 업적은 앞에서 언급한 바 있고 그 전에 1930년대에 이미 영국의 언어학자 파머(H. E. Palmer)가 연어연구에 노력을 기울인 바 있다.[113] 그러나 그러한 말뭉치를 구축함으로써 이 분야의 연구가 실현될 수 있었음은 물론이다.

112 전산화된 말뭉치 기반의 연구와 연어연구의 관련성 문제에 관한 전형적인 발언은 문(R. Moon)의 "방대한 양의 실제 자료를 통하지 않고 연어를 연구한다는 것은 어렵기도 하고 분명히 잘못 짚은 일이기 때문에 연어연구는 이제 말뭉치 연구와 떼려야 뗄 수 없는 관계를 가지게 되었다."이다(Moon 1997:41).

113 파머의 연구, 특히 Palmer(1933)은 G. Kennedy(1998:108)에 인용되어 있다.

전산화된 말뭉치의 잠재적 가능성은 코빌드사업이 극적으로 보여주었다.[114] 코빌드, 즉 콜린스·버밍엄대학교 국제 언어데이터베이스(Collins Birmingham University International Language Database)는 콜린스출판사(지금은 하퍼콜린스 출판사, HarperCollins)와 버밍엄대학교 영어학부가 공동으로 구축한 것이다. 이것은 자연적으로 사용된 영어자료를 방대하게 모은 것인데 그 양이 계속 늘고 있고 지금은 영어은행(Bank of English)이라고도 부른다. 최근의 보고에 따르면 구어와 문어로 된 영어텍스트의 양이 3억 2천만 단어에 이른다고 한다.[115] 코빌드 전에도 말뭉치는 있었고 또 코빌드와 같은 시기에, 또는 코빌드보다 늦게 개발된 말뭉치도 있었다. 그러나 코빌드는 말뭉치가 언어를 기술하려는 연구자들에게뿐만 아니라 사전편찬이나 언어교육 자료의 개발 같은 실용적인 분야에서도 얼마나 유용한지를 잘 보여주었다는 점에서 이전의 말뭉치들보다 앞선 것이며 또 이 과정에서 코빌드를 따르고 본뜬 많은 말뭉치 기반 사업들의 모범이 된 셈이다. 코빌드사업의 책임자이자 선도자인 싱클레어(John Sinclair)가 이 사업이 구상되기 오래 전부터 연어연구에 몰두해 왔고 이 사업의 주된 매력이 연어에 관한 쟁점들에 불을 밝히는 것이라고 늘 생각해 왔음을 이쯤에서 말해 둘 필요가 있겠다.

코빌드사업에서 얻게 된 자료와 언어기술이 보여주는 정의 및 용례들은 말뭉치에서 확인할 수 있는 결합적 유형들을 바탕으로 하고 있다. 코빌드 사전 풀이의 전형적인 예를 보자. 제시된 뜻풀이는 말뭉치에서 해당 단어가 쓰인 환경을 모두 분석한 결과이다.[116]

> **veritable** /vɛritəbəl/ is used to emphasize a description of something and used to suggest that, although the description might seem exaggerated, it is really accurate. EG *The water descended like a veritable Niagara* … *I'm sure the audience has a veritable host of questions* … *a veritable passion for the cinema.*
> ('veritable'은 어떤 것에 대한 기술을 강조하기 위해, 또 과장된 기술처럼 보이더라도 정말로 정확한 기술임을 암시하기 위해 사용한다. (예) 물이 진짜 나이아가라폭포처럼 흘러내렸다. … 청중의 질문거리가 정말 많은 게 확실하다. … 영화에 대한 진정한 열정.)

『콜린스 코빌드 영문법(*Collins Cobuild English Grammar*)』에서도 똑같은 식의 처리를 볼 수 있다.[117]

114 코빌드사업에 대한 설명은 주로 Sinclair (ed)(1987), Sinclair (1991)을 참고한 것이다.

115 3억 2천만이라는 수치는 Carter (1998)을 인용한 것이다.

116 코빌드 사전의 풀이에 대한 인용과 논의는 Krishnamurthy(1987)에 나와 있다.

117 여기 인용한 내용은 이 책의 "의미가 희박한 동사 : 문법화한 동사(Verbs with little meaning: delexical verbs)"라는 절에 나온다(150–151쪽).

118 역주 인용절 앞에 쓸 수 있는 동사와 관련이 있다는 말은 'make' 뒤에 쓰이는 명사가 인용동사와 관련이 있는 명사라는 말이다. 예를 들어 'make a remark'에서의 명사 'remark'가 인용동사 'remark'와 관련이 있다는 것이다.

'make(만들다)' 뒤에 쓸 수 있는 명사는 많다. … 보통은 인용절 앞에 쓸 수 있는 동사와 관련되어 있다.[118]

She made a remark about the weather.
(그녀가 날씨에 대해 말했다.)
Allen remarked that at times he thought he was in America.
(앨런은 자신이 미국에 있다는 생각을 가끔 한다고 말했다.)
Now and then she makes a comment on something.
(이따금 그녀는 뭔가에 대해 말했다.)
Henry Cecil commented that the ground was too firm.
(헨리 세실은 땅이 너무 단단하다고 말했다.)
…

'make' 뒤에 쓰이는, 관련된 인용동사가 있는 명사의 목록은 다음과 같다.

arrangement(합의)	confession(고백)	protest(항의)
suggestion(제안)	claim(요구)	decision(결정)
remark(발언)	comment(논평)	promise(약속)
signal(신호)		

'make'와 함께 쓰이는 다른 명사들은 인용 이외의 말하는 행위를 표현하거나 변화, 결과, 노력 등을 묘사한다.

I'll make some enquiries for you.
(너에게 몇 가지 질문을 하겠다.)
They agreed to make a few minor changes.
(그들은 몇 가지를 조금 바꾸는 데 동의했다.)
McEnroe was desperate to make one last big effort to win Wimbledon again.
(매켄로는 윔블던대회에서 다시 우승하기 위해 마지막 온 힘을 다해 필사적으로 싸웠다.)

'make' 뒤에 쓰이는 이와 같은 명사의 목록은 다음과 같다.

appeal(호소)	contribution(기여)	noise(소음)	sound(소리)
attempt(시도)	effort(노력)	point(요점)	speech(연설)
change(변화)	enquiry(문의)	progress(진전)	start(출발)
charge(고소, 청구)	impression(인상)	recovery(회복)	success(성공)

코빌드 영어은행에 의존하는 이론언어학자와 기술언어학자는 이 말뭉치를 기초로 하여 단어들이 어떻게 결합하는지에 대한, 통사적 일반성을 넘어서는 진술을 하게 된다. 예를 들면 "The bushes and trees were blowing in the wind, but the rain had stopped."(숲과 나무가 바람에 나부끼고 있었지만 비는 그쳐 있었다.)와 같은 문장을 통사론자는 정동사절, 명사구, 동사구의 관점에서 분석하려 할 것이다.[119] 반면에 연어를 중시하는 말뭉치언어학자는 말뭉치에서 'blow–wind'와 'rain–stop' 같은 결합의 전체 용례를 뒤져 'SOMETHING blowing in the wind(____이 바람에 나부끼다)'와 같은 단어틀(lexical frame)에 대해 설명을 할 수 있게 된다. 분석을 통해 드러나듯이 이 단어틀이 'the wind blowing SOMETHING(바람이 ____을 날리다)'과 같은 단어틀보다 훨씬 많이 나타난다. 또 'rain' 뒤에 'end'보다 'stop'이 쓰인 예가 훨씬 더 전형적임도 말할 수 있게 된다.[120]

119 역주 정동사(定動詞, finite verb)는 수, 인칭, 시제에 따른 어미가 붙는 동사이고 정동사절(finite clause)은 정동사가 서술어로 쓰인 절이다. 앞의 예문에서 "The bushes and trees were blowing in the wind"와 "but the rain had stopped"는 각각 'were, had'라는 정동사가 서술어로 쓰인 정동사절이다.

120 위의 예문에 대한 논의는 Moon(1997:41)의 논평에 의거한 것이다.

어휘론 논저에 자주 인용되고 연어연구에 어느 정도 이용된 전산화된 영어 말뭉치는 다음과 같다. 10장에서 사전편찬에 대해 논의할 때 코빌드 말뭉치와 이 말뭉치들을 다시 언급하게 될 것이다.

- 브라운 말뭉치(브라운대학교 현대 미국영어 표준말뭉치) : 1961년에 구축 시작. 미국영어 문어자료 100만 단어 분량.
- 로브(LOB) 말뭉치(런던, 오슬로, 베르겐 말뭉치) : 1970년부터 1978년까지 구축. 랭커스터대학교, 오슬로대학교, 베르겐에 있는 인문학을 위한 노르웨이컴퓨터연구소의 공동사업. 영국영어 문어자료 100만 단어 분량.
- 런던 · 룬트 말뭉치 : 1987년부터 이용 가능. 런던대학교에서 편찬한 (전산화되지 않은 자료인) '영어 용법 개관'(Survey of English Usage, 1959)이 대체로 모체가 된 룬트대학교의 '영어 구어 개관'(Survey of Spoken English, 1975)에 거의 바탕을 두고 있다. 50만 단어 분량.
- BNC(British National Corpus, 영국 국립 말뭉치) : 1991년부터 1995년까지 구축. 옥스퍼드대학교 출판부, 롱맨 체임버스 해럽(Longman Chambers Harrap), 랭커스터대학교, 영국 국회도서관, 옥스퍼드대학교 컴퓨터사업단의 공동사업. 영국영어 문어자료 9000만 단어와 영국영어 구어자료 1000만 단어 분량.
- CIC(Cambridge International Corpus, 케임브리지 국제 말뭉치) : 예전 이름은 '케임브리지 언어 개관(Cambridge Language Survey)'. 1996년부터 이용 가능. 케임브리지대학교 출판부 주도. 영어 문어자료 9500만 단어 분량. CIC의 구어자료 부록은 노팅엄대학교와의 공동사업으로 구축한 CANCODE(Cambridge and Nottingham Corpus of

Discourse in English, 케임브리지 · 노팅엄 영어 담화말뭉치)로서 500만 단어 분량.

4_6 언어사용에서의 창조성과 기성성

최근 30~40년 동안 언어학자들은 촘스키가 언어사용의 창조적 차원이라고 부른 현상, 즉 "전에 접해 보지 못한 수많은 표현들을 언어지식을 통해 이해하거나 만들어 낼 수 있다"는 사실을 매우 강조해 왔다.[121] 촘스키가 말한 대로 우리가 언어를 혁신적으로 그리고 무한하게 사용하는 것은 움직일 수 없는 사실이다. 그렇지만 우리의 언어사용이 전적으로 그와 같이 창조적이기만 한 것은 아니다. 우리가 일상적인 말과 글에서 쓰거나 마주치는 수많은 단어연쇄들은 정도 차이가 있을 수 있는 기성품(prefabricated chunk)으로 제공된 결합체들, 즉 "It's raining cats and dogs."(비가 억수로 쏟아진다.)에서의 'cats and dogs'(억수로) 같은 고정된 관용구나 'to know one's onions/stuff'(도사이다), 'to know/be up to all the tricks(귀신같이 다루다)' 같은 반쯤 고정된(semi-fixed) 결합체인 게 틀림없다. 『옥스퍼드 현대영어 관용구사전(*Oxford Dictionary of current idiomatic English*)』을 만들기 위한 실제 자료 분석에서 그러한 안정적인 다단어(multi-word) 단위가 말 그대로 수천 개 나타났다.[122] 또 『옥스퍼드 구동사사전(*Oxford Dictionary of phrasal verbs*)』과 『옥스퍼드 영어 관용구사전(*Oxford Dictionary of English idioms*)』에 각기 약 15,000개의 다단어 표현이 들어 있는 것으로 계산되었다.[123] 고정표현과 구문들이 말하기에서 중요한 경제화의 역할을 한다는 심리언어학적 증거도 있다. 즉 그러한 고정표현들 덕분에 우리가 사용하는 모든 표현과 모든 구조를 아무것도 없는 상태에서 한 조각 한 조각 만들어나갈 때보다 훨씬 더 유창하게 말할 수 있다는 것이다.[124]

싱클레어는 코빌드 자료에서 얻은 경험을 바탕으로 여기서 한 걸음 더 나아가 "관용구원리(idiom principle)"라는 개념을 만들어냈다(여기서의 '관용구'는 구성성분의 의미로부터 전체 의미를 유도해 낼 수 없는 고정표현이라는 일반적인 용법(4_3 참조)보다 더 넓은 의미로 쓰인 것이다).[125] 우리가 구(phrase)들을 연결할 때 문법적이고 의미가 통하도록만 하면 괜찮은 열린 가능성의 바탕 위에서 작업하는 것 같지

121 Chomsky (1972:100)를 인용한 것이다.

122 이 사전을 내기 위한 연구에 대한 보고는 Cowie(1988)에 나온다.

123 이 내용은 Moon(1997:48)에 나온다.

124 말하기에서 미리 만들어진 유형의 촉진 기능에 관한 심리언어학적 증거는 특히 Peters(1983)에 설명되어 있다.

125 싱클레어의 관용구원리에 대한 설명은 Sinclair(1991:110–115)의 「관용구원리(The idiom principle)」라는 절에 나오며 인용한 예는 이 책의 111–112쪽에서 가져왔다.

만 사실은 완전히 또는 반쯤 미리 만들어져 있어서 달리 선택가능성이 없는 구들(이 구들은 선택된 유형 안에서 제한적으로만 단어의미를 바꿀 수 있다)에 대한 지식에 의존하는 시간이 많다는 것이 관용구원리의 내용이다. 매번 개별 단어를 가지고 새로운 구를 구성하는 과정을 거치지 않고 이렇게 하는 이유는 싱클레어가 말한 바와 같이 우리의 삶 속에서 비슷한 상황이 반복해 일어나고 그것을 비슷한 방식으로 표현하게 되기 쉽다는 점과 관계가 있을 것이다. 또 가능하면 언제든지 노력을 최소화하고 싶어 한다는 점이나 말하는 속도가 워낙 빨라서 기회가 있을 때마다 언어적 처리에 걸리는 시간을 절약해 사용해야 한다는 점과도 관계가 있을 것이다.

싱클레어가 염두에 두었던 것 중 몇 가지를 보자.

- 구 'set eyes on(보다)'은 주어가 대개 대명사이고 'never'나 'the moment, the first time' 같은 표현과 자주 어울린다. "I've never set eyes on him."(나는 그를 본 적이 없다.) "The first time he set eyes on her he knew he would always love her."(그가 그녀를 처음 본 순간 그녀를 늘 사랑할 거라는 걸 알았다.)
- 구동사(phrasal verb) 'set about(시작하다)'는 그 뒤에 타동사의 -ing형이 오기 쉽다. "We set about packing our bags."(우리는 가방을 싸기 시작했다.) "Bill finally set about earning some real money."(빌은 드디어 진짜 돈을 좀 벌기 시작했다.)
- 동사 'happen(일이 일어나다)'은 특정한 의미적 환경에서 잘 쓰인다. 즉 사고 같은 좋지 않은 일을 나타낼 때가 많다. "No one knew how the catastrophe has happened."(그 재난이 어떻게 일어났는지 아무도 모른다.) "Such appalling events can never be allowed to happen again."(그런 끔찍한 일이 다시 일어나서는 안 된다.)

4_7 연어, 어휘부, 어휘단위

연어적 유형이 어휘부에 대한 우리의 관념, 그리고 특히 **어휘단위**(lexical unit)를 구성하는 것이 무엇인지에 대한 우리의 이해에 대해 함축하는 바는 무엇인가?[126] 어휘부가 단어들 주위를 맴도는, 우리의 언어지식의 일부를 나타내는 것이라면 연어는 어휘부에 포함되어야 한다.[127]

앞장까지의 사실을 통해 우리는 모어로나 우리가 아는 어떤 언어로 어휘적 관점에서 부드럽게 움직이기 위해서는 연어적 유형을 알아야 한다고 말할 수 있다.

126 역주 어휘단위는 어휘부의 기본단위를 말한다. 저자는 어휘항목(lexical item)과 거의 같은 뜻으로 쓰고 있다.

127 연어적 지식이 언어능력에 기여하는 바의 중요성은 특히 Benson(1986), Kjellmer(1991), Van Der Wouden(1997)이 논의했다.
어휘부의 연어적 양상에 대한 초보적 설명은 Carter (1998)의 3장, Hatch and Brown(1995)의 9장, Moon (1997), Van Der Wouden(1997)의 1절에서 볼 수 있다.

예를 들어 'ethnic(인종적)'이 'cleansing(청소)'과, 'collateral(부수적인)'이 'damage(피해)'와, 'friendly(친한)'가 'fire(발포)'와 어울려 쓰이면 각각 '인종 청소, 부수적 피해(군사행동으로 인한 민간의 피해), 아군에 대한 오발이나 오폭' 같은 무시무시한 뜻이 된다는 것을 모른 채 최근의 군사적 갈등에 관한 뉴스를 영어로 들으면 대단히 혼란스러울 것이다. 얘기를 더 밝게 바꿔서, 대단한 흥분과 기쁨을 표현하려고 영어로 "I'm on top of the world."(이 세상 꼭대기에라도 올라간 것 같아.) "I'm over the moon."(달이라도 뛰어넘는 느낌이야.) 대신 "I'm on top of the moon."(난 달 꼭대기에 있어.)이라고 말한다면 남들이 제대로 이해하지 못하고 말 것이다.

어휘단위를 정의하는 한 방법은 단어를 전형적인 어휘단위로 간주하고 단어 연쇄의 의미가 그것을 구성하는 단어들 각각의 의미의 합계를 뜻하지 않고 그 전체가 하나의 의미를 가질 때 그 단어연쇄를 어휘단위로 인정하는 것이다.[128] 이 견해에 따르면 'black(검은)'도 어휘단위이고 'blackbird(유럽검은방울새)'도 어휘단위이다. 'black bird(검은 새)'는 어휘단위가 아니다. 'blackbird'가 특정한 색깔의 새를 뜻하는 것이 아니라 특정한 새의 종류(학명은 'turdus merula')를 뜻하기 때문에 어휘단위가 되는 것이다. 또 "He wants it in black and white."(그는 그것을 문서로 원한다.)에서의 'in black and white(글로 써서)'도 어휘단위인데 그 의미가 이 네 단어의 일반적인 의미를 합친 것과는 다르기 때문이다.

이 견해에 대해 적어도 두 가지 비판이 있다. 한 가지는 다단어 표현(multi-word expression)에 관한 의미론적 투명성 또는 불투명성(즉 어떤 표현의 의미가 그 성분단어들의 의미의 직접적인 합성이라고 할 수 있는지 없는지 하는 것)이 다소 문제가 있다는 것이다. 다단어 표현의 의미가 항상 자명하게 투명하거나 불투명한 것은 아니다. 불투명성에 정도차가 있는 것이다. 예를 들어 'blackbird(유럽검은방울새)'는 'ladybird'(여러 영어방언에서 미국영어의 'ladybug(칠성무당벌레)'의 뜻으로 사용하는 단어)보다 덜 불투명하고 'ladybird'는 그래도 새처럼 날 수 있다는 점에서 'strictly for the birds(시시하다, 재미없다)'보다 덜 불투명하다. 'fish and chips(생선감자튀김)' 같이 제법 투명해 보이는 많은 예들도 잘 살펴보면 불투명한 면이 있다. 'fish and chips'로 인정받으려면 그 요리를 특정한 생선 종류로

128 이 절에서 요약한, 어휘단위의 정의에 대한 의미론 기반의 이론은 본질적으로 Cruse(1986 : 2장)이 제안한 것이다. 뒤에 나오는 'blackbird', 'ladybird', 'fish and chips'의 예도 이 책에서 가져온 것이다.

역주 Cruse(1986)의 어휘단위의 정의와 관련하여 본문에서 언급하지 않은 것으로 다의어 문제가 있다. Cruse(1986)은 다의어의 각 의의(sense)가 하나의 어휘단위를 구성하는 것으로 본다. 예를 들어 단어 '가위'의 의의① 이 '자르는 기구'를, ②가 '가위바위보의 가위'를 가리킨다면 가위①과 가위②는 별개의 어휘단어가 된다.

만들어야 하고(정어리, 송어, 참치는 안 된다)[129] 익혀야 하며 특정한 방식으로 차려야 한다.

또 한 가지 비판은 의미론적 기준만으로 판단하는 것이 현상을 아주 좁게 보는 것이라는 것이다. 즉 어떤 표현이 쓰일 때 의미론적 불투명성의 정도야 어떻든 각 단어가 따로 선택되고 따로 기능하는 것으로 느껴지느냐 함께 선택되고 함께 기능하는 것으로 느껴지느냐 하는 문제를 외면한다는 것이다. 예를 들어 다음 표현들은 모두 비교적 투명한데 각 단어가 하나씩 모여 사용된다기보다 전체가 한 덩어리로 선택되어 이해된다고 보는 데에 별 이견이 없을 것이다.

midnight (한밤중)
good-natured (마음씨 좋은)
diesel engine (디젤엔진)
bread and butter (버터 바른 빵)
say it with flowers (꽃으로 마음을 전하세요.)

앞에서 보았듯이 우리가 언어를 사용할 때 하나로 포장되어 한 덩어리로 기능하는 단어결합을 이용하는 일이 많다는 제안이 있어 왔다. 그것이 사실이든 아니든, 의미상 투명한 단어결합도 한 단위가 되어 움직일 수 있음은 틀림없어 보인다.

요컨대 어휘단위를 의미적 단일성의 기준에 따라 규정하려 한 보수적인 견해도 두 단어 이상으로 이루어진 어휘단위가 있음을 인정해야 한다. 다단어 표현을 (의미적 투명성/불투명성의 정도야 어떻든) 덩어리로 선택하고 지각하는 폭넓은 문제에 관심을 가지는 이론에 따르면 의미상 투명한 많은 다단어 표현들이 어휘단위로 처리될 수 있다는 결론에 이른다.

4_8 요약

이 장에서는 어떤 단어가 다른 어떤 단어와 습관적으로 어울려 쓰이는 흔한 현상을 살펴보았다. 한 단어의 연어적 범위는 넓을 수도 있고 더 제한적일 수도 있다. 즉 자주 어울리는 단어의 수나 종류가 많을 수도 있고 적을 수도 있다. 합성어와 고정표현의 관계를 검토한 결과 이 두 가지 연어를 구별할 뾰족한 방도는 없었

129 역주 흔히 연어, 대구, 넙치 등을 쓴다.

다.[130] 또 전통적인 사전편찬에서 연어를 어떻게 기술해 왔는지도 보았고 전산화된 말뭉치의 등장으로 연어연구가 얼마나 발전했는지도 보았다. 말뭉치 기반 연구에서 얻은 증거를 보면 언어사용자가 이미 만들어져 있는, 또는 반쯤 이미 만들어져 있는 다단어 표현을 대단히 많이 이용하며 대부분의 언어사용은 어느 정도 미리 만들어져 있는 단어연쇄에 의존함을 알 수 있었다. 끝으로 연어연구의 결과가 어휘단위의 본질을 이해하는 데 어떤 의미를 가지는지도 살펴보았다.

130 역주 저자가 합성어도 연어의 한 가지인 것처럼 표현한 것은 연어를 구의 한 가지로 보는 일반적인 견해와 어긋난다.

131 역주 주 37 참조.

어휘부의 연어적 측면에 대한 괜찮은 소개는 다음에서 찾을 수 있다.

카터(R. Carter)(1998) 『어휘 : 응용언어학의 관점(*Vocabulary: applied linguistic perspectives*)』(제2판)의 3장.[131]

해치(E. Hatch)·브라운(C. Brown)(1995) 『어휘, 의미론, 언어교육(*Vocabulary, semantics and language education*)』의 9장.

문(R. Moon)(1997) 「어휘 연관성 : 영어의 다단어 항목(Vocabulary connections: multi-word items in English)」.

우덴(T. Van Der Wouden)(1997) 『부정의 문맥 : 연어, 극성, 다중부정(*Negative contexts: collocation, polarity ad multiple negation*)』의 제1절.

연어연구(그리고 언어연구 일반)에서 말뭉치를 이용하는 문제는 많은 책에서 다루고 있다. 몇 가지만 소개하면 다음과 같다.

아이머(K. Aijmer)·알텐버그(B. Altenberg) (eds)(1991) 『영어 말뭉치언어학 : 스바르트비크 기념논총(*English corpus linguistics: studies in honour of Jan Svartvik*)』.

케네디(G. Kennedy)(1998) 『말뭉치언어학 개론(*Introduction to corpus linguistics*)』.

매케너리(T. McEnery)·윌슨(A. Wilson)(1996) 『말뭉치언어학(*Corpus linguistics*)』.

싱클레어(J. Sinclair) 편(1987) 『사전 찾기 : 어휘전산화에 관한 코빌드사업과 콜린스 코빌드 영어사전의 개발에 대한 설명(*Looking up: an account of the COBUILD project in lexical cmputing and the development of the Collins COBUILB English Language Dictionary*)』.

싱클레어(J. Sinclair)(1991) 『말뭉치, 용례색인, 연어(*Corpus, concordance, collocation*)』.

토마스(J. Thomas)·쇼트(M. Short) 편(1996) 『언어연구에 말뭉치 이용하기 : 리치 기념논총(*Using corpora for language research: studies in the honour of Geoffrey Leech*)』.

연습문제 및 토론거리

1 4_1에서 언론에서 흔히 사용하는 상투어구(常套語句, cliché) 몇 개를 언급했다('breaking news, law and order' 등). 그런 상투어구를 영어 예 다섯 개, 다른 언어 예 한두 개를 생각해 보라.

2 4_2에서 연어적 범위의 개념을 설명하면서 'nice'의 아주 넓은 연어적 범위와 'addled'의 아주 제한된 연어적 범위를 비교했다. 다음 단어들을 연어적 범위가 넓은 것과 좁은 것으로 분류하라. 그리고 각 단어에 대해 연어의 예를 들라.

big (큰)	bright (밝은)
centrifugal (원심성의)	improper (부적당한)
loud (소리가 큰)	premeditated (계획적인)
rancid (악취 나는)	right (옳은)
sad (슬픈)	short (짧은)
trenchant (신랄한)	unwarranted (보증이 없는)

3 4_3에서 고정표현과 합성어를 논의하면서 어떤 합성어와 고정표현은 의미상 투명하고(즉 구성성분의 의미들을 합친 의미를 가지고) 어떤 것은 불투명하다(즉 구성성분의 의미들을 합친 것과는 다른 의미를 가진다)는 사실을 언급했다. 다음 합성어와 고정표현 중 어떤 것이 의미상 투명하고 어떤 것이 불투명한지 생각해 보라. 또 의미상 불투명한 것의 의미를 정의해 보라.

air circulation system (공기순환시스템)
airhead (멍청이)
blue skies (푸른 하늘)
blue language (외설스러운 언어)
a weekend in the country (시골에서의 주말)
country music (컨트리음악)
eye strain (눈의 피로)
to see eye to eye (의견이 완전히 일치하다)
foxglove (디기탈리스 : 현삼과의 다년생 풀)
to go fox-hunting (여우사냥을 가다)
good grief! (아이고)

grievous bodily harm (중상)
to pop off (터뜨리다, 갑자기 사라지다, 급사하다, 서슴없이 말하다)
to pop the question (청혼하다)
to look on the sunny side (낙관하다)
sun-dried (볕에 말린)
to sing out of tune (음정이 틀리게 노래 부르다)
he who pays the piper calls the tune (돈 내는 사람한테 결정권이 있다.)[132]

132 역주 피리 연주자한테 돈을 내는 사람이 원하는 곡을 신청한다는 말에서 유래한 뜻이다.

4 4_4에서 연어적 유형에 대한 정보가 전통적인 사전에 어떻게 기술되어 있는지 살펴보았다. 다음 단어들에 대해 사전의 풀이를 작성한다고 가정하고 어떤 연어정보와 어떤 예를 포함할 것인지 생각해 보라.

day (날)	all (모두)	fire (불)	high (높은)
middle (중간)	rat (쥐)	spirit (정신)	tell (말하다)
twist (꼬다)	way (길)		

5 어떤 글은 닳고 닳은 표현과 구를 많이 사용하는 반면 어떤 글은 흔한 연어를 잘 안 쓰기도 한다. 별자리운세 해설은 전자에, 시는 후자에 속하는 경향이 있다. 별자리운세 해설과 시를 몇 개 살펴보고 그 필자들이 왜 연어의 사용에 대해 그런 입장을 취했는지 생각해 보라.

5 어휘와 의미

5_1 차이를 일으키는 단어들

어휘와 의미의 관계가 아주 밀접하다는 것은 모든 언어 사용자에게 분명한 사실이다. 밑줄 친 단어 하나만 차이가 있는 다음 두 글을 잠깐만 살펴보아도 단어 하나가 글 전체의 의미에 얼마나 큰 영향을 미치는지 쉽게 이해할 수 있다.

The interrogating officer moved closer to the prisoner.
'Let's see how you like this', he said.
He then hit the prisoner with a truly vicious <u>question</u>.
(심문 관리가 죄수에게 가까이 다가가서 말했다.
"당신이 이걸 어떻게 생각하는지 봅시다."
그리고는 죄수에게 실로 짓궂은 질문을 던졌다.)

The interrogating officer moved closer to the prisoner.
'Let's see how you like this', he said.
He then hit the prisoner with a truly vicious <u>truncheon</u>.
(심문 관리가 죄수에게 가까이 다가가서 말했다.
"당신이 이걸 어떻게 생각하는지 봅시다."
그리고는 죄수를 곤봉으로 실로 잔인하게 한 방 때렸다.)

물론 서로 다른 단어연쇄가 항상 굉장히 다른 의미를 표현하는 것은 아니다. 실제로 영어 표현 'in other words(다시 말해서)'는 보통 앞서 말한 것과 비슷한 뜻을 다른 방식으로 표현한 구나 문장이 뒤따름을 나타낸다.[133]

133 역주 '다시 말해서'나 '즉' 같은 표현은 환언(換言, paraphrase)의 표지이다. 같은 의미를 다른 언어형식으로 나타냄을 뜻한다.

I worship the ground you stand on, dearest Patricia. I bless the day that you were born, and I rejoice in every breath you take. In other words, sweet Patty, I love you.
(사랑하는 패트리샤, 나는 당신이 서 있는 땅을 숭배합니다. 당신이 태어난 날을 축복하고 당신이 숨 쉬는 모든 순간을 기뻐합니다. 오, 패티, 다시 말해서, 나는 당신을 사랑합니다.)

이런 경우에 대개는 위의 예에서와 같이 앞에서 말한 내용을 요약하는 일이 많다.

또 각 단어가 동의어라고 불릴 정도로 의미상 닮은 경우도 있다. 즉 어떤 문맥에서 관련된 의미에 별 변화가 없이 단어를 서로 바꾸어 쓸 수 있는 경우가 있다.[134]

They stumbled into the sitting room and collapsed on to the couch.
They stumbled into the sitting room and collapsed on to the sofa.
(그들은 발이 걸려 거실로 휘청거리다 소파 위로 쓰러졌다.)
The questions on this paper were too hard for us to answer.
The questions on this paper were too difficult for us to answer.
(이 논문의 질문들은 우리가 답하기에 너무 어려웠다.)
Josie and I are the best of pals now.
Josie and I are the best of friends now.
(조시와 나는 지금 가장 친한 친구이다.)

그렇지만 우리가 한 말이나 쓴 글이 가진 의미는 거의 우리가 고른 단어에 따라 정해지며 단어를 바꾸면 의미도 달라지는 일이 많다고 보는 것이 대체로 옳다.

Sue lives up North, well in the Midlands really, not too far from Leicester.
(수는 저 북쪽, 아니, 실제로는 중부지방에, 레스터에서 그리 멀지 않은 곳에 산다.)
It says here in the paper that he lived off 'immortal earnings'. I suppose they mean 'immoral'.
(여기 신문에는 그가 '불멸의 벌이'를 해서 생계를 꾸렸다고 나와 있는데, '부도덕한 벌이'라고 표현하려 했던 것 같다.)
I used to jog around the park, but now I just walk!
(나는 공원을 조깅으로 돌곤 했는데 지금은 걷기만 한다.)

다음 절부터 단어와 의미의 관계를 언어학자들이 어떻게 파악하려 해 왔는지를 고찰할 것이다. 우선 단어의 의미가 본질적으로 "실제 세계"에 존재하는 사물, 장소, 사람, 속성, 상태, 동작, 과정 등에 적용되는 표현에 관한 것이라는 견해

134 역주 한국어의 예는 다음과 같다.

달걀을 하나 삶았다.
계란을 하나 삶았다.
돈이 모자라서 못 샀다.
돈이 부족해서 못 샀다.

부터 살펴볼 것이다. 그 다음에 단어 사이의 관계와 관련된 의미의 차원을 생각해 볼 것이다. 그 다음 방문지는 어떤 단어의 의미라도 의미성분의 집합으로 분석할 수 있다는 주장이 될 것이다. 마지막으로 단어의미에 대한 "인지적" 견해를 검토할 텐데 이것은 이 세계에서 우리가 경험하고 그 경험을 지각하고 처리하는 방식으로부터 언어적 의미가 구성되고 조직된다는 견해이다.

5_2 지시 또는 외연으로서의 의미

언어가 부분적으로는 "실제 세계"의 다양한 현상을 가리키는 식으로 의미를 전달하는 것이 자명하다. 사실 어떤 사물을 손가락으로 가리키는 것이 그것의 이름을 부르는 것과 똑같은 기능을 수행할 때가 많다. 예를 들어 대학 구내식당에서 줄을 서 있다가 계산대 앞에서 무얼 시킬 건지 질문을 받았을 때 "달걀카레요." 라고 말할 수도 있고 그 김 나는 음식을 가리키기만 할 수도 있으며 둘 다로 표현할 수도 있다. 어떤 언어표현이 주어진 상황에서 이런 식으로 특정한 사물, 속성, 상태, 과정 등을 "가리킬(point)" 때 언어학자들은 '**지시**(reference)' 행위가 일어났다고 말하고 그런 식으로 확인된 현상을 '**지시물**(referent)'이라고 부른다.

언어표현이 "실제 세계"의 현상에 다른 방식으로 적용될 수도 있다. 어떤 표현이 주어진 상황에서 특정한 현상을 골라내는 대신 현상의 부류 전체를 지시할 수도 있다. 예를 들어 다음 문장에서 'the wolf(늑대)'라는 표현은 특정한 늑대 한 마리를 가리키지 않고 그 포유류 전체를 나타낸다.[135]

135 역주 이러한 표현을 총칭적 지시 표현(generic referring expression)이라 한다. 'a wolf' 와 'wolves' 도 총칭적으로 쓰일 수 있다.

The wolf is a much misunderstood animal.
(늑대는 오해를 많이 받는 동물이다.)

다음 예들에서의 'baked beans(구운 콩)', 'Sunday night(일요일 밤)' 도 마찬가지다.

Even though they taste nice, baked beans are actually quite good for you.
(구운 콩은 맛이 좋기도 하지만 실제로 건강에도 아주 좋다.)
Sunday night is as quiet as the grave around these parts.
(일요일 밤은 이 근방 묘지만큼 조용하다.)

많은 언어학자들은 이런 종류의 의미를 '**외연**(denotation)'이라고 부르고 한 표현이 적용된 사물의 부류를 '**외연물**(denotatum, 복수형은 'denotata')'이라고 부른다. (그러나 'refer(지시하다)', 'reference(지시)', 'referent(지시물)' 같은 용어가 '외연'까지 포함하는 넓은 의미로 사용될 수도 있음을 주의해야 한다.)

전통적으로 언어란 관련된 외연물에 관한 우리의 경험으로부터 **개념**을 구성함으로써 의미를 전달하는 것이라고 생각해 왔다.[136] 이 견해에 따르면 각 언어형식은 개념과 관련되어 있고 각 개념은 "실제 세계"에 존재하는 현상의 **심리적 표상**(心理的 表象, mental representation)이다.[137] 이러한 생각은 흔히 다음과 같은 도식으로 나타낸다.[138]

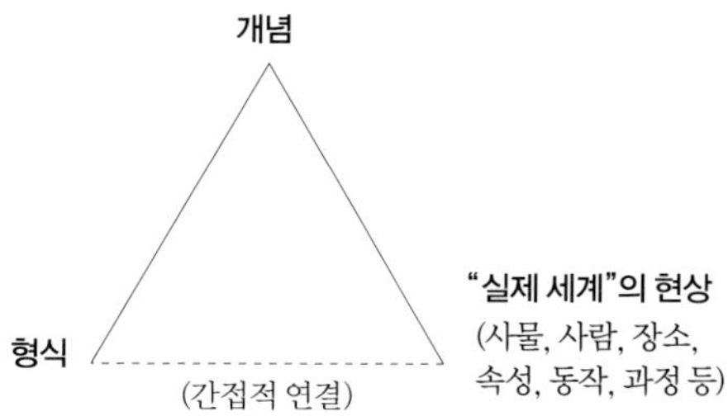

그림 5.1 "실제 세계"의 현상과 언어형식의 관계

이런 도식의 문제점은 개별 형식이 한 개념과만 유일하게 관련되어 있는 것처럼 표시함으로써 둘 이상의 표현이 한 의미와 관련된 경우나 한 표현이 둘 이상의 의미와 관련된 경우(아래 참조)를 전혀 설명하지 못한다는 점이다. 또 이 견해가 각 형식과 그 의미를 고립적이고 자족적인(self-contained) 것으로 처리하는 "원자론적" 의미론으로 귀결된다는 점도 문제다.[139]

의미가 지시적으로든 외연적으로든 "실제 세계"의 현상에 적용되는 표현에 관한 것일 뿐이라는 견해에 조심스럽게 다가가는 다른 이유도 있다. 이런 식으로 그 의미를 설명할 수 없는 단어들, 즉 'if(만약), and(그리고), should(해야 한다), nevertheless(그럼에도 불구하고)' 같은 단어들이 있다는 것이 한 이유다. 이들도 모두 의미를 가지긴 하지만 "실제 세계"의 관찰가능한 현상이나 현상의 부류를 지시하는 식으로는 아니다. 또 'mermaid(인어), tooth-fairy(이빨요정),[140]

136 5_2의 지시적, 외연적 의미에 관해서는 라이온스의 연구를 많이 참고했는데 특히 Lyons(1963, 1968)을 주로 참고했다. Carter(1998 : 1장), Ullmann(1962:3장)에서 인용한 예도 있다.

137 역주 심리적 표상은 쉽게 말해 머릿속에 그려진 것을 뜻한다.

138 그림 5.1은 Ogden and Richards (1936:11)을 바탕으로 한 것이다. 역주 이 그림을 의미삼각형이라 부른다.

139 오그던(C. Ogden)과 리처즈(I. Richards)의 모형이 "원자론적"이라는 비판은 특히 Ullmann(1962:32)에 나온다.

140 역주 서양 민속에서, 어린이가 뺀 젖니를 베개 밑에 두면 밤에 이빨요정이 와서 동전과 바꿔 간다고 한다.

unicorn(일각수)' 처럼 존재하지도 않는 현상과 관련된 표현도 있다. 이런 표현들은 "실제 세계"에 대응하는 외연물이 없으니 의미를 지니지 않는다고 할 수 있는가? 절대 그렇지 않다.

또 둘 이상의 표현이 똑같은 현상에 적용되면서도 다른 의미를 지닐 수 있음을 주의할 필요가 있다. 이에 대한 고전적인 예는 금성을 'Morning Star(샛별)' 라고도 부르고 'Evening Star(저녁별)' 라고도 부르는 것이다(금성은 밝은 행성이라서 새벽까지도 보이고 이른 저녁에도 보이기 때문에 붙은 별명이다). 이 두 표현은 분명히 의미가 다르지만 똑같은 사물에 적용되고 있다. 같은 현상에 다른 의미를 지닌 표현들이 적용되는 예를 더 보면 다음과 같다.[141]

141 순전히 지시나 외연에 근거한 의미관을 둘러싼 문제들은 철학자들이 1세기 이상 논의해 왔다. 이와 관련하여 늘 등장하는 사람은 프레게(Gottlob Frege)인데 특히 Frege(1892:25-50)가 인용된다. 이 논문은 Geach and Black(1952)에 영역되어 있다. 'Morning Star, Evening Star'는 프레게가 든 예이다.

the Lionheart (사자 왕)
= King Richard Ⅰ of England (영국 왕 리처드 1세)
half-empty (반이 찬)
= half-full (반이 빈)
to tell lies (거짓말하다)
= to be economical with truth (진실에 대해 인색하게 굴다)

5_3 의미에 대한 구조주의적 견해

앞장까지의 논의는 대부분 문장구조, 단어의 내적 구조, 음성구조 등 다양한 유형의 구조에 관심을 기울였다. 이것은 현대언어학이 언어를 바라보는 관점의 전형적인 특징이다. 이 관점은 구조주의의 창시자로 인정받는 스위스의 언어학자 소쉬르(Ferdinand de Saussure)의 연구에서 기원한다.[142] 구조주의의 관념에 따르면, 영국의 언어학자 라이온스(John Lyons)의 표현대로 "모든 언어는 각기 독특한 유형으로 다듬어져 있고(every language is cut to a unique pattern)" 각 언어의 단위들은 "그 언어의 다른 단위들과의 관계 속에서만 확인될 수 있다(can be identified only in terms of their relationships with other units in the same language)."[143] 이 견해가 단어의 의미에 대해 함의하는 바는 같은 언어체계 안의 표현들 사이의 관계를 중심으로 단어의 의미를 관찰해야 한다는 것이다.

142 Saussure(1916)은 Mauro(1973)의 현대적 비평본을 참고할 수 있다. 영역본인 Baskin(1974)도 이용할 수 있다.

143 이 말은 Lyons(1973:6)에 나온다.

이것은 구조주의가 언어형식과 "실제 세계"의 현상 사이의 관계를 부정한다는 말이 아니다. 이 관계가 전부가 아니라고 주장하는 것이다. 여기서 소쉬르는 화폐체계의 비유를 끌어들인다. 어떤 동전(예를 들어 5프랑짜리)의 가치가 그것으로 살 수 있는 상품의 종류 및 그 화폐체계 안에서의 다른 동전(예를 들어 1프랑짜리)과의 관계로부터 결정되듯이, 언어단위의 "가치(value)"도 그것과 "교환할(exchange)" 수 있는 개념 및 그 언어의 다른 단어와의 관계의 집합으로부터 결정된다고 소쉬르는 말한다.[144]

구조의미론의 첫 형태는 **어휘장이론**(lexical field theory)이다. 어떤 언어의 전체 어휘 안에서, 관련된 어휘단위들이 이를테면 서로의 영토를 구획하는 식으로 어휘조직이 이루어진 그러한 의미의 영역들, 즉 **의미장**(意味場, semantic field)과 그 영역들을 포괄하는 표현의 집합들, 즉 **어휘장**(語彙場, lexical field)을 확인할 수 있다는 생각이 이 이론의 기반이다. 어휘장이론의 초기 주창자인 트리어(Jost Trier)는 "의미를 잡아서 구획된 개념 안에서 조직하고 간직하기 위해(in order to capture and organize it and have it in demarcated concepts)" 의미 위에 던진 "단어의 그물(a net of words)"이라는 관점에서 저술을 했다.[145] 자주 인용되는 예는 색채 의미장이다. 색채는 원래 경계가 없는 연속체이다. 색채는 스펙트럼의 특정 영역을 확인하기 위해 사용된 단어에 의해 빨강, 주황, 노랑, 녹색 등으로 조직된다. 더구나 언어마다 색채의 구분도 다르다. 영어가 한 가지 색깔만 인식하는 파랑의 영역에서 러시아어는 두 가지 색깔을 인식하고 'gobuloj'와 'sinij'(관습적으로 각각 '연파랑'과 '진파랑'으로 번역한다)로 구별하는데 실제로 이 두 색깔을 같은 색깔의 변종이 아닌 별개의 색깔로 이해한다.[146]

그러나 어휘장이론이 개념을 너무 많이 들먹거리는 것이 일부 구조언어학자들, 특히 미국의 언어학자 블룸필드(Leonard Bloomfield)의 연구에서 영감을 받은 북미의 구조주의자들에게는 달갑지 않았다. 블룸필드는 언어학이 잘 다듬어진 학문이라고 굳게 믿었고 그와 그의 후계자들은 엄격한 객관적 분석이 가능한 영역에만 관심을 가졌다.[147] 블룸필드학파는 관찰불가능한 개념을 통해 정의되는 의미라는 것을 객관적 분석의 범위 안에 들지 않는다고 생각했고 단어들이 적용된 "실제 세계"의 현상의 관점에서 의미를 과학적으로 정확하게 정의하는 것이 소수의 표현들에만 가능한 것으로 보았다. 예를 들어 화학과 광물학의 성과

144 화폐의 비유는 Saussure(1916) 제2부 제4장에 나온다.

145 트리어를 번역하여 인용한 이 부분은 Trier(1931:2)에 나온다.

146 색채 예는 Lyons(1968:56-57)에서 인용했다.

147 의미에 관한 블룸필드의 논평은 Bloomfield(1933:139)에 나온다.

덕분에 광물의 이름을 정의하는 것은 비교적 단순한 반면 "아직 정확하게 분류되지 않은 상황과 관련된" 'love(사랑)', 'hate(증오)' 같은 단어의 경우에는 문제가 발생하는데 대부분의 표현들이 이런 부류에 속한다고 주장했다.

이것은 의미에 대한 아주 좁고 순진한 생각이다. 그러나 어휘장이론이 개념적으로 정의된 의미장이라는 개념에 의존하는 것은 분명한 결함이다. 색채나 인체와 같이 다른 의미영역들로부터 분리할 수 있는, 확실하게 확인할 수 있는 객관적 실제가 존재하는 의미영역도 틀림없이 있다. 그렇지만 트리어가 개척적인 작업을 했던 "지적인 의미영역(intellectual domain of meaning)" 같은 의미장은 어떤가? 트리어의 "지적 영역"은 학문적, 사회적, 신비주의적, 기술적, 미학적 지식 등 모든 유형의 지식을 포괄한다. 그러나 지적 영역에 대해 그가 내린 정의는 근본적으로 자의적이다. 연구자에 따라서는 그 정의를 너무 좁다고 보거나 넓다고 볼 수 있다.

단어의미에 대한 구조주의적 견해를 긍정적인 방향으로 잘 펼친 사람은 위에서 언급한 영국의 언어학자 라이온스이다. 그는 언어 바깥의 세계와 일부 표현들의 관계로부터 도출되는 의미(즉 앞에서 정의한 지시와 외연의 관점에서 그 표현들이 가진 의미)의 측면이 존재함을 인정한다. 그러나 소쉬르나 어휘장이론가들과 마찬가지로 라이온스도 개별 표현의 의미가 다른 표현들과의 관계의 그물에 철저히 의존하고 있다고 본다. 의미의 이러한 측면을 그는 '**의의**(sense)'라고 부르고 개념적 영역이나 의미장을 미리 확인할 필요 없이 의의를 분석할 수 있다고 본다.[148] 이 관점에서는 어휘장이나 그 하위체계를 주어진 문맥에서의 어휘적 표현들 사이의 관찰가능한 관계를 통해 정의한다.

한 가지 표현이 둘 이상의 의미를 가질 수 있으므로 문맥에 관한 이 마지막 부분을 강조할 필요가 있다. 예를 들어 'mouth'라는 단어는 "He has rather a small mouth."(그는 입이 꽤 작다.) 같은 문맥에서는 얼굴의 한 부위(feature), 즉 '입'을 가리키고 "The mouth of this river is difficult to navigate."(그 강의 어귀는 항해하기 어렵다.) 같은 문맥에서는 특별한 지형(feature), 즉 '어귀'를 가리킨다. 한 형태의 의미들이 이런 식으로 분명히 관련되어 있는 경우에 언어학자들은 그것을 기꺼이 같은 단어의 의미들로 간주하고 복수의 의미(multiple meaning)

148 역주 프레게가 의미(meaning)가 무엇인지를 밝히기 위해 'sense'와 'reference'를 구별한 것을 라이온스가 소개하면서 'sense'를 정서적 의미가 아닌 인지적 의미 또는 기술적 의미라는 뜻으로 해석했다. 'sense'를 '언어의(言語意)', 'reference'를 '지시의(指示意)' 라고 번역하기도 하나 여기서는 전자를 '의의'로, 후자를 '지시'로 번역해 둔다. 지시에 대해서는 5_2 참조.

나 **다의관계**(polysemy)에 대해 얘기한다. 그러나 한 형태가 가진 의미들끼리 전혀 관련이 없는 경우도 있다. 예를 들어 'bank'는 금융기관을 나타내기도 하고 강이나 운하 등의 가장자리를 나타내도 한다. 이런 경우에 언어학자들은 서로 다른 단어들이 우연히 같은 형태를 가지고 있다고 보고 이러한 관계를 **동형관계**(homonymy)라고 부른다. **동형어**(homonym)는 'bank'의 경우처럼 형태가 완전히 같을 수도 있지만 'meet(만나다)'와 'meat(고기)'처럼 음운론적 차원에서만 같거나(**동음어**, homophone), 'row(노를 젓다)'/rəʊ/와 'row(다투다)'/raʊ/처럼 표기법의 차원에서만 같은 경우(**동철어**, homograph)도 있다.[149] 주어진 관계가 다의관계인지 동형관계인지 항상 명쾌하지는 않다는 게 문제다.[150]

단어들의 **의미관계**(sense relation)의 유형과 관련하여 라이온스는 계열관계(대치관계)와 통합관계(결합관계)를 구별한다. 계열관계는 "문법범주가 같은 단어들이 서로 대치될 수 있는" 관계로 정의할 수 있고, 통합관계는 "꼭은 아니지만 전형적으로 문법범주가 다른 단어들(이를테면 명사와 형용사, 동사와 부사 등)이 문법적으로 적격한 결합(또는 구성)을 만들어낼 수 있는" 관계로 정의할 수 있다. 통합적 의미관계는 2장과 4장에서 각각 살펴본 결어(colligation) 및 연어(collocation)와 분명히 관련된다. 예를 들어 형용사 'rancid(냄새가 고약한)'가 제한된 명사 'butter(버터), lard(라드), oil(기름)' 등과만 결합하는 사실을 의미론적 관계의 집합으로 처리할 수 있는데 그것은 주어진 명사들의 의미가 결정요인이기 때문이다. 계열관계에 관한 한 라이온스는 **동의관계**(synonymy), **상하관계**(hyponymy), **비양립관계**(incompatibility)에 초점을 맞추고 이것들을 문장 간의 논리적 관계, 즉 의미공리(meaning postulate)의 관점에서 정의하고 설명한다.[151]

여기서 그가 사용하는 중요한 두 가지 논리적 개념은 **함의**(entailment)와 **부정**(negation)이다. 주어진 문맥에서 한 문장이 다른 문장을 항상 함축하면 전자가 후자를 '함의한다(entail)'고 말한다. 예를 들어 두 'I(나)'가 같은 사람일 때 "I am a man."(나는 남자다.)은 "I am a human being."(나는 사람이다.)을 함의한다. 또 주어진 문맥에서 한 문장이 다른 문장의 진실을 항상 부인하면 전자가 후자를 '부정한다(negate)'고 말한다. 예를 들어 두 'I(나)'가 같은 사람일 때 "I am a man."(나는 남자다.)은 "I am a centipede."(나는 지네다.)를 부정한다.

149 역주 동형어는 동형이의어(同形異意語)를 줄여 표현한 것으로 볼 수 있다. 동형동의어도 동형어이긴 하지만 그것은 동일한 단어일 뿐이므로 서로 다른 단어들의 의미관계를 논하는 자리에 끌어들일 필요가 없다. 'bank'와 같은 예를 완전동형어 또는 동음동철어, 'meet(만나다)', 'meat(고기)'와 같은 예를 동음이철어, 'row(노를 젓다)' /rəʊ/, 'row(다투다)' /raʊ/와 같은 예를 이음동철어라 불러 동형어를 하위구분할 수 있다. 여러 가지 동형어에 대한 문자론적 언급은 6_5와 6_6을 참조.

150 역주 사전편찬에서 다의관계와 동형관계를 구별하는 문제는 10_3 참조. 한국어에서도 '물질이 산소와 화합하여 높은 온도로 타는 것'을 뜻하는 '불'과 '전등 같은 빛을 내는 물체'를 뜻하는 '불'은 다의관계이고, '머리를 감다'와 '눈을 감다'의 두 '감다'는 동형관계인 것이 분명하지만, '꽃을 피우다, 담배를 피우다, 재롱을 피우다'의 '피우다'끼리의 관계는 다의관계인지 동형관계인지 불분명하다(『표준국어대사전』에서는 다의관계로 보고 있다).

151 이 세 가지 의미관계에 대해 앞으로 논의하는 내용은 라이온스가 Lyons(1963, 1968, 1977, 1981, 1995)와 같은 여러 저서에 베풀어 놓은 생각에 많이 의지했다.

【동의관계】

동의관계에 대해 5_1에서 간단히 언급한 바 있다. 라이온스는 서로를 함의하는 최소로 다른 문장들을 이용해 동의관계를 정의한다. 둘 이상의 문장이 서로를 함의하고 한 표현만 차이가 날 때 그 차이 나는 표현들은 동의관계에 있다고 본다. 예를 들어 다음 문장들은 전부 서로를 함의한다.

Ethelred the Unready died in 1016.
(에설레드 2세는 1016년에 죽었다.)[152]
Ethelred the Unready expired in 1016.
(에설레드 2세는 1016년에 사망했다.)
Ethelred the Unready passed away in 1016.
(에설레드 2세는 1016년에 세상을 떠났다.)
Ethelred the Unready popped off in 1016.
(에설레드 2세는 1016년에 급사했다.)
Ethelred the Unready kicked the bucket in 1016.[153]
(에설레드 2세는 1016년에 죽었다.)
Ethelred the Unready snuffed it in 1016.
(에설레드 2세는 1016년에 뒈졌다.)

이 문장들은 밑줄 친 표현만 차이가 나므로 위의 정의에 따라 이 밑줄 친 표현들은 모두 동의관계에 있다. 위의 예는 어휘관계에 대해 논의할 두 가지 사항을 보여주고 있다. 한 가지는 그러한 관계가 개별 단어 사이(die, expire)에도 존재하고 개별 단어와 다단어 표현 사이(die, snuff it)에도 존재하며 다단어 표현과 다단어 표현 사이(pass away, kick the bucket)에도 존재한다는 것이다. 또 한 가지는 어떤 의미론적 관계를 인정받기 위해 모든 문맥에서 성립해야 하는 것은 아니라는 것이다. 예를 들어 'kick the bucket'이란 표현이 글자 그대로 해석되는 경우도 있다.

"The window-cleaner tripped and kicked the bucket which was standing at the bottom of the ladder, spilling water all over the pavement."
(창문 청소부가 발을 헛디뎌 사다리 아래쪽에 놓여 있던 물통을 차서 온 보도에 물이 엎질러졌다.)

152 역주 에설레드 2세(Ethelred the Unready)는 잉글랜드의 왕으로서 데인족의 침입을 막지 못한 무능한 왕으로 기록되어 있다.

153 역주 한국어에도 '죽다'와 동의관계를 이루는 표현들이 많이 있다. 영어 관용구 'kick the bucket'은 일상적으로 많이 쓰는 표현인데 한국어에서는 '죽다' 외에 그에 어울리는 적절한 번역대응어를 찾기 어렵다.

이 문장이 다음 문장을 함의하는 것은 절대 아니다.

"The window-cleaner tripped and expired which was standing at the bottom of the ladder, spilling water all over the pavement."[154]
(창문 청소부가 발을 헛디뎌 사다리 바닥에 놓여 있던 사망해서 온 보도에 물이 엎질러졌다.)

154 역주 관용구가 아닌 'kicked the bucket'을 관용구로 이해하여 'expired'로 바꿔넣는 바람에 비문(非文), 즉 잘못된 문장이 된 예이다. 따라서 번역문도 비문이다.

따라서 이 문맥에서 'kick the bucket'은 'expire, die, pass away' 등과 동의관계에 있지 않다. 문맥상의 적절성의 문제도 있다. '죽다'의 뜻으로 'snuff it(뒈지다)'을 사용할 만한 문맥은 'expire(사망하다)'를 사용할 만한 문맥과 똑같지 않을 가능성이 높다. 그렇기 때문에 어휘적 표현들 사이의 의미론적 관계에 대한 진술은 항상 문맥을 고려해야 한다.

동의관계를 이루는 집합의 예를 두 가지 더 제시한다.[155]

155 역주 동의관계 집합의 한국어 예로는 '알몸, 벌거숭이, 나신, 나체, 누드', '갈다, 바꾸다, 교체하다, 교환하다, 치환하다', '꽤, 썩, 퍽, 자못, 상당히' 등을 들 수 있다.

aid, assistance, help : 도움, 원조

The crisis cannot be solved without the aid of the international community.
(그 위기는 국제사회의 원조 없이 해결할 수 없다.)
The crisis cannot be solved without the assistance of the international community.
(그 위기는 국제사회의 원조 없이 해결할 수 없다.)
The crisis cannot be solved without the help of the international community.
(그 위기는 국제사회의 도움 없이 해결할 수 없다.)

fast, quickly, speedily, swiftly : 빨리, 신속히

He was travelling so fast that everything around him became a blur.
(그는 너무 빨리 여행하고 있어서 주변의 모든 것이 희미해졌다.)
He was travelling so quickly that everything around him became a blur.
(그는 너무 빨리 여행하고 있어서 주변의 모든 것이 희미해졌다.)
He was travelling so speedily that everything around him became a blur.
(그는 너무 신속히 여행하고 있어서 주변의 모든 것이 희미해졌다.)
He was travelling so swiftly that everything around him became a blur.
(그는 너무 신속히 여행하고 있어서 주변의 모든 것이 희미해졌다.)

【상하관계】

더 특수한 항목(**하위어**)과 덜 특수한 항목(**상위어**), 예를 들어 'spaniel(스패니얼)' 과[156] 'dog(개)' 의 관계와 같은 **상하관계**는 쌍방적이 아닌 일방적인 함의를 통해 정의할 수 있다.[157] 그래서 "I own a spaniel."(나는 스패니얼 한 마리를 소유하고 있다.)은 "I own a dog."(나는 개 한 마리를 소유하고 있다.)를 함의하지만 후자는 전자를 함의하지 않는다. 상하관계는 나무그림을 거꾸로 그려서 표현할 수 있는데 아래 마디(또는 교점)에 있는 단어가 위 마디에 있는 단어의 하위어가 되고 또 위 마디에 있는 단어는 더 위 마디에 있는 단어의 하위어가 된다. 그래서 (미완성인) 그림 5.2에서 'cocker spaniel(코커 스패니얼)' 은 'spaniel' 의 하위어이고 'spaniel' 은 'dog' 의, 'dog' 는 'mammal(포유류)' 의, 'mammal' 은 'animal(동물)' 의 하위어이다.

156 역주 스패니얼: 귀가 처지고 털이 긴 사냥용 개.

157 역주 'hyponymy(상하관계)' 를 '하위관계' 라고 번역하기도 한다. 영어의 'hypo-' 가 '아래' 를 뜻하므로 직역한 셈인데 한국어에서는 더 정확한 '상하관계' 라는 표현이 가능하므로 굳이 영어 표현을 직역할 필요가 없다.

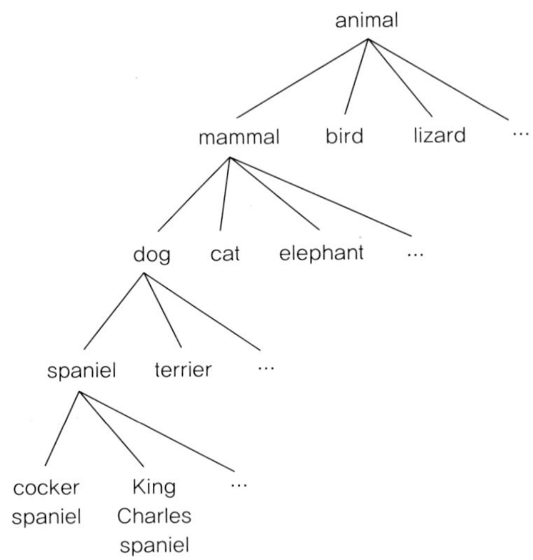

그림 5.2 상하관계

하위어와 상위어의 관계에 있는 표현을 몇 가지 더 보자.

claret(보르도), wine(포도주), drink(술)

You'll find some <u>claret</u> on the table.[158]
(식탁 위에 보르도가 조금 있을 겁니다.)
You'll find some <u>wine</u> on the table.
(식탁 위에 포도주가 조금 있을 겁니다.)
You'll find some <u>drink</u> on the table.
(식탁 위에 술이 조금 있을 겁니다.)

158 역주 claret(보르도): 프랑스 보르도(Bordeaux) 지방에서 생산된 적포도주.

'claret'은 'wine'의 하위어이고, 'wine'은 'drink'의 하위어인데 'claret'은 'drink'의 하위어이기도 하다.

hatchback(해치백), car(승용차), vehicle(차)
The firm bought him a new hatchback.[159]
(회사는 그에게 새 해치백 승용차를 한 대 사 주었다.)
The firm bought him a new car.
(회사는 그에게 새 승용차를 한 대 사 주었다.)
The firm bought him a new vehicle.
(회사는 그에게 새 차를 한 대 사 주었다.)

여기서도 'hatchback'은 'car'의 하위어이고 'car'는 'vehicle'의 하위어인데 'hatchback'은 'vehicle'의 하위어이기도 하다.

【비양립관계】

비양립관계는 일반적인 관점에서 정의할 수도 있고 더 구체적으로 **상보관계**(complementarity), **극성 반의관계**(polar antonymy), **상반관계**(converseness)와 같은 특정 유형만을 포함하는 것으로 정의할 수도 있다. 넓은 의미의 비양립관계는 부정적 함의를 통해 정의할 수 있다. "Johnny's shirt is pink."(조니의 셔츠는 분홍색이다.)는 "Johnny's shirt is not green."(조니의 셔츠는 녹색이 아니다.)을 함의하고 "Johnny's shirt is green."(조니의 셔츠는 녹색이다.)은 "Johnny's shirt is not pink."(조니의 셔츠는 분홍색이 아니다.)를 함의하므로 'pink(분홍색)'와 'green(녹색)'은 비양립적이라고 할 수 있다. 다음 예에서도 마찬가지다.[160]

metal(금속), wood(목재)
The chair is entirely made of metal.
(그 의자는 전체가 금속으로 만들어졌다.)
The chair is entirely made of wood.
(그 의자는 전체가 나무로 만들어졌다.)

plain(민무늬), striped(줄무늬)
The tie I was wearing was plain.
(내가 맨 넥타이는 민무늬였다.)
The tie I was wearing was striped.
(내가 맨 넥타이는 줄무늬였다.)

159 역주 해치백 : 차체 뒤쪽에 위로 열리는 문이 있는 승용차.

160 역주 '분홍색 – 녹색', '금속 – 목재', '민무늬 – 줄무늬' 등은 넓은 의미의 비양립관계에는 속하지만 다음에 볼 상보관계, 극성 반의관계, 상반관계에는 속하지 않는다.

【상보관계】

이제 비양립관계의 하위부류를 보자. 우선 **상보관계**는 **단순 반의관계**(simple antonymy) 또는 **이분적 반의관계**(binary antonymy)라고도 부르는데 "이것 아니면 저것"과 같은 관계이다. 'alive(산)'와 'dead(죽은)' 같은 상보적인 쌍이 있을 때 한 어휘항목의 긍정이 다른 어휘항목의 부정을 함의할 뿐만 아니라 한 어휘항목의 부정이 다른 어휘항목의 긍정을 함의한다. 그래서 "Nessie is alive."(네시는 살아 있다.)는 "Nessie is not dead."(네시는 죽지 않았다.)를 함의하고 "Nessie is dead."(네시는 죽었다.)는 "Nessie is not alive."(네시는 살아 있지 않다.)를 함의한다.[161] 예를 더 들면 다음과 같다.

161 역주 네시 : 스코틀랜드의 네스(Ness) 호에 출몰한다고 하는 괴물.

pass(합격하다), fail(불합격하다)

A: Janet passed the exam. (재닛은 시험에 붙었다.)

B: Janet failed the exam. (재닛은 시험에 떨어졌다.)

C: Janet did not pass the exam. (재닛은 시험에 붙지 않았다.)

D: Janet did not fail the exam. (재닛은 시험에 떨어지지 않았다.)

위에서 A는 D를 함의하고 D는 A를 함의한다. 또 B는 C를 함의하고 C는 B를 함의한다.

true(참), false(거짓)

A: What he says is true. (그의 말은 사실이다.)

B: What he says is false. (그의 말은 거짓이다.)

C: What he says is not true. (그의 말은 사실이 아니다.)

D: What he says is not false. (그의 말은 거짓이 아니다.)

여기서도 A는 D를 함의하고 D는 A를 함의한다. 또 B는 C를 함의하고 C는 B를 함의한다.

【극성 반의관계】

극성 반의관계는 **정도성 반의관계**(gradable antonymy)라고도 하는데 항목들의 관계가 "이것 아니면 저것"과 같은 관계가 아니라 정도 차이가 존재할 수 있는 관계라는 점이 상보관계와 다르다. 'rich(부유한)'와 'poor(가난한)' 같은 극성 반의어 쌍이 있을 때 한쪽의 긍정이 다른 쪽의 부정을 함의하지만 한쪽의 부정이 다른 쪽의 긍정을 반드시 함의하는 것은 않는다. "Liz is rich."(리즈는 부자다.)는 "Liz is not poor."(리즈는 가난하지 않다.)를 함의하고 "Liz is poor."(리즈는 가난하다.)는 "Liz is not rich."(리즈는 부자가 아니다.)를 함의한다. 그러나 "Liz is not poor."(리즈는 가난하지 않다.)가 "Liz is rich."(리즈는 부자다.)를 함의하는 것이 아니고 "Liz is not rich."(리즈는 부자가 아니다.)가 "Liz is poor."(리즈는 가난하다.)를 함의하는 것도 아니다. 왜냐하면 부자인 것과 가난한 것 사이의 상태를 표현하는 말, 예를 들면 'comfortably off(그런 대로 사는)' 같은 예를 쉽게 떠올릴 수 있기 때문이다. 따라서 'rich'와 'poor'는 서로 극성 반의어가 된다고 할 수 있다. 극성 반의어가 쓰일 때는 판단의 근거가 되고 질적 평가가 이루어지는 표준이나 기준이, 숨어 있든 드러나 있든 항상 존재한다. 예를 들어 로트실드(Rothschild)라는 교사가 같은 교사들과 비교하면 부자이지만 자기 집안사람들과 비교하면 가난하다고 할 수도 있다. 'rich, poor, comfortably off' 같은 말을 사용할 때 우리는 평가의 바탕이 되는 잣대 같은 것을 늘 염두에 두고 있는 것이다.[162] 다음 예들에서도 마찬가지다.

big(크다), small(작다)

A: Tom's house is big. (톰의 집은 크다.)

B: Tom's house is small. (톰의 집은 작다.)

C: Tom's house is not big. (톰의 집은 크지 않다.)

D: Tom's house is not small. (톰의 집은 작지 않다.)

A는 D를 함의하지만 D는 A를 함의하지 않는다. 또 B는 C를 함의하지만 C는 B를 함의하지 않는다. 'big'과 'small' 사이에 'middle-sized(중간 크기)' 같은 중간 항목이 존재하는 것이다.

hot(뜨겁다), cold(차다)

A: This water is hot. (이 물은 뜨겁다.)

B: This water is cold. (이 물은 차다.)

C: This water is not hot. (이 물은 뜨겁지 않다.)

D: This water is not cold. (이 물은 차지 않다.)

여기서도 똑같이 A는 D를 함의하지만 D는 A를 함의하지 않는다. 또 B는 C를 함의하지만 C는 B를 함의하지 않는다. 'hot'과 'cold' 사이에 'tepid(미지근한)'

162 역주 또 'richer(더 부유한)', 'poorer(더 가난한)'와 같은 비교급 형태로 표현할 수 있는 다양한 정도가 존재한다는 점도 특징이다.

같은 중간 항목이 존재하는 것이다.

【상반관계】

비양립관계의 마지막 유형은 **상반관계**인데 **관계적 대립관계**(relational oppositeness)라고도 한다. 상반관계인 표현들이 들어 있는 문장들은 한쪽이 다른 쪽의 부정을 함의하지만 어떤 통사적 조정이 이루어지면 실제로는 서로를 함의하는 그러한 문장들이다. 예를 들어 "Fred lent the flat to Michael."(프레드는 마이클에게 그 아파트를 빌려주었다.)은 "Fred borrowed the flat from Michael."(프레드는 마이클에게서 그 아파트를 빌렸다.)의 부정을 함의하며 후자 또한 전자의 부정을 함의한다. 그런데 전자, 즉 "Fred lent the flat to Michael."은 "Michael borrowed the flat from Fred."(마이클은 프레드에게서 그 아파트를 빌렸다.)를 함의하며 후자 또한 전자를 함의한다. 그래서 'lend(빌려주다)'와 'borrow(빌리다)'는 서로에 대한 **상반어**(converse)로 간주된다. 상반관계의 예를 더 보자.

buy(사다), sell(팔다)

A: Rick bought the car from Sarah. (릭은 사라에게서 그 차를 샀다.)
B: Rick sold the car to Sarah. (릭은 사라에게 그 차를 팔았다.)
C: Sarah bought the car from Rick. (사라는 릭에게서 그 차를 샀다.)
D: Sarah sold the car to Rick. (사라는 릭에게 그 차를 팔았다.)

A는 B의 부정을 함의하고 B 역시 A의 부정을 함의한다. C는 D의 부정을 함의하고 D 역시 C의 부정을 함의한다. A와 D는 서로를 함의하며 B와 C 역시 서로를 함의한다.[163]

husband(남편), wife(아내)

A: Hilary is Vivian's husband. (힐러리는 비비안의 남편이다.)
B: Hilary is Vivian's wife. (힐러리는 비비안의 아내이다.)
C: Vivian is Hilary's husband. (비비안은 힐러리의 남편이다.)
D: Vivian is Hilary's wife. (비비안은 힐러리의 아내이다.)[164]

여기서도 똑같이 A는 B의 부정을 함의하고 B 역시 A의 부정을 함의한다. C는 D의 부정을 함의하고 D 역시 C의 부정을 함의한다. A와 D는 서로를 함의하며 B와 C 역시 서로를 함의한다.

163 역주 한국어의 '주다 – 받다', '가르치다 – 배우다' 같은 동사의 쌍도 상반관계를 이룬다.

164 역주 'Hilary'와 'Vivian' 둘 다 남자 이름으로도 쓰고 여자 이름으로도 쓴다.

【부분관계】

라이온스는 관심을 두지 않았지만 다른 단어의미론자들이 자세히 논의한 어휘적 관계로 **부분관계**(meronymy)가 있다.[165] 이것은 부분과 전체의 관련성을 나타낸다. "An X is a part of a Y."(X는 Y의 일부이다.)라는 문장의 주어가 될 수 있는 X는 Y의 **부분어**(meronym)이다. 이때 Y를 X의 **전체어**(holonym)라고 부른다. 예를 들어 "A finger is a part of a hand."(손가락은 손의 일부이다.)와 같은 문장에 등장하는 것으로 보아 'finger(손가락)'는 'hand(손)'의 부분어이고 'hand'는 'finger'의 전체어이다.

상하관계에서와 마찬가지로 부분어와 전체어의 관계도 거꾸로 그린 나무그림으로 표현할 수 있는데 여기서 아래 마디와 위 마디의 관계가 바로 부분관계인 셈이다. 그래서 그림 5.3에서 'finger'는 'hand'의 부분어이고 'hand'는 'arm(팔)'의 부분어이며 'arm'은 다시 'body(몸)'의 부분어가 된다.

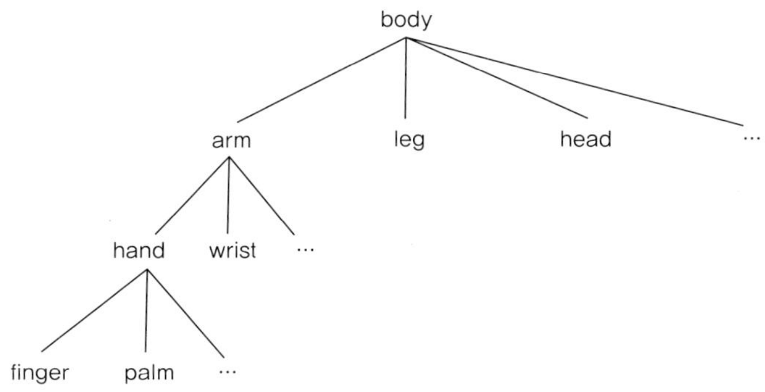

그림 5.3 부분관계

그러나 부분관계는 상하관계처럼 일관되게 이행적인(transitive) 관계는 아니다. 예를 들어 'finger'가 'hand'의 부분어이고 'hand'가 'arm'의 부분어이긴 하지만 "A finger is a part of an arm."(손가락은 팔의 일부이다.)과 같은 문장에 대해서는 머뭇거리게 된다.[166]

부분어와 전체어의 쌍을 더 보자.

petal(꽃잎), flower(꽃)

A petal is a part of a flower. (꽃잎은 꽃의 일부이다.)

165 부분관계에 대해서는 주로 Cruse(1986)의 7장을 참고했다.

166 역주 '셔츠'의 부분어로 '단추'가 있고 '단추'의 부분어로 '구멍'이 있다(구멍이 둘이나 넷 뚫려 있는 단추의 경우). 그렇지만 '구멍'을 '셔츠'의 부분어로 보기는 어렵다. 단춧구멍을 보고 "셔츠에 구멍이 있다."고 말하지는 않기 때문이다.

roof(지붕), house(집)

A roof is a part of a house. (지붕은 집의 일부이다.)

'petal'은 'flower'의 부분어이고 'flower'는 'petal'의 전체어이다. 또 'roof'는 'house'의 부분어이고 'house'는 'roof'의 전체어이다.

5_4 성분분석

일부 언어학자들은 구조의미론을 한 단계 더 밀고 나가 단어의미를 의미관계 아래 깔려 있는 **성분**(component) 또는 **의미표지**(semantic marker)나 **의미자질**(semantic feature)로 분석하려고 했다. 예를 들어 'human being(인간), man(남자), woman(여자), boy(소년), girl(소녀), lad(소년)' 사이의 관계는 [인간(HUMAN)], [남성(MALE)], [성년(ADULT)]이라는 성분에 '+'와 '−'를 붙여 설명할 수 있다.

human being	man	woman	boy	girl	lad
[+인간]	[+인간]	[+인간]	[+인간]	[+인간]	[+인간]
	[+남성]	[−남성]	[+남성]	[−남성]	[+남성]
	[+성년]	[+성년]	[−성년]	[−성년]	[−성년]

이 관점에서 보면 'boy'와 'lad'가 동의어인 이유는 자질 종류와 자질값이 완전히 같다는 점([+인간, +남성, −성년])을 통해 설명할 수 있다. 또 'man'과 'human being'의 상하관계는 그 둘이 [+인간]이라는 자질과 자질값을 공유하면서 'man'이 다른 자질을 더 가지고 있지만 'human being'과 어긋나는 자질값이 'man'에 들어 있지 않다는 점을 통해 설명할 수 있다. 'man'과 'woman'의 비양립관계는 [남성]의 자질값이 반대라는 점에서 이해할 수 있다.

단어의미에 대한 이러한 분석은 전통적인 사전적 정의와 아주 유사하다. 예를 들어 'girl'의 전형적인 사전적 정의는 'female child(여성인 아이)'일 텐데 이것은 위의 관점에서 [−남성, −성년]이 되기 때문이다. 성분분석은 인류언어학에서(예를 들면 친족용어 연구에서) 오래 전부터 이용해 왔다.[167] 넓게 보면 촘스키문법과도 관련이 있는데 어떤 특정한 연구상의 선입관이나 이론적 경향과 무관한 의

167 인류언어학 쪽에서 내놓은 성분분석의 예는 Wallace and Atkins(1960)에서 볼 수 있다.

미론 연구자들도 즐겨 이용해 왔다.[168]

상당히 매력적으로 보이는 성분분석이론에 대한 비판 또한 만만치 않다.[169] 아마 가장 논란이 심한 부분은 성분분석의 바탕이 되는 의미성분이 보편적이라는, 즉 모든 언어와 문화의 의미적 표현에 깔려 있다는 일부 학자들의 주장일 것이다. 상식적인 견지에서 개별 문화와는 무관할 듯한 개념조차도 잘 살펴보면 보편적이 아닌 것으로 판명된다는 사실이 이러한 주장을 위협한다. 예를 들어 [남성]이라는 자질은 명백한 생물학적 범주와 관련이 있으므로 보편성의 후보로 적격일 듯하지만 적어도 인간의 남성성에 관한 한 남성성의 개념이 사회마다 상당히 달라지는 사회문화적 전통과 인식의 산물임을 생각하면 그 보편성은 현저히 약해지는 것으로 보인다. 이를테면 남자들이 자녀의 양육에 관여하는 정도가 문화마다 크게 다르고 자신의 미모를 가꾸는 정도나 방법도 문화에 의존하는 면이 크며 구애나 성적 영역 전반에서의 역할도 마찬가지다.

성분분석 지지자들은 자질명이 언어중립적인 것이라서 [+❖], [−✣], [+∨] 같은 자의적인 기호로 바꿔도 된다고 주장한다. 그러면서도 실제로는 자연언어의 실제 단어를 사용하는데('인간, 남성, 성년' 등) 이 단어들은 관련된 언어사회의 특정한 문화적 내용을 지니고 있을 수밖에 없다. 게다가 이들이 즐겨 사용하는, '+' 아니면 '−'라는 자질값의 이분법에서는 두 가지 값을 나타내기 위해 한쪽 항목만 선택하기 때문에 이들은 성차별주의자, 연령차별주의자 등 수많은 어떤 "주의자(ist)"로 비쳐질 수밖에 없는 위험에 직면하고 있다. 예를 들어 'woman'의 의미가 [−남성]이라는 자질을 포함하는 것으로 표현되는 것을 보고 좋아할 여자가 몇 명이나 되겠는가?

성분분석에 자주 가해지는 또 다른 비판은 성분분석이 의미를 너무 무미건조하게 다루므로 문맥적, 비유적 효과를 제대로 처리할 수 없다는 것이다. 예를 들면 'boy'와 'lad'가 성인남자에게도 잘 쓰인다는, 즉 'man'의 동의어로도 자주 쓰인다는 사실을 우리는 알고 있다. 그래서 성인남자들 팀끼리 럭비를 한 후에 탈의실에 모여 있는 상황에서 다음 문장들은 똑같은 뜻으로 사용될 수 있다.

Are we going for a pint, men?
Are we going for a pint, boys?

168 촘스키이론 쪽의 성분분석의 예는 많이들 인용하는 Katz and Fodor(1963), Jackendoff(1990)에서 볼 수 있다. 특정한 방법론이나 이론의 날을 세우지 않은 성분분석주의자로는 Leech(1981)를 들 수 있다.

169 성분분석에 대한 아래의 비판은 Bolinger(1965), Lyons(1968:470ff, 1995:114ff), Saeed(1997:259ff)에서 가져왔다.

Are we going for a pint, lads?
(맥주 한 잔 하러들 가는 거지?)

'boy'와 'lad'를 [+인간, +남성, −성년]으로 분석하는 것이 여기서도 통하겠는가? 마찬가지로 'girlfriend(여자친구)'라는 단어로 남자나 여자가 똑같이 9살부터 90살까지의 모든 나이의 여자 동료를 가리킬 수 있는데 여기서도 'girl'을 단순히 [+인간, −남성, −성년]이라고 분석하는 데는 의문이 가시지 않는다.

일부 성분분석 지지자들은 성분분석만으로 이야기가 끝난 것이 아니라고 하겠지만 어쨌든 이제는 그들이 위와 같은 문제점들에 대해 대답을 할 차례다. 한편 라이온스처럼 성분분석 지지자가 아닌 사람들은 성분분석이 구조주의적 의미이론을 바탕으로 하고 있기 때문에 "적어도 원론적으로는 구조의미론을 다루는 다른 방법론들과 전적으로 화합할 수 있음(at least in principle, fully compatible with [other approaches to structural semantics])"을[170] 아주 만족스럽게 여긴다.

170 Lyons(1995:117)의 표현이다.

5_5 의미에 대한 인지적 견해

【원형이론】

위의 일부 비판에 맞서고 있는 것으로 보이는 성분분석의 한 이론은 원형적(prototypical) 의미, 또는 전형적(stereotypical), 초점적(focal), 핵심적(nuclear) 의미라는 개념에서 출발하는 이론이다.[171] **원형**(原型, prototype)이란 개념은 심리언어학자들과 인지언어학자들의 연구, 즉 언어가 마음과 어떻게 관련되어 있는지에 관심을 두는 연구에서 유래한다. **원형이론**의 지지자들에 따르면 우리는 우리의 경험에 근거해서 "실제 세계"의 현상의 개별 범주에 대해 이상적인 특징의 집합을 지닌 "이상적인 본보기(ideal examplar)"를 마음속에 구성한다.[172] 이 "이상적인 본보기"가 원형이론가들이 주장하는 원형인데 우리가 원형과 동일한 범주에 새로 포함할 만한 후보를 만나게 되면 이미 확립해 놓은 원형에 비추어 그 후보를 심사한다는 것이다. 둘을 맞추어 보는 과정은 융통성이 있는 것으로 보인다. 완전히 일치할 필요는 없다. 그래서 예를 들어 새의 원형이 틀림없이 'HAS WINGS(날개가 있다)'와 'FLIES(난다)' 같은 자질을 포함하겠지만 이 때

171 원형이론에 대한 논의는 다음 논저들에서 의지했다. Coleman and Kay(1981), Labov(1973), Lakoff(1987), Pulman(1983), Rosch(1978).

172 원형을 "이상적인 본보기"로 정의하는 것은 Aitchison(1994:55)에서 따온 것이다.

문에 날개라기보다는 지느러미 같은 팔이 있고 날지 못하는 대신 수영을 할 수 있는 펭귄을 새가 아닌 것으로 처리하지는 않을 것이다.

마찬가지로 'chair(의자)'의 원형은 'HAS FOUR LEGS(다리가 넷)'라는 자질을 포함하고 있겠지만 현대식 사무실에서 원탁 주위에 놓는, 넓고 무거운 받침판 위에 파이프 같은 강철다리가 하나 달려 그 위에 앉을 수 있는 물건을 의자가 아니라고 할 수는 없을 것이다. 한편 어떤 경우에는 주어진 사물이 원형적 범주의 관점에서 어디쯤에 속하는지가 불분명하다. 예를 들어 요즘 슈퍼마켓에 뭘 마시는 데 쓰는 그릇으로 크고 받침접시가 없는 게 있는데 거기까지는 머그(mug)의 원형에 가깝다. 그렇지만 그것은 컵처럼 우아한 곡선의 형태로 되어 있어서 컵의 원형에 가깝다고도 할 수 있다. 달리 말하면 원형들 사이의 경계가 "모호하다(fuzzy)".

단어의미에 대한 원형이론 덕분에 의미의 불확정성(indeterminacy)을 결코 허용치 않는, 라이온스가 "정의에 관한 점검목록이론(checklist theory of definition)"이라고 부른 이론으로부터 벗어날 수 있는 것이 분명하다.[173] 확실히 원형이론은 특정한 문맥에서 'boy'와 'girl' 같은 단어가 어른에 대해서도 사용될 수 있고 'beast(짐승), rat(쥐), shark(상어), snake(뱀)' 같은 단어가 사람을 가리키는 데도 사용될 수 있는 점을 고전적인 "점검목록"식 성분분석이론보다 훨씬 잘 설명할 수 있다. 그렇지만 원형이론에도 약점이 없지 않다. 원형이론은 최근의 구조주의적 관점보다 의미에 대한 전통적인 외연적 견해에 더 많이 관련되어 있는 것으로 보인다. 따라서 원형이론은 모든 유형의 단어를 똑같이 잘 설명할 수는 없다. 특히 'allas(맙소사), albeit(불구하고), become(되다)' 등 관찰가능한 구체적인 "실제 세계"의 현상을 나타내지 않는 단어가 그런 문제를 일으킬 것이다. 어쨌든 원형이론은 어휘적 표현들 사이의 관계로부터 도출되는 의미의 중요한 차원인 "뜻(sense)"(5_3에서 논의했고 4장에서도 연어적 측면에서 논의했음)에 대해서는 입을 다물고 만다.[174]

173 라이온스가 성분분석을 '정의에 관한 점검목록이론'이라고 한 것은 Lyons(1995:99)에 나온다.

174 원형이론에 대한 이러한 비판은 Lehrer(1990)에 의지했다.

【개념의미론】

본질적으로 인지적인 관점이라고 할 수 있는 또 다른 이론은 **개념의미론**

175 개념의미론에 대한 설명은 Jackendoff(1992)의 첫 네 장과 Frawley(1992:2장)의 해당 주제에 대한 논의에 바탕을 두었다.

(conceptual semantics)의 틀 안에서 연구하는 학자들이 주장하고 있는 것이다.[175] 개념의미론의 가장 유명한 주장자는 재켄도프(Ray Jackendoff)인데 이 이론의 근본적인 주장은 의미구조라는 것이 개념구조와 정확히 일치하므로 모든 의미분석은 심리적 표상의 분석이 될 수밖에 없다는 것이다. 재켄도프는 우리 인간이 두 가지를 가지고 태어난다고 주장하는데 그 하나는 모든 경험을 해석하고 범주화하는 데 적용할 수 있는 몇 가지 아주 기본적인 개념, 즉 원소(primitive)(공간적 개념, 시간적 개념, 소유나 지배 같은 사회적 개념 등)이고 또 하나는 개념결합의 몇 가지 원리이다. 이 견해에 의하면 단어의미는 선천적인 개념적 원소들, 선천적 개념결합의 원리들, 세계에 대한 경험, 언어에 대한 경험의 상호작용을 바탕으로 구성된다.

그래서 개념의미론에 따르면 우리가 생성해 낼 수 있는 단어의미의 종류에 한계가 있다. 즉 선천적 원소와 원리가 어떤 종류의 개념결합을 허용할지에 관한 "개념적 적형성(conceptual well-formedness)"과 관련된 한계가 존재한다. 개념의미론의 또 한 측면은 의미형성의 과정이 결합적이기 때문에 그렇게 만들어진 단어의미는 항상 원래의 개념들로 분석될 수 있다는 것이다. 그렇지만 재켄도프가 생각하는 개념구조는 '+, -'가 붙은 자질목록을 크게 넘어서는 것이다. 예를 들어 물건을 가리키는 단어들의 내용은 3차원 모형의 표상을 포함하는데 기본적으로 원형이론가들이 주장하는 원형적 모습이지만 구조가 더 복잡하다.

언어적 의미가 개념구조와 완전히 나란하다는 생각을 뒷받침할 충분하고 확실한 증거가 없다는 점에서 개념의미론은 비판을 받아 왔다. 또한 언어적 의미가 개념구조의 모호성을 실제로 반영하지도 않는다는 주장도 나오고 있다. 예를 들면 위에서 본 상보관계('true-false'에서와 같은)는 서로의 참과 거짓의 가능성을 배제하는 식으로 작용한다. 5_3에서 보았듯이 "X is true."(X는 참이다.)는 "X is not false."(X는 거짓이 아니다.)를 함의하고 "X is false."(X는 거짓이다.)는 "X is not true."(X는 참이 아니다.)를 함의한다. 그렇지만 말하자면 "실제 삶에서는" 참이기도 하고 거짓이기도 한 X를 아주 쉽게 상상할 수 있다. "사람은 (마음속에) 표상했기에 할 말이 있다."(People have things to talk about only by virtue of having represented them)라는 재켄도프의 말은 옳고 그름을 따지기 어렵지만 심리적 표상과 언어적 의미의 관계가 정확히 얼마나 가까운지는 아직 분명치 않다.

【대본, 틀, 도식】

단어의미에 대한 인지적 관점과 관련하여 마지막으로 지적할 사실은 의미론에서 원형개념이 더 발달한 결과 개별 사물뿐만 아니라 사건 전체도 원형적 특징을 가질 수 있다는 생각에 이르게 되었다는 것이다.[176] 이것은 **대본**(script), 즉 활동에 관한 일반적인 원형 또는 활동의 개별 유형을 위한 형판(template)을 통해 경험을 해석한다는 **대본이론**(script theory)에서 유래한 생각이다. 예를 들어 기차여행의 원형 시나리오(scenario)는 기차역에 가기, 표 사기, 역 플랫폼에 서 있기, 기차 타기, 자리 찾기, 지나가는 역무원에게 표 보여주기 등을 포함할 것이다. 대본이론에 따르면 일이 벌어지는 전형적인 방식에 대해 우리가 알고 있는 것을 가지고 이 같은 사건형판에서의 정보의 빈칸을 채울 수도 있다. 대본이라는 개념과 관련되기도 하고 겹치기도 하는 것이 **틀**(frame)이라는 개념이다. 틀은 관련 상황을 잘 다루도록 돕는, 지식의 특정 영역과 관련된 심리적 구상이나 계획으로서 고안된 개념이다. 예를 들어 기차역 틀에는 매표소, 대합실, 식당, 출발과 도착 정보를 알리는 게시판, 역장 등이 포함될 것이다. 대본이론 및 틀 개념과 관련된 것으로 이해에 관한 **도식이론 모형**(schema-theoretic model)이 있는데 이것은 이해가 항상 세계에 대한 지식이나 언어적 지식을 참고한다는 생각을 기반으로 한다.

176 이제 논의할 대본, 틀, 도식에 대해서는 Anderson, Reynolds, Schallert and Goetz(1977), Minsky(1975), Schank and Abelson(1977), Schank and Kass(1988)을 참조했다.

대본, 틀, 도식이 단어의미론에 대해 가지는 의의는 적어도 두 가지이다. 한 가지는 대본과 틀이 적어도 통합적 어휘관계의 어떤 면을 꽤 잘 뒷받침한다는 것이다. 다시 말해서 똑같은 어휘적 표현들이 서로 짝지어 반복적으로 출현하는 현상을 같은 종류의 사물들과 관련된 같은 종류의 사나리오가 특정 문화에서의 삶 속에서 그리고 그 문화에 참여하고 있는 사람들의 삶(정신적 삶 포함) 속에서 반복된다는 사실을 통해 부분적으로 설명할 수 있다. 또 한 가지는 대본, 틀, 도식이 의미의 계열적인 면, 특히 계열관계의 문맥적 차원과도 관련된다는 것이다. 예를 들어 'stump'는 어떤 문맥에서는 자른 나무나 쓰러진 나무의 남은 부분(밑동)을 가리키고 또 어떤 문맥에서는 크리켓경기에서 타자가 막고 있는 삼주문(三柱門, wicket)의 세 기둥 중 하나를 가리킨다. 이제 'stump'가 위의 첫 번째 뜻을 가지는 문맥에서는 숲이라는 원형적 틀이 주로 나무를 포함하고 크리켓의 장비를 포함하지는 않으며, 기둥의 일종을 뜻하는 문맥에서는 크리켓경기라는 원형적 틀이 나무가 전혀 없는(주변의 배경에 있는 것 빼고) 넓은 운동장을 포함한다.

5_6 요약

이 장에서는 언어학자들이 단어의미를 다루는 여러 방식을 살펴보았다. 우선 단어의미에 대한 전통적인 지시적, 외연적 설명, 소쉬르의 견해와 그 결과로 등장한 어휘장이론을 살펴보고, 최근 수십 년간 라이온스 외 몇 사람이 이해한 식의 의미관계를 정의하고 예시하면서 설명했으며, 의미관계를 설명하기 위한 성분분석을 개관했다. 단어의미에 관한 인지적 견해들도 언급했다. 단어의미가 언어단위 사이의 상호관련망에서의 기능이라는 점에서 언어의 다른 측면들과 다를 것이 없음이 이 장의 논의를 통해 분명해졌다. 그러한 관계가 단어와 단어 사이뿐만 아니라 단어와 다단어 표현 사이 및 다단어 표현의 쌍이나 집합들 사이에도 적용된다는 점 또한 분명해졌다. 이것은 앞장들에서도 밝혀진 바이지만 어휘부가 개별 단어의 목록에 그치지 않고 다종다양한 단어결합을 포함한다는 사실을 강조하는 것이다. 끝으로 염두에 둘 점은 단어의 의미관계를 정의할 때 문맥을 고려하는 것이 필수적이며 의미에 대한 문맥의 영향이 단어의미론의 주요 논제라는 사실이다. 여기서 우리는 문맥지향성이라는 것이 어휘부가 작동하는 기본적 방식이라는 결론에 이른다.

비교적 쉬운 단어의미론 입문서로는 다음이 있다.

카터(R. Carter)(1998) 『어휘 : 응용언어학의 관점(*Vocabulary: applied linguistic perspectives*)』, 제2판. 제1장.[177]

라이온스(J. Lyons)(1981) 『언어, 의미, 맥락(*Language, meaning and context*)』. 1장~4장.[178]

177 역주 주 37 참조.

178 역주 현대언어학연구회 역(1984) 『언어, 의미와 상황맥락』, 한신문화사.

라이온스(J. Lyons)(1995) 『언어의미론 개설(*Linguistic semantics: an introduction*)』. 2장~4장.

리치(G. Leech)(1981) 『의미론 : 의미의 연구(*Semantics: the study of meaning*)』, 제2판. 1장~7장.

해치(E. Hatch) · 브라운(C. Brown)(1995) 『어휘, 의미론, 언어교육(*Vocabulary, semantics and language education*)』. 1장~7장.

특히 단어의미론에 대한 인지적 관점에 관심이 있는 독자는 다음을 참고하면 좋을 것이다.

에이치슨(J. Aitchison)(1994) 『마음속의 단어 : 머릿속 사전 입문(*Words in the mind: and introduction to the mental lexicon*)』, 제2판. 특히 4장~8장.[179]

웅거러(F. Ungerer) · 슈미트(H. J. Schmid)(1996) 『인지언어학 개론(*An introduction to cognitive linguistics*)』.[180]

179 역주 홍우평 역(2004) 『언어와 마음』, 역락, 제3판(2002)의 번역.

180 역주 임지룡 · 김동환 역(1998) 『인지언어학 개론』, 태학사.

연습문제 및 토론거리

1 맨 앞절에서 한 단어만 바꾸어도 문장이나 글 전체의 의미에 큰 차이가 날 수 있음을 주장한 바 있다. 한 단어를 바꾸었을 때 문장의 의미에 근본적인 변화가 일어나는 예를 다섯 개 생각해 보라.

2 5_2에서 금성을 가리키는 'Morning Star'와 'Evening Star' 같은 표현처럼 뜻이 다른 둘 이상의 표현이 실제 세계에서 똑같은 사물, 사람, 장소, 속성, 동작 등을 가리킬 수 있음을 보았다. 뜻이 다른 단어나 구가 똑같은 "실제 세계"의 현상에 적용되는 예를 다섯 개 생각해 보라.

3 5_3에서 여러 가지 의미관계를 정의하고 예시했다. 그 절을 다시 읽고 동의어 쌍 둘, 하위어와 상위어 쌍 둘, 상보어 쌍 둘, 극성 반의어 쌍 둘, 상반어 쌍 둘, 부분어와 전체어 쌍 둘을 찾아보라. 각 경우에 본문의 예문을 본보기로 삼아 예문을 제시하여 설명하라.

④ 5_4에서 성분분석가들이 단어의미를 어떻게 다루는지를 보여주는 예를 몇 개 보았다. 그것을 참고하여 다음 단어들의 의미에 대한 성분분석을 제시해 보라.

bitch (암캐) : dog (개) : puppy (강아지)
duck (오리) : drake (수오리) : duckling (새끼오리)
ewe (암양) : ram (숫양) : lamb (새끼양)
goose (거위) : gander (수거위) : gosling (새끼거위)
mare (암말) : stallion (수말) : foal (망아지)

제시한 성분분석에 조금이라도 문제가 있는지 생각해 보라.

⑤ 5_5에서 다른 것들보다 그 범주의 이상적인 본보기에 덜 가까운 예를 몇 개 보았다(예를 들어 'bird'와 관련하여 'penguin'). 다음 각 범주에 대해 이상적인 본보기에 가까운 것 하나와 그와 거리가 먼 것 하나를 골라 보라. 그 이유도 말해 보라.

country (나라) – France (프랑스), Germany (독일), Spain (스페인) 등
fruit (과일) – apple (사과), pear (배), orange (오렌지) 등
garment (의복) – blouse (블라우스), jacket (재킷), sweater (스웨터) 등
mammal (포유류) – bear (곰), cow (소), panda (판다) 등
tree (나무) – ash (물푸레나무), elm (느릅나무), oak (참나무) 등

6 어휘, 음운론, 정서법

6_1 어휘와 "분절층위"

이제까지 우리는 프랑스의 언어학자 마르티네(A. Martinet)가 1차 분절층위(primary level of articulation)라고 부른, 의미단위(형태소, 단어 등)가 모여 더 큰 의미단위(구, 문장 등)를 만드는 층위에 주로 집중해 왔다. 분명히 이 층위에서 일어나는 현상은 거의 단어선택으로 결정된다. 의미가 없는 단위(구어에서는 음소, 문어에서는 낱글자)가 의미단위(굴절형, 접사, 단어 등)를 만드는 층위, 즉 2차 분절층위(secondary level of articulation)에서는 사뭇 다른 일들이 벌어지리라고 상상하는 것이 아주 당연하다.[181]

181 이중분절(double articulation)의 개념은 Martinet(1949 : 30-37, 1957:105-116)에서 논의하고 있다.

곧 보게 되겠지만 어휘와 음운론, 그리고 어휘와 정서법이 상호작용을 한다는 증거는 음성체계나 문자체계가 어휘의 영역 밖에 따로 존재한다는 생각을 날려버릴 만큼 넉넉하다. 우선 어떤 어휘단위를 선택하면 그때 동원되는 음운단위와 표기단위의 결합이 저절로 결정된다는 것은 자명하며 그런 의미에서 어휘와 2차 분절층위가 상호작용을 하는 것이다. 이와 관련하여 조금 덜 명백하지만 그래서 더욱 흥미로운 문제는 첫째, 특정 단어의 음운론적, 정서법적 실현이 어휘부가 그 단어에 관해 제공하게 되는 의미정보와 문법정보에 의존하는가, 둘째, 개별 어휘항목이나 어휘항목의 범주가 특정한 음성이나 문자와 관련되어 있는가이다.

6_2 음소, 강세, 성조

위에서 '자명하다'고 표현한 어휘부와 음운론의 상호작용에 대해 먼저 살펴보자.[182] 어떤 어휘적 표현에 대한 지식이 그 표현을 어떻게 발음하는지에 대한 지식을 포함하고 있다고 가정하면, 사전에서의 풀이가 음성적 표기를 포함하고 있듯이 어휘부에서의 풀이도 그 항목이 어떤 음성들로 이루어져 있는지에 대한 정보를 담고 있다고 보아야 할 것이다. 어휘단위의 음성부문이 담고 있어야 할 정보는 ① 개별 분절음의 적절한 연쇄, ② (영어 같은 언어에서는) 강세분포의 유형, ③ (중국어, 타이어 같은 언어에서는) 사용된 의미에 따른 특정한 음조 또는 성조의 특징이다.

182 6_2, 6_3, 6_4의 논의는 Katamba(1989)의 해당 주제에 대한 서술에서 부분적으로 영감을 받았다.

개별 분절음과 관련하여 1장에서 어떤 음성적 차이는 단어를 구별하는 데 중요하고 어떤 것은 그렇지 않음을 보았다. 그런 중요성을 가진 차이를 음소적(phonemic) 차이라고 부르고 그러한 차이에 의해 구별되는 음성단위를 **음소**(phoneme)라고 부른다는 것도 보았다. 그래서 음소는 **변별자질**(distinctive feature)의 집합으로 간주할 수 있다.[183] 변별자질의 예는 다음과 같다.

183 역주 촘스키문법의 틀 안에서 발달한 생성음운론은 음소를 변별자질의 집합으로 완전히 대체하려 했다.

- 파열성(plosiveness) : 발음할 때 공기가 개방되기 전에 완전히 막히는가(/p/처럼) 그렇지 않은가(/f/처럼)
- 순음성(labiality) : 발음할 때 입술이 관여하는가(/p/처럼) 그렇지 않은가(/k/처럼)
- 비음성(nasality) : 발음할 때 공기가 코를 통과하는가(/n/처럼) 그렇지 않은가(/d/처럼)
- 유성성(voice) : 발음할 때 성대가 떨리는가(/z/처럼) 그렇지 않은가(/s/처럼)
- 전설성(frontness)/후설성(backness)/중설성(centrality) : 발음할 때 혀가 입의 앞을 향해 있는가('lid'의 /ɪ/처럼) 뒤를 향해 있는가('boot'의 /uː/처럼) 중간에 있는가('but'의 /ʌ/처럼)
- 고설성(highness)/저설성(lowness)/중앙성(midness) : 발음할 때 혀가 입안에서 높은가(/ɪ/처럼) 낮은가(표준영국영어 'bath'의 모음 /ɑː/처럼) 중간인가('bet'의 /ɛ/처럼)

따라서 각 어휘내항의 음운론적 차원은 음소의 연쇄일 뿐만 아니라 변별자질의 행렬(matrix)이기도 한 것으로 생각할 수 있다. 'pin'의 자질행렬을 단순화하여 보이면 다음과 같을 것이다.

	/p/	/ɪ/	/n/
파열성	+		−
순음성	+		−
비음성	−		+
유성성	−		+
전설성 등		전설성	
고설성 등		고설성	

강세유형의 문제로 넘어가면, 영어를 포함한 많은 언어에서 **강세**가 어디에 놓이느냐가 단어의 구별에 중요하다. 예를 들어 영어의 명사와 동사의 수많은 쌍에서 강세의 위치가 문법범주를 부분적으로 표시한다.[184]

184 역주 예에서 보듯이 명사일 때는 앞음절에, 동사일 때는 뒤음절에 강세가 놓이는 단어가 많다. 물론 'comment, report'처럼 명사일 때와 동사일 때 강세위치가 똑같은 단어도 있다. 6.3 참조.

Student numbers are continuing to decrease [동사].
(학생 수가 계속 줄고 있다.)
There has been a continuing decrease [명사] in student numbers.
(학생 수의 계속적인 감소가 있어 왔다.)

He's going to record [동사] a new single.
(그는 새 음반을 녹음할 것이다.)
He's going to make a new record [명사].
(그는 새 음반을 만들 것이다.)

In Europe we no longer implant [동사] growth-promoting substances in cattle.
(우리는 유럽에서 더 이상 소에게 성장촉진물질을 주입하지 않는다.)
The growth-promoting implant [명사] is no longer used in Europe.
(유럽에서는 더 이상 성장촉진물질 주입법을 사용하지 않는다.)

강세의 위치가 어떤 경우에는 비슷한 음성연쇄의 서로 다른 의미를 구별하는 열쇠가 된다. 예를 들어 'process'라는 단어가 동사로 쓰일 때는 '처리하다, 가공하다'를 뜻한다.

The new information had to be processed very rapidly by the research team.
(새 정보를 연구팀이 아주 빨리 처리해야 했다.)

'process'의 강세가 둘째 음절로 이동하면 이 동사는 '행진하다'를 뜻하게 된다.

The bishop, the priests, the acolytes and the choir processed solemnly up

the aisle.
(주교와 신부들, 복사(服事)들, 성가대는 장엄하게 통로를 행진했다.)

형용사 'contrary'의 경우도 다르지 않다. 첫 음절 'con'에 강세가 놓이면 '반대하는, 반대편의'를 뜻한다.

This idea is contrary to good sense.
(이 생각은 양식(良識)에 반한다.)

그런데 둘째 음절 'tra'에 강세가 놓이면 다음 자장가에서처럼 '아집이 강한, 괴팍한, 심술궂은'을 뜻한다.

Mary, Mary, quite contrary,
How does your garden grow?
With silver bells and cockle shells
And pretty maids all in row.
(못된 메리야, 메리야.
꽃밭은 잘 돼 가니?
은종나무랑 새조개 껍데기랑
예쁜 아가씨들이랑 모두 늘어서서.)

이제 **성조**로 넘어가자. 중국어, 타이어, 버마어 같은 아시아의 여러 언어, 아프리카와 아메리카 원주민의 여러 언어에서 특정한 음성연쇄를 발음할 때의 음조(소리의 높이) 또는 음조의 방향, 즉 상승조(높아지는 소리)나 하강조(낮아지는 소리)가 그 음성연쇄의 의미를 결정할 수 있다. 예를 들어 타이어에서 /kao/라는 음성연쇄는 고조(높은 소리)나 상승조로 발음하면 '그 사람', 하강조로 발음하면 '쌀', 저조(낮은 소리)로 발음하면 '흰색', 중조(중간 높이의 소리)로 발음하면 '뉴스'를 뜻한다.[185] 마찬가지로 /naa/라는 음성연쇄는 고조로 발음하면 '어린 외삼촌/외숙모/이모/이모부', 상승조로 발음하면 '두꺼운', 하강조로 발음하면 '얼굴', 저조로 발음하면 '별명', 중조로 발음하면 '논'을 뜻한다.[186]

185 패리소(Jennifer Pariseau)가 알려준 예이다.
역주 저자의 「머리말」 참조.

186 Fromkin and Rodman(1998 : 241) 제6판에서 인용.

6_3 단어문법과 단어의미를 반영한 단어음운론

개별 형식의 발음이 그 형식의 문법범주와 관련이 있음을 앞에서 보았다. 다시 말해 어휘부에 풀이된 문법범주와 강세의 위치가 관계가 있을 수 있는 것이다. 그런데 명사냐 동사냐에 따라 정해지는 이러한 강세 위치의 변이가 체계적이 아닌 경우도 있다. 즉 문법범주와 관계없이 주강세가 늘 같은 자리에 놓이는 것이다. 예를 들면 'delay(지연, 지연되다), offer(제공, 제공하다), repeat(반복, 반복하다)'는 명사와 동사의 강세 위치가 똑같다. 따라서 어떤 명사와 동사가 'record-record' 같은 유형을 따르는지를 어휘부에 명시해야 하며, 개별 단어의 발음은 문법범주에 대한 정보뿐만 아니라 어휘부가 명시하는 이러한 정보도 참고해야 할 것이다.

이제 **단어음운론**(lexical phonology)과 의미의 관계에 대해 살펴보자. 단어의 발음과 의미가 분명히 관련되어 있는 것으로 보이는 부류는 의성어이다. 의성어가 전달하는 의미의 일부는 그 단어가 적용되는 사물이나 활동이 만들어내는 소리이다. 'buzz(윙윙, 벌 나는 소리), crackle(파삭, 쪼개지는 소리), cuckoo(뻐꾹, 뻐꾸기 우는 소리), plop(풍덩, 물에 빠지는 소리), tinkle(딸랑딸랑, 방울소리)' 등이 그 예이다. 다시 말하면 전달하고자 하는 의미가 그 단어의 음운론적 형상을 대강 결정한다. 여기서 '대강(in large measure)'이라는 표현이 신중한 선택이라는 점을 강조해 둘 필요가 있겠다. 의성어가 모방하는 소리가 의성어의 형식을 전적으로 결정한다는 데는 의심의 여지가 없다. 그렇지만 그 의성어가 속한 개별 언어의 관습도 중요한 역할을 한다. 동물의 소리를 표현하는 단어들도 그렇다. 예를 들어 영어에서 닭 우는 소리는 'cock-a-doodle-doo'로 표현하지만 다른 언어에서는 그렇지 않다.[187]

187 여러 언어의 닭 우는 소리 예는 Cook(1997:53)에서 가져왔다.

독일어	kikeriki
일본어	kokekokou
페르시아어	gogoligogo
스페인어	quíquíriqúi
타이어	ek-i-ek-ek

어찌 됐든 의성어의 음운론적 형상과 그 의미 사이의 관계는 명명백백하다.[188]

188 역주 한국어의 '꼬끼오, 꼬꼬댁' 등도 위의 예들과 형태가 조금 다르다. 그렇지만 이 예들 모두 'k, g, ㄲ'과 같은 연구개폐쇄음을 포함하고 있는 점은 공통적이다. 그래서 의성어의 발음과 그 의미가 상당한 연관성을 지닌다고 할 수 있다는 것이다.

의미와 특정 음성의 관련성이 좀더 미묘한 예는 금기어의 연상 때문에 특정한 음성연쇄를 기피하는 현상이다. 예를 들어 루간다어에서 음성연쇄 /nj/(이것은 영어 단어 'onion' /ʌnjən/의 중간에 있는 음성연쇄와 비슷하다)가 /kunja/(똥을 누다), /kinjo/(항문) 같은 금기어에 나타난다.[189] 이러한 금기어에 대한 연상 때문에 이 음성연쇄를 /ŋ/(영어의 'sing'의 'ng' 소리에 해당한다)으로 바꿔 발음하는 경향이 있다. 그래서 /kanja:la/(풋바나나), /munjo:ngo/(비참한)를 각각 /kaŋa:la/, /muŋo:ngo/로 발음하는 경향이 있다.[190]

문법, 어휘부, 음운론의 상호작용 문제로 잠깐 돌아가자면 이러한 상호작용에 대한 인식에 바탕을 둔 **어휘음운론**(Lexical Phonology)이라는 음운이론이 있음을 언급해 두면 좋을 듯하다.[191] 이에 따르면 음운과정들은 단어형성규칙과 함께 순환적으로 작용해서 한 언어의 어휘항목들의 발음을 명시하게 된다.[192] 접미사는 서로 다른 부류(층위 또는 계층이라 부른다)로 나누어지는데 각 부류에 적용되는 단어형성규칙도 다르며 각 단어형성규칙이 각 음운규칙과 관련되어 있다.[193]

6_4 개별 음성과 개별 어휘항목(또는 그 범주)의 관련성

이제 한 언어의 특정 음성이 특정 단어나 범주와 밀접하게, 심하면 단독으로 관련되어 있는 경우를 생각해 보자. 현대 표준프랑스어의 /ŋ/ 소리가 대표적인 사례이다. 이 음성은 남프랑스의 여러 방언에서 'vin(포도주), pain(빵)' 같은 단어의 말음으로 쓰이는데 파리, 브뤼셀, 제네바 지역의 식자층이 사용하는, 더 권위를 인정받는 프랑스어에서는 신식 발음이다. 영어에서 들어온 외래어, 특히 형태소 '-ing'이 붙은 단어를 통해서 도입된 발음이다. 그런 단어가 표준프랑스어에 처음 들어왔을 때 대부분은 표준프랑스어 음소목록에 있는 소리로 '-ing'을 발음했다. 즉 비모음 /ɛ̃/(프랑스어에서 대개 철자 'in'에 해당한다)나 /in/(프랑스어에서 대개 철자 'ine'에 해당한다)이나 /ɲ/(프랑스어에서 대개 철자 'igne'에 해당한다)으로 발음했다. 그러나 최근에는 'parking, casting, lifting' 같이 '-ing'이 붙은 단어들에서 /ŋ/을 점점 더 많이 발음하고 있다.

우리의 논의와 관련해서 흥미로운 점은 /ŋ/과 다른 음성의 차이가 음소적이어서 'shopping(쇼핑)'과 'chopine(술병)' 같은 단어를 구별해 주긴 하지만 그렇게 구별되는 단어의 쌍이 극소수라는 점이다. 더구나 문제의 단어들을 같은 주제로

189 역주 루간다어(Luganda)는 아프리카 동부 내륙의 우간다(Uganda)에서 사용하는 언어이다.

190 역주 루간다어 예는 Katamba (1989:256)에 나온다.

191 역주 'Lexical Phonology(어휘음운론)'는 이 절의 앞에서 언급한 'lexical phonology(단어음운론)'과 구별해야 하므로 달리 번역한다. 전자는 특정한 음운이론을 가리키는 고유명이고(그래서 첫 글자를 대문자로 적는다) 후자는 어휘와 관련된 음운론의 영역을 일반적으로 가리키는 표현이다.

192 역주 음운과정(phonological process)은 규칙화할 수 있는 음운현상을 말한다.

193 여기서의 어휘음운론은 Kiparsky(1982, 1985)의 소산이다. 이 주제에 대한 다른 연구는 Mohanan(1986)과 Kenstowicz (1994)의 5장(어휘음운론)이다.

묶기도 어렵다. /ŋ/이 'ing'라는 철자와 체계적으로 관련되어 있지 않은 것이 분명하다. 많은 단어에서 'ing'는 단순히 비모음의 존재를 나타낼 뿐이다. 'coing' /kwɛ̃/ (모과), 'poing' /pwɛ̃/ (주먹) 등이 그 예이다. 음소 /ŋ/이 '-ing'으로 끝나는 영어외래어와 체계적으로 관련되어 있다고 말할 수도 없다. 영어외래어인 'shampooing(샴푸로 머리 감기)'의 '-ing'은 /ŋ/으로 발음되는 것이 아니라 'coing'의 모음과 같은 비모음 /ɛ̃/으로 발음되기 때문이다. 아무튼 프랑스어에서 '-ing'이 붙어서 /ŋ/ 발음이 나는 많은 단어들은 외래어라기보다는 'footing(조깅), lifting(얼굴 주름 펴는 성형수술)' 같은 신어이다. 요컨대 현대 표준프랑스어에 잘 정의되지 않는 부류를 형성하는 소수의 어휘항목과만 관련되는 음소 /ŋ/이 있는데 이 음소는 전적으로 화자가 그 단어들을 선택할 때만 출현한다.[194]

194 프랑스어의 음소 /ŋ/에 대한 논의는 졸저 Singleton(1992: 49f)에서 서술했던 것을 거의 그대로 따랐다.

위의 경우에는 문제의 특정 음소가 **언어접촉**의 결과로 이해된다. 그러나 단어에 따라 결정되는 음운론적 측면이 음성의 **차용**(借用)과만 관련되는 것은 아니다. **어휘확산**(lexical diffusion)이라고 부르는 현상은 언어 간의 영향과 관계가 있을 수도 있고 없을 수도 있지만 출현가능한 음성이 특정한 어휘항목의 집합과 관련되는 현상과는 늘 관계가 있다. 어휘확산은 개별 언어나 방언을 대상으로 시간에 따른 **음운변화**를 추적하는 언어학자들이 관찰해 온 현상이다. 이것은 음운변화가 진행될 때 그 영향을 받는 어휘의 양이 달라지면서 음운변화가 점진적으로 발전하는 현상을 말한다.[195]

195 어휘확산 개념은 Wang (1969), Chen and Wang(1975)에서 비롯한다. 이를 다룬 다른 주요 연구로 Aitchison(1981 : 95), Hudson (1980:168ff), Romaine(1982:254ff)를 들 수 있다.

전에는 음운변화가 예외를 허용하지 않는 법칙에 따라 일시에 전면적으로 일어나서 똑같은 환경의 같은 음성은 똑같이 변화한다고 생각했었다. 그런데 이제는 그러한 생각이 근본적으로 잘못되었다고 생각한다. 음운변화가 일어날 때 어휘부에서 단어 하나하나에 퍼져나가기 때문에 새 음성이 나타날지는 일반적인 음성적, 음운론적 환경에 따라 정해지는 것이 아니라 특정한 단어선택에 달린 문제라는 것이 요즘의 생각이다. 어휘확산의 좋은 예를 1970년대에 수집된 벨파스트(Belfast) 지방의 영어자료에서 찾을 수 있다.[196] 이 자료에서 [ʉ](프랑스어의 'u'나 독일어의 'ü'에 가까운 소리)가 [ʌ](표준영국영어의 'but, cut' 등의 'u' 소리)로 바뀌는 변화가 진행 중임을 알 수 있다.[197] 그런데 [ʌ]로의 개신은 어휘항목에 따라 각기 다른 정도로 일어나고 있다. 그래서 그 자료에서 'pull'은 전체의 3/4

196 역주 벨파스트 : 북아일랜드의 주도이자 항구도시.

197 역주 [ʉ]는 중설원순고모음이다. 프랑스어의 'u'와 독일어의 'ü'는 똑같이 후설원순고모음 [y]이므로 두 가지는 중설모음이냐 후설모음이냐의 차이가 있는 셈이다.

정도가 [pʌl]로 발음되는 데 반해 'look'은 1/4 정도만 [lʌk]으로 발음된다. 다시 말해서 [ʌ]로 발음하느냐 마느냐는 특정 어휘항목의 선택과 사용에 달려 있는 것이다.[198]

198 벨파스트 자료는 Maclaran(1976), Milroy(1978)에서 논의하고 있다.

6_5 어휘와 정서법

어휘와 **정서법**의 관련성도 어휘와 음운론의 관련성과 거의 비슷한 양상이다. 즉 표음문자든 표의문자든 사용될 각 문자의 연쇄를 결정하는 것은 단어이다. 또한 각 표기는 단어의미적(lexicosemantic), 단어문법적(lexicogrammatical) 정보에 의존한다. 또한 문자체계의 어떤 측면은 거의 또는 전적으로 특정 어휘항목의 집합과 관련되어 있을 수도 있다.[199]

199 6_5는 Calvet(1996 : 2–6장), Cook(1997 : 6장), Jean(1992 : 1–3장)에 자유롭게 의거했다. 이 절의 수메르어, 중국어, 고대이집트어 예는 모두 이 세 책에서 인용한 것이다. 영어, 프랑스어, 현대그리스어, 스페인어 예는 내가 찾은 것이다.

【문자와 음성의 대응관계】

문자체계는 언어에 따라 아주 다양하고 역사적으로도 많이 변해 왔다. 이 책은 **자모문자**(字母文字, alphabetic system)로 쓰여 있다.[200] 즉 문자가 나타내는 음성과 그 문자는 분명하게 관련되어 있다. 예를 들어 다음 영어 단어의 표기에서 각 글자는 음소를 나타낸다.

200 역주 자모문자는 음소문자(phonemic writing)라고도 한다. 음소를 표기의 기본단위로 하는 로마자나 한글 같은 문자를 말한다. 이 책의 원서는 로마자로, 번역서는 한글로 쓰여 있으니 둘 다 자모문자로 쓰여 있는 셈이다.

den /dɛn/ men /mɛn/ ten /tɛn/

모든 서유럽 언어들(그리고 다른 많은 언어들)과 마찬가지로 영어도 **로마자**(Roman alphabet)를 사용하는데 로마자는 그 이름이 암시하듯이 로마인들이 라틴어를 적을 때 사용하던 문자이다. 로마자는 **그리스문자**(Greek alphabet)가 발달한 것인데 그리스문자도 문자와 음성 사이의 분명한 대응관계를 기본원칙으로 하고 있다. 다음 현대그리스어의 예를 보자.

να /na/ (~해서, ~하기 위해)
σα /sa/ (~할 때, ~하자마자)=σαν
τα /ta/ (주격/대격 복수인 중성의 정관사)

똑같은 문자 대 음성의 대응관계 원리를 따르면서 그리스문자에서 발달한 것이 키릴문자(Cyrillic alphabet)이다. 러시아어, 불가리아어, 세르비아어 등 많은 슬라브어가 키릴문자를 이용한다.

문자 대 음성의 대응관계의 일관성에 정도차가 있음은 잘 알려져 있다. 스페인어나 핀란드어 같은 경우에는 일관성의 수준이 정말 굉장히 높다. 다시 말하면 대체로 주어진 음소연쇄에 대해 한 가지 표기만 가능하고 주어진 글자연쇄에 대해 한 가지 발음만 가능하다. 이 상황을 영어, 프랑스어, 현대그리스어 같은 문자 대 음성의 관계가 대단히 유동적인 경우와 비교해 보라. 예를 들면 영어에서 모음 /iː/는 'e'(be), 'ee'(bee), 'ea'(bean), 'ie'(brief), 'ei'(receive), 'ey'(key), 'i'(ravine)로, 심지어 'ae'(encyclopaedia)로 적을 수도 있다.[201]

201 역주 이런 관점에서 보면 한국어는 스페인어와 영어의 중간쯤에 있다고 할 수 있다. 예를 들어 /낟또/라는 한 가지 발음이 '낫도, 낮도, 낯도'라는 여러 표기에 대응한다는 점에서 스페인어보다 대응관계가 복잡하며, '낫도, 낮도, 낯도'의 모음글자 'ㅏ'가 /ㅏ/로 발음됨을 예측할 수 있다는 점에서 영어보다 대응관계가 규칙적이기 때문이다.

【문자의 유형과 발달】

자모문자의 초기 형태는 셈어(Semitic languages)를 적던, 그 중 페니키아어부터 적기 시작한 방식이다. 지금의 아랍어와 현대히브리어로 대표되는 셈어는(동사의 시제 등에 대한) 형태론적 대립을 어미로 표시하지 않고 모음교체로 표시하는 특징이 있다. 영어에도 'run–ran', 'sing–sang', 'write–wrote' 처럼 비슷한 예가 있기는 하지만 셈어는 이런 문법현상이 지배적으로 작용한다. 그래서 주어진 단어의 기본형은 영어 'sing–sang'의 's-ng' 같은 "자음껍질(consonantal shell)"이라서 그 모음은 문법적 환경이 정해 주는 셈이다. 아마도 이런 이유 때문에 **페니키아문자**(Phoenician alphabet)는 자음만 표시하고 빠진 모음음성은 독자가 알아서 채워넣게 되었을 것이다. 히브리어와 아랍어도 원래는 자음만 적었고 실제로 오늘날에도 그런 표기법이 남아 있긴 하지만 시간이 흐르면서 모음을 표시하는 표기법이 발달하게 되었다.

초기의 페니키아문자에서 그리스문자가 발달했다. 그리스인들이 한 일이라고는 그리스어를 적을 때 모음기호로 쓸 필요가 없는 자음기호를 "재활용"하는 것뿐이었다. 예를 들어 성문폐쇄음(성대의 틈을 완전히 닫아 공기를 막고 있다가 갑자기 터뜨리는 소리)을[202] 적는 페니키아의 글자는 '≮'이었다. 이 자음이 고대그리스어의 음소가 아니었으므로 모음 /a/를 적기 위해 빌릴 수 있었고 그 결과 약간의 조정을 거쳐 그리스문자 알파, 즉 'A, α'가 되었다. 그 후 로마자와 키릴문자에

202 역주 국제음성기호로는 [ʔ]로 적는다. 중세한국어의 'ㆆ'의 음가에 해당한다. 기침을 할 때 목에서 나는 소리와 비슷하다.

서도 거의 같은 모양, 거의 같은 음가를 가지며 이어지게 되었다.

또 한 가지 표음문자는 개별 음소가 아닌 음절을 기본단위로 삼아 만든 것이다. 이런 문자를 **음절문자**(syllabary)라고 하는데 일본의 **가나**(かな, 假名), 체로키족의 문자, 고고학자들이 **선형문자 B**(Linear B)라고 부른, 그리스문자가 만들어지기 한참 전에 미노아의 그리스인들이 만든 문자 등이 그 예이다.[203] 일본의 가나는 **히라가나**(ひらがな, 平假名)와 **가타카나**(カタカナ, 片假名) 두 가지 형태가 있는데 전자는 조사나 용언의 활용어미 등을, 후자는 영어 같은 서양외래어를 적는 데 사용한다. 이것이 다가 아니다. 서양외래어가 아닌 실사(명사, 동사 등)는 가나와 전혀 다른 문자인 한자를 이용해 적는데 그 한자 표기는 소리가 아닌 뜻을 바탕으로 한다.[204]

203 역주 선형문자 B는 점토판에 새겨진 문자로서 1950년대에 해독되어 초기의 고대그리스어를 적은 것으로 판명되었다.

204 역주 예를 들면 "私はコーヒーを飮む。" (watashiwa koohiiwo nomu, 나는 커피를 마신다.)에서 한자 '私(사), 飮(음)' 은 대명사 '나(watashi)' 와 동사 '마시다(nomu)' 를, 히라가나 'は, を, む' 는 조사 '는(wa), 를(wo)' 과 활용어미 '-ㄴ다(u)' 를 나타내며 가타카나 'コーヒー' 는 외래어 '커피(koohii)' 를 나타낸다.

마지막으로 살펴볼, 문자체계의 가장 극단적인 형태는 사물이나 동물 등을 나타내기 위해 그림을 사용하는 것이다. 이제 이야기는 인간의 역사상 문자의 기원에까지 거슬러 올라가게 된다. 지금까지 알려진 최초의 문자는 페르시아만에서 현재의 바그다드 쪽으로 뻗은, 티그리스강과 유프라테스강 사이의 메소포타미아 지역의 수메르문화에 등장하는 **수메르문자**(Sumerian writing)이다. 수메르인들은 점토판에 적었는데 그들이 적은 최초의 기호는 사실 단순화된 그림이었다. 예를 들면 소를 나타내는 기호는 소머리의 단순화된 그림, 새를 나타내는 기호는 새의 목과 몸통의 단순화된 그림, 여자를 나타내는 기호는 음문의 단순화된 그림이었다.

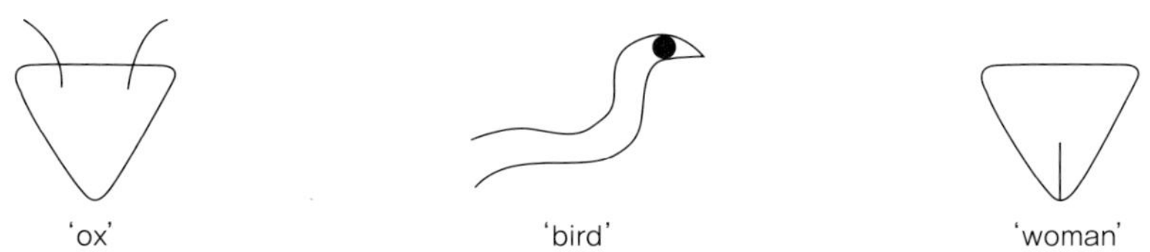

그림 6.1 메소포타미아의 수메르문화에 등장한, 지금까지 알려진 최초의 문자 형태.

수메르문자가 발달한 과정도 그랬지만 **그림문자**(pictogram)는 적는 데 사용한 필기구(stylus)의 특성 때문에 점차 양식화되었다(stylized). 당시의 필기자들은 갈대의 한쪽 끝을 세모로 잘라서 젖은 점토판에 적었다. 그래서 말랑말랑한 점토판에 파인 형상은 쐐기모양(cuneiform, < 라틴어 cuneus(쐐기))이 되기 쉬웠는데 이 세모 모양이 점점 이전의 그림 형태에 따라 기호로 발달하게 되었다. 그래서 소를 나타내는 기호는 우선 옆으로 돌게 되고 결국에는 다음과 같이 원래의 그림과 상당히 다른 모습을 띠게 되었다.

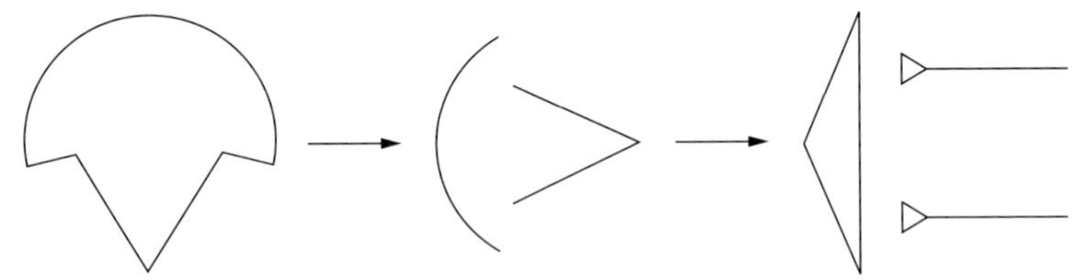

그림 6.2 그림문자의 양식화

단순화된 그림의 초기의 기본적 목록만 가지고 나타내지 못하던 개념들은 그림문자의 결합을 통해 표현할 수 있게 되었다. 여자를 나타내는 그림문자와 산을 나타내는 그림문자를 결합함으로써 '산 너머에서 온 여자=외국 여자=여자 노예'라는 개념을 다음과 같이 표현할 수 있었다.

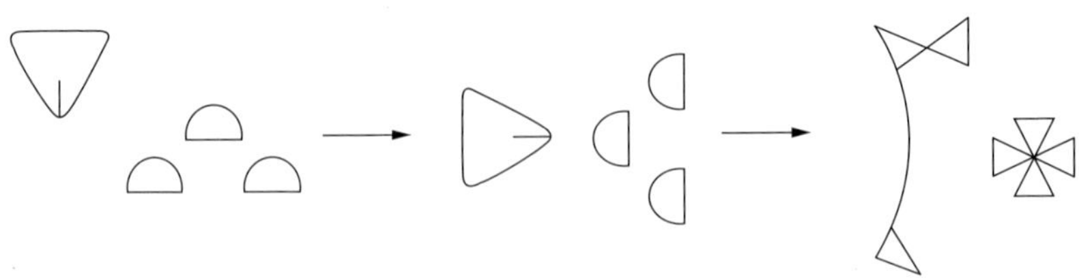

그림 6.3 그림문자의 결합을 통한 개념의 표현

이런 경우에 그림문자는 사물의 외형을 직접 또는 그 외형만을 반영하지 않고 생각을 표시하는 것으로 간주되었다. 이런 그림문자를 **표의문자**(ideogram)라 부르기도 한다. 이런 표의문자가 한 단어에 저장된 생각을 표시할 때는 **표어문자**(表語文字, logogram, < 그리스어 lógos(단어))로 부를 수도 있다.[205]

다른 그림문자들도 비슷한 발달과정을 거쳤다. 예를 들어 중국의 **한자**에서 양(羊)이라는 개념은 처음에 양의 뿔을 단순화하여 그린 그림으로 나타냈는데 나중에는 점점 덜 상형적인 쪽으로 변화했다.

205 역주 표어문자를 단어문자(word writing)라고도 한다.

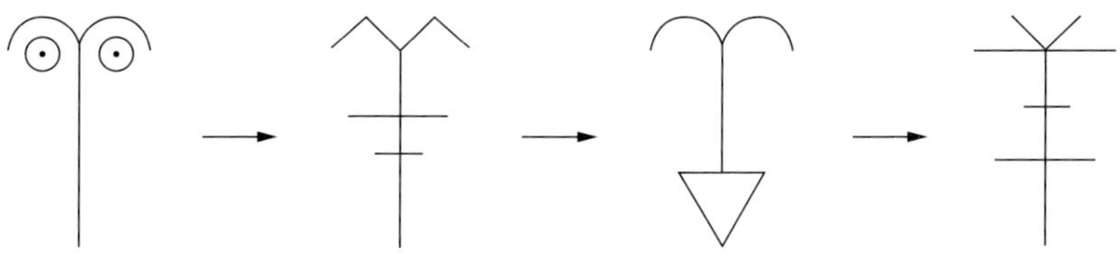

그림 6.4 양을 나타내는 한자의 발달

어떤 한자는 초기의 상형적인 특징을 어느 정도 간직하고 있기도 한데 나무를 뜻하는 한자 '木(나무 목)'의 발달이 좋은 예이다.

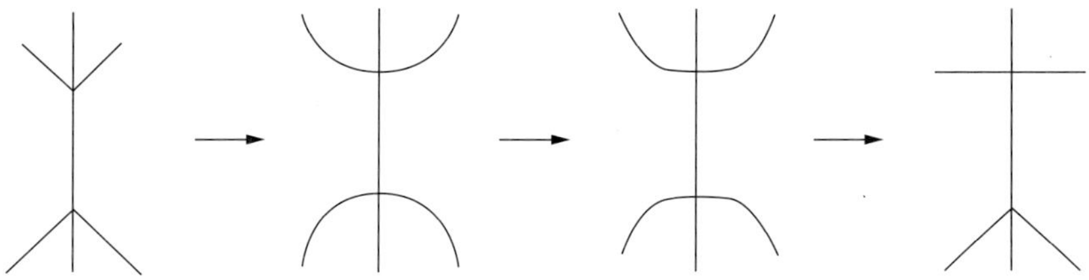

그림 6.5 초기 형태의 상형적 특징의 유지 : 나무를 나타내는 한자

어떤 그림문자는 모양만 변한 게 아니라 뜻도 변했다. 그래서 수메르인의 쐐기문자는 가끔 특정 의미를 표시한 기호를 그 단어에 대응하는 음절을 표시하는 것으로 사용했는데 간혹 발음이 같은 딴 단어를 나타내기 위해 그 기호를 사용하기도 했다. 예를 들면 'ti(화살)'라는 단어를 나타내는 수메르 그림문자는 형태가 역시 'ti'인, '생명'을 뜻하는 단어를 적는 데 사용하기도 했다.

이와 같은 수메르문자의 색다른 용법은 **표음문자**의 씨앗이 되었다. 수메르문자가 그 지역의 다른 언어를 적는 데 사용되면서 그 씨앗이 싹트게 되었다. 예를 들어 아카드인(아랍인과 히브리인의 조상)은 수메르문자를 원래의 수메르어 단어가 지닌 의미와 그것이 표시하고 있는 음절을 모두 나타내는 것으로 사용했다. 그래서 '하늘'(수메르어에서 'an')을 표시하는 수메르문자는 **아카드문자**(Akkadian writing)에서 /an/이라는 음절과 '하늘'을 뜻하는 아카드어 단어 'shamu'를 동시에 표시했다. (어떤 단어를 나타내는 그림이나 기호로 그와 발음이 비슷한 딴 단어를 표시하는 것을 **음차**(音借, rebus principle)라고 부르는데 현대의 말놀이, 수수께끼, 농담, 광고 등에 자주 이용된다.)[206] 수메르문자가 더 발달해서 실제로 알

206 역주 음차는 표의문자를 그 소리를 빌려 표기에 이용하는 방법을 말한다. 예를 들어 'Asia'를 한자로 '亞世亞(아세아)'로 적는 것은 '亞, 世'의 뜻은 무시하고 그 발음만을 빌려 쓴 음차의 결과이다. 특히 한자를 이렇게 이용하는 것을 전통적으로 가차(假借)라고 불러 왔다. 현대중국어에서 음차를 이용한 외래어표기를 많이 볼 수 있다. 'Chrysler(크라이슬러)'를 '克莱斯勒(kèláisīlè)'로, 'Chanel(샤넬)'을 '夏奈尔(xiànàiěr)'로 적는 것이 그 예이다.

파벳의 기반이 되었다. 그래서 쐐기문자는 고대시리아에서 사용하던 셈어(원시페니키아어가 거의 틀림없다)를 적는 데 이용되었는데 이때 아카드어에서 음절을 나타내던 기호가 자음 하나씩을 나타내는 식으로 쓰였다. 예를 들어 아카드어에서 /pa/라는 음절을 나타내던 기호가 자음 /p/를 나타내는 기호로 쓰이게 되었던 것이다.

이집트문자(Egytian writing)도 비슷한 발달과정을 겪었다. 이집트의 무덤 벽화를 통해 우리에게 낯익은 **신성문자**(神聖文字, hieroglyph ＜그리스어 hierós(신성한) + glúphein(새기다))는 원래 그림문자였다. 신성문자와 그것의 단순화된 문자는 파피루스에 적었는데 어떤 단어를 나타내는 기호가 그와 발음이 비슷한 딴 단어를 나타내는 데도 쓰였다는 점에서 수메르문자와 유사하다. 예를 들어 고대이집트어로 'khéper'(첫 'kh'는 스코틀랜드영어 'loch'나 독일어 'Dach'의 'ch' 발음인 /x/로 발음된다[207])라고 하는 '쇠똥구리'를 나타내는 기호는 발음이 똑같이 'khéper'인 '되다'라는 단어도 나타냈다. 또 어떤 기호는 원래 나타내던 단어의 "자음껍질" 발음을 나타내는 데도 동원되었다. 그래서 '쇠똥구리'를 나타내는 신성문자는 /xpr/이라는 자음껍질을 나타내는 데 더 널리 쓰였다. 이런 식으로 자음껍질을 나타내는 데 사용되는 기호에 자음이 하나만 관련되어 있을 때는 그 기호가 그 자음 하나만을 나타내는 글자로 효과적으로 쓰였다. 예를 들어 '자리'를 나타내는 신성문자, '□'로 /p/라는 자음도 나타낼 수 있었다.

207 역주 음성기호 'x'는 무성연구개마찰음을 나타내는데 한국어의 'ㅎ'를 강하게 발음할 때의 'ㅎ' 발음과 비슷하다.

【자소와 음소의 대응】

표음문자든 표의문자든 둘이 혼합된 문자든 체계를 구성하는 글자끼리는 마땅히 서로 구별되어야 한다. 그래서 로마자의 경우 't'는 'l'과 윗부분의 가로선에서 차이가 나고 'd'는 'l'과 아랫부분의 'c' 같은 모양에서 차이가 난다. 마찬가지로 이집트의 신성문자 '□'(자리, /p/)는 '⬭'(입, /r/)과 모양으로 구별되고 '●'(석쇠, /x/)과는 모양과 음영의 유무로 구별된다. 문자기호는 구어에서의 음소와 마찬가지로 문어에서 대립적 단위이므로 **자소**(字素, grapheme ＜그리스어 graphē(문자))라고 부르기도 한다. 나아가 음소가 변이음을 가지듯이 자소도 환경에 따라 다른 모양으로 실현되는 **변이자**(變異字, allograph)를 가진다고 볼 수 있다. 예를 들어 'A, a, ɑ'는 모두 같은 글자의 변이형들, 즉 같은 자소의 변이자들이다.

어떤 표음문자든 자소와 음소의 대응관계가 한 언어 안에서도 가끔 불규칙적임을 앞에서 보았다. 영어, 현대그리스어, 프랑스어의 예도 보았다. 이에 대한 고전적인 영어 예는 'o, u, g, h'의 연결이다. 'ough'는 /ʌf/(rough), /ɒf/(cough), /əʊ(though), /ɔː/(thought), /ɒx/(아일랜드영어 'lough(호수)') 등에 대응한다.[208] 마찬가지로 자소와 의미의 대응 또한 불규칙적일 수 있다. 예를 들어 수메르문자 '▶▶▼'는 '하늘(an)'뿐만 아니라 '하느님(dingir)'과도 대응한다. 또 문자가 소리를 나타낼 수도 있고 뜻을 나타낼 수도 있음을 앞에서 보았다. 표음문자의 경우 자소와 음소 대응의 불규칙성이 동음어를 구별하는 데 도움이 된다는 주장도 있다. 프랑스어에서 자소와 음소의 느슨한 관계 덕분에 형용사 'sûr(확실한)'와 'sur(맛이 신)', 복수명사 'maux(악)'와 'mots(단어)', 동사 'pécher(죄를 짓다)'와 'pêcher(낚다)'처럼 발음이 똑같은 쌍들이 표기로 구별될 수 있는 것이다.[209] 이런 주장에는 불행한 일이겠지만, 영어처럼 프랑스어도 이 방향으로 그리 멀리 가지 못하고 만다. 예를 들면 프랑스어에서 'sur(맛이 신)'와 'sur(위에)', 'pêcher(낚다)'와 'pêcher(복숭아나무)' 같은 동음어는 표기로 구별되지 않는 것이다.[210] 더군다나 프랑스어에는 발음이 다르면서 철자가 같은 동철어(homograph)가 존재한다. 그래서 'fils'는 '실'을 뜻할 때는 /fil/로, '아들(들)'을 뜻할 때는 /fis/로 발음된다.[211]

자모문자, 음절문자, 표의문자 모두 단어의 강세에 대한 기호를 포함할 수 있다. 예를 들어 현대그리스어에서 모든 다음절어에는 주강세가 놓인 음절 위에 구별기호(´)가 붙는다.

Φορά	/fo'ra/	(시간)
σπίτι	/'spiti/	(집)
τράπεζα	/'trapeza/	(은행)

이와 같이 단어강세에 대한 정보를 문어에 완벽히 표시할 수 있다. 그렇지만 이런 방식을 얼마만큼 활용하는지는 각 언어의 표기법에 따라 다르다. 영어 표기에서는 강세위치에 대한 어떤 정보도 나타내지 않는다. 성조의 표기도 마찬가지

208 역주 더 극단적인 예는 'rough'의 'gh' /f/, 'women'의 'o' /ɪ/, 'nation'의 'ti' /ʃ/를 가지고 'fish' /fɪʃ/를 'ghoti'로 적을 수도 있다고 주장한 영국의 평론가 쇼(George Bernard Shaw)의 이야기일 것이다.

209 역주 이들을 동음이철어라 부른다.

210 역주 이들을 동음동철어 또는 완전동형어라 부른다.

211 역주 더 구체적으로는 이들을 이음동철어라 부른다. 영어의 'row(노를 젓다)' /rəʊ/와 'row(다투다)' /raʊ/, 'wind(바람)' /wɪnd/와 'wind(감다)' /waɪnd/도 이음동철어이다. 이상과 같이 영어와 프랑스어에는 동음동철어, 동음이철어, 이음동철어가 많기 때문에 외국인뿐만 아니라 원어민에게도 철자법의 완전한 학습은 대단히 어려운 일이다. 한국어에도 '인적(人跡) [인적]'과 '인적(人的) [인쩍]' 같은 이음동철어가 있지만 많지 않다.

다. 타이어 같은 성조언어의 표기에서는 개별 어휘항목과 관련된 성조를 표시하는 반면 그렇지 않은 언어도 있다.[212]

212 역주 중국어의 한자표기에서도 성조는 표시하지 않는다. 중세한국어의 경우 방점(傍點)으로 성조를 표시했었다.

6_6 단어문법과 단어의미를 반영한 정서법

개별 단어의 발음이 문법적 특징 및 의미에 관한 정보에 근거해야 할 때가 있듯이 표기도 그렇다. 단어의 문법적 성격이 철자에 영향을 미치는 아주 분명한 예는 독일어에서 모든 명사의 첫 글자를 대문자로 쓰는 현상이다. 그래서 다음 예문에서 문장의 첫머리에 오기 때문에 대문자로 시작한 첫 단어 'wir(우리)'를 빼면 대문자로 시작한 단어 'Essen(음식), Bier(맥주), Kneipe(술집)'는 모두 명사이다.

Wir finden das Essen und das Bier besonders gut in dieser Kneipe.
(우리는 이 술집 음식과 맥주가 특별히 좋다고 생각한다.)

대문자로 시작할지 말지가 단어의 형태에 따라 정해진다고 볼 수는 없음을 주의해야 한다. 예를 들어 'e-s-s-e-n'이라는 형태는 위 예문에서 '음식'을 뜻하는 명사인데 "Sollen wir essen?"(같이 드실까요?)과 같이 '먹다'를 뜻하는 동사로 쓰이면 소문자로 시작한다.

영어(그리고 다른 여러 언어)에서 명사를 대문자로 시작하는 것은 고유명사, 즉 어떤 특정한 문맥에서 아주 특수한 사람, 장소, 생각 등을 가리키는 명사에 한정되는 일이다. 예를 들어 'Beethoven(베토벤), Paris(파리), Islam(이슬람)'은 모두 고유명사이다. 그렇지만 대문자로 시작하는 것이 단순히 단어의 형태 때문이 아님을 다시 말해 둔다. 예를 들어 'Ulster'가 고유명사로 사용되면 아일랜드 북단의 아홉 개 군(郡)을 가리키는데 그중 여섯 개 이상의 군에 걸치는 아일랜드 북부 지방을 막연히 가리킬 때도 있다. 한편 'ulster'가 보통명사로 사용되면 '굵은 천으로 짠 길고 헐렁한 외투'를 가리킨다.

The ancient province of Ulster is the setting for many of Ireland's best known legends.

(옛날 얼스터 지방은 아일랜드에서 가장 유명한 전설들의 배경이다.)

The stranger was wearing a dark ulster, which flapped in the wind as he walked.

(그 낯선 이는 어두운 색의 외투를 입고 있었는데 걸을 때 바람에 펄렁거렸다.)

어휘부와 의미의 관계에 대해서는 바로 앞절에서 문자의 여러 유형을 논의하면서 다루었다. 거기에서 수메르문자나 이집트문자 같은 일부 문자들이 그림으로 사물을 표시하는 식으로 발생했음을 보았다. 어떤 기호가 원래 가리키던 단어와 발음이 비슷한 다른 단어를 표시하는 데도 쓰이기도 하면서 그런 그림문자가 발전하게 되는데 그 과정에서 그림문자가 의거하고 있는 의미는 본질적으로 단어의미였음이 분명하다. 그런 이유에서 이런 그림문자를 '표어문자(logographic writing)'라고도 표현하는 것이다.

현대의 표어문자 예는 중국의 **한자**이다. 한자도 그림문자로부터 직접 발생한 것으로 차츰 원래의 그림과 거리가 멀어진 것이다. 사실 한자의 경우 단어 하나를 한자 하나로 표시하는 방식보다는 약간 더 복잡하다. 예를 들어 '木(/mu/, 목)'이라는 한자는 홀로 쓰이면 '나무'를, 둘을 나란히 쓴 '林(/lin/, 림)'은 '작은 숲'을, 셋을 모아 쓴 '森(/sen/, 삼)'은 '큰 숲, 아주 많다, 어둡다'를 뜻한다.[213] 또 수메르문자나 이집트문자처럼 단어의 음성적 특징을 나타내기 위해 다른 한자와 결합한 한자도 있다.[214]

이러저러한 이유로 한자가 진정한 표어문자인지를 의심하는 언어학자들이 나타나게 되었다. 그중 어떤 학자들은 한자가 본질적으로 그림문자라고 주장하고 또 어떤 학자들은 한자가 단어의미가 아닌 음절이나 형태소를 표시하는 문자라고 주장한다. 한자의 가장 현저한 특징을 간결하게 표현하는 용어가 뭐라고 생각하든 한자의 형태를 결정하는 한 요소가 단어의미라는 점은 확실하다. 예를 들어 /nan/이라는 발음은 '어렵다(難, 난), 남쪽(南, 남), 남자(男, 남)'를 뜻할 수 있는데 이들 단어는 각기 다른 한자로 표현되는 것이다.[215] 자모문자에서도 단어의 의미와 표기가 일정한 관계를 가질 수 있다. 앞절에서 프랑스어의 동음어가 의미에 따라 달리 표기되는 예를 보았다. 영어에서 의미가 달라서 표기가 다른, 그러나 발음은 같은 예를 보면 다음과 같다.[216]

213 역주 '木, 林, 森'에 들어 있는 '木'을 형태소로, '林, 森'을 합성어로 볼 수도 있음을 암시한 서술이다.

214 역주 예를 들어 '記(기록할 기)'에 들어 있는 '己(몸 기)', '問(물을 문)'에 들어 있는 '門(문 문)'은 발음을 표시하기 위해 결합한 요소로서 의미는 관련이 없다.

215 한자의 본질을 둘러싼 논쟁에 관한 언급은 Haas (ed)(1976)에 실린 브라이스(W. C. Brice), 프렌치(M. A. French), 풀그램(E. Pulgram)의 논문과 DeFrancis(1996)에서 영감을 얻었다.

216 역주 동음이철어를 말한다. 한국어의 '입, 잎', '삼는다, 삶는다', '같고, 갔고, 갖고' 등도 동음이철어이다.

beat (때리다) : beet (사탕무)
grate (격자) : great (위대한)
sole (단독의) : soul (영혼)

앞에서 보았듯이 동음어를 표기로 구별하는 것이 보편적인 것은 아니다. 다음 영어 단어들은 발음과 표기가 똑같지만 의미는 전혀 관련이 없다.[217]

cope (성직자용 외투) : cope (대처하다)
pen (가축의 우리) : pen (필기구)

그렇지만 영어와 프랑스어에서 표기로 구별되는 동음어가 꽤 많아서 적어도 어떤 자모문자에서는 단어의미가 표기를 결정하는 데 중요한 역할을 한다고 말할 만하다.

6_7 개별 글자와 개별 어휘항목(또는 그 범주)의 관련성

음성과 어휘의 관계에서처럼 개별 어휘항목이나 어휘항목의 범주와 관련되어 있는 개별 글자를 쉽게 찾아낼 수 있다. 이 현상을 잘 보여주는 예는 표어문자에서 볼 수 있는데 앞에서 논의한 것처럼 표어문자에서는 특정한 글자가 특정한 단어나 단어의 집합과 관련되어 있다.[218] 음절문자와 자모문자에서도 개별 글자가 개별 단어나 단어의 유형과 관련되어 있는 경우가 있다.

음절문자에서 특정 글자가 특정한 단어의 집합이나 유형과 관련되어 있는 꽤 극적인 예를 일본어가 보여준다. 6_5에서 언급한 바와 같이 일본의 가나는 두 종류가 있다. 일반적인 쪽인 히라가나는 조사나 용언의 활용형을 적는 데 쓰이는 반면 가타카나는 영어 같은 서양어로부터 들어온 단어를 적는 데 쓰인다. 다시 말해 서양외래어라는 특정한 단어의 범주를 위해 독립된 문자가 존재하는 것이다.

자모문자에서 그러한 예는 독일어에서 'Celle, Claus'[219] 같은 고유명사도 아니고 'ck, ch' 같은 자음군도 아닐 때의 글자 'c'의 용법이다. 보통명사, 동사, 형용사, 부사에 사용되는 'c'는 전적으로 외래어와 관련되어 있다. 'c'가 들어 있는 외래어의 예는 'Comeback(귀환), Comics(만화), Cornflakes(콘플레이크)' 같은 것들이다. 외래어가 독일어에 동화되면서 표기와 발음이 모두 독일어화되어

217 역주 동음동철어 또는 완전동형어를 말한다. 한국어의 '차(車), 차(茶)', '쓰다(모자), 쓰다(글씨), 쓰다(맛)' 등도 동음동철어이다.

218 역주 한자의 예를 들면 '木'이라는 글자는 '나무'를 뜻하는 중국어 단어를 직접 나타내기도 하고, '李(오얏나무 리), 杏(살구나무 행), 柴(섶 시), 栗(밤 률), 葉(잎 엽), 材(재목 재), 柿(감나무 시), 柏(잣나무 백), 根(뿌리 근), 棺(널 관), 檀(박달나무 단)' 등과 같은 한자의 일부가 됨으로써 나무와 관련된 단어들의 집합과도 관련된다.

219 역주 'Celle(첼레)'는 독일의 니더작센 주에 있는 작은 도시의 이름이며 'Claus(클라우스)'는 사람 이름으로 쓰인다.

'c'는 /k/로 발음되느냐 /ts/로 발음되느냐에 따라 'k'와 'z'로 적는다. 그래서 원래 'Copie(복사본)'로 적던 단어를 이제는 'Kopie'로, 원래 'Penicillin(페니실린)'으로 적던 단어를 이제는 'Penizillin'으로 적는다. 다른 예로 'Spectrum→Spektrum(스펙트럼), Centrum→Zentrum(중심), Accusativ→Akkusativ(대격)' 등이 있다. 이런 단어에서 원래의 'c'를 유지하는 것은 광고업자들이 상품이나 사건에 외국풍이나 이국적 느낌을 불어넣으려는 의도적인 행위일 때가 많다. 예를 들어 담배광고에서 'Zigaretten(담배)' 대신 'Cigaretten'이 가끔 쓰이며 서커스 포스터에서 'Zirkus(서커스)' 대신 'Circus'가 자주 등장한다. 'c'라는 글자가 특정한 어휘항목의 유형, 즉 외래어와 관련되어 있지 않다면 이런 광고전략은 분명 있을 수 없을 것이다.[220]

적어도 일부 언어에서 자소 대 음소의 대응이 특정한 글자연쇄가 쓰이는 곳에서 특정한 어휘항목에 아주 의존적인 현상도 언급해 둘 만하다. 앞에서 언급한 영어의 'ough'라는 연쇄가 그 예이다. 이것이 /ɒx/로 발음되는 단어는 영어에 딱 하나 있다(lough). 'lough'는 특히 아일랜드의 호수에 대해 말할 때 '호수'의 뜻으로 사용하는 단어이다. 이 단어는 게일어(Gaelic) 'loch'에서 온 말인데 이 형태가 아일랜드게일어와 스코틀랜드게일어에 아직도 존재한다.[221]

220 글자 'c'가 들어 있는 독일어 단어 예는 Berger, Drosdowski and Käge(1985:160)에서 가져왔으며, 그 'c'를 'k'나 'z'로 바꾼 단어 예는 Drosdowski, Müller, Scholze-Stubenrecht and Wermke (1991:29)에서 가져왔다.

221 역주 게일어는 켈트어군에 속하며 아일랜드어(Irish)=아일랜드게일어(Irish Gaelic), 스코틀랜드게일어(Scots Gaelic), 맨어(Manx)=맨게일어(Manx Gaelic)를 통칭하는 말이다.

6_8 요약

이 장에서는 어휘부와 음운체계 및 정서법체계의 상호작용에 대한 증거에 관심을 기울였다. 음운론과 관련하여 어휘항목의 선택이 단어의 특정한 음성적 모양, 즉 음소, 변이음, 강세음절과 비강세음절, (타이어 같은 언어의) 성조 등 특정한 음운단위의 결합을 결정한다는, 어떻게 보면 뻔한 사실을 지적했다. 또 어휘항목의 음운론적 실현형이 문법적, 의미적 요소에 좌우되며 개별 어휘항목이나 어휘항목의 집합이 그러한 요소와 관련된 발음을 가질 수 있다는 주장에 대한 증거도 살펴보았다. 정서법과 관련해서는 단어의 선택이 음운론적 형태를 결정하는 것과 똑같이 표기형태도 결정함을 언급했다. 그리고 역시 음운론에서처럼 표기상의 실현형이 문법적, 의미적 정보에 의존하며 문자의 어떤 특징과 개별 자소 대

음소의 대응이 어휘항목의 특정한 집합이나 범주와 관련되어 있는 경우가 많다는 데 대한 증거도 제시했다.

좋은 음운론 입문 글로 다음을 들 수 있는데 모두 어휘적 문제를 얼마간씩 다루고 있다.

쿡(V. Cook)(1997) 『언어의 내부(*Inside language*)』. 4장.
기거리히(H. Giegerich)(1992) 『영어음운론 개설(*English phonology: an introduction*)』.[222]
카탐바(F. Katamba)(1989) 『음운론 입문(*An Introduction to phonology*)』.[223]

음운론의 이론적 문제들은 다음에서 더 볼 수 있다.

카(P. Carr)(1993) 『음운론(*Phonology*)』.
골드스미스(J. Goldsmith) 편(1995) 『음운이론 총람(*The handbook of phonological theory*)』.
겐스토위츠(M. Kenstowicz)(1994) 『생성문법에서의 음운론(*Phonology in generative grammar*)』.[224]
스펜서(A. Spencer)(1996) 『음운론 : 이론과 기술(*Phonology: theory and description*)』.[225]

문자와 정서법에 대한 괜찮은 개론적 논저로 다음이 있다.

칼베(L.-J. Calvet)(1996) 『문자의 역사(*Histoire de l'écriture*)』.
쿡(V. Cook)(1997) 『언어의 내부(*Inside language*)』. 6장.
쿨마스(F. Coulmas)(1996) 『블랙웰 문자 백과사전(*The Blackwell encyclopedia of writing systems*)』.
장(G. Jean)(1992) 『문자 : 알파벳과 필기 이야기(*Writing: the story of alphabets and scripts*)』.
스워들로(J. L. Swerdlow)(1999) 「문자의 힘(The power of writing)」.

정서법 및 그와 관련된 문제에 대한 더 깊은 논의를 찾는 독자는 다음을 뒤져보면 좋을 것이다.

카니(E. Carney)(1994) 『영어철자법 개관(*A survey of English spelling*)』.
대니얼스(P. T. Daniels)·브라이트(W. Bright) 편(1996) 『세계의 문자체계(*The world's writing systems*)』.
샘슨(G. Sampson)(1985) 『문자체계 : 언어학적 입문(*Writing systems: a linguistic introduction*)』.[226]
스터브스(M. Stubbs)(1980) 『언어와 문식(*Language and literacy*)』.

222 **역주** 김명호 역(1996) 『영어음성 음운론』, 한신문화사.

223 **역주** 조학행 외 역(1997) 『현대음운론입문』, 한신문화사.

224 **역주** 안상철 외 역(1997) 『생성문법의 음운론』, 한신문화사.

225 **역주** 김경란 역(1999) 『음운론』, 한신문화사.

226 **역주** 신상순 역(2000) 『세계의 문자체계』, 한국문화사.

연습문제 및 토론거리

1 6_2와 6_3에서 비슷한 발음의 강세위치의 차이가 문법범주의 차이와 관련되어 있음을 'rej<u>ect</u>(동거절하다), r<u>e</u>ject(명거절)' 같은 예를 통해 보았다. 이런 식으로 차이 나는 영어 단어의 쌍을 더 찾아보라.

2 6_4에서 특정한 음성과 특정한 어휘항목(또는 그 범주)의 관련성을 보았다. 영어 단어 'restaurant'을 발음할 때 많은 영어 화자가 말음절 비모음 /ã/를 발음한다는 것을 생각해 보라. 이 비모음이 어떤 영어 단어에 또 나타나는가? 그런 단어들은 어떤 종류인가?

3 6_5에서 변이자(allograph)의 개념을 간단히 설명했다. 로마자의 첫 글자는 변이자가 'A, a, ɑ'라는 점도 언급했다. 당신이 아는 어떤 문자를 선택해서 변이자 가족의 예를 더 찾아보라.

4 6_5와 6_6에서 'meat–meet'처럼 표기법이 동음어를 구별해 주기도 함을 보았다. 당신이 아는 언어에서 그러한 예를 더 찾아보라.

5 6_7에서 어떤 글자가 특정 단어나 단어의 범주와 관련되어 있음을 보았다. 당신이 아는 언어에서 그러한 예를 더 찾아보라. 그 글자가 무슨 글자인가 하는 점뿐만 아니라 그 글자가 쓰이는 위치도 그러한 관련성과 관계가 있을 수 있음을 주의하라. 예를 들어 'x'라는 글자는 영어에서 어두에 쓰이는 예가 드문데 첫 글자가 'x'인 단어는 거의 다 그리스어에서 온 외래어이다.

7 어휘와 언어변이

7_1 다양성은 언어의 묘미

지금까지 우리는 언어가 사용되는 모든 환경에서 똑같은 범위의 형태와 기능이 동원되는 듯이 언어의 어휘적 측면을 살펴 왔다. 잠깐만 생각해 보아도 그것은 단순한 생각이며 실제로 언어는 변이(變異, variation)가 아주 심한 것이 한 특징이라는 결론에 이른다. 이 점에 관해서 우선 지역에 따른 발음상의 특징(accent)이 떠오르고 또 같은 사물에 대해 지역에 따라 서로 달리 사용하는 단어도 떠오른다.[227]

비슷한 종류의 변이가 성별에 따라서도 나타나고 사회적, 민족적 차이로부터도 나타난다. 예를 들어 성별과 관련하여 남자와 여자가 똑같은 단어를 달리 발음하는 언어가 있다. 미국 북동부의 원주민 언어인 그로스벤트레어(Gros Ventre)에서는 남자들이 /dj/('Indian'의 'di' 발음)로 발음하는 것을 여자들은 /kj/('Slovakian'의 'ki' 발음)로 발음한다. 그래서 '빵'을 뜻하는 단어는 화자가 남자면 'djatsa', 여자면 'kjatsa'가 된다. 또 어떤 언어에서는 대명사나 조사가 성별에 따라 달라지기도 한다. 일본어에서 여성 화자는 문장 끝에 조사 'ne(ね)'나 'wa(わ)'를 붙여 자신의 성별을 표시한다.[228]

또 우리는 상황에 따라서도 언어사용 방식을 달리하는 것이 분명하다. 예를 들어 자신을 고용하게 될 사람에게 말하거나 편지를 쓰는 방식은 친한 친구에게 말하거나 편지를 쓰는 방식과 크게 다를 것이다. 구체적으로, 너무 바빠서 어딘가

227 역주 영어 단어 'accent'는 강세(stress)와 비슷한 뜻으로 사용되기도 하지만 특정한 언어나 방언의 발음상의 특징을 뜻하기도 한다. 이 장에서는 후자의 뜻으로 쓰이고 있다.

228 이들 예는 Wardhaugh (1998)의 13장에서 가져왔다.

를 가거나 뭔가를 할 수 없음을 설명할 때 친구와 차를 마시면서는 "Can't. I'm up to my eyes."(못해. 눈코 뜰 새 없어.)라고 할 것이다. 반면에 고용주나 장래의 고용주와의 공식적인 대화에서는 똑같은 생각을 상당히 다르게 표현할 가능성이 높다. "I am unfortunately unable to make myself available at that particular time because of pressure of work."(죄송하지만 일이 많아서 그 시간에는 그렇게 할 수 없겠습니다.)

언어변이에 대한 연구는 **사회언어학**(sociolinguistics)이라 부르는 언어학의 한 분야에 속한다. 이 장은 사회언어학이 언어변이에 대한 연구와 관련하여 발전시킨 몇 가지 기본 개념과 용어를 둘러싼 논의로부터 시작할 것이다. 그러고 나서 언어변이의 대단히 중요한 어휘적 차원을 여러 주장과 함께 다루게 될 것이다. 마지막으로 어휘변이(lexical variation)와 문화변이(cultural variation)의 관계 및 어휘변이가 지각(perception)과 사고방식(thought pattern)에 미치는 영향을 간단히 살펴볼 것이다.

7_2 언어변이 : 사회언어학적 관점

변이가 분명한 이 모든 사례에 대해서 당연히 던지게 되는 질문은 변이가 얼마나 커야 같은 언어의 변종이 아닌 서로 다른 언어라고 할 수 있는가 하는 것이다. 다음 두 종류의 표현을 비교해 보자.

A	B	
auf dem Fahrrad	op de Fiets	(자전거를 타고)
es zieht	et drekkt	(외풍이 있다)
wir trinken Schnaps	we drenken Söpis	(우리는 진을 마시고 있다)

위의 A와 B가 같은 언어일 수 있을까? 실은 A는 표준고지독일어(Hochdeutsch)이고 B는 네덜란드와의 국경에 아주 가까운 지역에서 사용하는 독일어의 한 방언으로 취급하는 말이다. 이 방언은 저지독일어(Plattdeutsch)의 한 변종이다.[229]

이제 세 종류의 표현을 살펴보자.

229 네덜란드와 독일 국경의 방언들은 사회언어학에서 상투적으로 드는 예이지만, 나는 대학생 적에 노르트호른(Norhorn) 근처의 노이엔하우스(Neuenhaus)의 독일인 마을에서 포링크(Vorrink) 가문의 댁에 머물 때 그 방언을 흥미진진한 일상적 현실로 경험하는 행운을 얻었다.

A	B	C	
et bord til to	et bord til to	ett bord för två	(2인용 식탁)
hva koster det?	hvad koster det?	vad kostar det?	(얼마예요?)
jeg er tørst	jeg er tørstig	jag är törstig	(목마릅니다)

위의 A, B, C는 같은 언어의 방언일까? A는 노르웨이어, B는 덴마크어, C는 스웨덴어이다. 즉 서로 다른 세 언어의 예들인 것이다.[230]

노르웨이 사람, 덴마크 사람, 스웨덴 사람은 각자 자기 나라 말을 쓰면서 서로 대화를 꽤 잘 해낼 수 있지만 저지독일어를 모르는 표준독일어 화자는 위에 예시한 표현이든 다른 표현이든 이 독일어 방언을 이해하는 데 상당한 어려움을 겪을 것이다. 사실 이 면에서는 네덜란드 사람이 이해를 더 잘할 것이다. 이런 예를 보면 방언이냐 언어냐 하는 문제는 언어학의 문제라기보다 정치의 문제라고 해야 할 것이다. 위에 예시한 저지독일어 같은 말을 쓰는 지역이 네덜란드 땅에 있다면 그 지방의 말이 네덜란드어의 방언으로 처리될 것이다. 네덜란드 쪽에서 쓰는 거의 같은 말을 실제로 네덜란드어의 방언으로 처리하고 있다.

사회언어학자들은 이런 용어상의 문제를 해결하기 위해 소통의 수단으로 사용되는 언어요소나 유형의 집합은 어떤 것이든지 '**변종**(variety)'이라는 중립적인 용어로 표현한다. 지리적 변이와 관련해서건 사회적, 민족적, 문맥적 변이나 성별에 따른 변이와 관련해서건 간에. 한 예로 사회언어학자들이 많이 연구한 민족적 변종의 예가 흑인 사투리영어(Black Vernacular English) 또는 아프리카계 미국인 사투리영어(Afro-American Vernacular English)라고도 부르는 흑인영어(Black English)이다. 이 변종은 그 이름이 말해 주듯이 미국의 많은 흑인이 사용하는데 백인이 쓰는 변종과 상당한 차이를 보인다. 흑인영어에 규칙화할 수 있는 특징들이 있는데 그 한 가지는 어말폐쇄음을 무성음화하는 경향이다. 즉 표준영어의 /g/(big), /b/(cub), /d/(kid)가 흑인영어에서 각각 /k/, /p/, /t/로 잘 나타난다.[231]

흑인영어의 어말폐쇄음처럼 실현방식의 차이로 그 변종을 확인하는 데 도움이 되는 특징을 사회언어학에서 '**변항**(variable)'이라고 부른다. 변항의 다른 예는 영국영어의 /h/이다. 영국영어 화자는 대부분 어두 'h'의 탈락을 노동자층 현

230 이 예들은 Myking (ed) (1959)를 뒤적여 찾은 예이다.

231 흑인영어에 대해서는 Wardhaugh (1998 : 333)을 참조했다.

상이라고 생각할 것이다. 그러나 'h'탈락은 영국에서 특정 사회계층의 전유물이 아니다. 물론 1970년대 브래드퍼드(Bradford)와 노리치(Norwich)의 여러 사회 집단의 자료에 나타난 어두 'h'탈락의 비율에서 알 수 있듯이 탈락의 정도가 계층과 관련은 있다.[232]

232 이 수치는 Milroy and Milroy (1997 : 49)에서 가져왔는데 그것은 원래 Chambers and Trudgill (1980 : 69)을 인용한 것이다.

	브래드퍼드	노리치
중위중류층 (Middle middle-class)	12%	6%
하위중류층 (Lower middle-class)	28%	14%
상위노동자층 (Upper working-class)	67%	40%
중위노동자층 (Middle working-class)	89%	60%
하위노동자층 (Lower working-class)	93%	60%

이 수치들을 통해 언어적 변종들의 차이가 어떤 변항의 특정한 실현(위의 예에서는 어두 'h'의 유지 또는 탈락)의 비율이 100%냐 아니냐로 결정될 일이 아님을 알게 된다. 브래드퍼드와 노리치에서 중류층 화자들이 어두 'h'를 대체로 잘 발음하지만 탈락시킬 때도 있다. 다시 말해서 변종은 이분법적인 속성이 아닌, 변항의 특정한 변이형들이 나타나고 나타나지 않는 경향이나 가능성에 따라 규정되기도 하는 것이다. 변항과 변종의 관계에 대해 위의 수치가 보여주는 또 다른 차원은 여러 변종들이 칼로 자른 듯 나뉘는 자족적인 체계가 아니고 경계가 희미한 연속체를 이룬다는 사실이다.

변이의 연속체는 사회적, 문맥적 변이에서 흔히 보는 현상인데 이것을 **말투전환**(style-shifting)이라고 부르기도 한다. 어떤 언어에서나 사람들은 소통이 이루어지는 상황에 따라 그리고 대화 참여자 사이의 관계에 따라 말투를 조정한다. 영어의 "I'm going to leave tomorrow."(나는 내일 떠날 것이다.)의 'going to'를 살펴보자. 이 구절은 아래의 여러 가지 준말로 나타날 수 있는데 짧은 형태일수록 **평상말투**(informal style, casual style)에서 더 많이 쓰이고 **격식말투**(formal style)에서 덜 쓰인다.

/gəʊɪŋ tuː/	(going to)
/gəʊɪŋ tə/	(going tuh)
/gəʊɪn tə/	(goin tuh)
/gən tə/	(guhn tuh)
/gənə/	(guhnuh – 보통 'gonna'라고 적는다)

그렇다고 해서 언어변이에서 "모 아니면 도" 같은 상황이 없는 것은 아니다. 두서너 변종이 지역적, 국가적, 국제적 표준형이 되어 문법책, 사전, 언어교육기관 등이 그 유형을 확정하고 규정하게 되면 그 변종 간의 차이는 더 절대적이 된다. 예를 들어 '둘'을 가리키는 말로 표준스웨덴어에서는 늘 'två'라는 형태를 쓰는데 표준덴마크어에서는 'to'를 쓴다. 아래의 카스티야어(Castilian)와 카탈루냐어(Catalan)의 예에서도 마찬가지다.[233]

카스티야어	**카탈루냐어**	
ciudad	ciutat	(도시)
descuento	descompte	(할인)
dirección	direcció	(방향)
mas	més	(더)
podemos	podem	(우리는 할 수 있다)
tambien	també	(또한)
tiempo	temps	(시간)

언어변이의 어휘적 차원을 더 자세히 살펴보기 전에 두 가지 중요한 사실을 언급해 두어야겠다. 첫째는 언어변이의 다양한 요인들이 따로따로 작용하는 것이 아니라 늘 서로 영향을 주고받는다는 것이다. 예를 들면 중류층보다 노동자층이 비표준적인 지역방언의 발음과 구절을 더 많이 쓰는 식으로 지역적 변이와 사회적 변이가 상호작용을 한다. 지역적 변이와 사회적 문맥관련 변이가 상호작용하는 예도 있다. 표준어(예를 들면 표준독일어)와 비표준 지역방언(예를 들면 저지독일어)을 다 알고 있는 사람이 집에서나 고향 사람과 대화할 때처럼 친밀하고 비격식적인 상황에서는 지역방언을 쓰고, 낯선 사람과 대화할 때나 공무를 볼 때처럼 더 격식적인 상황에서는 표준어를 쓰는 경향이 있는 것이다.[234]

둘째는 우리가 사용하는 특정한 변종이 우리에게 강제로 주어져서 어쩔 수 없는 것이 아니라 우리가 선택하는 모범과 우리가 맺게 되는 애착이나 결속을 반영하기도 한다는 점이다. 나는 영국 도싯(Dorset)의 노동자층 가정에서 나고 자랐지만 어린 시절의 어느 단계에 표준영어를 구사하는 교사들의 전범, 특히 언어적 전범을 확인하게 되었기 때문에 나는 안타깝게도 더 이상 도싯 발음을 쓰지 않는다.[235] 특별한 결속 때문에 표준어 쪽에서 멀어지는 일도 있다. 예를 들어 여러

233 역주 카스티야어는 카스티야스페인어(Castilian Spain)라고도 부르는 표준스페인어이다. 카탈루냐어는 스페인 북동부의 카탈루냐 지방(중심도시는 바르셀로나)에서 사용하는 스페인어의 한 방언이다.

234 역주 수도권에 살면서 중앙어를 잘 구사하는 경상도 출신자가 경상도에 사는 가족이나 친구와 통화할 때 경상방언을 쓰는 장면을 가끔 볼 수 있다.

235 역주 도싯은 영국 잉글랜드의 남서부 해안에 있는 주이다.

236 이 연구는 Labov(1963)을 말한다.

해 전에 마사의 포도밭(Martha's Vineyard)이라는 미국 매사추세츠 주 해안의 섬에서 수행되어 많이들 인용하는 연구에 따르면,[236] 섬 주민들이 어떤 비표준 모음을 점점 더 많이 쓰고 있는데 그것은 높아진 지역적 유대감과 여름철에 그 섬에서 휴가를 즐기는 수많은 육지 사람들의 가치관과 행동에 대한 부정적 반응을 반영한 것으로 보인다.

7_3 지리적 변이의 어휘적 측면

지리적 요인에 따른 어휘변이의 예로 매우 자주 인용하는 것은 미국영어(American English)와 영국영어(British English)의 어휘적 차이이다.

미국영어	영국영어	
apartment	flat	(아파트)
billfold	wallet	(지갑)
diaper	nappy	(기저귀)
gas(oline)	petrol	(휘발유)
trunk (of a car)	boot	(차의 트렁크)

미국영어와 영국영어의 발음 및 철자의 차이도 잘 알려져 있다.

미국영어	영국영어	
발음의 차이		
harass /hə'ras/	harass /'hærəs/	(괴롭히다)
laboratory /'labrətɒrɪ/	laboratory /lə'brɒtrɪ/	(실험실)
leisure /'li:ʒər/	leisure /'lɛʒə/	(여가)
magazine /'magəzin/	magazine /mægə'zi:n/	(잡지)
missile /'mɪsəl/	missile /'mɪsaɪl/	(미사일)
철자의 차이		
center	centre	(중심)
defense	defence	(방어)
favorite	favourite	(마음에 드는)
plow	plough	(쟁기)
traveler	traveller	(여행자)

미국영어와 영국영어에 똑같은 단어처럼 보이지만 형태론적으로 달리 행동하는 예들이 많이 있다. 예를 들어 동사 'dive(잠수하다)'의 과거형은 영국영어에서 'dived'인데 일부 미국영어에서는 'dove'이다. 요즘 미국의 인기 작가들 글로써 판단하건대 다음 예들도 미국영어와 영국영어의 과거형이 다르다. fit(들어맞다)-fitted(영)/fit(미), sneak(몰래 빠져나가다)-sneaked(영)/snuk(미), strive(애쓰다)-strove(영)/strived(미). 한편 동사 'get(얻다)'은 과거분사형이 영국영어는 'got'인데 미국영어는 'gotten'이다.

소통의 관점에서 더 문제가 크리라고 생각되는 예는 "가짜 친구들(false friends)"이라고 부르는, 똑같은 단어 같지만 뜻이 다른 쌍이다. 'bum'의 경우는 너무 유명해서 오해할 일도 없을 듯하다. 'bum'은 미국영어에서 '부랑자(tramp)'를 뜻하는데 구어체 영국영어에서는 '엉덩이(buttock)'(구어체 미국영어의 'bun'에 해당)를 뜻한다. 'pissed'라는 표현의 은유적 용법은 좀 어려운 예일 듯하다. 구어체 영국영어에서 "I'm really pissed."는 "내가 많이 취했다."는 뜻이지만 미국영어에서는 "내가 많이 화났다."는 뜻이다. 영국영어 화자는 'off'를 덧붙인 "I'm really pissed off."라는 말로 후자의 뜻을 표현한다. 미국 인디애나폴리스(Indianapolis) 시내에서 책이나 카드 같은 작은 물건을 사는 영국영어 화자는 점원이 "Do you want a sack for that?"(그거 담을 봉지 드릴까요?) 하고 물으면 어리둥절할 것이다(내가 그랬다!). 미국영어에서는 가방이나 봉지 같은 것이면 어떻게 생겼든 다 'sack'이라고 할 수 있지만 영국영어에서는 석탄이나 비료 같은 것을 담는 아주 큰 자루만 'sack'이라고 하기 때문이다.

영국과 북미의 영어의 어휘적 차이와 관련된 상황이 스페인의 카스티야어, 즉 표준스페인어와 라틴아메리카의 스페인어 사이에도 존재한다.[237] '콩'은 라틴아메리카 스페인어에서 'frijol'인데 카스티야어에서 'alubia' 또는 'judia'이고 '버스'는 라틴아메리카 스페인어에서 'bus'인데 카스티야어에서 'autobús'이다. 라틴아메리카에서 전화 받을 때 하는 말이 'aló' 또는 'hola' 또는 'bueno'인데 카스티야어 표현은 'digame' 또는 'diga'이다. 여기도 "가짜 친구들"이 많다. 'carro'는 카스티야어에서 '수레'의 뜻인데 라틴아메리카에서는 '자동차'(카스티야어 'coche')의 뜻도 있다. 'estampilla'는 카스티야어에서 '고무도장'을

237 역주 라틴아메리카 스페인어는 멕시코에서 칠레에 이르기까지의 라틴아메리카 중 브라질을 제외한 거의 모든 나라에서 사용하는 스페인어 변종이다.

뜻하는데 라틴아메리카에서는 '우표'(카스티야어 'sello')를 뜻하기도 한다. 'coger'는 카스티야어에서 '잡다'라는 순수한 말인데 라틴아메리카에서는 '성 관계를 맺다'(카스티야어 'joder')를 뜻하는 속어이다.

대서양 같은 큰 바다가 어휘적 차이의 필요조건은 아니다. 그런 차이는 유럽의 나라들 사이에도 있다. 벨기에와 스위스의 프랑스어 사용 지역의 프랑스어 수사 체계는 프랑스와 다르다. 프랑스에서는 '70, 80, 90'을 각각 'soixante-dix(60 더하기 10), quatre-vingts(4 곱하기 20), quatre-vingts-dix(4 곱하기 20 더하기 10)'이라고 표현한다. 벨기에와 스위스에서 '70, 90'은 각각 'septante, nonante'이고 스위스에서는 '80'을 'huitante'라고도 한다.[238] 아일랜드영어('Hiberno-English'라고도 함)와 영국영어도 차이가 있다. 영국영어 화자들은 'boreen(좁은 길), garsoon(소년), gurrier(깡패), locked(취한), yoke(물건)' 같은 아일랜드영어를 잘 모를 것이다.

어휘적 차이를 국경으로 설명하는 데도 한계가 있다. 저지독일어의 예에서 본 것처럼 단어들의 특정한 형태나 용법이 항상 국경에서 멈추는 것은 아니며 어휘적 차이는 한 나라에서 사용되는 여러 변종 사이에서도 나타나고 한 변종 안에서도 나타난다.[239] 예를 들면 '70'을 벨기에와 스위스에서 'septante'라고 하는 반면 프랑스에서 'soixante-dix'라고 한다고 앞 단락에서 언급했지만, 그리고 그것이 대체로는 맞는 말이지만, 'septante'는 프랑스 동부의 일부 화자들도 사용한다. 한 나라 안에서의 어휘변이의 또 다른 예로 독일어의 '토요일'이란 단어를 들 수 있다. 독일 북부에서 쓰는 전형적인 형태는 'Sonnabend'이지만 남부에서는 'Samstag'을 잘 쓴다.

238 역주 '70'을 뜻하는 'septante'는 표준프랑스어 'sept(7)'와, '90'을 뜻하는 'nonante'는 표준프랑스어 'neuf(9)'와, '80'을 뜻하는 'huitante'는 표준프랑스어 'huit(8)'와 어원적으로 관계가 있다. 표준프랑스어의 'trente(30), quarante(40), cinquante(50), soixante(60)'가 어원적으로 'trois(3), quatre(4), cinq(5), six(6)'에 접미사 '-ente, -ante'(발음은 둘 다 /ɑ̃:t/)가 붙은 것임을 보면 벨기에와 스위스에서 쓰는 방언형 'septante, nonante, huitante'가 오히려 규칙적인 형태임을 알 수 있다.

239 역주 한국어에서도 지역에 따른 어휘변이가 많이 나타난다. 예를 들어 채소인 부추를 지역에 따라 '부추, 분추(경기도와 강원도)', '정구지, 소풀(경상도)', '솔(전라도)', '졸(충청도)', '세우리(제주도)', '푸초(평안도)', '염지(함경도)'라고 한다.

7_4 사회적 변이의 어휘적 측면

사람들의 말씨를 그 출신국가나 출신지역과 관련짓는 일은 비교적 논란의 여지가 적지만 언어변이와 사회적 배경을 그와 같이 관련짓는 것은 다소 민감한 문제이다. 특정한 언어적 변항의 변이형이 특정한 **사회계층**과 관련되어 있다고 기술하면 계급주의나 엘리트주의 또는 반민주적 정치철학에 불을 지피는 것으로 오해받기 쉽기 때문이다. 실제로 사회적 관점에서 어휘 사용법을 분석한 초기 연구가 즉각 엘리트주의자들에게 이용당했다. 영국의 언어학자 로스(A. S. C. Ross)의 연구가 그랬다.[240]

240 원래 Ross(1954)로 발표되었다가 Ross(1956)으로 개정되었다.

그는 상류층(U)과 비상류층(non-U)의 언어 사용상의 표지를 발음, 문법, 그리고 특히 어휘로부터 다소 인상적인 방식으로 추출하게 되었다. 영어권의 언어학적 속물들은 로스의 선언을 끌어다가 보충해서 정확한 상류어와 비상류어 목록을 작성했다. 예를 들어 다음 왼쪽 단어들은 상류어, 오른쪽 단어들은 비상류어가 된다.

상류어	비상류어	
bicycle/bike	cycle	(자전거)
looking glass	mirror	(거울)
lavatory	toilet	(화장실)
lunch(eon)	dinner	(저녁식사)
(table-)napkin	serviette	(냅킨)
scent	perfume	(향수)
pudding	sweet	(사탕)
wireless	radio	(라디오)

여기서 상당히 재미있는 사실은 이른바 상류어 상당수가 노동자층 변이형과 정확히 일치한다는 점이다. 예를 들면 1950년대에 노동자층인 우리 집에서는 radio 대신 wireless를 들었고 sweet 아닌 pudding을 기다렸으며 cycle 아닌 bike를 탔고 가끔 어머니께 perfume 아닌 scent 병을 드렸다. 상류어와 비상류어 논의에 대해 내시(Ogden Nash)는 회의적으로 평했다. 백설공주 이야기에서 사악한 왕비가 "거울아, 거울아, 벽의 거울아!"(Mirror mirror on the wall)라고 함으로써 "자신이 사악할 뿐만 아니라 완전히 비상류층임을 드러낸 것"이라고.[241]

241 이 발언은 Nash(1957)에 나온다.

어휘를 포함한 언어와 사회계층의 관계를 검토한 다른 초기의 연구들은 더 과학적이었다. 벌써 1930년대 후반에 미국의 언어학자 프리스(Charles Fries)는 하위노동자들과 전문직 종사자들이 미군 사무국에 보낸 비슷한 주제의 편지들에서 언어사용의 여러 양상을 비교했다.[242] 여기서 어휘적 차이로 다음과 같은 특징들이 나타났다.

242 Fries(1940) 참조. Robinson(1972)의 8장 2절에서 재인용했다.

- 전문직 종사자들은 형용사를 강조할 때 'awfully difficult'에서처럼 '-ly'로 끝나는 형태를 많이 사용하는 반면 노동자들은 'awful, mighty, pretty, real, right' 같은 단어를 강조어로 많이 사용했다.
- 전문직 종사자들은 지시대상이 단수든 복수든 단수형 'you'를 사용하는 반면 노동자들은 복수형으로 'youse, you all, you people' 같은 형태를 자주 사용했다.
- 노동자들은 'off from' 같은 전치사 연속형을 자주 사용하는 반면 전문직 종사자들은 그런 형태를 잘 사용하지 않았다.

1950년대로 소급하는 다른 연구는 미국의 아칸소 주에서 회오리바람에 대해 면담할 때 중류층과 달리 노동자층은 조사자의 이해를 돕기 위한 자세한 설명을 빼고 'we(우리), they(그 사람들)'나 인명을 사용한다든가 자세한 얘기를 피하고 'and stuff like that(등등)' 같은 표현을 쓴다든가 하는 사실들을 밝혀냈다.[243]

언어와 계층에 관한 더 최근의 연구로 영국의 사회학자 번스타인(Basil Bernstein)의 연구를 들 수 있다.[244] 그는 하위노동자층과 중류층이 따로 접속하는 두 가지 부호가 있다고 했다. 한 가지는 처음에 '대중언어(public language)'라 불렀던 "제한된 부호(restricted code)"이고 또 한 가지는 처음에 '공식언어(formal language)'라 불렀던 "정교한 부호(elaborated code)"이다. 제한된 부호는 공유하는 정보와 예측사항이 아주 많아서 많이 말하지 않고도 소통이 쉽게 이루어지는 상황에서 사람들과 사용하는 언어, 즉 친밀의 부호이다. 정교한 부호는 청자가 등장인물이나 장소, 생각 등에 익숙하지 않아서 일일이 설명해야 이해를 할 수 있을 때 사용하는 언어이다. 제한된 부호는 모든 사람이 구사할 수 있지만 하위노동자층은 정교한 부호를 구사한 경험이 적어 정교한 부호가 필수적인 상황, 예를 들어 학교 같은 곳에서 불이익을 받을 수 있다고 번스타인은 주장했다.

번스타인이 기술한 두 부호의 언어적 특징은 다음과 같다.

제한된 부호	정교한 부호
문장이 짧음. 종결되지 않거나 토막 난 문장이 많음.	통사규칙을 따르고 어순에 맞는 완전한 문장을 사용함.
'because(왜냐하면), so(그래서)' 등의 단순한 접속사를 반복적으로 사용함. 종속절을 적게 사용함.	접속사와 종속절을 다양하게 사용함.

243 Schatzman and Strauss(1955) 참조. Robinson(1972)의 8장 2절에서 재인용했다.

244 Bernstein(1961) 참조.

형용사와 부사를 적게 사용함.	형용사와 부사를 풍부하고도 적절하게 사용함.

어휘와 관련하여 위의 논의는 결국 하위노동자층이 중류층보다 접속사, 형용사, 부사를 덜 쓴다는 주장이 되며 실제로 많은 연구가 이를 뒷받침하고 있다. 반면에 번스타인의 주장과 해석에 일부 학자들은 의문을 제기하고 있다. 번스타인이 인용한 양적 결과가 꼭 질적인 차이를 나타내는 것은 아니며 일부 품사의 적은 어휘는 번스타인의 조사에서 빠진 더 광범위한 어휘를 조사함으로써 많아질 수도 있다는 것이다.[245]

245 번스타인의 주장을 입증하기 위한 연구로 Bernstein(1962), Lawton (1968), Robinson(1965)가 있으며, 번스타인의 주장에 대한 반론으로는 Coulthard(1969), Labov (1972a), Rosen(1972)가 있다.

어휘와 사회계층의 문제에 대한 마지막 주제는 "나쁜(bad)" 말 또는 "저속한(vulgar)" 말에 관한 것이다. 그런 말은 대개 사회계층이 가장 낮은 사람들 입에서 나온다는 생각이 지배적인 듯하다. 실제로 'vulgar'라는 단어는 보통사람들을 뜻하는 라틴어 'vulgus'에서 왔다. 원색적인 언어(choice language)의 사용을 낙인찍힌 사회계층과 관련짓는 경향이 오래 전부터 있어 왔다. 그러나 한편 맹세, 저주, 신성모독, 음담패설 또한 왕족이나 귀족의 특권이었다. 예를 들어 엘리자베스 1세는 입이 걸기로 소문이 났었으며 귀족들의 전통적인 원색적 언어는 'to swear like a lord(함부로 욕하다)'라는 표현에 반영되어 있는 것이다.[246]

246 역주 'to swear like a lord'의 글자 그대로의 뜻은 '귀족처럼 욕하다'이다.

오늘날 적어도 서양에서는 한때 공격적이라고 생각했던 말들을 점점 더 많이 받아들이고 사용하고 있는 것 같으며(8_5 참조) 이 현상은 사회의 모든 영역에 미치고 있는 것으로 보인다. 욕설(swear-word)의 사회적 분포에 대한 진지한 연구가 이루어져야 하겠지만 욕설을 쓰는 정도가 특정 사회계층에 고정되어 있는 것이 아니라 훨씬 복잡한 요인들에 좌우되는 듯하다. 예를 들어 영국의 노동자층 중에는 성적인 말을 사용하거나 신성한 것을 불경하게 언급하는 것을 상상조차 못하는 실천적인 기독교도, 힌두교도, 이슬람교도, 시크교도가 꽤 많다.[247]

247 역주 한국어의 사회계층에 따른 변이는 두드러지지 않은 것으로 알려져 있다. 사실 한국의 사회계층이 어떻게 형성되어 있는지에 대해 정설이 없기 때문에 사회계층과 언어변이를 관련짓는 연구가 제대로 이루어지기 어려운 형편이다.

7_5 민족적 변이의 어휘적 측면

이제 언어변이와 민족의 관계 문제로 넘어가자. 민족(ethnicity)은 사회경제적인 것과는 다른 관점에서 한 공동체에 속함을 뜻하는 문화적인 개념이다. 그것은 최근에 "문화의 정체성의 차원(the identificational dimension of culture)"으로 정의되고 있다.[248] 한 민족이 스스로를 정의하거나 다른 집단이 그 민족을 정의할 때 사용하는 기준 가운데 종족적 요인(racial factor)은 있을 수도 있고 없을 수도 있다. 예를 들어 더블린의 조그만 베트남 공동체는 문화적, 종족적 특징으로 나머지 대다수 인구와 구별된다. 반면에 더블린에 사는 스코틀랜드인 대부분은 종족의 관점에서 확인할 수는 없지만 스스로를 문화적으로 아일랜드인과 구별되는 것으로 생각하고 있다.

한 민족적 집단을 확인하는 데 중요한 구실을 하는 문화적 부문이 언어인 것은 분명하다. 언어와 민족성 사이의 떼려야 뗄 수 없는 관계를 여러 공동체에서 볼 수 있다. 이를테면 아일랜드어의 부흥을 부르짖는 상황에서 흔히 듣는 표어가 "Gan teanga, gan tir"(언어가 없으면 나라도 없다)이다. 또 유대인들 사이에 "유대 민족의 영혼이 피어나는 용광로에서 히브리어도 피어난다"는 주장이 있다.[249]

어떤 나라나 지역에서는 언어의 관점에서 설명이 가능한 민족적 집단의 분리 현상을 볼 수 있다. 예를 들어 벨기에는 네덜란드어를 사용하는 플랑드르인(Fleming)과 프랑스어를 사용하는 왈로니아인(Walloon) 사이의 오랜 언어·문화적 갈등 때문에, 두 언어를 모두 쓰는 브뤼셀을 제외하고 두 단일어 사용 지역, 즉 북부의 플랑드르(Flanders)와 남부의 왈로니아(Wallonia)로 나뉘어 있다.[250] 그에 더해서 동부에는 작은 독일어 사용 지역 오이펜(Eupen)과 장크트비트(St Vith)가 있다.[251] 이와 다른 상황으로는, 서로 다른 민족적 집단들이 섞여 살되 다른 민족과는 표준어로 소통하고 자기 민족의 언어는 가족이나 같은 민족의 친구와 사용하는 경우가 있다. 네덜란드에 이민해 사는 터키인들이 그렇다.[252] 또 다른 상황은 어떤 민족적 집단의 언어가 다른 민족적 집단의 언어나 표준어와 아주 유사한 경우이다. 이것은 영국에 사는 미국계, 호주계, 아일랜드계, 서인도제도계 등의 경우이다.

이 마지막 문제에 관해서는 영국의 언어학자 에드워즈(Viv Edwards)가 1980년대에 서인도제도인들의 언어사용 유형에 대해 꽤 재미있는 연구를 한 바 있다.[253] 에드워즈는 (특히 비공식적이고 친밀한 상황에서 쓰는) 자메이카인의 방언이 표준영

248 Fishman(1997:329) 참조.

249 이 표현은 나흐트(Yaakov Nakht)가 1908년에 발표한 수필에 나왔던 말인데 Fishman(1997:331)에 인용되어 있다.

250 역주 플랑드르는 영국의 소설가 위다(Ouida)가 쓴 《플랜더스의 개(A Dog of Flanders)》의 배경이 되는 지역으로 우리나라에 널리 알려져 있다.

251 벨기에의 상황은 Nelde(1997:295-296) 참조.
역주 '장크트비트'는 독일어로 'Sankt Vith'로 적는데 프랑스어로는 'Saint Vith(생비트)'가 된다.

252 Backus(1996) 참조.
역주 중국의 조선족이나 재일교포, 재미교포의 경우에도 가족이나 교포끼리는 한국어를 쓰고 다른 민족과는 현지어로 소통하는 상황을 흔히 볼 수 있다.

253 Edwards(1986) 참조.

어와 아주 가깝지만 어휘적 특징을 비롯한 많은 특징에서 표준영어와 구별된다고 설명했다. 자메이카방언과 표준영어의 어휘적 차이를 몇 가지 보면 다음과 같다.

명사의 복수 표시

자메이카방언	표준영어
대개 표시하지 않음.	대개 '-s'로 표시.
He give me two book.	He gave me two books.
문맥으로 복수를 표시하지 못할 때는 '-dem'으로 표시.	
Clovis gone up a Elaine fi you record-dem.	Clovis went up Elaine's for your records.

인칭대명사

자메이카방언	표준영어
me	I, me, my
yu	you, your (단수)
im	he, him, his, she, her
i	it, its
we	we, us, our
unu	you, your (복수)
dem	they, them, their

동사의 부정형(infinitive)

자메이카방언	표준영어
fi+동사의 기본형	to+동사의 기본형
Dem want me fi go up dere go tell dem.	They want me to go up there and tell them.

장소 표현

자메이카방언	표준영어
deh+장소 표현	to be+장소 표현
When me deh at school, di whole a dem hate me.	When I was at school, they all hated me.

끝으로, 어떤 민족적 집단은 편의에 따라 언어를 바꾸는(제멋대로 바꾸는 것처럼 보이는) 대화상의 **부호전환**(conversational code-switching)을 통해 자신들의 정체성을 드러낸다는 사실도 언급해 둘 필요가 있겠다. 예를 들어 라틴계 미국인 중 어떤 집단은 쿠바, 엘살바도르, 과테말라, 멕시코, 푸에르토리코에서 온 이민자든, 한때 멕시코에 속했던 나라에서 왔든 두 문화권에 속한다는 민족적 정체성을 드러내기 위해 스페인어로 말할 때 영어 표현을 끼워넣거나 영어로 말할 때 스페인어를 끼워넣는다. 두 언어를 거의 비슷한 양이 되도록 사용하는 관습이 실제로 있는 것처럼 보이는 경우도 있다. 뉴욕의 푸에르토리코인의 부호전환에 대한 한 유명한 연구는 그 제목에서 두 언어를 대등하게 대하는 태도를 보여준다. "Sometimes I'll start a sentence in English *y termino en español*."(문장을 영어로 시작해서 스페인어로 끝낼 때가 가끔 있다.)라는 이 제목은 연구대상이 된 푸에르토리코인의 말을 인용한 것이다.[254]

254 Poplack(1980)이 바로 그 논문이다.

7_6 성별에 따른 변이의 어휘적 측면

7_1에서 언급한 그로스벤트레어나 일본어의 예처럼 성별 관련 변이가 아주 분명하고 두드러진 경우도 있지만 **남성어**와 **여성어**의 차이가 미묘해서 화자들이 그 차이를 의식하지 못하는 경우도 많다. 영어 같은 유럽의 언어들에서는 여성어가 남성어보다 고상한 말에 가까운 데에 그 차이가 있다고 보기도 한다. 예를 들어 영국영어의 경우 여성이 남성보다 라디오나 텔레비전 아나운서들과 비슷한 발음을 더 많이 한다는 관찰도 있다. 이런 현상에 대해 여자가 남자보다 행동을 더 정확하게 그리고 순응적으로 해야 한다는 기대가 전통적으로 있어 왔기 때문에 언어에서도 그런 결과가 나온 것이라고 설명하는 것이 보통이다.

어휘의 경우 여자들의 언어적인 "착한 행위(good behaviour)"의 사례는 욕설의 예이다. 남자들이 여자들 앞에서 욕설을 내뱉는 것을 꺼리는 현상이 분명히 있다(아니면 적어도 최근까지는 있었다). 'not in mixed company(여자들 앞에서는 못할 소리)'라는 표현은 흔히 성적으로 노골적인 말이나 육두문자를 포함한 농담이나 이야기를 금하는 뜻으로 사용되었다. 일부 남자들의 이런 태도로부터 여자들이 전통적으로 "나쁜 말(bad language)"을 덜 듣는 것이라고 추측하는 사람도 있으나 여자들이 그런 말을 사용하는 것은 어떻게 설명할 것인가?

위의 7_4에서 엘리자베스 1세가 원색적인 언어의 사용자라고 말한 바 있다. 지금의 문맥에서는 엘리자베스 1세가 남자처럼 욕을 했다고 표현할 수 있겠다. 르네상스시대의 영국에서 적어도 부유한 계층에서는 욕을 하는 쪽이 여자보다는 남자였지만 (영국 성공회의 수장, 즉 엘리자베스 1세를 포함한) 일부 개성 강한 여자들은 이러한 관습에 얽매이기를 거부했음을 알 수 있다.[255] 다음 인용문을 그대로 믿는다면 17세기 영국에서도 남성과 욕하기의 밀접한 관계는 여전했던 것으로 보인다.[256]

욕설의 우아함이 아직 여자들에게 문화로 자리 잡지 못하고 있다. '빌어먹을(God damn ye)'은 여성어로 어울리지 않는다. 그것은 여자들이 아직 도달하지 못한 남자들만의 악덕인 듯하다. (Defoe, 『사업에 대한 고찰(*An essay on projects*)』, 1697)

좀더 최근 얘기를 하자면, 미국의 언어학자 레이코프(Robin Lakoff)는 『언어와 여성의 위치(*Language and woman's place*)』(1975:5)에서 "만약 여자아이가 남자아이처럼 말을 험하게 하면 배척당하고 야단맞고 놀림 받을 것이다."라고 했다.[257] 레이코프가 든 예를 보자(10쪽).

(1) 어머(Oh dear), 너 땅콩버터를 또 냉장고에 넣었잖아.
(2) 씨이(Shit), 너 땅콩버터를 또 냉장고에 넣었잖아.

사람들이 (1)을 여성어, (2)를 남성어로 분류하리라는 것을 쉽게 짐작할 수 있다. 그러나 25년이 지난 지금 위의 예측은 들어맞지 않는다고 해야 할 것이다. 영국이나 아일랜드에서는 여자들이 500ml 컵으로 맥주를 들이켜는 것만큼이나 쉽게 '씨이(shit)'라는 말을 쓴다. 이걸 가지고 육두문자 쓰기에서 여자들이 남자들을 따라잡았다고 할 수 있는지는 확실치 않지만 적어도 그 간격이 좁아지고 있는 것은 틀림없다.

레이코프는 또 남자들보다 여자들이 많이 쓰는 단어들이 있다고 했다. 'aquamarine(남청색), chartreuse(연한 황록색), lavender(라벤더색, 연한 보라색), magenta(마젠타, 밝은 자주색)' 같은 색채어나 'adorable(매력이 넘치는), divine(멋진), precious(소중한)' 같은 형용사를 여자들이 많이 쓴다는 것이다. 영국의 상위

255 엘리자베스 1세의 이야기는 Shirley(1979 : 10)에 나온 것을 Hughes(1998:103)에서 인용하고 있다.

256 Hughes(1998:209) 참조.

257 Hughes(1998:211) 참조.

중류층 여자들이 'darling(자기야), gorgeous(멋진), sweetie(자기야)' 같은 단어를 즐겨 쓰는 일은 텔레비전 연속극 《정말 멋져!(Absolutely Fabulous!)》에서도 흉내 내는 현상이다.[258] 쿡(Vivian Cook)이 『언어의 내부(*Inside Language*)』라는 책을 쓰면서 조사한 바에 따르면 응답자 48명 중 약 90%인 43명이 "Absolutely gorgeous."(정말 멋져.)와 "It's nice, isn't it?"(근사하다, 그치)이 여자들 말이라고 대답했다.[259]

그로스벤트레어나 일본어야 어떻든 이상의 예에서 알 수 있듯이 영어 같은 언어에서 성별에 따른 어휘의 차이가 어느 정도인지에 대해서는 논란의 여지가 많다. 그러나 영어를 포함한 유럽의 주요 언어들에서, 어쩌면 아마 세계의 모든 언어에서, 원래 의미대로 사용하면서 자신에 관해 서술할 때 화자 또는 필자가 남자인지 여자인지를 분명하게 나타내는 단어들이 존재한다는 점을 지적할 필요가 있겠다. 그것이 어떤 단어인지는 언어마다 다르겠지만 그 내용은 성별에 따라붙는 생물학적인 속성이나 사회적 역할 또는 지위와 주로 관련되어 있다. 영어의 예를 몇 개 들면 다음과 같다.[260]

남자를 표시하는 말	여자를 표시하는 말
I'm extremely virile.	I'm extremely pregnant.
(나는 정말로 정력이 넘친다.)	(나는 정말로 임신했다.)
I'm a monk.	I'm a nun.
(나는 수사(修士)다.)	(나는 수녀다.)
I'm a widower.	I'm a widow.
(나는 홀아비다.)	(나는 과부다.)

문법적 성을 형태론적으로 표시하는 언어에서도 같은 현상을 볼 수 있다. 다음의 프랑스어 예가 이를 보여준다.

남자를 표시하는 말	여자를 표시하는 말
Je suis étudiant.	Je suis étudiante.
(나는 남학생이다.)	(나는 여학생이다.)
Je suis heureux.	Je suis heureuse.
(나는 행복하다.)	(나는 행복하다.)
Cela m'a surpris.	Cela m'a surprise.
(내가 그것에 놀랐다.)	(내가 그것에 놀랐다.)

258 Cook(1997)에 나오는 예이다.

259 Cook(1997:160) 참조.
역주 한국어에도 남성어와 여성어가 구별되는 예가 있기는 하나 많지 않다. "아무 말도 안 하는 거 있지." 처럼 틀림없는 여성어로 판단되는 표현 '거 있지', 웃음을 나타내는 의성의태어 가운데 남성어 '껄껄'과 여성어 '호호, 배시시', 감탄사 가운데 여성어인 '어머, 에그머니' 등이 그 예이다.

260 역주 한국어의 경우 일부 친족명칭은 관련된 인물의 성별을 표시해 준다. 예를 들어 동일한 사람을 놓고 '우리 누나'라고 말하는 사람은 남자이고 '우리 언니'라고 말하는 사람은 여자이다.

7_7 문맥에 따른 변이의 어휘적 측면

이 장의 처음에 언급한 바와 같이, 그리고 우리의 언어 사용에 대해 조금만 생각해 보아도 알 수 있듯이 언어는 화자나 필자의 지리적, 사회적, 민족적 배경이나 성별에 따라 달라질 뿐 아니라 언어를 사용하는 상황에 따라서도 달라진다. 친구들에게 쓰는 말투가 고용주나 장래의 고용주에게 쓰는 말투와 다른 예, 집에서나 친구들에게는 저지독일어를 쓰다가 낯선 사람이나 공무원에게는 표준독일어를 쓰는 예를 앞에서 본 바 있다.

후자는 미국의 언어학자 퍼거슨(Charles Ferguson)이 1959년에 발표한 논문에서 말한, 그리고 그 논문 제목에도 쓴 **양층언어현상**(diglossia)이다.[261] 퍼거슨이 서술한 사례에서의 양층언어현상이란 한 언어사회 안에서 계통적으로 관련된 두 언어를 사용하되 상위언어(H)는 격식적인 상황에서 고급 기능을 위해 사용하고 하위언어(L)는 친밀하고 비격식적인 상황에서 사용하는 현상을 가리킨다. 그가 다룬 사례는 이집트의 고전아랍어와 이집트아랍어(Egyptian Arabic)의 예, 스위스의 표준독일어와 스위스독일어의 예, 아이티의 프랑스어와 아이티크리올의 예, 그리스의 카타레부사어(Katharevousa)와 민간그리스어(Demotic Greek)의 예이다. 각각에 대해 간단히 설명을 붙이면 다음과 같다.

- 고전아랍어(Classical Arabic)는 코란(Koran)의 언어이다. 그 현대적인 형태를 요즘은 현대 표준아랍어(Modern Standard Arabic)라 부르는 일이 많다. 현대 표준아랍어는 아랍어권 국가 간의 소통을 위해 두루 쓰이는데 한 국가나 지역 안에서는 각기 독자적인 민간아랍어(Demotic Arabic)를 사용하며 민간아랍어끼리는 소통이 되지 않는다.
- 스위스에서의 표준독일어(고지독일어)와 스위스독일어(Swiss German, Schweizerdeutsch, Schwyzertüüsch)의 관계는 독일 북부에서의 고지독일어와 저지독일어의 관계와 같다. 즉 스위스독일어는 표준독일어와 상당히 다르다. 표준독일어 화자라도 스위스독일어를 따로 배우지 않으면 거의 알아듣지 못한다.
- 아이티(Haiti)의 공용어는 프랑스어다.[262] 프랑스가 1804년까지 아이티에 아프리카 출신의 노예들을 데려다 살게 하고 통치했기 때문이다. 그렇지만 인구의 대부분은 모어가 아이티크리올(Haitian Creole)이다. **크리올**(creole)이란 서로 소통이 안 되는 두 언어집단 간의 단순화된 소통수단(**피진**, pidgin)이 두 집단 출신끼리 결혼하여 아이가 태어나거나 하여 모어로 습득되게 된 언어이다. 대부분의 다른 크리올처럼 아이

261 Ferguson(1959) 참조. Giglioli (ed)(1972)의 11장으로 다시 실렸다.

262 역주 아이티는 중앙아메리카의 쿠바 동남쪽에 있는 섬나라이다.

티크리올도 어휘의 대부분은 경제적으로 우위에 있는 집단의 언어, 즉 프랑스어에서 들어온 반면 일부 문법요소는 경제적으로 하위에 있는 집단의 언어, 즉 아프리카의 언어들에서 들어왔다.

• 카타레부사어는 현대그리스어의 "순수한"(그리스어로 'katharós') 형태라고 하는데 민간그리스어(그리스어로 'dhimotikí')보다는 고대그리스어에 훨씬 더 가깝다. 카타레부사어는 19세기에 일부 학자들이 그리스인들을 그리스의 고전문화와 이어 주고 현대그리스어에서 터키어로부터 차용한 요소를 없애려는 목적으로 만들었다. 그것은 터키로부터 그리스가 독립한 후 한참 동안 공용어이자 교육의 언어였다. 한편 민간그리스어는 고대그리스어에서 자연적으로 발달한 민중의 언어로서 터키어나 다른 언어에서 차용한 요소가 상당히 많다.[263] 그리스는 1976년에 민간그리스어를 행정과 교육의 언어로 채택했다. (그러므로 그리스의 언어적 상황은 퍼거슨이 1950년대에 서술한 것과는 차이가 많다.)

263 역주 그리스는 1453년부터 1830년까지 오스만제국(지금의 터키)의 지배하에 있었기 때문에 터키어가 그리스어에 영향을 많이 주었다.

이러한 여러 경우에서 H언어와 L언어의 기능적 분포를 퍼거슨은 다음과 같이 표현했다.

상황	H언어	L언어
교회에서의 설교	○	
하인, 종업원, 점원, 노동자에게 내리는 지시		○
개인 간의 편지		○
의회 연설, 정치적 연설	○	
대학 강의	○	
가족, 친구, 동료와의 대화		○
뉴스 보도	○	
라디오 멜로드라마		○
신문 사설, 기사 본문, 사진 설명	○	
정치만화에 붙은 설명		○
시	○	
통속문학		○

퍼거슨은 H언어와 L언어의 어휘적 차이에 대해 다음과 같은 **쌍형어**(雙形語, doublet)의 예를 들었다.[264]

264 역주 쌍형어는 같은 어원에서 갈라져 나와 형태가 달라진 둘 이상의 단어를 가리키는데 쌍생어(雙生語)라고도 부른다. 한국어의 '여물다, 영글다', '남다, 넘다', '밝다, 붉다' 등은 쌍형어가 표준어라는 한 변종 안에 존재하는 예이고, 중앙어 '할아버지'와 경상방언 '할배', 중앙어 '새우'와 전라방언 '새비', 중앙어 '졸다'와 전라방언 '자울다'와 경상방언, 평안방언, 함경방언 '자불다' 등은 여러 변종들 사이에 나타나는 쌍형어의 예이다.

언어	H언어	L언어	뜻
이집트의 아랍어	'al'āna	dilwa'ti	지금
	'anfun	manaxīr	코
	mā	'ēh	무엇
스위스의 독일어	jemand	öpper	어떤 사람
	klein	chly	작은
	nachdem	no	나중에
아이티의 프랑스어와 크리올	âne	bourik	당나귀
	beaucoup	âpil	많이
	donner	bay	주다
그리스어	éteke	eyénise	낳았다
	ídhor	neró	물
	íkos	spíti	집

퍼거슨이 양층언어현상이라는 제목으로 서술한 것은 **부호전환**(code-switching)의 특별한 경우라고 할 수도 있다. 앞절의 끝에서 대화상의 부호전환(conversational code-switching)에 대해 살펴본 바 있는데 그것은 두 가지 언어변종을 번갈아 사용하는 것이 그 집단의 암묵적인 관습으로 여겨지는 현상이다. 부호전환의 다른 한 유형은 소통이 진행되는 상황이 언어변종 사이의 전환을 일으키는 상황적 부호전환(situational code-switching)이다. 가족과 대화하는 상황에서 스위스독일어를 쓰다가 강의를 하거나 세무서에서 서식을 작성하는 상황에서 표준독일어를 쓰게 되는 것이 바로 그런 예이다. 고전적인 양층언어현상의 경우 두 언어변종은 "같은 언어"의 상위 형태와 하위 형태로 간주된다. 상황적 부호전환의 다른 경우들에서는 그렇게 볼 필요가 없다. 아주 분명한 예로서, 내가 만약 런던에서 파리로 기차를 타고 간다면 한 언어(영어)로 여행을 시작해서(표를 사는 일 등) 다른 언어(프랑스어)로 여행을 마칠 것이다(호텔 위치를 묻는 일 등).[265]

부호전환의 세 번째 유형인 은유적 부호전환(metaphorical code-switching)에 대해서도 마저 설명하는 것이 좋겠다.[266] 이것은 화제를 바꿀 때 부호전환이 일어나는 것을 말한다. 화제의 변화가 마치 상황의 변화처럼 언어사용에 영향을 주므로 "은유적"이라고 표현한 것이다. 은유적 부호전환의 예로 흔히 드는 것은 노르웨이의 관공서에서 일어나는 언어현상이다. 거기서 공무원들끼리 업무상의 대

265 역주 저자는 영어 원어민인데 프랑스어도 원어민 수준으로 구사한다. 그 외에 독일어도 상당히 잘하고 스페인어, 네덜란드어, 폴란드어도 조금 구사한다고 한다.

266 Blom and Gumperz (1972: 425) 참조.

화인지 아닌지에 따라 표준어를 쓰거나 사투리를 쓴다. 또 민원인들은 공무원들과 민원에 관한 업무상의 대화를 할 때는 표준어를 쓰고 그 처음이나 마지막에 잡담을 할 때는 사투리를 쓴다.

살아가면서 두 가지 이상의 언어를 습득하여 사용하는 사람들 대부분은 어느 순간에 어떤 종류이건 부호전환을 하게 될 것이다. 그런데 **말투전환**(style-shifting)이라는 것은 우리 모두가 하게 될 것이다. 즉 말하거나 쓰는 내용을 상황의 격식성 같은 요소에 맞도록 조정하면서 문맥이 달라질 때마다 언어에 비교적 미세한 변화를 주게 될 것이다. 말투전환의 어휘적 측면을 보면, 문맥의 종류에 비교적 영향을 덜 받는 중립적인 표현도 있고 격식적인 상황에서는 거의 안 쓰는 표현도 있으며 비격식적인 자리에서 잘 안 쓰는 표현도 있다. 영국영어의 예를 보면 다음과 같다.[267]

267 역주 한국어의 경우 비격식적인 자리에서 '내빼다' 라고 할 수 있겠지만 중립적인 자리에서는 '도망치다', 격식적인 자리에서는 '도주하다' 라고 하게 될 것이다.

격식적	중립적	비격식적	
diminutive	small	tweeny-weeny	(작은)
garments	clothes	threads	(옷)
offspring	child	sprog	(자녀)
voluminous	large	whopping	(큰)
weep	cry	blub	(울다)

특정 단어가 특정 문맥과 밀접한 관련성을 가지기 때문에 다른 문맥에서 그 단어를 쓰는 것은 작은 문제가 아니다. 예를 들어 고된 하루 일과를 마치고 친한 친구나 동료에게 굉장히 피곤하다는 뜻으로 "나 파김치야."(I'm shagged.)라고 해도 아무렇지 않을 것이다. 화려한 주민잔치를 방문한 고위 관리에게 정중한 잡담에 덧붙여 그런 말을 한다면 그 결과는 사뭇 다를 것이다. 문맥에 따라 단어가 달리 받아들여질 수 있는 점에서도 문맥은 중요하다. 언어에 관한 매우 흥미로운 20세기 책으로 철학자 오스틴(John Langshaw Austin)이 쓴 『말로 어떻게 행동하는가(*How to do things with words*)』가 있다.[268] 오스틴은 자신이 **수행적 발화**(遂行的 發話, performative utterance)라 부른 현상에 특히 주목했다. 수행적 발화는 특정한 행위를 수행하는 동시에 그 행위를 드러내서 가리킨다.

268 Austin(1962) 참조.

(결혼식에서) 이 반지를 드림으로써 당신과 결혼합니다. (With this ring I thee wed…)

(법정에서 선서를 하면서) 제가 말씀드리는 증거는 한 치의 거짓도 없는 진실임을 전능하신 하느님께 맹세합니다. (I swear by Almighty God that the evidence which I shall give will be the truth, the whole truth and nothing but the truth.)
(배를 명명하면서) 이 배를 타이타닉 2호라 명명합니다. (I name this ship Titanic II...)

오스틴은 이와 같은 행위가 효력을 발휘하기 위해 **적정조건**(適正條件, felicity condition)을 만족해야 한다고 했다.[269] 예를 들어 "이 반지를 드림으로써 당신과 결혼합니다."가 효력을 발휘하려면 결혼 당사자와 결혼의 법적 효력을 확인할 수 있는 교회나 주민기구가 그 결혼을 승인해야 하며, 결혼서약이 있어야 하고 상대방의 손가락에 반지를 끼워 주어야 하며, 성직자, 시장, 호적 담당 공무원, 선장 같이 교회나 국가가 인정한 주례를 포함한 증인들이 보는 앞에서 결혼식이 거행되어야 한다. 학교 자전거보관소 뒤에서 여자친구에게 잔뜩 홀린 열 살짜리 소년이 키득거리는 여자친구에게 똑같은 말을 할 수 있겠지만 (반지를 주면서 말한다고 해도) 그 말이 이 행복한 남녀를 성스러운 신랑 신부로 인정받게 하는 효과는 가지지 못한다!

269 역주 "홍길동은 남자이다."와 같은 문장에 대해 참과 거짓을 판단하기 위해 진리조건(truth condition)을 따진다. 그런데 본문의 예들과 같은 수행적 발화에 대해서는 진리조건을 제시하기 어렵다. 그래서 필요한 것이 적정조건이다.

사실 오스틴도 말했고 그 후 여러 학자들도 강조한 바 있지만, 결혼식 같은 공식적인 행사에서 관습화된 발화를 할 때만이 아니고 우리가 언어를 사용할 때마다 우리는 특정한 행위를 수행하고 있다. 위의 경우처럼 어떤 의식을 행하고 있을 수도 있고, 또 위의 경우나 "이로써 이 요구를 승인합니다."(승인), "성공을 축하해."(축하), "거기 가기로 약속한다."(약속)처럼 그 행위를 명명하고 있을 수도 있다. 아니면 식탁에서 소금통이 손에 안 닿는 사람이 "소금 좀 주시겠어요?"나 "소금 있나요?"라고 한다면 그것이 요청으로 해석되는 것처럼 말과 문맥의 상호작용을 통해서 그 행위가 표현될 수도 있다.[270] 이러한 행위를 관련 논저들에서 '**화행**(話行, speech act)'이라 부르고 있지만 '**언어행위**(language act)'라 부르는 것이 더 적절할 것이다. 그런 행위가 말, 글, 수화 등 모든 언어적 소통의 본질이자 결과이기 때문이다.

270 역주 질문의 행위를 나타내는 의문문 "소금 좀 주시겠어요?"나 "소금 있나요?", 진술의 행위를 나타내는 평서문 "소금 좀 부탁합니다." 등으로써 "소금 좀 주십시오." 같은 명령문이 나타내는 요청(명령의 일종)의 행위를 할 수 있다. 이와 같은 현상을 간접화행(indirect speech act)이라 부른다.

문맥의 역할 문제로 돌아가서, 어떤 말이든지 그 말로써 수행되는 행위는 상황에 따라 달라질 수 있다. 예를 들면 짜증 난 십대가 분명히 소금이 없는 찬장이 열려 있는 자리에서 당황하는 부모에게 "소금 있나요?"라고 말하는 것은 요청이 아니라 (또는 요청이자) 불평이 된다. 또는 주말에 아파트를 빌린 친구들이 식료품을 일부 갖추어 놓은 부엌을 점검하다가 "소금 있어?"라고 말한다면 단순한 질문이 될 것이다. 마찬가지로 'cheers'라는 단어는 술잔을 들며 말할 때는 건배를, 떠나는 상황에서 말할 때는 작별을, 친절을 베푼 데 대한 응답으로 말할 때는 감사를 나타내게 된다.

7_8 어휘변이, 문화, 사고

마지막으로 조금 다른 의미의 어휘변이를 간단히 살펴보기로 한다. 세계 여러 나라 여러 지역의 언어변종들을 관찰하다 보면, 미국영어의 'gasoline', 영국영어의 'petrol', 프랑스어의 'essence', 독일어의 'Benzin' 처럼 같은 개념(휘발유)을 각기 다른 단어로 표현하는 경우를 많이 보게 되지만 한편으로는 사실을 다른 식으로 **단어화**(lexicalize)하는 경우도 많음을 깨닫게 된다. 다시 말해서 어휘가 포괄하는 개념들의 범위와 개념들이 단어들 속에 묶여 들어가는 방식이 언어변종마다 다를 수 있다는 것이다. 5_3에서 언어마다 색스펙트럼을 달리 처리한다고 하면서 의미에 대한 구조주의적 견해를 논의할 때 이 점을 언급한 바 있다. 영어와 스웨덴어는 비교적 가까운 언어이지만 이러한 차이를 발견할 수 있다. 영어에서 'grandmother'는 친할머니와 외할머니를, 'grandfather'는 친할아버지와 외할아버지를 모두 뜻하지만 스웨덴어에는 친할머니(farmor)와 외할머니(mormor), 친할아버지(farfar)와 외할아버지(morfar)를 가리키는 단어가 각기 따로 있다.[271] 이번에는 영어의 두 변종에서 하루를 나누어 가리키는 방법을 보자. 영국영어에서는 하루를 오전(morning) 구간, 오후(afternoon) 구간, 저녁(evening) 구간, 밤(night) 구간으로 나눈다. 아일랜드영어의 일부 변종에서는 'afternoon'이 없고 'evening'이 정오부터 밤이 시작될 때까지를 뭉뚱그려 나타낸다.[272] 여기서 두 가

271 역주 번역문에서 드러나듯이 한국어도 네 단어가 따로 있는 언어이다.

272 역주 이처럼 어휘분화 양상이 언어마다 다른 예로써 흔히 형제자매 어휘, 즉 동기어(同氣語)를 든다. 한국어의 동기어가 가장 세밀하게 분화된 점이 흥미롭다.

<table>
<tr><th>한국어</th><th>일본어</th><th>중국어</th><th>헝가리어</th><th>몽골어</th><th>말레이어</th><th>영어</th></tr>
<tr><td>형</td><td rowspan="2">ani</td><td rowspan="2">gēge</td><td rowspan="2">bátya</td><td rowspan="2">aqu</td><td rowspan="2">abang</td><td rowspan="3">brother</td></tr>
<tr><td>오빠</td></tr>
<tr><td rowspan="2">동생</td><td>otooto</td><td>dìdi</td><td>öcs</td><td rowspan="2">duu</td><td rowspan="2">adik</td></tr>
<tr><td>imooto</td><td>mèimei</td><td>hug</td><td rowspan="3">sister</td></tr>
<tr><td>언니</td><td rowspan="2">ane</td><td rowspan="2">jiějie</td><td rowspan="2">néne</td><td rowspan="2">egeci</td><td rowspan="2">kakak</td></tr>
<tr><td>누나</td></tr>
</table>

지 질문이 생긴다. (1) 이러한 차이가 그 언어집단의 중요한 문화적 특징을 반영한 것인가? (여기서 '문화, 문화적'이란 말은 시나 음악 같은 고급문화를 가리키는 것이 아니라 생활방식 전반을 가리킨다.) (2) 이러한 차이가 언어집단에 따라 세계를 지각하는 방식의 차이를 가져오는가?

첫 번째 질문에 관해서는 어떤 의미장에서의 어휘분화(lexical differentiation)가 클수록 그 언어집단에게 그 분야의 문화적 중요성이 크다는 점이 널리 인정되고 있다. 에스키모어에 눈(snow)을 가리키는 단어가 수십 개나 된다는 전설적인 예는 그 내용이 과장되었음이 밝혀졌지만 그 예를 통해 보여주고자 했던 기본적인 생각은 논쟁의 여지가 없다. 사실 저 얼어붙은 북극까지 가지 않아도 좋은 예를 쉽게 찾을 수 있다. 내가 19세기 소설을 읽을 때마다 떠오르는 예는 마차의 명칭이다. 19세기에 마차는 교통수단으로서 그리고 사회적 지위의 표지로서 매우 중요했다. 따라서 마차의 유형에 따른 명칭인 'barouche(버루시), brougham(브룸), chaise(셰이즈), landau(랜도), phaeton(페이튼)' 등을 포함하여 마차 교통에 관련된 단어가 굉장히 많이 쓰이고 있었다.[273] 21세기가 막 시작된 지금 영어 화자 가운데 'barouche'가 뭐고 'brougham'이 뭔지 조금이라도 감을 잡을 수 있는 사람이 몇이나 될까? 훨씬 더 가까운 예로, 특정한 학문적 하위문화와 관련된 어휘가 되겠지만, 이 책은 '변이음(allophone)'에서 '음절문자(syllabary)'에 이르기까지 언어학의 기본 중의 기본이라 할, 그러나 대다수의 비언어학도들이 이용하는 어휘적 장비에는 (등장할 필요가 없어서) 등장하지 않는 많은 용어들을 담고 있다. 이러한 단편적 관찰은 과학적으로도 검증되었다. 예를 들어 1970년대의 한 비교문화 연구는 그 언어집단이 실행하지 않는 요리행위에 관한 어휘는 그 언어에 존재하지 않음을 밝혀냈다.

단어라는 특정한 꼬리표가 붙어 있지 않은 사물이라도 언제든 말로 표현할 수 있다. 'landau'라는 단어가 없어도 "앞덮개를 뗄 수 있고 뒷덮개를 올렸다 내렸다 할 수 있는 폐쇄형 사륜마차"(『간명 옥스퍼드사전』의 정의) 같은 것을 표현할 수 있을 테고, 'syllabary'라는 단어가 없어도 "각 글자가 음절을 나타내는 문자체계" 같은 표현으로 관련 개념을 제시할 수 있을 것이다. 그렇지만 적절한 단어를 갖추고 있는 것이 삶을 한결 더 편하게 함은 틀림없다. 마차나 음절문자가 중요

273 역주 버루시 : 덮개를 접을 수 있고 2인용 좌석 둘이 마주보고 있으며 앞에 사물함 형태의 마부 좌석이 있는 사륜마차.
브룸 : 앞에 지붕 없는 마부 좌석이 있는 폐쇄형 사륜마차.
셰이즈 : 덮개를 접을 수 있는 간소한 마차.
랜도 : 덮개를 내리거나 뗄 수 있고 손님 좌석 둘이 마주보고 있는 사륜마차.
페이튼 : 지붕이 없는 간소한 사륜마차.

한 사회에 살거나 그러한 직업에 종사해서 그런 말을 자주 써야 한다면 더욱 그렇다. 어떤 언어집단의 삶에 어떤 개념이 중요하게 되었으나 그 개념을 나타내는 용어가 없다면 그것을 나타내는 단어가 이내 만들어지게 될 것이다.[274]

독일에 살고 있는 영국계 언어학자 스터브스(Michael Stubbs)는 그러한 어휘적 개신에 관한 좀 서늘한 예를 들고 있다.[275] 스터브스는 우파의 인종주의적 어휘를 비판적으로 검토한 독일의 한 학생신문 기사를 요약하고 있는데 'Fremdenhass(외국인의 증오심), Scheinasylanten(가짜로 정치수용소를 찾는 사람들), Überfremdung(외국인의 침투)'이 그 예이다. 그러한 단어의 창조가 사상을 구체화하고 표현하기 더 쉽게 하고 그러한 일의 존재를 전제해 버린다고 한 그 기사의 주장에 스터브스도 동의를 표시하였다. 증오가 아닌 사랑의 영역으로 가서, 더 유쾌한 예를 미국의 어떤 집단이 만들어낸 단어들에서 찾을 수 있다.[276] 이 집단은 인간관계에 대해 새로운 실험을 하면서 동시에 둘 이상의 상대와 사랑하는 관계를 가지는 것을 뜻하는 'polyamory(복수연애)', 둘 이상의 상대에게 정절을 지키는 것을 뜻하는 'polyfidelity(복수정절)' 같은 단어를 만들어냈다.

어휘와 생각의 문제로 넘어가서, 새로운 표현을 만들어냄으로써 새로운 생각을 나타낼 수는 있지만 언어적 표상의 문제에 대해 정돈된 상태에서 출발하지는 못한다. 우리가 모어를 배울 때 모어가 우리에게 경험을 표현할 수 있는 가능성의 한 집합을 주지만 다른 가능성들을 사용할 수 있도록까지는 하지 못한다. 예를 들어 영어는 다양한 색채어를 제공하므로 시각 경험에 관한 아주 미세한 차이까지도 표현할 수 있게 해 주는 반면 개인 간의 거리나 친밀도를 상세하게 구분하여 표현하는 일에서는 어떤 언어들에 훨씬 뒤진다.[277]

어떤 언어학자들은 이러한 언어 간의 차이가 우리가 세계를 지각하고 세계에 대해 생각하는 방식, 즉 **세계관**([독] Weltbild – '세계에 대한 그림'의 뜻)을 결정한다고 본다. 이러한 견해는 고대로 거슬러 올라간다. 전기라틴어 시대 시인인 퀸투스 에니우스(Quintus Ennius, B.C. 239~169)는 자기가 세 가지 언어를 쓰므로 "tria cordia(심장 셋)"를 가지고 있다고 말하곤 했다. 이러한 생각은 언어형상([독] Sprachform)과 그 민족의 사고를 분리할 수 없다고 믿은 19세기의 독일 언어학자 훔볼트(Wilhelm von Humboldt)의 저술에도 등장한다. 이 견해의 더 현

274 역주 각 전문분야에서 쓰이는 전문어(technical term)를 보면 그 분야의 지식과 기술이 발달함에 따라 전문어의 양도 계속 확대되는 현상을 볼 수 있다. 모든 분야의 전문어를 일반 사전에 다 실을 수 없으므로 분야별로 전문어사전이 따로 개발된다.

275 Stubbs(1997:366) 참조.

276 관련 논저가 많이 있지만 특히 Anapol(1997) 참조.

277 역주 화자와 청자로부터 사물이 얼마나 떨어져 있느냐를 한국어에서는 세 가지로 나누어 표현하는데(이, 그, 저) 영어에서는 두 가지로 나누어 표현하는(this, that) 것이 비슷한 예이다.

대적인 모습을 미국의 언어학자 사피어(Edward Sapir)와 워프(Benjamin Lee Whorf)의 이름을 따 흔히 **사피어·워프 가설**(Sapir-Whorf hypothesis)이라 부른다. 이 두 사람은 20세기의 전반에 위와 같은 견해에 대한 연구에 몰두했다. 다음 두 사람의 인용문을 차례로 보면 그들의 관점을 쉽게 이해할 수 있을 것이다.

> 인간은 … 그 언어사회의 표현의 수단이 되는 개별 언어에 좌우된다. … 어떤 두 언어도 똑같은 사회적 실재를 표현할 만큼 충분히 같다고 볼 수 없다. 서로 다른 언어사회가 살고 있는 세계는 꼬리표가 달리 붙은 똑같은 세계가 아니라 전혀 다른 세계이다.[278]

278 Sapir(1929:209).

> 각 언어의 언어학적 체계는 생각을 표현하기 위한 재생 체계에 불과한 것이 아니라 그 자체로 생각의 형성자이고 개인의 심리활동을 위한, 그리고 인상의 분석과 심리적 밑천의 통합을 위한 설계도이자 안내자이다. … 우리는 우리 모어가 드리워 놓은 선을 따라 자연을 재단한다.[279]

279 Carroll(ed)(1956:212–213).

사피어·워프 가설의 강한 결정론적 해석, 즉 모어가 부여한 범주들로부터 우리가 벗어날 수 없다는 생각에 반박하는 논의에는 다음과 같은 내용이 포함된다.

- 우리는 모어 아닌 다른 언어를 배울 수 있고 실재에 관한 다른 표상에 들어갈 수 있다.
- 모어가 제공하지 않은 실재의 범주들을 우리는 이해할 수 있고 이야기할 수 있다. (사피어와 워프도 보여주었다!)
- 적어도 넓은 안목에서 보면 똑같은 욕구(먹고 마시기 같은), 문제(질병 같은), 존재의 경계(출생과 사망 같은)가 모든 인간사회에 존재하므로 다시 넓은 안목에서 보면 우리 모두는 기준점을 공유한다.

이러한 논의들은 설득력이 있다. 또 언어가 지각을 결정한다는 생각을 입증하는 데 실패한 실험적 연구의 결과들을 통해서도 입증되고 있다.[280]

280 그 내용은 Cromer(1991:81–125)에 나온다.

그렇지만 사피어·워프 가설을 더 온건하게 해석하는 방법도 있다. 모어의 언어범주들이 우리가 세계를 다루는 방식에 이미 정해진 쪽으로 영향을 미친다는, 그러면서도 다른 가능성들을 배제하지는 않는 생각 말이다. 이 온건한 견해를 뒷받침하는 증거가 몇 가지 있다. 나바호어(Navajo)를[281] 쓰는 어린이와 영어를 쓰는 어린이가 사물을 모양과 색깔에 따라 분류하는 방식에 차이가 있는지를 조사한 연구가 몇 년 전에 있었다.[282] 영어와 달리 나바호어에서는 동사가 가리키는 동작과 관련된 사물의 모양이 그 동사의 형태를 결정하는 중요한 요인이라서 영

281 역주 미국의 원주민 나바호족의 언어.

282 원래 Carrol and Casagrande(1958)이 보고한 실험인데 그 내용이 Cromer(1991:97–98)에 요약 소개되어 있다.

어 화자에 비해 나바호어 화자가 색깔보다 모양에 더 이끌려 분류할 것이라는 가설을 세운 것인데 실제로 그렇다는 조사결과가 나왔다.[283] 사피어와 워프가 자신감이 지나쳤던 것은 사실이지만 이 연구 외에 비슷한 결과를 보여준 다른 연구들을 볼 때 언어의 어떤 특징들이 우리가 경험을 처리하는 방식에 영향을 줄 수 있다고 한 주장은 타당하다고 하겠다.

7_9 요약

이 장에서는 언어변이의 개념을 짤막하게 소개하고 나서 그와 관련된 사회언어학적 기본 개념들, 특히 변종(variety)과 변항(variable)을 정의하고 예시했다. 그 다음에는 지리, 사회계층, 민족, 성별, 문맥과 언어변이의 관련성을 검토하면서 각 경우에 분명한 어휘차원의 변이가 존재함을 보였다. 마지막으로는 언어집단에 따른 어휘변이가 암시하는 바를, 여러 개념적 분야에서의 어휘분화의 유형과 정도의 관점에서, 실재를 지각할 때의 문화 간의 차이와 관련지어 고찰하였다. 이 마지막 부분의 결론은 어휘구조의 차이가 문화적 차이를 반영한다는 것, 그리고 개별 언어의 (어휘적 특징을 포함한) 어떤 특징이 지각을 "결정"하는 것은 아니지만 경험의 처리에 어느 정도 영향을 미치는 것 같다는 것이었다.

내 생각에 사회언어학 분야는 쉽게 잘 쓴 개론서가 언어학의 다른 어떤 분야보다도 잘 갖추어져 있다. 다음 네 가지가 모두 그런 책이라 할 수 있고 많건 적건 언어변이의 어휘적 차원을 다루고 있다.

홈스(J. Holms) (1992) 『사회언어학 : 언어와 사회에 대한 입문(*Sociolinguistics: an introduction to language and society*)』.[284]

허드슨(R. A. Hudson)(1996) 『사회언어학(*Sociolinguistics*)』. 제2판.[285]

트러드길(P. Trudgill)(1995) 『사회언어학 개론(*Sociolinguistics: an introduction*)』. 제3판.[286]

워도(R. Wardhaugh)(1998) 『사회언어학 개론(*An introduction to sociolinguistics*)』. 제3판.[287]

사회언어학에 대해 다소 짧지만 읽은 만한 글로 다음을 들 수 있다.

쿡(V. Cook)(1997) 『언어의 내부(*Inside language*)』. 제8장.

283 역주 예를 들어 '잡다'를 뜻하는 동사들은 목적어로 표현되는 사물의 모양을 11가지로 분류한 데 따라 그 형태가 결정된다고 한다. 그 11가지 부류에는 병, 공 같은 딱딱하고 둥그스름한 물건의 부류, 줄, 양말 같은 가늘고 부드러운 물건의 부류, 우유 담은 잔, 음식을 뜬 숟가락, 밀가루 한 움큼 같은 뚜껑 없이 담은 것의 부류 등이 있다.

284 역주 제2판(2001)이 나왔다.

285 역주 최현욱 · 이원국 역(1986) 『사회언어학』, 한신문화사. 초판(1980)의 번역.

286 역주 초판(1974), 제2판(1983), 제3판(1995), 제4판(2000)까지 나왔다.
이철수 역(1986) 『사회언어학 : 언어와 사회』, 범한서적.
남원식 역(1993) 『사회언어학』, 형설출판사.
황보근 역(1998) 『사회언어학입문』, 문창사.

287 역주 초판(1986), 제2판(1992), 제3판(1998), 제4판(2002), 제5판(2006)까지 나왔다.
박의재 역(1994/1998) 『현대 사회언어학』, 한신문화사.

프롬킨(V. Fromkin)·로드먼(R. Rodman)(1998) 『언어 입문(*An introduction to language*)』, 제6판. 제10장.[288]

더 깊은 내용을 궁금해 하는 독자는 다음을 참고하면 될 것이다.

쿨마스(F. Coulmas) 편(1997) 『사회언어학 총람(*The handbook of sociolinguistics*)』.

커플랜드(N. Coupland)·야보르스키(A. Jaworski) 편(1997) 『사회언어학 : 독본 및 교재(*Sociolinguistics: a reader and coursebook*)』.

패졸드(R. W. Fasold)(1984) 『사회의 사회언어학(*Sociolinguistics of society*)』.

패졸드(R. W. Fasold)(1990) 『언어의 사회언어학(*Sociolinguistics of language*)』.[289]

언어변이의 개별 주제들에 대해서는 다음 책들을 권한다.

지리적 변이

체셔(J. Cheshire) 편(1991) 『세계 각지의 영어(*English around the world*)』.

트러드길(P. Trudgill)(1994) 『방언(*Dialects*)』.

사회적 변이

밀로이(L. Milroy)(1987) 『언어와 사회망(*Language and social networks*)』.

트러드길(P. Trudgill)(1974) 『노리치 지역 영어의 사회적 분화(*The social differentiation of English in Norwich*)』.

민족적 변이

에드워즈(V. Edwards)(1986) 『한 흑인사회의 언어(*Language in a black community*)』.

라보브(W. Labov)(1972b) 『도시 내부의 언어 : 흑인영어 사투리 연구(*Language in the inner city: studies in the Black English vernacular*)』.

성별에 따른 변이

코츠(J. Coates)(1993) 『남자, 여자, 언어 : 언어의 성별 차이에 대한 사회언어학적 설명(*Men, women and language: a sociolinguistic account of gender differences in language*)』.

밀스(S. Mills)(1995) 『언어와 성별 : 학제적 관점(*Language and gender: interdisciplinary perspectives*)』.

문맥적 변이

마이어스스코턴(B. Myers-Scotton)(1993) 『부호전환에 대한 사회적 동기(*Social motivation for code-switching*)』.

288 역주 주 97 참조

289 역주 황적륜 외 역(1994) 『사회언어학』, 한신문화사.

어휘, 문화, 사고

루시(J. A. Lucy)(1992) 『언어다양성과 사고 : 언어상대성가설의 재정립(*Language diversity and thought: a reformulation of the linguistic relativity hypothesis*)』.

비에주비츠카(A. Wierzbicka)(1997) 『핵심어로 문화 이해하기(*Understanding cultures through their key words*)』.

연습문제 및 토론거리

1 7_3에서 미국영어 단어와 영국영어 단어가 다른 예를 몇 가지 보았다. 미국영어와 영국영어에 그런 어휘적 차이가 나는 예가 더 있는지, 아니면 다른 더 친숙한 언어의 두 변종 사이에 그런 예가 있는지 찾아보라.

2 7_4에서 많은 사람들이 특정한 사회계층과 연관된 단어나 단어유형을 확인하려고 애써 왔음을 보았다. 영어나 다른 언어에 대해 이에 관한 당신 자신의 제안을 제시해 보라.

3 7_5에서 한 나라에 (부분적으로 언어의 관점에서) 서로 다른 민족이 대체로 따로 사는 예로 벨기에를 들었다. 이와 비슷한 상황인 나라가 또 있는지 찾아보라.

4 7_6에서 영어와 프랑스어의 경우 어떤 단어나 어형이 화자/필자의 성별을 드러내는 현상을 언급했다. I'm a monk(남성). Je suis étudiante(여성). 이 언어들에서 그런 예를 추가하든지 다른 언어를 대상으로 그런 예의 목록을 작성해 보라.

5 7_7에서 보았듯이 문맥적 변이의 한 차원은 말과 글에서 격식체, 비격식체, 중립체와 단어의 관련성이다. 다음 단어들을 격식성, 비격식성, 중립성의 관점에서 분류해 보라.

alacrity	greedy	mind	snot
buy	hyped	naughty	trouble
chuck	inexplicable	opulent	undergarments
daft	jumbo	pee	vamp

enervating	kinky	quick	watch
fart	limpid	remuneration	yuppy

6 7_8에서 언어변종 간에 존재하는 어휘분화의 정도와 종류를 살펴보았다. 다음의 각 분야에서 어떤 (직업적, 정치적, 국가적, 국제적) 집단이 어휘분화가 발달한 언어적 변종을 사용하리라고 기대하는가? 또 왜 그런가?

beer (맥주)	fire (불)
calligraphy (서예)	horses (말)
cheese (치즈)	pollution (오염)
clouds (구름)	sausages (소시지)
cricket (크리켓 경기)	tea (차)

8 어휘변화

8_1 움직이는 언어

영국의 시인 초서(Geoffrey Chaucer, 1340?~1400)의 서사시 《트로일로스와 크리세이데(*Troilus and Criseyde*)》(1385) 제2권 22~26행에 나오는 다음 다섯 행은 언어에 관한 책이나 명언사전에 자주 등장한다. 이 구절에서 초서는 수백 년에 걸쳐 언어의 모습이 변하면 옛날 단어가 낯설게 느껴지지만 인생, 특히 사랑은 그것을 표현하는 단어의 형태가 어떻든 길이 남는다고 했다.

Ye knowe ek that in forme of speche is chaunge
Withinne a thousand yeer, and wordes tho
That hadden pris, now wonder nyce and straunge
Us thinketh hem, and yet thei spake hem so
And spedde as wel in love as men now do.

또 그대는 알 테지, 천 년이면 말이 변하는 걸,
한때 고상했던 단어도 이제는 우습고 괴상하게 보이는 걸,
그래도 그때 사람들이 말로써 우리만큼 사랑에 성공했다는 걸.[290]

언어변화에 대한 초서의 철학적이고도 순순한 태도는 소쉬르의 『일반언어학 강의』(1916)의 다음 구절에도 자취를 남기고 있다. (이 책은 전에 언급한 바와 같이 현대 언어학자들에게 많은 영감을 던져 주고 있다.)

시간은 모든 것을 변화시킨다. 언어라고 이 보편법칙을 벗어날 리가 없다.[291]

290 역주 Joseph(2001)이 제시한 현대영어 번역을 참고한 것이다.

You know also that there is change in the form of speech / within a thousand years, and of words though, / that had value, now wondrous foolish and strange / to us they seem, and yet they spoke them thus, / and they prospered as well in love as men now do.

291 Baskin(1974 : 77) 개정판.

언어의 모든 부분이 변화를 겪는다. … 언어는 거침없이 흐른다. 그것이 잔잔한가 거센가는 둘째 문제다.[292]

292 Baskin(1974:140) 개정판.

사실 언어학은 소쉬르가 등장하기 오래 전부터 언어변화에 관심을 두어 왔다. 실제로 소쉬르의 책이 출판되기 전 백여 년간 언어학의 관심은 언어의 진화와 어족(語族)을 밝히기 위한 개별 언어의 시대별 연구와 언어 간의 비교에 온통 쏠려 있었다. 언어학에서 소쉬르가 공헌한 바는 언어의 공시적(共時的) 연구(발단단계상의 한 시점의 언어에 대한 연구)도 통시적(通時的) 연구(언어의 시대적 발달에 대한 연구)만큼이나 매력적임을 주장함으로써 언어학의 지평을 넓힌 점이다. 그렇다고 **통시언어학**(通時言語學)이나 **역사언어학**이 과거의 학문이라는 것은 아니다. 오늘날 역사적 주제를 탐구할 때 현대언어학의 전 영역으로부터 통찰력을 가다듬는 극히 역동적인 연구자들에게는 역사언어학이 오히려 매력적인 분야이다. 비교방법(comparative method)과 내적 재구(internal construction)라는 역사언어학의 핵심 방법론은 19세기 이래 본질적으로 변하지 않고 있다. 어휘 영역에서의 언어변화를 다루기 전에 이 두 방법론을 개괄적으로 살펴보고자 한다.

8_2 비교방법과 내적 재구

인도를 프랑스와 영국이 식민지화함에 따라 18세기 말 서양 학자들이 고대인도의 언어인 산스크리트어를 진지하게 연구하기 시작함으로써 역사언어학이 출범하게 되었는데 **비교방법**도 여기에 기원을 두고 있다.[293]

초기에 인도를 방문한 많은 유럽인들이 산스크리트어와 유럽의 언어들에 유사한 단어들이 있음을 알게 되었다. 그러다가 1786년에 동인도회사의 존스(William Jones)가 콜카타에서[294] 열린 왕립아시아학회(Royal Asiatic Society)에서 논문을 발표했는데 그 논문에서 그는 매력적인 증거를 들면서 산스크리트어가 라틴어 및 그리스어와 관련이 있다는 논의를 펴고 산스크리트어가 게르만어 및 켈트어와 관련되어 있을 것이라는 추측도 내놓았다.

존스가 언어 간의 유사성에 주목하여 그것을 바탕으로 공통의 기원을 설정하는 작업을 직관적으로 했다면 비교방법은 그것을 체계적으로 한다는 것이 근본

293 역사비교언어학의 기원에 관해서는 Robins(1979) 제2판의 6장, 7장에 많이 의지했다. 8_2와 8_3의 내용은 Anderson(1973)의 도움을 받았고 예도 몇 개 인용했다.

294 역주 콜카타(Kolkata): 인도 동부에 있는 큰 도시. 영국 식민지 시대에 수도였으며 2001년에 이름을 캘커타(Calcutta)에서 콜카타로 바꾸었다.

적인 차이다. 세 로맨스어인, 스페인어, 이탈리아어, 프랑스어의 자료를 가지고 비교방법을 설명할 수 있다.

스페인어	**이탈리아어**	**프랑스어**	
cuerpo /'kuerpo/	corpo /'kɔrpo/	corps /kɔʀ/	(몸)
color /kɔ'lɔr/	color /kɔ'lɔre/	couleur /kulœʀ/	(색깔)
caro /'karo/	caro /'karo/	cher /ʃɛʀ/	(친애하는)

일반 관찰자라도 이 단어들이 형태나 의미가 비슷해서 같은 기원에서 나온 **동원어**(同源語, cognate)일 것이라는 추측을 하게 될 것이다.[295] 역사언어학자는 더 나아가 각 언어에서 수백 단어를 관찰하고, 그러한 유사성이 반복적으로 나타나는 데 근거해서 스페인어, 이탈리아어, 프랑스어가 같은 부모언어(parent language)의 자식들이라는 가설을 세울 것이며, 세 언어의 대응관계를 검토하여 부모언어의 모습을 알아내기 위해 노력할 것이다. 예를 들어 '몸'을 뜻하는 단어가 세 언어 중 두 언어에 /p/가 들어 있으므로 아마 기원적인 형태에도 /p/가 있었을 것이며, '친애하는'을 뜻하는 단어 역시 두 언어에 /ka/가 들어 있으므로 /ʃɛ/보다는 /ka/가 기원적일 것이라는 추론이 가능하다.

위의 경우에는 모든 로맨스어가 라틴어의 후손(전문용어를 그대로 쓰자면 라틴어의 딸언어(daughter language))이며 '몸, 색깔, 친애하는'을 뜻하는 라틴어 단어가 각각 'corpus, color, carus'임이 이미 알려져 있기 때문에 그런 연구결과가 과연 옳은지 조사해 볼 수 있다. 그렇지만 역사적으로 관련된 언어들의 자료는 있지만 그 부모언어의 자료가 전혀 없는 경우에는 기원적인 형태를 찾는 일에 관한 한 비교방법에 거는 것이 최선이다. 예를 들어 산스크리트어, 그리스어, 라틴어, 고트어, 고대아일랜드어에서 '아버지'를 뜻하는 단어의 형태들을 비교해 보자.

산스크리트어	pitā
그리스어	patēr
라틴어	pater
고트어	fadar
고대아일랜드어	athir

295 역주 동원어: 기원이 같은 단어.

앞에서 스페인어, 이탈리아어, 프랑스어 자료에 사용했던 방법을 위의 자료에 똑같이 적용하면 위의 형태들의 기원이 되는 형태로서 가장 가능성이 높은 것은 어두자음이 /p/이고(고트어에서 /f/로 변하고 고대아일랜드어에서 탈락), 어중자음이 /t/이며(고트어에서 /d/로, 고대아일랜드어에서 /θ/로 변함), 어말자음이 /r/이었다고 (산스크리트어에서 탈락) 말할 수 있다. 실제로 위의 예를 포함한 많은 언어자료를 검토한 역사언어학자들은 그 기원형이 '*pəter' 였을 것이라는 결론을 내렸다.(여기서 'ə'는 'mower'의 'e' 같은 중립모음을 표시하며 꽃표(*)는 그 형태가 문증된 것이 아니라 재구된 것이라는 뜻이다.)[296]

역사언어학자들은 비교방법을 적용한 결과 존스가 언급한 언어들뿐만 아니라 유럽과 아시아의 많은 언어들(대개 '인도유럽어'라 부름)이 같은 어족에 속한다는 결론에 이르렀다. 인도유럽어(Indo-European languages)는 모두 '원시인도유럽어(Proto-Indo-European language)'라는 이름이 붙은 언어의 후손이다.[297] 'proto-'라는 접두사는 '처음'을 뜻하는 그리스어 'prótos'에서 온 말이다. 이 접두사는 인도유럽어족에 속하는 각 어군(group of languages)의 조상언어들에도 붙어 있다. 예를 들면 '원시게르만어(Proto-Germanic)'는 네덜란드어, 독일어, 스웨덴어 등의 (문증되지 않은) 조상언어에 붙은 이름이다. 아래 표는 단순화해서 제시한 **인도유럽어족**의 역사적 개관이다.

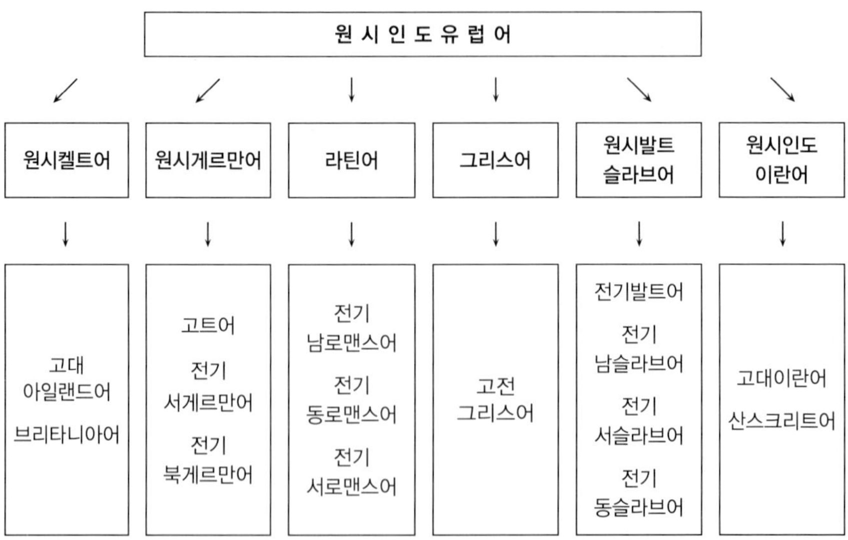

296 역주 문증(文證): 어떤 언어형태가 존재했음을 문자기록을 근거로 증명함.
재구(再構): 후대의 자료를 바탕으로 옛 언어형태를 추론하여 설정함.

297 역주 예전에는 인도유럽어를 '인구어(印歐語)', 원시인도유럽어를 '인구조어(印歐祖語)'라 불렀다.

↓	↓	↓	↓	↓	↓
아일랜드 게일어	독일어	사르데냐어	현대그리스어	리투아니아어	페르시아어
스코틀랜드 게일어	네덜란드어	시칠리아어		레트어	쿠르드어
맨게일어	아프리칸어	루마니아어		크로아티아어	벵골어
웨일스어	영어	이탈리아어		세르비아어	힌두어
브레튼어	아이슬란드어	스페인어		슬로베니아어	마라트어
	노르웨이어	포르투갈어		불가리아어	구제라트어
	덴마크어	카탈루냐어		체코어	
	스웨덴어	프랑스어		슬로바키아어	
				폴란드어	
				우크라이나어	
				러시아어	

비교방법을 더 광범위하게 적용한 결과 다른 여러 어족에 대해서도 이와 비슷한 **계통도**(family-tree)를 그릴 수 있게 되었다.

현대에 후손언어들이 많이 남아 있고 수천 년 전의 문자기록까지도 남아 있는 인도유럽어족 같은 경우에는 비교방법이 잘 통한다. 이용할 수 있는 언어가 많을수록 비교방법을 적용할 수 있는 자료가 많아지며, 문자기록의 역사가 오랠수록 초기 형태를 거쳐서 공통의 기원적인 형태까지 추적하는 일이 쉬워진다. 예를 들면 현대의 언어로서 프랑스어와 현대아일랜드어 둘만 인도유럽어족에 속한다고 하면 현대아일랜드어 'athair'와 프랑스어 'père'를 연결지을 가능성은 스페인어 'padre', 영어 'father', 나아가 더 오래된 형태인 라틴어 'pater'를 참고할 수 있는 지금보다 훨씬 희미할 것이다. 그러나 비교방법에 이상적인 여건이 마련되어 있지 않은 경우가 없지 않다. 예를 들어 그 어족을 대표할 언어로 밝혀진 것이 극소수(때로는 단 하나)이거나 역사상의 한 시기의 자료만 남아 있는 경우가 있는 것이다.[298] 이런 경우에 역사언어학자들은 그 언어 자체의 증거만 가지고 그 언어의 역사적 발달에 대해 결론을 끌어내는 **내적 재구**(internal reconstruction)에 의존하게 된다.

설명의 편의를 위해 내적 재구가 독일어에 어떻게 적용될 수 있는지 생각해 보자(사실 독일어의 역사는 잘 알려져 있지만 말이다). 독일어의 어말폐쇄음은 항상 무

298 역주 한국어는 만주어, 몽골어, 터키어와 함께 알타이어족을 구성한다고 보는 것이 통설이다. 그렇지만 이 언어들 간의 유사성도 적고 현존하는 문자기록의 양도 많지 않으며 문자기록이 소급하는 연대도 그리 오래지 않은 점 등 때문에 한 어족에 속한다고 결론을 내리는 데에 상당한 어려움이 있는 것으로 알려져 있다. 그래서 적어도 한국어는 알타이어족에 속하지 않는 고립된 언어라고 보는 학자들도 있다.

성음이다. 그래서 'lieb(친애하는)'의 'b'는 'Typ(유형)'의 'p'처럼 /p/로, 'Bund(묶음, 연맹)'의 'd'는 'bunt(다채로운)'의 't'처럼 /t/로, 'Tag(날, 낮)'의 'g'는 'Sack(자루)'의 'ck'처럼 /k/로 발음한다. 하지만 'b, d, g'로 끝난 단어에 모음이 연결되는 형태론적 결합이 일어나면 이 어말자음들은 각각 유성음 /b, d, g/로 발음된다. 아래의 'lieber, Bundes, Tage'와 'Typen, bunte, Sackes'를 비교해 보라.

lieber /'liːbər/ 예) mein lieber Freund (사랑하는 내 친구)
cf. Typen /'tyːpən/ (유형들)
Bundes /'bundəs/ 예) die Bundesrepublik (연방공화국)
cf. bunte /'buntə/ Blumen (화려한 꽃들)
Tage /'taːgə/ 예) früh am Tage (아침 일찍)
cf. des Sackes /'zakəs/ (자루의)

299 역주 교체와 교체형의 개념에 대해서는 3_2 참조.

어떤 단어에서 어말자음이 유성음과 무성음으로 교체하는[299] 이러한 현상을 보는 역사언어학자는 과거 어느 시기에 단일한 형태가 있었는데 뒤따르는 모음이 있고 없는 차이에 따라 발음이 달라지는 역사적 변화가 있었을 가능성을 떠올리게 된다. 현대독일어의 역사를 내적 재구를 통해 추적하는 역사언어학자는 이른 시기에 'lieb, Bund, Tag'의 옛 형태의 말음이 각각 항상 /b/, /d/, /g/로 발음되었을 것이라고 가설을 세우게 될 것이다.

이 경우에는 옛 형태를 알려주는 각 단어의 표기가 그 가설을 뒷받침하는 증거가 된다. 수백 년간의 게르만어의 기록이 남아 있기 때문에 'lieb, Bund, Tag'의 옛 형태를 내적 재구 방법으로 추적하여 내린 결론을 검증할 수 있다. 예를 들어 'Tag'의 말음에 관해서는 '날, 낮'을 뜻하는 고대영어의 단어가 'dœg'였음을 참고할 수 있다. 독일어와 가까운 친척인 현대의 언어들이 여럿 알려져 있으므로 이들 언어에 나타나는 동원어를 통해서도 위의 가설을 검증해 볼 수 있다. 예를 들어 덴마크어, 아이슬란드어, 노르웨이어, 스웨덴어에서 '날, 낮'을 뜻하는 단어의 형태가 'dag'임을 참고할 수 있는 것이다. 이처럼 내적 재구로 얻은 결론을 다른 방법으로 확인할 수 있는 데서 역사언어학자들은 표기법의 전통이나 비교 방법과 관련된 증거가 부족한 경우에 내적 재구를 이용할 수 있다는 확신을 얼마

간 가지게 되었다.[300]

마지막으로 덧붙여, 역사비교언어학의 전체 작업이 어휘에 초점을 맞추어 진행되고 있다는 점을 강조할 필요가 있다. 언어학자들은 수많은 단어들의 유사성에 주목함으로써 언어 간의 역사적 관련에 대해 가설을 세운다. 개별 언어나 어족의 역사를 연구할 때도 역사적 관련이 있다고 생각하는 언어들에 대해 여러 역사적 시기의 유사한 어형들을 정밀하게 비교한다. 언어 간 비교나 시대별 비교에 제약이 있는 경우에는 어떤 역사적 시기의 단어의 교체형들을 조사함으로써 그 언어의 이른 시기의 모습을 재구하려고 한다. 역사언어학자가 선택한 목적지가 음운론, 통사론, 의미론 등 어디에 있든 간에 그 출발점과 교통수단은 어휘적인 것이 될 수밖에 없을 것이다.

300 역주 중세한국어에서 '하루'를 뜻하는 단어는 'ᄒᆞᄅᆞ'와 'ᄒᆞᆯㄹ'로 교체했다. ᄒᆞᄅᆞ, ᄒᆞᄅᆞ도(ᄒᆞᄅᆞ-도), ᄒᆞᄅᆞ만(ᄒᆞᄅᆞ-만), ᄒᆞᆯ리(ᄒᆞᆯㄹ-이), ᄒᆞᆯᄅᆞᆯ(ᄒᆞᆯㄹ-ᄋᆞᆯ). 이 교체를 바탕으로 그 이전에 언젠가는 '*ᄒᆞᄅᆞᆯ'이라는 단일한 형태로 쓰이던 때가 있었을 것이라고 추측하고 있다. 이것도 한 언어의 교체형 자료만 가지고 옛 어형을 재구하는 내적 재구의 예이다.

8_3 어형의 변화

6_4에서 본 바와 같이 한동안 역사언어학자의 견해는 어떤 **음운변화**가 그 언어 체계 전체에 거의 동시에 영향을 주어 같은 환경에 놓인 같은 소리는 늘 똑같은 변화를 입는다는 것이었다. 이런 생각이 그릇된 것이라는 것도 거기서 지적했다. 또 어떤 **음변화**(sound change)가 일어날 때 실제로는 그 음변화가 단어 하나하나에 영향을 주면서 어휘부에 퍼져나가는데 이 과정을 어휘확산이라 부른다는 것도 언급했다.[301] 어휘확산의 예로 또 들 수 있는 것은 현대웨일스어의 어두 'chw-'의 변화이다.[302] 표기상 어두에 'chw-'가 있는 단어는 점점 'ch'(스코틀랜드게일어와 영어 'loch'의 'ch'처럼 /x/로 발음된다)의 발음이 탈락하고 있다. 그래서 어두 'chw-'는 보통 /xw/로 발음되었었는데 이제는 대체로 /w/로 발음되고 있다. 재미있는 것은 이 변화가 먼저 일어나는 단어가 있고 늦게 일어나는 단어가 있다는 점이다. 예를 들어 'chwarae(놀다)'는 'chwannen(벼룩)'보다 먼저, 또 이 'chwannen'은 'chwaer(자매)'보다 먼저 /x/가 탈락한 발음으로 바뀐 것으로 보인다.

301 역주 음변화는 음성변화와 음운변화를 구별하지 않고 가리키는 말이다. 음성학과 음운론의 구별이 확립되기 이전인 19세기에 말소리의 변화를 뜻하는 용어로 쓰이던 것인데 아직도 널리 쓰인다.

302 이 사례는 Aitchison(1981:95-96)에서 Chen(1972)로부터 인용한 것을 가져왔다.

역사언어학자의 전통적인 가설 또 한 가지는 음변화가 규칙적이라는 것이었다. 이 가설이 없었다면 역사적 관련성을 확인하기 위해 언어끼리 단어를 대응시키는 작업은 아무 근거도 없는 일이었을 것이다. 만약 원시인도유럽어의 어두 /p/가 한 언어에서 /f/로 바뀌기도 하고 /g/, /n/, /r/ 등 전혀 다른 소리로 불규칙하게 바뀌기도 한다고 가정했다면 어떻게 라틴어 'pater(아버지)'와 고트어 'fadar', 라틴어 'pes(발)'와 고트어 'fotu', 라틴어 'pellis(살갗)'와 고트어 'fill'의 대응이 의미 있는 것이라고 떠들 수 있었겠는가? 음변화가 한 언어의 모든 관련 환경에 동시에 영향을 미친다는 주장이야 그렇지 않겠지만 음변화가 규칙적이라는 생각은 일반적인 원리로 받아들여야 하는 것이다. 그러면서도 개별 단어가 음운론적 관점에서 독자적인 행동을 할 때가 있기는 하다.

프랑스어 'esprit(정신)'는 그러한 개별적 발달의 좋은 예이다.[303] 'esprit'는 라틴어가 가톨릭교의 언어이던 시절에 종교적인 상황에서 널리 쓰고 듣던 라틴어 단어 'spiritus'에서 온 말이다. 모든 가톨릭 행사와 공식적인 기도의 첫머리에 등장하는 삼위일체에 관한 기도문 "In nomine Patris et Filii et Spiritus Sancti"(성부와 성자와 성령의 이름으로), 그리고 미사나 다른 가톨릭 의식에서 반복적으로 쓰이는 인사말과 그 응답 "Dominus Vobiscum – Et cum spiritu tuo"(주님이 함께 하시기를 – 당신 마음에도요)의 'spiritus, spiritu'가 그것이다. 수없이 교회에 나가 기도를 하던 때이므로 'esprit'가 라틴어 조상이 가진 's'음을 13세기에 잃어버리지 않고 어떻게 지금까지 유지하고 있는지를 이해할 수 있다. 라틴어에서 기원한 다른 프랑스어 단어들은 어두 'sp'에서 's'가 모두 탈락했는데 말이다. 라틴어 sparsus(흩어진)>프랑스어 épars, 라틴어 spina(가시)>프랑스어 épine, 라틴어 sponsus(신랑)>프랑스어 époux 등.[304]

의미가 다른 단어들이 똑같이 발음되는 **동형충돌**(homonymic clash) 또는 **동음충돌**(homophonic clash)을 피하기 위해 특정한 어휘항목에서 음변화가 개별적인 방향으로 일어나는 일도 많다. 예를 들어 고대영어의 /i/와 /y/가[305] 중세영어의 /i/로 합류하는(이 /i/는 다시 근대영어의 /ɪ/로 발달했다) 규칙적인 변화가 있었는데(중세영어 brycg>근대영어 bridge, 고대영어 scip>근대영어 ship), 어떤 경우에는 고대영어의 /y/가 중세영어 /u/를 거쳐 근대영어 /ʌ/로 발달했다. 고대영어 'scyttan'이 근대영어 'shut(닫다)'으로 발달한 것이 그 한 예이다.[306] 만약 'scyttan'이 규칙적으로 변했다면 근대영어 'shit'(<고대영어 *scitan, 문헌에는

303 이 이야기는 Ewert(1933:286-287), Rickard(1989: 65)에 나온다. Rickard(1989), 특히 그 4장은 프랑스어 정서법의 변화 예를 많이 제시하고 있다.

304 이 장에서 논의하고 있는 언어변화의 원인에 대해서는 Aitchison(1981), 특히 7장, 8장, 11장과 Antilla(1988) 제 2판 의 9장, Lehmann(1992)의 10장을 참고했다.

305 역주 /y/는 전설원순고모음으로서 한국어의 '위'를 단순모음으로 발음한 것과 유사한 모음이다.

306 McMahon(1994:332-333) 참조.

'besciten'으로 나타남)과 똑같은 형태가 되었을 것이다. 모든 언어학자가 그렇게 생각하는 것은 아니지만 대체로는 'scyttan'의 변화가 원치 않는 동음현상을 회피하는 것이었다고 보고 있다.[307]

특히 'scyttan'의 경우에는 그 회피가 배변과 관계있는 단어 때문이라는 점에서 설득력이 있다. 음운론적 (및 기타) 변화가 신체부위, 직접적 신체기능, 성스러운 일, 죽음 등과의 불편한 관련성 때문에 일어난다는 증거가 충분한 것 같다. 6_3에서 루간다어의 그러한 예를 본 바 있다. 영어에서는 금기로 인한 변화가 금기어의 감탄사적인 용법 자체에 집중되는 경향이 있고 새로운 단어가 만들어져서 기존의 금기어를 대체하기보다는 그것과 공존하는 결과가 되는 경향이 있다.

hell!	heck!	(얼어죽을!)
God!	gosh!	(맙소사!)
Jesus!	gee(z)!	(맙소사!)

이것을 좀더 일반성 있고 규칙적인 음변화의 관점에서 설명하려고 하기도 한다. 특정한 음을 발음하려 할 때 "정곡(正鵠)을 찌르지 못한" 사람들 때문에 생긴 변화라고 보는 언어학자가 있는 것이다. 즉 잘못 발음한 것을 아주 많이 듣게 되면 그 "정곡"의 위치가 이동한다는 생각이다. 그렇지만 이러한 설명은 음변화가 아무 관련 없는 언어들에서 유사하게 나타나는 경향이 있고 체계적인 혼동이나 혼란을 일으키지는 않는다는 사실(이 두 가지는 음변화가 제멋대로 일어난다는 생각과 정면으로 배치된다)을 고려하지 않아서 생긴 것이다. 또 규칙적인 음변화가 아이들의 불완전한 음운체계 습득 때문에 생기고 그 불완전한 발음들이 성장 후에도 이어져서 일반화된다는 주장도 의심스럽다. 아쉽게도 아이들의 불완전한 발음이 성장 후에도 이어져서 이러한 영향을 미친다는 증거는 거의 없다.

음변화가 다른 언어나 방언의 영향으로 발생한다는 견해도 있다. 어떤 변화는 이로써 설명된다. 예를 들어 인도유럽어에서 기원한 인도의 언어들(인도영어 포함)과 그와 역사적 관련이 없는 드라비다어족의 언어들은 어떤 자음들에서 권설적(捲舌的)인 특징을 공유한다. 예를 들면 'day' 같은 단어의 인도식 발음에서 'd'를 발음할 때 혀끝을 뒤로 말아 윗잇몸에 댄다.[308] 이것은 흔하지 않은 특징이므로 각각의 언어에서 자생적으로 그리고 독자적으로 발생했다고 보기 어렵

307 역주 'shit'은 '똥, 똥을 누다'를 뜻하는 말인데 감탄사로 쓰이면 '제기랄' 같은 욕설이다. 'scyttan'이 'shit'과 동음어가 되는 것을 피해 'shut'이 되었다는 것이다.

308 역주 이러한 권설적인 특징은 중국어의 권설음 'sh[ʂ], r[ʐ], zh[tʂ], ch[tʂʰ]'에서 볼 수 있다.

다. 그보다는 서로 다른 언어공동체끼리 접촉하면서 이 특징이 전파되었을 가능성이 크다. 이와 관련하여 어떤 사회에서 우위에 있는 언어변종 쪽으로 음운변화가 일어나는 일은 아주 흔하다. 그 예로 잉글랜드 서부지역 방언에서 'car' 같은 단어의 모음 뒤 'r'을 런던 식으로 탈락시켜 발음하는, 최근에 발생하여 진행 중인 변화를 들 수 있다. 7_2에서 언급한, 마사의 포도밭 예는 지방의 촌스러운 방언 쪽으로 변화가 일어난 경우이다.

출현환경에 내재해 있는 특징 때문에 음변화가 일어난다는 주장도 신빙성이 있다. [p], [t], [k] 같은 무성폐쇄음이 모음과 모음 사이에 놓이면, 유성음이라서 기류를 방해하지 않는 모음의 성질이 이들 자음에 영향을 주어 자음이 유성음화되기도 하고 기류를 완전히 막지 못하게 되기도 하고 결국은 탈락하기도 한다.[309] 라틴어의 모음 사이의 /t/가 스페인어와 프랑스어에서 어떻게 바뀌었는지 보자. 스페인어에서는 /t/가 /d/로 바뀐 다음 /ð/(영어 'then'의 'th'의 유성음)로 바뀌었다. 그래서 라틴어의 'vi<u>t</u>a(생명)'는 현대스페인어에서 'vi<u>d</u>a' /'βiða/가 되었다. 프랑스어에서는 라틴어의 /t/가 같은 길을 걷다가 스페인어보다 더 멀리 나아갔다. 'vi<u>t</u>a'는 11세기에 'vi<u>th</u>e'로 표기되었는데 현대프랑스어에서는 'vie'가 되어 /t/의 흔적이 완전히 사라졌다. 미국영어의 모음 간 /t/가 이와 비슷한 쪽으로 발달해 여러 방언에서 'matter'와 'madder'의 어중자음을 똑같이 발음하게 된 것도 흥미로운 일이다.[310]

309 역주 기류를 완전히 막지 못하게 된다는 것은 폐쇄음이 아닌 마찰음 같은 소리로 바뀐다는 뜻이다.

310 역주 미국영어에서 'matter'의 어중자음 /t/를 /d/로 발음하는 현상을 말한다. 이 /d/가 음성학적으로는 탄설음 [ɾ]로 발음되므로 한국어의 모음 사이 'ㄹ' 발음과 똑같아지는 셈이다. 이것을 't'의 탄설음화(flapping)라고 부른다.

표음문자를 쓰는 언어에서는 발음의 변화가 표기에 잘 반영된다. 앞서 언급한 바와 같이 프랑스어에서 /p/ 앞의 /s/는 13세기에 대부분의 구어 어형에서 탈락했다. 이것은 사실 앞서 말한 것보다 훨씬 더 일반적인 경향이었다. 즉 이 시기에 모든 자음 앞의 /s/는 대부분의 단어의 발음에서 탈락했던 것이다. 그런 데도 18세기 중엽까지 이 's'를 계속 표기해 왔다. 프랑스학술원사전 3판에서 더 이상 발음되지 않는 이 's'를 비로소 없애고 악센트기호로 대체하게 되었다. 그래서 'beste(짐승)'를 'bête'로, 'chasteau(성곽)'를 'château'로, 'escole(학교)'을 'école'로 적게 되었다.

반면에 표기법에서 이와 반대 방향으로 일어나는, 즉 발음과 관계없이 원래의 형태로 생각되는 것과 비슷하게 보이도록 만드는 움직임도 있었다. 예를 들어

14, 15세기의 프랑스의 필사자들은 다음 예에서 보듯이 프랑스어를 가능한 한 라틴어처럼 보이게 하려고 애를 많이 썼다.

기존의 표기	새 표기	라틴어
dette	debte	debitum (빚)
doute	doubte	dubitum (의심)
e	et	et (그리고)
fevre	febvre	faber (세공인)
set	sept	septem (일곱)

그들의 어원분석이 틀린 경우도 있었다. 예를 들어 'savoir(알다)'가 라틴어 'scire(알다)'에서 왔다고 생각하고 묵음 'c'를 집어넣어 'scauoir'로 적었는데 사실은 라틴어 동사 'sapere'에서 온 말이었다. 'sapere'는 격식적인 라틴어 문어에서 '분별하다, 현명하다, 생각하다'라는 뜻이었지만 구어에서 '알다'라는 뜻으로 쓰였다. 현대영어 구어에서 'to be wise to+동사'가 '알고 있다, 눈치 채고 있다'의 뜻임이 참고가 된다.

이러한 수많은 어원적 표기형이 그 후 다시 단순화되었다. 그래서 현대프랑스어에서는 'dette, doute, savoir'로 적는다. 그런데 몇몇은 성공했다. 즉 'et, sept'는 아직 그대로 있다. 'febvre'만은 쓰이지 않게 되었는데 영어의 성 'Smith'에 대응될 만한 성은 'Lefebvre'로 적기도 한다.[311] 흥미로운 것은 위의 'debt, doubt'에서 알 수 있듯이 프랑스어에서 어원적 표기형이 사라진 것을 영어가 간직한 것들이 간혹 있다는 점이다. 영어에 대해서도 라틴주의자가 있었기 때문이다(앵글로색슨주의자도 있었다). 예를 들어 중세영어 'iland(섬)'는 라틴어 'insula'에서 온 로맨스어의 동의어 'isle'와 잘못 관련지어져서 's'가 끼어들어 'island'가 되었다.[312] 또 라틴어 'delectare(기쁘게 하다)'로부터 고대프랑스어 'delitier, delit'를 거쳐 나온 'delit'는 순수한 게르만어인 'light(고대영어 liht), night(고대영어 niht), right(고대영어 riht)' 등에 유추되어 'gh'가 복원된 결과 'delight'가 되었다.[313]

표기법 변화의 또 다른 차원은 의미가 달라서 표기가 달리 발달하는 경우이다. 이를테면 영국영어에서 컴퓨터 프로그램과 디스크를 얘기할 때 미국식 표기인

311 역주 둘 다 '세공인'을 뜻하는 말에서 왔다.

312 Potter(1966:45) 참조.

313 Weekley(1961:103)의 각주 6 참조.

'program, disk'를 따라 쓰고 다른 문맥에서는 영국식 표기인 'programme, disc'를 그대로 쓰는 사람이 많다.[314] 또 오늘날 영어 화자의 대부분은 'flour(밀가루)'와 'flower(꽃)'를 전혀 다른 단어, 즉 의미상의 관련이 전혀 없는 동음어로 생각할 것이다. 실은 둘 다 고대프랑스어 'flour(꽃)'에서 온 것인데 밀가루가 빻은 곡물의 가장 고운 부분, 즉 꽃이라고 생각한 데서 비롯되었다는 것이 흥미롭다. 존슨(Samuel Johnson) 박사의 『영어사전(*Dictionary of the English Language*』(1755)에서도 두 말의 표기를 구별하지 않고 "빻은 곡물의 가장 고운 부분"을 'flower'의 한 뜻으로 풀이했다.[315] 그렇지만 존슨 박사 이전에나 이후에나 영어 문필가들은 두 말을 표기로써 구별할 필요를 느꼈고 결국 표기가 분화되었다.[316]

의미가 다른 단어를 구별하려는 노력이 표기변화를 방해하기도 한다는 점을 언급할 필요가 있겠다. 예를 들어 'meet(만나다)'와 'meat(고기)'는 원래 발음이 달라서 'meat'가 'great'와 각운이 맞았다.[317] 그런데 거의 모든 근대영어 방언에서 'meet'와 'meat'의 음운론적 차이는 이제 더 이상 존재하지 않는다. 'scyttan'의 음운변화가 동음충돌의 회피와 관련되었을 가능성이 큰 것처럼(위에 서술함) **동철충돌**(homographic clash)을 피하기 위해 'meat'의 표기를 바꾸지 않고 그대로 두었을 것이다.

마지막으로 비표음문자로 적힌 단어의 표기변화를 살펴보자. 이러한 변화는 주로 표기에 사용된 재료와 도구의 발달, 문자가 발달한 환경, 학습가능성의 고려 등과 관련된다. 6_5에서 본 것처럼 수메르인의 그림문자는 쐐기꼴의 펜촉이 달린 갈대로 부드러운 점토에 글자를 쓰게 된 데 따라 양식화된 쐐기문자로 바뀌었다. 중국의 한자는 현대에 와서 단순화되었다.[318] 중국은 1955년에 한자 515자와 부수 54개를 단순화하는 법안을 승인했다.[319] 이 개혁의 결과 그 한자들의 평균 획수가 16획에서 8획으로 줄었다. 중국 국민 대다수가 더 쉽게 문식력(literacy skill)을 획득하도록 하기 위한 조치였는데 실제로는 간소화 때문에 한자의 표현상의 투명성이 줄어든 부분도 있었다.[320]

314 역주 한국어에서도 영어 단어 'cut'에서 온 외래어 '컷'은 영상의 한 장면을 가리키는 말로 쓰고, '커트'는 머리 자르는 일이나 구기에서 공을 깎아 치는 일을 뜻한다. 의미에 따라 표기와 발음이 다르게 발달한 예이다.

315 Potter(1966:72) 참조.

316 역주 중세한국어 'ᄀᆞᄅᆞ치다'가 현대에 '가르치다'와 '가리키다'로 분화한 것은 인위적으로 정한 규범에 의한 것이고 중세한국어 'ᄇᆞᆺᄋᆞ다'가 현대에 '빻다'와 '부수다'로 분화한 것은 자연발생적인 것이다.

317 역주 즉 'meat'와 'great'의 'eat'가 똑같이 [eɪt]로 발음되어 'meat'와 'meet'의 모음이 달랐다는 뜻이다.

318 Calvet(1996:101) 참조.

319 역주 한자의 획수를 줄인 간체자(簡體字)를 만들어 보급한 일을 말한다. '記(기), 義(의), 豊(풍)'을 각각 '记, 义, 丰'으로 바꿔 쓰기로 한 것이 그 예이다.

320 역주 예를 들어 번체자(繁體字) '擊(칠 격)'에서 '手(손 수)'가 손으로 친다는 의미를 표현하는 요소인데 간체자 '击'에는 그런 요소가 없다는 점에서 표현상의 투명성이 적은 것이다.

8_4 단어의미의 변화

한 언어에 대해 일반적이고 규칙적인 음변화를 논하는 것이 일정한 조건 하에서(앞절 참조) 가능하기는 하지만 **의미변화**에서는 일반성이나 규칙성의 개념이 힘을 쓰지 못한다. 예를 들어 'mouse'가 최근에 획득한, "컴퓨터 화면의 커서를 조작하는 수동 장치"라는 전문적인 의미가 설치류(齧齒類)를 가리키는 단어, 즉 'porcupine(고슴도치)', 'rat(들쥐)', 'squirrel(다람쥐)' 등의 전체 또는 대부분에 확대될 가능성은 전혀 없다. 그렇더라도 의미변화의 단어 개별적 특성이 의미변화가 전적으로 자의적(恣意的)이라는 뜻은 아니다. 의미변화가 잘 일어나는 것으로 알려진 일련의 환경이 존재하고 의미변화에 반복적으로 나타나는 과정도 존재한다.

의미변화가 일어나는 한 조건은 세계에 대한 지식이 시대에 따라 달라지는 경우이다. '세계(world)'라는 단어 자체를 살펴보자. 'world'의 고대영어 형태 'worold'가 나타내는 의미에 대한 그 당시 영어 화자의 지각은 현대의 영어 화자가 'world'에 대해 느끼는 의미와 상당한 차이가 있었을 것이다. 고대영어 시기에 'worold'가 움직이지 않는 평평한 사물을 가리켰다면 오늘날의 우리에게 'world'는 (기본적인 의미에 있어서) 축을 중심으로 회전하며 우주를 빠른 속도로 여행하는 공 모양의 사물(즉 지구)을 가리킨다. 물론 이러한 **개념화**의 변화가 개인의 경험에서도 일어날 수 있다. 나는 어렸을 때 '고래(whale)'라는 단어가 '거대한 물고기' 같은 것을 가리킨다고 생각했지만 지금은 '바다에 사는 큰 포유류'를 가리킨다고 이해하고 있다. 언어학자와 철학자는 이런 종류의 변화가 진정한 의미변화인지에 대해 논쟁을 벌인다. 의미라는 것을 어떤 이는 "개인의 머릿속에 있는" 개념의 문제를 넘어서서 사회적으로 결정되는 동시에 사물의 실제 성질에 의해 결정되는 것으로 정의하고 싶어 한다. 그렇지만 이런 변화가 그 언어의 개인적인 또는 집단적인 사용에서 드러나는, 단어들의 의미관계의 관점에서 분명히 중요성을 가진다. 예를 들어 내가 고래를 물고기라고 생각한다면 '고래'라는 단어가 '물고기'라는 단어와 상하관계를 이룰 것이고 포유류라고 생각한다면 그렇지 않을 것이다.[321]

321 개념화의 변화를 의미의 변화로 보는 데 반대하는 예로는 Putnam (1993) 참조.

단어의미가 변화하는 또 다른 상황은 단어가 가리키는 현실이 바뀌는 경우이다. 예를 들어 19세기 말에 미국의 어느 대도시에서든지 기차역에서 호텔까지 택시(cab)를 타고 갈 수 있었다. 그것은 21세기 초인 지금도 마찬가지이지만 택시의 본질이 바뀌었고 그에 따라 'cab'이라는 단어의 의미도 바뀌었다. 'cab'이 19세기에는 바퀴 둘짜리 마차를 가리켰는데 지금은 바퀴 넷짜리 자동차를 가리키는 것이다.[322]

이런 종류의 의미변화는 기술의 발달뿐만 아니라 사회적, 정치적 재편에 따라 발생할 수도 있다. 예를 들면 4세기 서로마제국에서 라틴어 'princeps(최고위직(인물))'와 'dominus noster(주인님)'는 법률문서와 행정문서에서 황제(imperator)와 (황제는 아우구스투스(Augustus)라는 칭호도 가지고 있었다) 황제의 참모이자 임명된 계승자(후기에 카이사르(Caesar)로 불리게 된 인물)를 가리켰다. 황제가 왕의 복식을 갖추고 있었지만 왕을 나타내는 라틴어 'rex'가 황제를 가리킨 적은 없었다. 로마의 에트루리아(타르퀴니우스)계의 최후의 왕인 타르퀴니우스 수페르부스(Tarquinius Superbus)를 폐위하고 공화정을 선포한 기원전 509년 이후 'rex'라는 단어는 로마 시민에게 일종의 "불결한 단어(dirty word)"로 남아 있었기 때문이다. 후기 로마제국 때는 'rex'를 타르퀴니우스계 왕이나 제국 이외 지역의 왕에 대해서만 썼다. 200년쯤 후에 서로마제국이 멸망하고 게르만족이 그 지역을 지배하게 되었을 때도 위의 단어들 대부분은 법률문서와 행정문서에 쓰이고 있었지만 전혀 다른 사회적, 정치적 현실을 반영하게 되었다. 그래서 프랑스의 메로빙거왕조 때의 라틴어 법률문서에서는 'dominus noster'와 'princeps'가 'rex (Francorum)((프랑크제국의) 왕)'과 비슷한 뜻으로 쓰였고 'imperator'와 'Augustus'는 이 두 표현과는 뜻이 달라져서 동로마제국의 황제만을 (예의상의 칭호로) 가리키게 되었다. (동로마제국은 콘스탄티노플을 수도로 하여 건재했으나 더 이상 서유럽에 힘을 미치지는 못하게 된 상황이었다.)[323]

위의 모든 예에서 처음과 나중의 단어 사용에 뚜렷한 기능적 연속성이 존재한다. 말이 끌든지 엔진이 끌든지 택시는 우리를 역에서 호텔까지 데려다준다. 로마 황제든 프랑크왕국의 우두머리든 그 지도자는 우리의 주인(dominus noster)이다. 그렇다면 어떤 사회에 완전히 새로운 사물, 동물, 사회현상 같은 것이 등장

322 역주 가리키는 현실 또는 사물이 바뀐 한국어 단어로 '다리미'를 들 수 있다. 예전의 다리미는 프라이팬처럼 생겨서 그 위에 숯불을 담아 사용했지만 지금은 전기로 작동하기 때문에 모양이 많이 바뀌었고 제품에 따라 수증기를 내뿜기도 한다. 그렇지만 다음다음 단락에서 언급하게 되듯이 다림질에 쓰인다는 기능적 연속성은 유지되고 있고 그 때문에 '다리미'라는 이름도 살아남게 된 것이다.

323 이 후기라틴어 예는 내가 오래 전에 박사학위논문(Singleton 1976)과 관련하여 수행했던 연구에서 가져왔다.

한다면 어떻게 될까? 한 가지 가능성은 기존의 단어를 있는 그대로 결합하는 것이다. 예를 들어 '교통을 정리하는 사람'은 'traffic-warden(교통관리인)'이라 부르고('churchwarden(영국 국교회의 교구위원), game-warden(수렵구역 관리인)' 참조), 한 쌍이 아닌 집단이 긴 기간 동안 맺는 결혼관계를 'group-marriage (집단혼)'라 부르게 된다.[324] 이를 변용한 것이 그리스어나 라틴어 형태로 설명적인 표현을 만드는 것이다. 즉 영어 'telegraph(전보)'는 프랑스어 'télégraphe'에서 온 것인데 이것은 또 그리스어 'tēlé(멀리 떨어진)'와 'graphía(쓰기)'를 가지고 만들어낸 말이다. 다른 가능성은, 'télégraphe'와 'telegraph'의 관계가 보여주듯이 해당 개념에 이미 익숙한 사회의 언어로부터 관련 단어를 빌려오는 것이다(뒤에서 다시 살펴볼 것이다).[325] 또 다른 가능성은 그 언어에 이미 있는 어떤 단어를 쥐어짜서 은유적 확장 같은 것을 통해 해당 개념이 스며나오도록 하는 것이다. 위에서 언급했던 'mouse'가 바로 그러한 예이다. 컴퓨터의 커서 조작기를 처음으로 'mouse'라 불렀던 사람은 이 장치와 작은 설치류(쥐)가 모양, 크기, 움직이는 속도, 꼬리(컴퓨터 마우스의 경우에는 연결선)가 있는 점 등에서 유사성을 느끼고 그렇게 했을 것이다. 컴퓨터 관련의 은유적 확장이 적용된 다른 예로 'hardware(하드웨어), net(전산망), window(윈도)'가 있다.[326]

은유는 실제로 의미변화의 주요 요인이며 새 개념과만 관련되는 것이 아니다. 예를 들어 고대영어에서 '끓다'를 뜻하던 단어에서 온 'seethe'는 근대영어에서도 '끓다'라는 주의미가 남아 있다. 그렇지만 요즘 영어 화자 대부분은 'seethe'를 '몹시 화나다'의 뜻으로 생각하며 이것이 요리동사의 은유적 확장을 통해서 생긴 의미임을 느끼는 이는 드물다. 프랑스어 예를 든다면 'chef'는 현대프랑스어에서 '우두머리'를 뜻하는데 '사람이나 동물 등의 머리'를 뜻하는 라틴어 'caput'에서 왔다. 이 '머리'라는 의미가 영어 'head'와 같은 의미변화('head of department(부서의 장), head of a company(사장), head of a school(교장)' 참조)를 겪고 원래의 의미는 은유적 의미에 가려 사라지고 말았던 것이다.[327]

의미변화의 또 다른 요인은 문맥적 요인이다. 서로 다른 단어가 같은 문맥에서 자주 쓰임으로써 생기는 의미의 혼동이 그 한 현상이다. 예를 들면 동사 'imply(함축하다)'와 'infer(추론하다)'는 둘 다 암묵적인 의사전달이 문제가 되

324 역주 새 개념을 합성어로 표현하는 일은 한국어에서도 가장 흔한 방식이다. 예를 들어 국립국어원의 조사에 따르면 2005년에 등장한 신어 408개 중 47.8%(195개)가 합성어였다. '무지개꿀(계절별 꽃에서 채취한 꿀을 켜켜이 담은 꿀), 갓난로(야외에서 사람이 많을 때 사용하는 갓 모양의 난로), 쇼핑폰(상품의 바코드를 읽는 기능을 가진 휴대전화), 짝벌남(지하철 등에서 다리를 짝 벌리고 앉는 남자)' 등이 그 예이다.

325 역주 다른 언어로부터 단어 등 어떤 언어요소를 가져다 쓰는 현상을 차용이라 한다. 8_6 참조.

326 역주 'hardware'는 '철물', 즉 '쇠붙이로 만든 물건'의 뜻에서, 'net, window'는 각각 '그물, 창문'의 뜻에서 은유적 확장이 일어났다는 것이다.

327 역주 한국어에서 '싹수'는 원래 싹의 머리라는 뜻이었는데 은유에 의한 의미변화로 지금은 '싹수가 없다. 싹수가 노랗다'의 구성으로 쓰여서 '잘 될 가능성'을 뜻하고 원래 의미는 잃었다.

는 문맥과 관계가 있다. 'imply'는 암묵적인 표현을 한다는 뜻이며 "Susan's absence seemed to imply disapproval."(수잔의 결석은 반대를 함축하는 것 같았다.) 처럼 쓰인다. 한편 'infer'는 암묵적인 표현을 해석한다는 뜻이며 "Mike inferred from Susan's absence that she disapproved."(마이크는 수잔의 결석으로부터 수잔이 반대함을 추론했다.)와 같이 쓰인다. 그렇지만 많은 영어 화자들 머릿속에서는 이 의미차이가 흐릿해서 'infer'를 'imply'의 동의어처럼 쓰는 일이 많다. "What are you inferring by that?"(그 말은 뭘 함축하는 것이냐?)이 그 예이다. 마찬가지로 동사 'deny(부정하다)'와 'refute(반박하다)'는 둘 다 남의 주장을 부정하는 것과 관련이 있지만 'refute'의 의미는 다음 예문에서 보듯이 오류의 제시라는 요소를 더 담고 있다. "He refuted the accusation by showing that he had been in Stockholm at the time."(그는 그 당시에 스톡홀름에 있었음을 보임으로써 유죄라는 주장을 반박했다.) 그러나 (정치인과 언론인을 포함한) 많은 영어 화자들은 이 차이를 느끼지 못하고 'refute'를 'deny'의 동의어로 사용한다. "I refute that!"(나는 부인합니다!) 비슷한 문맥에 등장함으로써 생기는 그러한 혼동이 형태의 유사성 때문에 강화되기도 한다. 예를 들어 'mitigate (누그러뜨리다)'를 'militate(영향을 주다)'의 뜻으로 쓰거나 'appraise(평가하다)'를 'apprise(통지하다)'의 뜻으로 쓰는 일이 있다.[328]

의미변화의 문맥적 요인으로 공통된 문맥의 반복이 미치는 영향을 들 수 있다. 예를 들어 포도주 시음회 손님들은 "Red or White?"(적포도주 드릴까요, 백포도주 드릴까요?)라는 말을 듣고 그 질문에 'wine(포도주)'이라는 단어가 들어 있는 것으로 이해하는 데 아무 문제가 없다. 문맥이 일으키는 이러한 생략이 굳어지기도 한다. 그래서 군대에서 가장 낮은 계급을 가리키는 말로 'private soldier (일병)' 대신 'private'을 쓰는 것이 이제는 일반화되었고 직업용어로서의 'undertaker'는 'funeral undertaker(장의사)'라 부르던 것의 일상적 표현이 되었다. 이러한 축소는 성(性)의 영역에서도 일어나서 'intercourse'는 주로 'sexual intercourse(성교)'를 뜻하게 되었다.[329]

'undertaker'와 'intercourse'의 발달은 금기어의 회피라는 부수적인 요인에도 영향을 받은 것이라 하겠다. 이런 경우에 탈락하는 단어가 죽음이나 성 같은

328 역주 한국어에서 의미의 혼동이 단어의미의 변화를 일으킨 예로는 '접수하다'를 들 수 있다. '접수하다'는 원래 신청이나 신고를 받는다는 뜻이다. 그런데 접수하는 일과 제출하는 일이 같은 상황에서 밀접하게 일어날 때가 많으므로 "원서는 사무실에 직접 가서 접수해야 돼."에서처럼 '제출하다'의 뜻으로 '접수하다'를 쓰는 사람들이 꽤 많다.

329 역주 한국어에서 '자가용(自家用)'은 원래 '영리를 목적으로 하지 않고 자기나 자기 집을 위해서만 씀'을 뜻하는데 요즘에는 '자가용 자동차'의 준말로 쓰는 일이 많다.

흔히 에둘러 표현하고 마는 주제들을 들춘다는 점이 문제가 된다고 할 수 있다. 사실 'sexual intercourse'도 완곡표현(euphemism)으로 출발한 것인데 위에서 본 변화의 결과가 공교롭게도 'intercourse'여서 원래 단순히 '소통'이나 '상호작용'을 뜻하던 이 단어가 '성행위'를 주된 의미로 획득하게 되었다. 성적인 완곡표현에 이용되었다는 이유로 성의 의미장에 한 발을 들여놓게 된 표현으로 'jump(남자가 성교하다), the other(성행위), tumble(성교하다)'이 있다.[330] 직접적인 신체기능과 관련된 단어들도 마찬가지다. 고대에는 어떤 동물에 대한 금기어도 있어서 에두른 별명을 붙인 것이 나중에 그 동물의 일반적인 명칭으로 발달한 예도 있다. 영어의 'bear(곰)'는 'brown(갈색)'과 관련된 단어인데 원래는 '갈색인 것'이란 뜻이었다. 프랑스어의 'renard(여우)'란 단어도 'Reginhard' 라는 성(姓)에서 온 말이다.[331]

330 역주 한국어에도 성행위를 '그 짓' 이라고 에둘러 표현하는 속어가 있는데 영어의 'the other (thing)' 과 표현법이 흡사하다.

331 'bear' 와 'renard' 의 예는 Trask(1996:41)에서 가져왔다.

8_5 어휘분포의 변화

7장에서 상황, 주제, 청자와의 관계 등에 따라 상위언어(H)와 하위언어(L)가 교체하는 언어사회가 있음을 보았다(7_7). 또 상황의 격식적인 정도에 따라 발음, 문법, 어휘를 조정하는 말투전환(style-shifting)이 어느 언어사회에나 있음도 보았다(7_2, 7_7). 이 전체적인 줄거리에 덧붙여야 할 사실은 상위언어의 특징인 어떤 요소가 하위언어로, 그리고 그 반대로도 옮아갈 수 있고 한 말투와 관련된 요소가 다른 말투와도 관련되는 변화가 있을 수 있다는 것이다.

7_7에서 논의한 **양층언어현상**(diglossia)의 한 예는 아이티크리올이 하위언어가 되고 프랑스어가 상위언어가 되는 아이티의 사례였다. 사실 이것은 단순화된 이야기다. 순수한 크리올, 즉 거의 프랑스어 같지 않은 크리올로부터 프랑스어 영향을 더 많이 받은 변종들을 거쳐 순수한 고급의 변종인 아이티프랑스어(Haitian French)에 이르기까지 연속체가 형성되어 있다.[332] 유럽의 언어가 상위언어 역할을 하는 사회에서 크리올이 쓰일 때 그 어휘 대부분을 그 유럽의 언어에서 가져왔다면 상황이 대체로 이와 마찬가지이다. 이때 언어학자들은 순수한 크리올을 기층방언(basilect), 순수한 고급의 변종을 상층방언(acrolect), 중간

332 크리올연속체(creole continuum)의 개념과 관련 용어들은 Bickerton(1975)를 참고했다. 아이티크리올의 예는 미간행 학부졸업논문인 Seligman(1988:53)에서 가져왔다.

층위의 변종을 중간층방언(mesolect)이라 부른다(그리스어 'básis(기초)', 'ákron(꼭대기)', 'mésos(중간)' 참조). 이러한 상황에서 기층방언 화자들은 연속체의 위쪽 변종으로부터 언어요소들을 가져다 씀으로써 사회적 지위를 높이려고 하는데, 그 결과 비크리올화(decreolization)를 향한 점진적인 변화가 일어난다. 그래서 아이티크리올에서 프랑스어 표현과 아주 비슷한 표현들, 특히 'radio(라디오)'와 'changement de vitesse(변속기)' 같은 고급 기술과 관련된 표현들이 순수한 크리올 화자들 사이에서도 널리 쓰이게 되었다.

위의 예는 상위 변종의 단어를 하위 변종에서 받아들이는 경우이다. 이와 반대 방향으로 움직이는 경우도 있다. 라틴어에서 '말(horse)'이라는 단어는 문학이나 행정 같은 모든 공식적인 문맥에서 서로마제국 말기까지 줄곧 'equus'였다. 영어 'equestrian(말에 관한, 승마에 관한), equine(말, 말의)'은 이 'equus'에서 온 것이다. 라틴어에는 비공식적인 문맥에서 말을 뜻하는 단어가 또 있었는데 바로 'caballus'이다. 'caballus'에서 프랑스어 'cheval', 이탈리아어 'cavallo', 스페인어 'caballo' 등이 나왔다. 'caballus'는 라틴문어에서 대개 농담조나 비하조로 '늙은 말' 정도를 뜻하는 말이었다. 그러나 길거리나 농장이나 술집에서 쓰는 비격식적인 라틴구어에서는 'caballus'가 '말'을 뜻하는 일상적인 단어가 되었고 격식적인 라틴어에서도 자연히 그 용법을 받아들이게 되었다. 그래서 6세기의 살리카법전(Salic Law)에서 말에 관한 조항을 보면 'equus' 대신 'caballus'를 발견할 수 있다.[333]

333 역주 살리카법전 : 프랑크족의 일파인 살리족의 법전.

우리 시대로 돌아와서, 근대영어에서 어휘분포가 상향조정되는 경우와 하향조정되는 경우가 다 나타난다. 예를 들어 'excellent(탁월한)'란 단어는 20년 전까지만 해도 보통사람들이 대화할 때보다는 교사가 작문 끝에 적거나 포도주비평가가 일요판 신문에 사용할 가능성이 훨씬 높은 꽤 격식적인 용어였다. 이 단어는 이제 모든 십대 아이들 입에 오르내리며 스포츠에서 성적 매력에 이르기까지 모든 문맥에 나타난다. 'fabulous(굉장한)'란 단어도 1960년대에 비슷한 운명을 겪었다. 상향조정에 관해서는 욕설의 예를 들 수 있다. 1966년에 연극비평가 타이넌(Kenneth Tynan)이 예술토론 심야프로그램에서 사람들이 이제는 'fuck(젠장)'이란 단어를 듣고도 놀라지 않는다고 말했다가 바로 BBC에서 쫓겨났는데 요즘 영국에서는 매일 밤 어느 채널에서나 밤 9시 이후에 방송되는 영화에서 'fuck'이란 단어를 수없이 들을 수 있게 된 것을 보면 변화의 정도를 가늠해 볼 수 있다.[334] 그렇다고 'fuck'이 경어(敬語)까지는 아니지만 공적인 장면에서 그 수용성이 엄청나게 진보한 것은 사실이다. 'fuck'에 대응하는 프랑스어 'foutre(여자를 손아귀에 넣다)'의 행보는 더 심하다. 이 단어는 많은 프랑스어 화자에게 'faire(하다)'의 속어적 동의어에 불과하다. "Qu'est-ce qu'on va foutre cet après-midi?"(오늘 오후에 뭐 할까?), "Il y a rien à foutre."(할 일이 없다.) 같은 문장에서 확인할 수 있다.

프랑스어에서 'foutre'가 겪은 과정을 **의미개선**(melioration)이라 부르는 역사언어학자들도 있는데 단어의 의미가 외설스럽거나 모욕적인 데서 중립적인 쪽으로 개선되었다는 뜻이다(라틴어 'melior(더 좋은)' 참조). 라틴어 'caballus'가 격식적인 문맥에서 '늙은 말'에서 '말'을 뜻하는 쪽으로 개선된 것 역시 마찬가지다. 의미개선의 반대는 **의미악화**(pejoration)이다(라틴어 'peior(더 나쁜)' 참조). 'excellent'가 최근에 탁월함을 뜻하던 힘이 약해진 변화를 의미악화라 부를 수 있을 것이다.[335] 그런데 의미개선과 의미악화는 단어의 분포보다는 의미에 적용되는 개념이다. 의미개선의 전형적인 예로 드는 것은 'queen(여왕, 왕비)'이다. 'queen'의 고대영어 형태인 'cwen'은 단순히 '여자'를 뜻했는데(현대스웨덴어 'kvinna(여자)' 참조) 지금은 '여성 최고권력자(female sovereign)'라는 뜻이다. 또 의미악화의 예로 자주 드는 것은 'knave(악한)'이다. 이 단어의 고대영어 형태 'cnafa'는 '소년'이라는 뜻이었는데(현대독일어 'Knabe(소년)' 참조) 지금은 '불량배(rogue)'의 뜻이다. 의미개선과 의미악화가 항상 상위언어/하위언어 또는 격식말투/비격식말투 같은 분포의 변화 때문에 나타나는 것은 아니다. 그렇지만 이제까지 본 것처럼 분포의 변화가 의미변화가 일어나는 방향과 관련되는 일이 많음은 분명하다.

334 역주 'fuck'은 원래 '성교(하다)'를 뜻하는데 '젠장, 빌어먹을' 같은 뜻의 감탄사로도 쓰인다.

335 역주 중세한국어의 '놈'은 보통 사람을 가리켰는데 의미악화가 일어나 지금은 남성을 비하하여 가리키는 말로 사용한다. 또 '수작(酬酌)'은 원래 술잔을 주고받는다는 뜻인데 이제는 남의 말, 행동, 계획을 낮추어 표현할 때 많이 쓰게 되었다(수작을 부리다, 못된 수작, 허튼 수작, 엉뚱한 수작).

8_6 언어접촉과 관련된 어휘변화

앞절에서 어휘분포의 변화로 기술한 것을 다른 관점에서 보면 하위언어로부터 상위언어로, 격식말투로부터 비격식말투로 일어나는, 일종의 **차용**(借用, borrowing)이라고 생각할 수도 있다. 문제의 언어변종끼리 어떤 식으로든 접촉하지 않는다면 그러한 차용은 일어날 수 없다. 앞절의 예들은 접촉이 극도로 가까운 경우였다. 언어변종 간의 차용이 그렇게까지 밀접한 접촉이 있을 때만 일어나는 것은 물론 아니다.

예를 들어 타이어(Thai)는 중미의 아이티에서 프랑스어가 사용되던 상황과는 달리 프랑스어 화자나 영어 화자가 타이에 존재하지도 않던 상황에서 프랑스어와 영어로부터 어휘를 차용했다. 타이어가 프랑스어에서 차용한 단어로 'pang(빵, <[프] pain)', 영어에서 차용한 단어로 'computer(컴퓨터)'를 들 수 있다.[336] 아이티크리올(Haitian Creole)의 발달에 프랑스어가 미친 영향과 타이어에 프랑스어, 영어가 미친 영향 사이에는 공통의 요소도 있는데 그것은 위신(威信, prestige)의 역할이다. 프랑스어와 영어는 둘 다 존경 받는 문학과 예술 등을 갖춘, 경제대국이자 군사대국의 지체 높은 국제어인 것이다.

336 패리소(Jennifer Pariseau)가 제공한 예이다.
역주 저자의 「머리말」 참조.

서유럽에서 중세와 르네상스기에 가장 중요한 어휘적 원천이었던 언어는 라틴어이다. 그 당시에 라틴어는 더 이상 어느 나라에서도 모어로 사용하지 않았지만 그 옛날 영화로웠던 로마문명의 후광 속에서, 그리고 로마가톨릭교회의 행정 및 예배의 언어로서 위신을 전혀 잃지 않고 있었다. 어휘에서도 라틴어의 매력은 아주 강해서 라틴어에서 발달한 프랑스어 같은 로맨스어들도 더 원초적이고 학구적인 어형들을 라틴어처럼 안 느껴지는 형태로 이미 가지고 있으면서도 차용하기 시작했다.[337] 그 결과로 쌍형어들이 나타나게 되었는데 그 상당수가 영어에도 반영되어 있다. 몇 예를 보자.

337 프랑스어가 나중에 라틴어로부터 차용한 일은 졸저 Singleton(1992)의 8장(라틴어화 경향)을 따랐다.

자연스럽게 발달한 프랑스어	후대의 학구적인 외래어	라틴어
chance (영어 chance)	cadence (영어 cadence)	cadentia
frêle (영어 frail)	fragile (영어 fragile)	fragilis
poison (영어 poison)	potion (영어 potion)	potio
sûreté (영어 surety)	sécurité (영어 security)	securitas

여기서 지적해 둘 점은 어휘차용을 일으키는 위신이란 것이 꼭 정치적인 힘에 기대는 것은 아니라는 것이다. 예를 들어 로마인들은 그리스를 군사적으로 몇 세기 동안 지배하다가 결국에는 로마제국에 합병했는 데도 그리스의 문학, 음악, 미술에 계속 압도당해 있었고 이 분야의 많은 용어들을 그리스어에서 차용했다. metaphora(은유)<[그] metaphorá, musicus(음악적)<[그] mousikós, poeta(시인)<[그] poiētḗs. 더 극적인 사례는 현재 노르망디로 알려진 지방을 서기 911년에 무력으로 차지한 바이킹의 경우이다('노르망디'는 'Norman←Northman (북방인)'에서 온 말이다).[338] 이 용맹한 전사들은 새 정착지의 매력과 편안함에 매료되어 새로운 분야의 어휘 가운데 일부만 차용한 것이 아니라 언어 전체를 차용하고 말았다. 그래서 그로부터 155년 후에 노르만 군대가 잉글랜드 연안을 공격할 때 부른 군가는 고대노스어(Old Norse)가 아닌 고대프랑스어로 된 것이었다.[339]

어떤 언어와 문화 또는 그 언어나 문화의 어떤 면들이 존경을 받아 차용이 일어나기도 하지만 어떤 언어의 **어휘빈칸**(lexical gap)을 보충하는 편리한 수단으로 차용이 일어나기도 한다.[340] 'telegraph(전신, 전보)'라는 단어는 앞서 논의한 바 있다. 이 단어가 편의적 차용(convenience borrowing)의 좋은 예이다. 최초의 전신은 프랑스어를 쓰는 과학자 르자주(Georges Lesage)가 1774년 제네바에 설치했다. 이 새 발명품을 가리키는 첫 용어는 당연히 프랑스어(그리스어 어근에 근거한 것이지만, 8_4 참조) 'télégraphe'였다. 영국과 미국의 과학자들이 19세기에 그 기술을 발전시키면서 그 프랑스어 단어를 가져다 영어식으로 바꾼 것이 'telegraph'이다. 앞에서 본 영어 'computer'를 차용한 타이어의 예도 마찬가지이다. 사실 타이어뿐만 아니라 독일어 같은 다른 언어들도 이 단어를 차용했다. 초기의 계산기는 프랑스의 철학자 파스칼(Pascal)과 독일의 철학자 라이프니츠(Leibniz)가 발명한 것이지만 지금의 컴퓨터를 탄생시킨 기술의 개발은 주로 영국과 미국에서 수행되었기 때문에 라틴어에 근거해 조어된 영어 단어 'computer'가 국제적 우위를 점하고 다른 언어들이 수입하게 된 것은 놀랄 일이 아니다.[341]

이런 경우에 어떤 단어가 차용될지를 결정하는 주된 요소가 해당 개념의 발명

338 역주 노르망디는 프랑스 북서부에 있는 해안 지방으로 영국해협에 접해 있다.

339 역주 중국을 지배했던 이민족들의 경우도 비슷하다. 예를 들어 중국을 점령하고 청(淸)을 세운 만주족의 언어인 만주어는 중국어에 밀려 오히려 소멸 위기에 있는 것이다.

340 역주 어휘빈칸이란 같은 종류의 단어들이 이룬 체계에서 어떤 자리에 단어가 존재하지 않는 것을 말한다. 예를 들어 한국어에서 '(모자/가면/안경을) 쓰다'의 반의어는 '(모자/가면/안경을) 벗다'인데 '(우산을) 쓰다'의 반의어는 존재하지 않아 어휘빈칸이다. 또 '그끄제, 그제, 어제, 오늘, 내일, 모레, 글피, 그글피'와 같은 날짜명사의 체계도 이 8개 외에 그 앞과 뒤의 날들을 가리키는 단어가 없어서 수많은 어휘빈칸이 존재한다고 할 수 있다.

341 역주 한국어의 '컴퓨터'도 예외는 아니다.

자나 개발자의 언어가 아니고 그 개념을 모르는 사회에 그 개념을 소개한 집단의 언어일 때가 많다. 예를 들면 기독교 교회와 신학과 예배의식은 처음에 라틴어 사용자가 아닌 아람어(Aramaic), 히브리어, 그리스어 사용자들이 발명한 것이다. 그러나 이들 개념과 활동을 서유럽에서 라틴어가 매개하여 퍼뜨렸기 때문에 로맨스어를 포함한 서유럽어들에서 교회 또는 교회 활동 관련의 아주 많은 단어들이 라틴어에 기원을 두게 되었다. 예를 들어 영어 'altar(제단), blessing(은총), chalice(성배), consecration(축성, 봉헌), introit(입당송), sacrament(성사), incense(향)'에 해당하는 다음의 아일랜드어 단어들은 모두 라틴어에서 유래했다. altóir(<[라] altare), beannacht(<[라] benedictio), cailís(<[라] calix), coisreacan(<[라] consecratio), intróid(<[라] introitus), sacraimint(<[라] sacramentum), túis(<[라] tus).

8_7 고유명의 경우

어휘변화를 논의하는 자리에서 **고유명**(proper name)이 발달해 가는 과정을 살펴볼 필요가 있다.[342] 고유명은 전형적으로 처음에 일반적인 방식으로 어떤 것을 뜻하다가 나중에 특정한 사람, 사물, 장소 등에 결부되게 되는 표현에서 기원한다. 고유명의 기원이 이러함은 상당수의 예에서 평범한 관찰자의 눈에도 훤히 보인다. 예를 들어 'Newcastle(뉴캐슬)'이란 도시가 있을 때 역사의 어느 단계에 새로운 성(new castle)이 축조되었음을 주저 없이 추측할 수 있고 대개의 경우 문제의 성을 실제로 조사함으로써 그 추측이 옳은지 검증할 수 있다. 마찬가지로 'Whitecliffs(화이트클리프스)'란 곳은 흰 절벽(white cliffs)이 장관이거나 한때 장관이었을 테고 'Foxholes(폭스홀스)'란 곳은 여우(fox)의 서식지이거나 한때 서식지였을 것이며 'Greystones(그레이스톤스)'는 회색 돌(grey stone)이 특징이거나 특징이었을 것이다.[343]

성(姓)은 전형적으로 별명에서 유래하는데 '성'을 뜻하는 영어 단어 'surname'(프랑스어 'surnom' 참조)이 바로 '별명'이란 뜻이었다.[344] 개인을 지칭할 때 이용하는 요소는 'Armstrong(굵은 팔뚝), Greenhorn(녹색 뿔), Grey(회

342 역주 고유명의 대표적인 예가 고유명사(proper noun)이긴 하지만 명사가 아닌 구의 형태로 된 고유명도 존재한다. 영화 이름 '미술관 옆 동물원', 기념일 이름 '학생의 날', 본문에 나오는 빵 이름 'Mother's Pride' 등이 그 예이다.

343 역주 지명이 그 지역의 지형이나 역사를 반영하는 것은 일반적인 현상이지만 그 관련성을 밝히는 일이 어려울 때도 많다. 지형에서 기원한 한국 지명으로는 강이나 냇물이 합쳐진다는 뜻인 '파주시 교하(交河), 천안시 병천(并川, 아우내), 양평군 양수리(兩水里, 두물머리), 정선군 아우라지' 등을 들 수 있다.

344 성에 대한 논의는 Weekley (1961)의 12장에 나온 예를 가져왔다.

색), Long(긴), Short(짧은), Sweet(달콤한)' 등 어떤 개인적 특징이나, 'Brewer(양조업자), Miller(방앗간장이), Tanner(가죽장이)' 등 직업, 'Johnson(존의 자손), Peterson(피터의 자손), Richardson(리처드의 자손)' 등 가족의 기원, 아니면 그 가족의 고향이다. 고향을 이용하는 경우에는 'Field(들), Mount(산), Woods(숲)', 프랑스어 'Deschamps(들 출신), Dumont(산 출신), Dubois(숲 출신)' 등 지리적 특징이나 'Hardcastle(철옹성), Newhall(새 집), Redwood(붉은 숲)' 등 독자적 역사가 있는 지명이 결부되기 쉽다.345 이름은 갓난아이의 인상이나 'Bonny(훌륭), Grace(고상), Prudence(분별)' 등 아이의 성격에 대한 열망에 따라 지어진다. 아니면 부모의 맹목적인 희망에 따라 아이에게 본보기가 될 만한 인물(조상, 성인, 현재의 영웅 등)의 이름을 딸 수도 있다. 기관이나 제품의 이름도 그처럼 열망이나 아첨의 의미를 담는 일이 많다. 감자깡 이름 'Golden Wonder(금빛 경이)', 빵 이름 'Mother's Pride(어머니의 자랑)', 특급우편 이름 'Swiftpost(신속우편)', 원격교육 대학 이름 'The Open University (열린 대학)', 신문 이름 'The Independent(독립)'.

위의 모든 경우에 각 이름의 일반적 의미가 현대영어 화자에게 투명하다. 한편 역사적 변화나 다른 언어로부터의 차용 때문에 원래의 의미가 희미해진 경우도 많다. 역사적 변화 때문에 의미가 희미해진 예를 들면, 현대영어 화자는 'Shepherd, Sheppard' 같은 성을 'shepherd(양치기)'라는 단어가 아직 보통명사로 영어에 존재하므로 거기에서 'sheep-herd(양-목동)'를 인식할 수 있을 것이다. 그렇지만 'Calvert, Hoggart, Seward'가 각각 'calf-herd(소-목동), hog-herd(돼지-목동), sow-herd(암퇘지-목동)' 임을 알아채지는 못할 것이다. 마찬가지로 개인적 특징과 관련하여, 'Blount, Gosse, Pennyfeather' 같은 성을 'blond(금발), goose(거위), penny-father(엽전-아비, 즉 구두쇠)'와 관련지을 현대영어 화자는 이제 없을 것이다. 차용에 관해서는 영국인의 이름이 좋은 예인데 그 대부분이 히브리어, 라틴어, 그리스어, 프랑스어, 게일어(스코틀랜드어, 아일랜드어), 웨일스어 등에서 차용한 것이다. 라틴어에서 온 예를 들자면, 'Amanda, Benedict, Cara, Dominic, Felix, Leo, Margarita, Miranda, Paul, Septimus'가 각각 '사랑스러운, 축복 받은, 친애하는, 주님의, 행복한, 사자, 진주, 놀라운, 작은, 일곱째'를 뜻하

345 역주 고향의 지리적 특징이 성의 기원이 되는 일은 일본인에게서 흔히 볼 수 있다. '야마모토(山本)'는 산 밑, '다나카(田中)'는 논밭 가운데, '고노(河野)'는 강을 낀 들, '오에(大江)'는 큰 강 옆에 조상이 살 때 성이 지어졌을 것이다. 반면에 한국인의 성은 대부분 중국인의 성을 본떠 지은 것이어서 특별한 의미를 찾기 어렵다.

는 단어에서 온 줄을 몇 사람이나 알겠는가? 고유명이 외래어 어근에서 유래하여 차용 이후에 변화를 겪었기 때문에 그 기원이 희미해진 경우도 흔하다. 예를 들면 나는 어머니의 처녀 때 성 'Ayley'의 수수께끼를 풀고자 몇 년째 애를 썼는데 결국 이 별난 성이 중세프랑스어 'aillier(마늘장수)'가 많이 변한 형태임을 알아냈다.

지명의 경우에는 수천 년 중 어느 때라도 그곳에서 사용되었던 언어의 요소가 들어 있을 수 있다.346 예를 들어 영국의 지명은 켈트어, 라틴어, 고대영어, 고대노스어, 프랑스어 기원일 수 있고 이들 중 둘 이상의 언어의 요소가 들어 있을 수도 있다.

346 지명에 대한 논의 전반은 『영국영어지명 데이터베이스(UK English Place Name Database)』를 참고한 것인데 웹사이트 http://www.connections.ndirect.co.uk/pnamesdb.html에서 찾아볼 수 있다.

- 켈트어 : 'Avon'이라는 강 또는 군(county)은 모두 '강'을 뜻하는 켈트어 단어에서 왔다. 현대웨일스어 'afon(강)' 참조.
- 라틴어 : 영어 지명에서 'Chester'나 '-chester, -cester, -caster' 같은 요소는 모두 '주둔지'를 뜻하는 라틴어 'castra'가 그 기원이다.
- 고대영어 : 'Hampton'은 고대영어에서 '주택'을 뜻하는 'ham'과 '울안'을 뜻하는 'tun'에서 왔다. 'ham(p)'이나 'to(w)n'이 들어 있는 다른 지명들도 마찬가지다.
- 고대노스어 : 'Normanby'는 고대노스어의 'Nor manna býr(북방인의 울안/정착지)'에서 왔다. '-by'로 끝난 영어 지명 대부분이 노스어 기원이다. 현대스웨덴어 'by(마을)', 현대덴마크어와 현대노르웨이어 'landsby(마을)' 참조.347
- 프랑스어 : 'Beaulieu'('Bewley' /bjuːli/처럼 발음한다)는 프랑스어 'beau lieu(아름다운 곳)'라는 표현에서 왔다. 'beau'가 들어 있는 다른 지명들(Beauchamp, Beaufort, Beaumont)도 프랑스어 기원이다.
- 혼성어의 예 : 'Dorchester'는 그 지역(라틴어로는 'Durotriges'로 알려짐)에 살던 켈트족 이름에서 온 켈트어 요소 '·dor-, ·dur-'에다('Dorset'에도 이 요소가 들어 있다) 라틴어 'castra(주둔지)'에서 온 'chester'가 붙은 것이다. 'King's Lynn'은 영어 'king(왕)'에 켈트어 '·linn(웅덩이)'이 붙은 말이다. 'Forde Abbey'는 영어 'ford(여울)' 더하기 고대프랑스어 'abbeie(수도원)'이다.

347 'Normanby'의 예는 Potter(1966:28)에서 인용했다.

끝으로, 앞서 본 바와 같이 고유명이 일반적인 뜻을 지닌 표현으로부터 주어진 문맥에서 특정한 사람, 장소 등에 붙은 표지(標識)로 발달하는 것이 전형적인 경우이지만 가끔은 이와 반대 방향으로 변화가 일어나기도 한다.348 금기어에서 그런 경우를 자주 보게 된다. 어떤 가족이나 집단은 언어적 정교함이 요구된다고 느껴지는 사물이나 동작을 가리키는 애칭을 만들어 쓰기도 한다. 예를 들어 남자

348 고유명이 보통명사 등등으로 발달하는 문제는 흥미진진한 Sholl(1999)를 대체로 참고했다.

의 성기는 'Dick, Horatio, Jimbo, Jim Johnson, John Thomas, Micky, Percy, Roger, Willy' 등의 이름이 붙었다. 이 중 일부(영어권 전체의 'dick, willy'와 아일랜드의 'micky')는 보통명사로 발달했고 'to roger(성교하다)'라는 동사도 태어났다. 이 밖에 일반적인 용법의 단어를 자주 배출하는 고유명의 범주로 상품명이 있다. 'band-aid, biro, walkman'은 각각 반창고, 볼펜, 휴대용 녹음기의 특정한 상품의 이름으로 출발했지만 나중에는 그러한 상품의 종류 전체를 나타내는 말로 널리 쓰이게 되었다.[349] 나아가 그러한 이름에 일반적인 의미를 의도적으로 덧붙인 결과 고유명이 일반적인 의미를 얻게 되는 현상도 있다. 이러한 세 번째 현상을 다음 절에서 자세히 살펴보겠다.

349 역주 '봉고(차), 초코파이, 바바리코트, 스카치테이프, 포스트잇' 등도 상품명으로 출발했지만 그러한 상품의 종류를 일반적으로 가리키는 보통명사처럼 쓰인다.

8_8 어휘공학

이 마지막 절에서는 의도적으로 일으킨 언어변화를 다루고자 한다. 표기의 변화와 새 용어의 창조를 논의하는 과정에서 이러한 변화를 벌써 언급한 바 있다. 새 용어의 의식적인 창조를 다시 논의하고 나서 "**어휘공학**(lexical engineering)"이라는 이념적 문제로 들어가겠다. 후자는 새 표현의 창조뿐만 아니라 기존의 표현을 수정하거나 어떤 경우에는 (일부러) 억누르는 일과도 관련된다.

새 용어의 의식적인 창조는 이미 다루었다(8_4 참조).[350] 새 발명품이나 발견물, 개념이 등장하면 흔히 그러한 새로 개발되거나 관찰된 현상을 가리킬 언어적 표지의 발명이 뒤따름을 보았다. **신어**는 'traffic-warden(교통관리인)'처럼 발명자의 언어로 만들거나 'télégraphe, computer'처럼 오랜 유래가 있는 그리스어나 라틴어 같은 언어에 바탕을 두고 만든, 단순히 서술적인 표현일 때가 많다. 앞에서 본 다른 경우는 컴퓨터에서 커서를 조작하는 'mouse(마우스)'처럼 기존의 표현을 은유적으로 확대하는 것이었다. 또 새로운 발달이 늘 새 용어의 창조로 이어지지는 않음도 앞에서 보았다. 즉 말이 끄는 것에서 엔진이 끄는 것으로 바뀌었지만 이름은 그대로 남은 'cab(택시)'의 예를 보았다.[351]

의도적으로 만들어낸 새 표현으로서 (앞절의 끝에서) 잠깐 언급한 것은 어떤 발명품, 발견물, 생각과 관련된 개인의 이름을, 새 용어 만드는 데 가져다 쓰는 것이

350 의식적인 어휘개신에 대한 논의와 관련하여 McMahon(1994)의 7_3에서 몇 가지 암시를 얻었다.

351 역주 신어를 만드는 방식과 관련하여, 20세기에 등장한 과일 이름 '키위(kiwi)'의 유래도 특별하다. 키위(양다래, 참다래)는 원래 영어로 'Chinese gooseberry(중국구스베리)'라고 불렀는데 뉴질랜드에서 상업적으로 재배하여 전 세계에 수출하면서 'kiwi'라는 새로운 이름을 붙였다. 양다래 수출회사가 판촉전략의 하나로 뉴질랜드를 상징하는 멸종위기의 새 키위(kiwi)의 이름을 따 과일 이름으로 삼게 된 것이다.

다. 그런 예는 의학계에 많은데 의학계에는 어떤 질병을 발견하거나 기술한 연구자의 이름을 따 질병의 이름을 짓는 전통이 있다. 'Down's syndrome(다운증후군)'은 영국의 의사 다운(J. L. H. Down, 1828~1896)의 이름을 딴 것이고, 'Hodgkin's disease(호지킨병)'는 영국의 병리학자 호지킨(Thomas Hodgkin, 1798~1866)의 이름을 딴 것이며, 'Parkinson's disease(파킨슨병)'는 영국의 의사 파킨슨(James Parkinson, 1755~1824)의 이름을 딴 것이다. 또 'Archimedes' screw(아르키메데스 스크루)'같이 공학자의 이름을 딴 공학용어도 있고, 'Gibson's Scarlet(기브슨 주홍)'처럼 원예가의 이름을 딴 장미도 있으며, 'Marxism(마르크스주의)'같이 정치철학자의 이름을 딴 정치운동도 있다. 어떤 경우에는 인명이 그 분야의 아주 기본적인 용어로 쓰이기도 한다. 물리학에서 전기저항의 측정단위는 '옴(ohm)'인데 이것은 독일의 물리학자 옴(Georg Simon Ohm, 1787~1854)의 이름을 딴 것이고, 방사능의 측정단위 '베크렐(becquerel)'은 프랑스의 물리학자 베크렐(Henri Antoine Becquerel, 1852~1908)의 이름을 딴 것이다.

상품명을 지을 때도 인명을 활용함으로써 의도적인 어휘개신이 일어난다. 관련 회사의 설립자 이름을 그냥 상품명으로 쓰는 일이 간혹 있다. 후버(Hoover) 계열의 진공청소기가 그러한데 이것은 제조자가 후버(W. H. Hoover)라서 붙은 이름이다. 'band-aid(반창고)'나 'biro(볼펜)'처럼 그 제품이 크게 성공해서 '후버(hoover)'가 진공청소기의 보통명사로 통용되기에 이르렀다. 인명과 관계없는 상품명은 그 제품에 관한 연상을 불러일으키는 쪽으로 짓는 경향이 있다. 컴퓨터 네트워크 상담회사 'Technet'은 공학적 연상을(technical(기술적), technological(공학적) 참조), 세제 'Daz'는 백색보다 더 희게 빤다는 연상을('dazzle(눈부신 빛깔)' 참조), 생물분해성 액체 세제 'Ecover'는 환경친화적 연상을('ecology(생태학), eco-system(생태계)' 참조), 정사각형으로 썬 저장용 쇠고기 'Oxo'는 고기에 대한 연상을('ox(황소)' 참조), 화장지 'Kleenex'는 깨끗하다는 연상을('clean(깨끗한)' 참조) 불러일으킨다.[352] 상품명을 짓는 사람들도 일반 단어를 만드는 사람들처럼 다른 언어의 요소를 가져다 쓰기도 한다. 예를 들어 쇠고기 음료 'Bovril'은 라틴어 'bos(황소, 속격형은 'bovis')'에서, 비누 'Lux'는

352 역주 특히 상품명의 경우 광고효과를 노린 작명이 흔하다. 아파트 이름 '꿈에그린', 식용유 이름 '참빛고운 올리브유', 샴푸 이름 '유니나'(←윤이 나) 등.

라틴어 'lux(빛)'에서, 면도 로션 'Blue Stratos'는 그리스어 'stratós(육군)'에서 왔다.

끝으로, 의도적으로 신어를 만들어내는 데에 문학이 기여하는 바가 있음을 잊지 말자. 다음은 캐럴(Lewis Carroll)의 〈Jabberwocky(헛소리)〉(《거울나라의 앨리스(*Alice through the looking-glass*)》(1872)에 실림)에서 두 연을 인용한 것이다.[353]

One two! One, two! And through and through
The vorpal blade went snicker-snack!
He left it dead, and with its head
He went galumphing back.

"And hast thou slain the Jabberwock?
Come to my arms, my beamish boy!
O frabjous day! Callooh! Callay!"
He chortled in his joy.

하나 둘! 하나 둘! 휘익휘익
보펄 날이 날아서 싹둑 베었네!
아들이 괴물을 죽여 머리를 들고
의기양양하게 돌아왔네.

"네가 재버워크를 처치했단 말이냐?
안아 보자, 빛나는 아들아!
아, 기쁜 날! 지화자 좋다!"
아들도 신이 나서 낄낄 웃누나.

이 두 연 때문에 영어에 신어 셋(galumph, frabjous, chortle)이 자리를 잡게 되었다.『간명 옥스퍼드사전(*Concise Oxford Dictionary*)』의 정의는 다음과 같다.

galumph	1) 시끄럽거나 서투르게 움직이다.
	2) 승리하여 뛰면서 가다.
frabjous	즐거운, 기쁜
chortle	좋아서 깔깔 웃다

캐럴뿐만 아니라 다른 작가들에게서도, 그리고 영어뿐만 아니라 문학이 있는 다른 언어들에서도 이런 식으로 신어가 탄생할 수 있다.[354]

353 역주 이 시는 무의미 시여서 내용이 분명치 않다.

354 역주 한국의 시에서도 시인이 만든 단어가 간혹 나타난다. 정지용의 시 〈카페 프란스〉에 나오는 "페이브멘트에 흐늙이는 불빛"에서의 '흐늙이는'은 '흐늑이다, 흐느적거리다, 흐느끼다' 등과의 관련 속에서 시인이 만든 말이다. 그러나 이 말이 널리 통용되거나 표준어로 인정되지는 않았다.

사회를 개선하는 개념들을 언어에 부과하려는 노력도 어휘의 모습을 바꿔 왔다. 성차별 언어, 인종차별 언어, 계급주의 언어, 노인차별 언어와 성적 지향성(이성애와 동성애)의 단어화, 정신적·신체적 장애의 단어화가 개선의 주된 대상이 되어 왔다.[355] 이 가운데 성차별 언어만 살펴보겠지만 이런 태도가 다른 예들에도 똑같이 적용될 수 있음을 보여주는 데는 부족함이 없을 것이다.

355 역주 한국의 경우 노인을 공경하는 전통 때문에 노인차별 언어는 일반화되지 않았다고 할 수 있다.

언어적 성차별과 관련하여, 여성주의자들은 여자를 가리키는 데 쓰이는 수많은 표현들을 여성비하적이라고 몰아세워 왔다. 'bird(새), bitch(암캐), cow(암소), chapess(계집년), chippy(꼬마), girl(여자 – 성인 여성을 가리키는 경우), popsy(아가씨), tabby(노처녀), tootsy(여자, 애인), totty(섹시한 여자), wren(굴뚝새)' 등이 그 일부이다. 이러한 단어가 여성을 다른 생물에 비유함으로써 비인간화하고(bird, bitch), 미성숙한 듯 표현하거나(girl) 작은 생물에 비유하거나(bird, wren) 지소사(指小辭, diminutive)를 붙임으로써(chippy, popsy) 왜소화하며, 비남성으로 표현함으로써(chapess←chap(녀석)-ess) 남성어를 기준으로 분류하여 여성을 모욕한다고 해 왔다. 여자를 가리키는 데 쓰이는 이런 표현들을 영어에서 몰아내야 한다는 것이 여성주의자들의 생각이다.

또 여성주의자들은 어떤 사회적 역할을 담당하는 사람이 남성이어야 하는 것처럼 암시하는 단어, 예를 들어 'chairman(의장), fireman(소방관), postman(우체부), salesman(판매원)' 등으로 그러한 역할을 표현해 온 데 대해서도 부정적이다. 이 경우에 두 가지 해결책이 있다. 한 가지는 'chairwoman, saleswoman'처럼 여성을 가리키는 단어를 만들어 균형을 잡는 것이고 또 한 가지는 'chairperson, firefighter, postal operative'처럼 성별 중립적인 용어로 바꾸어 표현하는 것이다. 영어에서 둘 다를 어느 정도 활용하고 있는데 여성주의자들은 확실히 후자를 선호한다.[356]

356 역주 영어에서 'Mr.'는 결혼 여부를 따지지 않고 남자를 가리키는데 'Miss'는 미혼여성을, 'Mrs.'는 기혼여성을 가리키므로 언어적 성차별의 예가 된다. 그래서 여성주의자들이 결혼 여부와 관계없이 여자를 가리키는 'Ms.'를 만들어내 보급하게 되었다.

프랑스어 같은 다른 언어에서는 언어적 성차별 문제에 대한 대응이 중립화보다 여성화 쪽으로 이루어져 왔다. 프랑스어에는 'professeur(교수), auteur(저자)'처럼 형태상 남성이라서 남성의 관사 'le(정관사), un(부정관사)'을 취하지만 남자와 여자에게 모두 쓸 수 있는 단어들이 많이 있다. 한편 형태가 비슷한 'chanteur(가수), acteur(배우)'는 여자를 가리킬 때 쓰는 여성형 'chanteuse(여가수), actrice(여배우)'가 따로 있다. 최근에는 일부러 만든 여성형이 늘고 있다. 예를 들어 'professeure(여교수), autrice(여저자)'가 조어되었다. 그러나 문제는 여전히 남는다. 프랑스어에서는 전통적으로 남성형이 기본형이 되므로, 성별을 알 수 없는 배우는 남성 단수형 'acteur'로, 남녀가 섞인 배우들은 남성 복수형 'acteurs'로 표현해 왔다. 'autrice' 같은 형태를 만든다고 이런 문제가 저절로 풀리지는 않을 것이다.[357]

언어를 성, 인종 등에 관해 덜 차별적인 것으로 바꾸려는 노력의 바탕을 좀더 따져 보고 논평할 필요가 있겠다. 우선 어떤 용어가 모욕적이고 부적절한지를 누가 판단할 것인가? 공격적인(offensive) 용어를 포기하는 쪽과 그런 용어의 지시대상이 되는 쪽이 각각 느끼는 바에 격차가 있는 것 같다. 예를 들어 'hearing-impaired(청각장애인)'라는 "정치적으로 정확한" 표현을, 당사자들은 자신들의 상황과 생활에 대한 의료적 관점이 함축되어 있음을 꺼려 거부하고 'the Deaf(귀머거리)'라고 자칭한다(대문자 'D'를 사용함으로써 자기들이 하나의 문화를 형성함을 강조한다). 'nigger(깜둥이)' 같은 용어의 위상도 겉보기만큼 명쾌한 것은 아니다. 쿡(Vivian Cook)이 지적한 것처럼 "유대(solidarity)의 원리가 작동하면 이 차별적 용어가 소속의 증명이 되어 그러한 혐오 받는 용어를 정체성의 배지로 자랑스럽게 달 수도 있는 것이다."[358]

이 맥락에서 쿡은 흑인 랩(rap) 그룹 'Niggas with Attitude(태도가 있는 깜둥이들)'과 스미스(Mickey Smith)의 시 'Nigger Talk(깜둥이 말)'를 그 예로 들었다. 어휘에서 사회적으로 정치적으로 부적절한 특성과 결함을 개선하려는 의식적인 노력과 관련하여 생각해 볼 문제는 그러한 노력만으로 인식과 태도를 진정 얼마만큼 바꿀 수 있느냐 하는 것이다.[359]

8_9 요약

이 장의 첫머리에서는 언어변화의 일반론과 19세기 언어학이 거의 전적으로 언어변화를 추적하고 이론화하는 일에 매달렸다는 사실을 다루었다. 이어서 역사언어학자들이 개발한 두 주요 연구방법론, 즉 비교방법과 내적 재구 방법을 간략

357 역주 한국어에서도 한때 '여의사, 여교수, 여교사, 여비서, 여배우, 여간첩, 여종업원' 같은 단어를 많이 썼다. '남의사, 남교수, 남교사, 남비서, 남배우, 남간첩, 남종업원' 등은 쓰지 않으면서 말이다. 이런 경우에는 '여(女)-'라는 접두사를 떼고 남녀 모두를 가리키는 것으로 쓰면 여성차별적 언어사용에서 쉽게 벗어날 수 있다.

358 쿡의 이 영리한 지적은 Cook (1997:244-246) 참조.

359 역주 한국어에서 '장애자'라는 말이 장애인을 비하하는 표현이라고 하여 요즘은 '장애인'이라는 말로 바꿔 쓰고 있다. 저자의 태도는 이러한 용어의 개신이 사회적 관념의 변화에 별 영향을 주지 않으리라는 것이다. 특히 '장애자'라는 말에서 문제가 된 접미사 '-자(者)'는 비하의 의미와 관련이 없다. '기자, 필자, 독자, 화자, 과학자, 기술자, 노동자, 우승자, 후보자, 수상자, 참석자' 등 수많은 중립적인 표현에 이 접미사가 사용되고 있는 것이다.

히 설명하면서 어휘적 차원이 이들 방법론에서 큰 비중을 차지함을 주목했다. 그 다음에는 어휘변화의 여러 유형, 즉 어형의 변화, 단어의미의 변화, 어휘분포의 변화, 언어접촉과 관련된 변화를 예를 들어 가며 서술했다. 어휘변화를 일으키는 여러 요인들도 제시했는데, 사회적 위신, 언어 간 영향, 동음충돌 회피, 금기어(그리고 금기어를 닮은 단어)의 회피, 새 기술과 제도의 명명 필요 등이 그것이다. 마지막 두 절에서는 고유명의 (대개는 더 일반적인 의미를 지닌 표현으로부터의) 기원과 발달, 그리고 어휘변화에 대한 의도적 간섭(하나는 새 용어의 의식적인 조어, 또 하나는 어휘의 모습을 사회적 · 정치적으로 더 적절하게 바꾸려는 시도)에 대해 논의했다.

언어변화와 역사언어학에 관해 읽을 만한 개론서는 다음과 같다.

에이치슨(J. Aitchison)(1981) 『언어변화 : 발전 또는 퇴보(*Language change: progress or decay*)』.

안틸라(R. Antilla)(1988) 『역사비교언어학 개론(*An introduction to historical and comparative linguistics*)』. 제2판.[360]

크롤리(T. Crowley)(1992) 『역사언어학 개론(*An introduction to historical linguistics*)』

레만(W. P. Lehmann)(1992) 『역사언어학 개론(*Historical linguistics: an introduction*)』. 제3판.[361]

트라스크(R. L. Trask)(1996) 『역사언어학(*Historical linguistics*)』.

언어변화에 대해 더 깊이 이해하고자 하는 독자는 다음 책들이 도움이 될 것이다.

라보브(W. Labov)(1994) 『언어변화의 원리 1 : 내적 요인(*Principles of linguistic change, I: internal factors*)』.

라보브(W. Labov)(곧 나옴) 『언어변화의 원리 2 : 외적 요인(*Principles of linguistic change, II: external factors*)』.[362]

맥마흔(A. M. S. McMahon)(1994) 『언어변화의 이해(*Understanding language change*)』.

로메인(S. Romaine)(1989) 『이언어사용(*Bilingualism*)』.

프랑스어를 읽을 수 있다면 유럽의 다른 언어들이나 다른 어족의 역사에 대해 다음 책을 참고하면 좋을 것이다.

월터(H. Walter)(1994) 『서양 언어의 탐구 : 기원, 역사, 지리(*L'aventure des langues en Occident: leur origine, leur histoire, leur géographie*)』.

360 역주 박기덕 · 남성우 역(1995) 『역사비교언어학개론』, 민음사.

361 역주 김재복 역(1993) 『역사언어학개설』, 형설출판사.

362 역주 2001년에 출판되었다.

연습문제 및 토론거리

1 8_2에서 인도유럽어족의 여러 분파(켈트어군, 게르만어군, 로맨스어군, 슬라브어군 등)를 간단히 살펴보았다. 다음 언어들이 어느 어군에 속하고 어디에서 사용되(었)는지 말해 보라. 모르는 것은 백과사전이나 다른 참고자료를 참조하라.

Avestan	Occitan
Faroese	Old Church Slavonic
Frisian	Punjabi
Galician	Pictish
Macedonian	Yiddish

2 다음 네덜란드어, 영어, 스웨덴어, 표준독일어의 동원어들을 살펴보라. 이 자료에 근거하여 독일어를 다른 게르만어군과 갈라놓은 자음 발음의 변화에 대해 설명해 보라. (독일어의 'ch'는 'a, o, u' 뒤에서 /x/로, 'z'는 항상 /ts/로 발음된다.)

네덜란드어	영어	스웨덴어	독일어
boek	book	bok	Buch
eten	to eat	äta	essen
haat	hate	hat	Hass
hopen	to hope	hoppas	hoffen
koken	to cook	koka	kochen
peper	pepper	peppar	Pfeffer
pijp	pipe	pipa	Pfeife
tien	ten	tio	zehn
tand	tooth	tand	Zahn

3 밑줄 친 표현들이 어떻게 그런 의미를 가지고 되었는지 설명해 보라.

The specialist he went to has diagnosed the big C.
(그가 찾아간 전문가는 암으로 진단했다.)
A pint of bitter please.
(쓴 맥주 500cc 한 잔이요.)

We've saved all the data on floppy.
(우리는 모든 자료를 플로피디스크에 저장했다.)
He'll need some help at first because he's a bit green.
(그는 신참이라 처음에 도움이 필요할 것이다.)
Does this watch have a second hand?
(이 시계는 초침이 있나요?)
Shall we go and fly your new kite, Chris?
(크리스, 가서 네 새 연 날려 볼까?)
You can open up the throttle a bit on this stretch of the road.
(이 구간에서는 가속을 좀 해도 된다.)
Dad's father passed away when I was nine.
(할아버지는 내가 9살 때 돌아가셨다.)
He always wears shorts in July and August.
(그는 7, 8월에 늘 반바지를 입는다.)
There is an emergency exit adjacent to each wing of this aircraft.
(이 항공기의 각 날개 바로 옆에 비상구가 있다.)

4 다음 표현들은 모두 『옥스퍼드 속어사전(*The Oxford Dictionary of Slang*)』(1998)의 공포(fear) 영역을 다룬 절에 들어 있다. 이 표현이 전부 똑같이 "속어적"인가? 그렇지 않다면 속어의 범주를 벗어나기 시작한 표현은 어느 것이며 아직까지 비격식적인 문맥에 단단히 묶여 있는 표현은 어느 것인가?

blue funk (겁)
cold feet (공포)
get the wind up (깜짝 놀라다)
hairy (오싹한)
put the fear of God into (위협하다)
run a mile (from) (경원하다)
scaredy-cat (겁쟁이)
scary (겁 많은)
shake in one's shoes (벌벌 떨다)
shitless (대변이 나오지 않을 정도로)
spooked (겁먹은)
sweat blood (피나는 노력을 하다)
the creeps (전율)
the shits (설사)
white-knuckle (무시무시한)
yikes (이키)

5 8_7에서 지명에 대해 얘기한 바를 바탕으로 하여, 다음의 영국 지역들의 역사에 대해, 그리고 그 지역들과 관련되어 있거나 관련되었을 특징에 대해 추론해 보라.

Avonmouth　　Gatenby

Beauly
Cirencester
Clifton
Fordham
Greenham
Kirkby
Littleton
Sevenoaks

6 다음에 대해 당신 자신의 상품명을 만들어 보라. 그리고 각각에 대해 왜 그 상품명으로 결정했는지, 달리 생각할 수 있는 상품명을 선택하지 않았는지 설명해 보라.

a chocolate bar containing pistachio nuts (피스타치오가 든 초콜릿바)
an ice-cream flavoured with exotic fruit (이국 과일의 향이 나는 아이스크림)
a dandruff shampoo (비듬 샴푸)
a highly perfumed luxury soap (향기가 강한 고급비누)
a garage specializing in fast repairs (빠른 수리 전문의 자동차정비소)
a hypermarket with very low prices (물건 값이 아주 싼 대형 슈퍼마켓)
a record label specializing in light classical music
(가벼운 클래식음악 전문의 음반 상표)
a record label specializing in heavy rock music (헤비록음악 전문의 음반 상표)
a men's magazine (남성 잡지)
a women's magazine (여성 잡지)

9 어휘습득과 어휘처리

9_1 머릿속 사전

이 책에서 지금까지 언어현상을 기술하는 어떤 경우에나, 또 어떤 개별 언어를 기술하든지 반드시 취급해야 할 언어의 중요한 차원이 바로 어휘부인 것으로 간주해 왔다. 이 장에서는 어휘부를 모든 화자가 머릿속에 넣어 다니며 모든 언어 사용에서 크게 의지하는 어휘부, 즉 어휘지식(lexical knowledge) 또는 **머릿속 사전**(mental lexicon)을 살펴보겠다. 우선 모어를 습득할 때 어휘지식을 내면화하는 과정을 살펴보고, 머릿속 사전이 어떻게 조직되어 어떻게 기능하는지에 대한 견해들을 탐구할 것이며, 한 개인이 둘 이상의 언어를 아는 상황에서 일어나는 문제들도 몇 가지 검토할 것이다.[363]

어휘지식에 대해 논의를 시작할 때 즉각 생기는 의문은 한 단어를 안다는 것이 무슨 뜻인가 하는 것이다. 이 물음의 답을 찾는 괜찮은 한 방안은 일상적인 언어 사용을 관찰하면서 그러한 상황에 대처하기 위해 우리가 알고 있어야 할 단어의 정보가 어떤 것인지를 살펴보는 것이다. 그런 의미에서는 한 단어를 안다는 것에 다음 사항들이 포함된다고 금방 말할 수 있다.

- 그 단어의 발음을 아는 것. (구어에서 그 단어를 인식하고 표현할 수 있어야 하므로)
- (문자가 있는 사회에서는) 그 단어의 표기를 아는 것. (문어에서 그 단어를 인식하고 표현할 수 있어야 하므로)
- 그 단어의 의미를 아는 것. (그 단어를 이해하고 적절히 활용할 수 있어야 하므로)

363 역주 모어를 습득할 때 어휘지식을 내면화하는 과정(즉 어휘습득 과정)은 9_2~9_4에서, 머릿속 사전의 조직과 기능(즉 어휘처리)에 대한 견해들은 9_5에서, 한 개인이 둘 이상의 언어를 아는 상황에서 일어나는 문제(즉 제2 언어의 어휘습득에 관한 문제)는 9_6에서 다루게 된다.

- 그 단어가 형태론적으로 어떻게 행동하는지 아는 것. (단수형, 복수형 같은 그 단어의 여러 형태를 이해하고 사용할 수 있어야 하므로)[364]
- 그 단어가 통사론적으로 어떻게 행동하는지 아는 것. (구나 문장 속에서 그 단어의 기능을 확인하고 활용할 수 있어야 하므로)[365]

364 역주 한국어의 경우 "어느 분께 드려야 할까요?" 라는 문장에서 '어느 분께' 대신에 '누구께' 를 쓸 수 없다는, 대명사 '누구' 와 조사 '께' 의 연결에 대한 제약을 아는 것은 '누구' 와 '께' 에 관한 형태론적인 지식이다.

365 역주 한국어의 경우 부정문을 표현할 때 '기다리지 않는다' 와 '부드럽지 않다' 처럼 부정용언 '않다' 의 품사가 어미 '-지' 앞의 용언의 품사(동사, 형용사)와 일치해야 한다는 것을 아는 것은 '않다' 에 관한 통사론적인 지식이다.

이 사항들은 아주 명백한 것들이다. 그러나 앞장들에서 논의한 결과에 따르면 이것으로 충분치 않다. 어떤 단어가 특정한 합성어, 연어, 고정표현, 관용구 등에 참여할 때 일어나는 여러 효과에 관한 4장의 내용에 의하면, 그 단어와 어울려 쓰이는 말이 무엇인지, 그리고 그 단어가 특정한 결합형에 참여하는 것이 그 단어의 의미와 용법에 어떤 영향을 미치는지를 모른다면 그 단어를 안다고 할 수 없는 것이다. 5장에서는 문맥과 의미를 더 일반적인 관점에서 다루었는데 그 논의에 따르면 한 단어를 아는 것은 그 단어가 쓰일 만한 여러 문맥에 맞게 의미해석이 어떻게 변하는지를 아는 것도 포함한다. 끝으로 7장, 8장에서 특정한 단어가 특정한 사회집단이나 맥락과 관련되는 현상을 논의한 바에 따르면 한 단어를 아는 것은 그 단어의 사회적 관련성을 아는 것과 그 단어가 어떤 사회적 맥락에서 쓰이고 쓰이지 않을지를 아는 것도 포함한다.

9_2 어휘도전에 맞서기

언어가 매우 광대하고 복잡한 현상인데 어린아이에게 주어지는 보호자의 언어자료는 너무 제한적이라서 사람이 선천적인 언어능력(language faculty), 특히 언어를 처리하고 습득할 수 있도록 진화한 두뇌의 하위체계가 없이 태어난다면 어떤 아이도 언어를 습득할 수 없으리라고 주장하는 언어학자들이 있다. 이 주장을 **자극부족론**(poverty of the stimulus argument)이라 부른다.[366] 이 견해에 따르면 타고난 언어능력이 어린아이가 언어적 자료와 비언어적 자료를 구별할 수 있게 해 주고 언어발달이 신속히 체계적으로 진행되도록 언어정보의 조직화를 돕는 틀을 제공한다. 이런 견해는 관례적으로 통사구조의 습득에 적용되었는데 어휘습득에도 비슷한 논의가 적용될 수 있고 실제로 적용되어 왔다.

366 자극부족론은 촘스키와 그 지지자들이 많이들 논의했다. Chomsky (1988 : 1장)과 Cook & Newson (1996: 81ff)에서 논의된 것이 참고할 만하다.

선천적 언어능력 문제의 진실이 무엇이든 아이들이 접하는 언어자료의 성격과 관련된, 언어습득을 돕는 다른 요인들을 제시할 수 있다. 많은 문화권에서 어른들이 아이들에게 하는 행동이 어른들끼리 하는 행동과 언어적인 면에서 다르다는 점이 관찰되어 왔다. 어른들이 아이들에게는 더 짧은 발화를 이용해서 더 느리게 더 높은 음조로 말하며 주요 요소를 반복한다. 어머니말(motherese), 어버이말(parentese), 보호자말(caretaker-talk), **어린이지향어**(child-directed speech) 등으로 불리는 이 말의 특징이 아이들이 발화를 분해하여 단위를 확인하기 쉽도록 해 준다고 (전부는 아니지만) 많은 언어습득 연구자들이 생각한다.[367] 이런 관점에서 특히 중요한 어린이지향어의 일면은 **예시적 정의**(例示的 定義, ostensive definition)이다. 이것은 지시대상을 직접 가리키면서 이름을 짓는 식으로 단어를 정의하는 것이다. 이때 보호자가 아이에게 각 단어를 바로 분석해 특정한 의미와 분명하게 관련지어 준다.

367 어린이지향어에 대한 논의로는 Garnica(1977), Harris, Jones & Grant(1983), McShane(1991:140ff), Markman(1993), Snow(1986)이 있다.

어휘도전에서 이러한 의미적 측면은 누가 봐도 굉장히 중요하다. 말의 연쇄로부터 단어를 분석해 내는 것이 적절한 의미와의 연결 없이 이루어진다면 그것은 소통의 관점에서 아이에게 무익한 일일 것이다. 어린이지향어의 다른 중요한 특징으로는 그러한 말이 대부분 "지금 여기(here and now)"에 치중한다는 것이다. 예시적 정의이든 아니든 아이와 보호자가 대화를 주고받는 그때에 아이의 감각에 와 닿지 않는 사물, 사람, 사건 등을 지시하는 경우보다 아이가 있는 현장과 관련된 의미를 표현할 때 아이가 단어와 의미를 더 쉽게 관련지어 이해할 수 있음은 분명하다.

어린이 어휘발달의 나중 단계를 보면, 학교에 다니는 나이에 큰 어휘도전들이 또 기다리고 있다. 문식력의 습득과 관련하여 아이들은 머릿속 사전에 이미 들어 있는 단어, 그리고 새로 배우게 되는 모든 단어에 표기 정보를 추가해야 한다.[368] 어휘의 표기면을 통달하는 것이 결코 쉬운 일이 아니지만 어휘발달의 관점에서 분명 보상을 받는다. 일단 문식력을 습득하기 시작하면 직접적인 경로를 통해서나 문맥을 통해서나 단어학습의 기회가 현저히 확대된다. 예시적 정의의 경우, 학교교육의 초기부터 교사와 교재가 제공하는, 그림과 단어 표기의 조합을 통해, 그리고 다른 단어로 풀어서 적은 뜻풀이를 통해 예시적 정의가 이루어지게 된다. 문맥의 이용과 관련해서는, 독서에서 문맥이 어느 정도의 역할을 하는지 논란이

368 문자의 유형에 따라 생기는 여러 유형의 문제점에 대해서는 Clark(1976), Tzeng & Wang(1983)에 나와 있다.

있다. 그렇지만 읽지 못하거나 막 읽을 수 있게 된 아이들은 문맥에 크게 의지하며, 구어에서와 마찬가지로 독서에서도 문맥 속에서 낯선 단어를 이해하려는 노력이 어휘습득으로 이어진다는 사실이 연구를 통해 밝혀졌다.[369]

369 Biemiller(1970) 참조.

9_3 첫 단어 이전

【유아의 음성지각과 개념의 발달】

아이들은 생후 12개월쯤에 단어를 알아들을 수 있게 말하기 시작한다. 그렇지만 그 전에도 어휘발달과 관련된 듯한 많은 현상을 관찰할 수 있다. 갓난아이도 개별 음성을 구별할 수 있다거나, 단어를 말하기 시작하기 훨씬 전에 개념 발달이 일어난다거나, 단어 이전의 **옹알이**(babble)로부터 해당 언어의 특징들이 통합된 형태로 점진적으로 옮아간다는 점 등이 여기에 속한다.

음성구별에 관해 얘기하자면, 갓난아이들이 **성대진동 시작시간**(voice onset time, VOT)의 주된 차이에 민감하다는 사실을 많은 실험결과가 보여주고 있다.[370] VOT란 [p] 같은 무성폐쇄음이나 [b] 같은 유성폐쇄음을 발음할 때 공기의 흐름을 막았다가 여는 시점을 기준으로 하여 성대진동이 시작되는 시점을 뜻한다. 무성폐쇄음의 경우에는 막았던 부위를 연 후에 성대진동이 시작되기까지 시간이 다소 걸리는 지연 현상이 있지만 완전한 유성폐쇄음의 경우에는 성대진동이 처음부터 끝까지 계속된다.[371] 그런데 성대진동이 바로 시작되지 않더라도 폐쇄의 개방과 성대진동 시작 사이의 시간 간격이 일정 기준 이하이면 그 소리는 여전히 유성음으로 지각하게 된다.[372]

370 유아의 음성구별에 관한 실험적 증거는 Eimas(1985)에서 개관하고 있다.

371 역주 한국어의 경우 '파 [pʰa]'를 발음할 때 유기음 'ㅍ'을 발음하기 위해 두 입술을 닫았다가 열어서 입 밖으로 공기가 터져나오기 시작한 후 0.1초쯤 지나 성대가 진동하기 시작하면서 유성음인 'ㅏ'를 발음하게 된다고 한다. 이때 0.1초라는 시간이 유기음 'ㅍ'의 VOT가 된다. 'ㅂ'의 VOT는 0.04초쯤 되고 'ㅃ'은 0.01초쯤 된다고 한다. 유기음의 VOT가 상대적으로 긴데 이 시간 동안에 입 밖으로 분출되는 공기를 기식(氣息)이라고 하며 그것이 유기음의 한 특성을 이룬다.

372 역주 음성학적으로 유성음이 아니더라도 음운론적으로는 유성음으로 해석될 수 있다는 뜻이다. 음성학과 음운론의 관점의 차이를 이해할 수 있는 예이다.

음성차이에 대한 유아의 감각능력은 인간이 (그리고 다른 동물도) 특정한 감각입력에 오래 노출될수록 자극이 약해진다는 사실에 근거한 기법으로 연구할 수 있다. 이것은 **습관효과**(habituation effect)로 알려져 있다. 이에 관한 실험에서 아이에게 고무젖꼭지를 물리고 어떤 소리를 들려준다. 아이가 어떤 소리를 같은 소리가 계속 들리는 것으로 지각하면 젖꼭지 빠는 속도가 차츰 느려진다. 소리를 조정했을 때 빠는 속도가 빨라진다면 아이가 그 변화를 알아차렸다는 뜻이며 습관효과가 방해를 받았다는 뜻이 된다. 이런 기법으로 얻은 증거에 따르면, 생후

1개월짜리 아이가 유성폐쇄음과 무성폐쇄음이 되도록 VOT값을 맞추어 합성한 소리를 구별할 수 있으며, 유성음과 무성음의 경계를 넘어가지 않는 음성차이는 구별하지 못한다.

이런 결과가 인간언어의 음운론적 특성과 관련된 생물학적 재능의 존재, 그리고 부분적으로는 인간에게만 유일한 선천적 언어능력의 존재를 나타내는 것으로 해석하는 연구자들도 있다. 이 견해에는 불리한 얘기지만 친칠라나 붉은털원숭이(rhesus monkey) 같은 다른 종도 유성음과 무성음을 구별할 수 있다는 실험결과가 있으므로[373] 이 능력이 특별히 언어적 기제를 나타내는 것은 아닐 가능성이 있다. 그렇다 하더라도 음성의 종류를 구별하는 갓난아이의 일반적인 능력이 언어발달(어휘발달도 물론 포함한)을 돕는다고 보는 것은 타당한 것 같다.

개념발달과 관련해서, 첫 단어가 등장하기 이전에 아이의 마음속에 개념이 존재하는 것은 틀림없지만 그런 개념이 어디서 생겨나는지, 초기의 개념화가 이후의 어휘발달과 어떻게 관련되는지 하는 문제에 답하기는 쉽지 않다. 이 분야의 연구는 갓난아이의 음성구별에 대한 연구처럼 습관현상에 근거한 기법을 사용하는 일이 많다. 예를 들어 어떤 시각자극에 익숙해진 아이에게 익숙한 자극과 새로운 자극을 선택하도록 제시하면 대개 새 자극을 선택하고 그것을 더 오래 응시한다는 사실이 잘 알려져 있다.[374]

단어를 말하기 이전의 개념화에 대한 다른 증거는 아이와 보호자의 상호작용을 관찰하여 얻어진다.[375] 예를 들면 8 · 9개월쯤의 아이는 보호자와 같은 쪽을 바라보는 것을 관찰할 수 있다. 이 현상을 연구자들은 **지시의 공유**(shared reference)라 부르는데 보호자가 응시하는 지시물의 위치를 아이가 찾아내려는 노력이라고 할 수 있다. 그러한 행동은 주의(attention)가 전형적으로 무엇인가를 지시한다는 사실을 아이가 얼마간 이해하고 있음을 나타내기도 하고 주의의 대상이 될 만한 사물의 범위에 대한 일반적 개념을 보여주기도 한다.

앞절에서 보았듯이 개념의 기원에 대해 어떤 연구자들은 개념이 선천적이라는 주장을 하고 있다. 만약 그렇다면 그러한 개념의 세부내용과 상세화의 단계가 어떠한 것이겠는가? 풍부하게 잘 발달된 것일까, 아니면 초보적이고 아주 일반적인 것일까? 전자라고 본다면 어떻게 그렇게 풍부한 개념구조가 발달했는지에 대

373 Kuhl & Miller(1975, 1978), Morse & Snowdon(1975)의 보고가 그것이다.

374 언어전 개념(pre-linguistic concept)에 관한 실험으로 널리 인용되는 것은 Bomba & Siqueland(1983)이다.

375 Scaife & Bruner(1975)가 그 연구이다.

한 설득력 있는 설명을 찾아내는 문제가 제기될 것이고, 후자라고 본다면 아이의 초기 개념이 초보적이거나 보편적인 성격이라기보다 중간 정도의 일반성이 있다는 증거에 맞서야 하는 문제에 부딪치게 될 것이다. 이 두 가지 사실이 선천적인 개념에 관한 생각을 완전히 무너뜨린다고 할 수는 없지만 개념의 기원에 대한 선천성 가설이 깔끔한 이론은 결코 아님을 보여준다.[376]

376 이에 대한 논의는 Campbell(1986) 참조.

이와 다른 각도에서, 개념 자체가 선천적이라는 견해를 취하지 않고서도 선천적 기제가 개념발달에 기여하는 경우를 상상해 볼 수 있다. 그래서 예를 들면 스위스의 심리학자 피아제(Jean Piaget)는 개념이란 것이 아이가 갖추고 태어나는 생물학적 하드웨어의 본질(예를 들어 인간의 감각의 어떤 특징들)이 드러난 것이기도 하고 일반적인 지적 기능이 일어나는 선천적인 방식과 환경 사이의 상호작용이 드러난 것이기도 하다고 주장했다. 이 견해에 따르면 사물에 관한 개념의 발달은 해리스(John Harris)가 말했듯이 "공간, 공간적 관계, 공동의 공간에 놓인 사물과 사람에 대한 관념에 대해 깊어지는 아이의 이해와 밀접히 관련되어 있으며",[377] 아이의 그러한 이해는 아이가 행동과 그 결과의 관점에서 세계를 탐구한 바를 통해 이루어진다. 개념발달에서 선천적 요인이 하는 역할에 대해 미국의 심리학자 브루너(Jerome Bruner)는 다른 주장을 했는데 그는 아이가 다양한 소통 행위를 해독할 수 있도록 돕고 행위주(agent), 효과(effect), 처소(location) 등의 개념을 형성하도록 해 주는 인간적 행위(human action)와 인간적 주의(human attention)의 어떤 특별한 선천적인 특징이 있을 것이라고 했다.[378]

377 Harris(1990:82) 참조.
역주 이 John Harris는 Harris(1994)의 저자인 John Harris와 동명이인이다.

378 Bruner(1975:2) 참조.

【옹알이추이】

아이의 후기 옹알이와 첫 단어의 관계에 대한 문제로 넘어가면, 우선 옹알이를 일반적인 틀에 끼워넣어야 할 것이다. 옹알이는 유아어에 대한 설명들에서 거의 모두가 인정하는 초기의 발달 이정표 넷 중 두 번째에 해당한다.

- 앵앵이(cooing) : 1~4개월에 시작. 모음 같은 음색으로 발성함.
- 옹알이(babbling) : 4~8개월에 시작. '바바(baba), 마마(mama)' 같은 음성의 반복을 포함하여 모음 같은 소리와 자음 같은 소리의 결합을 발성함.
- 일어문(一語文, one-word utterance) : 12개월 무렵에 시작.
- 이어문(二語文, two-word utterance) : 18~24개월에 시작.

옹알이는 "진짜 말(true speech)"이라고들 부르는 것, 즉 의미를 지닌 **일어문** 바로 전에 나타난다. 따라서 옹알이기와 일어문기의 경계가 모호한 것인지 둘이 완전히 다른 발달단계인지 하는 문제가 여기서 자연히 대두된다.

이 문제에 대해, **옹알이추이**(babbling drift, babbling shift)라는 것이 있어서 아이의 옹알이가 아이가 접하는 언어의 특징들을 조금씩 더 많이 띠는 식으로 변해 간다는 견해가 있다. 옹알이추이를 뒷받침하는 증거로 어른들이 옹알이를 듣고 8개월 된 프랑스 아이, 아랍 아이, 중국 아이를 구별할 수 있다는 연구가 있다.[379] 반면에 언어습득의 선천성을 강하게 주장하는 언어학자들은 옹알이와 첫 발화 사이의 연속성을 부정하는 쪽이다.[380] 선천적 기제에 압도적인 지위를 부여하는 자신들의 이론적 태도에 정면으로 반하는 환경이라는 요인에 결코 중요한 역할을 맡기지 않으려고 하는 것이다. 이와 관련하여 원조 선천주의자인 촘스키가 초기 저작에서 행동주의심리학이 주장한 언어습득론을 신랄히 비판했다는 사실을 지적해 둘 만하다.[381] 행동주의심리학은 어떤 자극에 적절한 반응이 선택적으로 강화됨으로써 초기의 발성이 점진적으로 소통을 위한 언어행위의 모습을 갖추어 나가는 과정이 언어습득이라고 보았던 것이다.

이 분야의 증거들이 전부 옹알이추이 견해를 지지하는 것은 아니라는 점을 받아들일 수밖에 없다. 단어 발화 이전의 옹알이추이에 대한 더 괜찮은 증거는 위에서 본 증거도 그렇지만 억양 연구에서 나왔다. 분절음 층위에서 옹알이추이에 대한 증거를 찾으려면 의미를 지닌 일어문을 말하기 시작한 생후 2년째 되는 아이에 대한 연구로 넘어가야 한다. 옹알이추이가 단어 발화 이전에는 억양에만 영향을 미치고 분절음 유형이 언어의 모습을 향해 바뀌어 나가기 시작하는 것은 단어 발화가 시작된 후일 가능성이 있다.

옹알이추이 논쟁은 음성학적, 음운론적 형태와 관련된 옹알이의 연속성 문제와 "진짜 말" 문제를 제기한다. 그런데 연속성 문제에는 의미에 관한 차원도 존재한다. 예를 들어 초기부터 특정한 옹알이 유형이 특정한 행동이나 감정이나 욕구와 연관되어 있을 수 있다. 기존 연구에서 찾을 수 있는 예로는 뭔가가 시야에 들어올 때 기쁨을 나타내는 [i i i], 완강한 반항의 반복인 [nə nə nə nə nə]를 들 수 있다.[382] 의미의 차원에서 옹알이와 진짜 말의 연속성을 지지하는 사실은 아이가

379 옹알이추이를 지지하는 몇 가지 증거가 Moreau & Richelle(1981: 50)에 요약되어 있다.

380 선천주의자의 옹알이추이 반대 입장을 대표하는 논의는 Goodluck (1991:21)이다.

381 이 비판은 Skinner(1957)에 대한 촘스키의 서평 Chomsky(1959)에 나오는 것인데, 많이들 인용한다.

382 [i i i] 예는 Moreau & Richelle (1981:54)에서, [nə nə nə nə nə] 예는 Bloom(1973:90)에서 가져왔다.

어른 같은 형태를 사용하기 시작할 때 그 형태들이 지시적 기능을 가지기보다는 주로 상황적 기능 또는 일반적인 화용적 기능을 가진 듯하다는 것이다. 그런 형태는 특별한 문맥에서 모방으로 시작되는 게 보통인 것 같다. 예를 들면 연구자들의 연구대상이었던 한 아이는 엄마가 항아리 속에 반지를 떨어뜨리고 "아이고, 어디 갔지?"(Uh oh, where'd it go?)라고 한 말을 흉내 내더라는 것이다.[383] 또 나중에 엄마가 빗을 떨어뜨리자 그 아이가 '아이고' 비슷한 말을 스스로 발화했으며 엄마가 브러시를 떨어뜨리고 "아이고."라고 하자 "어디 갔지?" 비슷한 말을 발화했다는 것이다. 아이들이 어른처럼 쓰는 초기의 형태는 특별한 행동이나 행동의 연속(위의 경우에는 물건을 떨어뜨리는 행동)에 일종의 의례로서 부가되는 일이 많은데 그 점은 그 이전 시기에 나타나는 옹알이의 특정 유형과 마찬가지인 것 같다.

383 이 예는 Vihmann & Miller (1988:158)에서 인용했다.

9_4 첫 단어와 그 이후

아주 한정된 상황 집합과 관련된 표현을 초기에 사용하는 예로 흔히 드는 것은 생후 12개월 된 아이가 목욕을 할 때 장난감오리를 욕조 언저리 밖으로 치고서 흥분하며 'dut(duck, 오리)'라고 말했지만 그 장난감오리가 물 위에 떠 있을 때는 한 번도 그 말을 하지 않았던 사례이다.[384] 그렇지만 모든 초기의 어휘 사용이 문맥의존적인 것은 아니다. 일어문 시기가 시작될 때 아이들이 쓰는 소수의 표현은 문맥과 관계없이 어떤 사물이나 사물의 부류를 가리키는 데 사용된다. 어떤 표현을 문맥과 관계없이 사용하는 한 사례는 어떤 아이가 신발 그림, 실제 신발 한 켤레, 인형 신발을 보고 'shoes(신발)'라는 단어를 쓰는 경우이다. 또 일어문 시기에 아이들이 분명히 의미와 관련하여 사용하는 모든 항목이 어른들 말에서 온 것은 아니며 아이들이 스스로 만든 말일 때도 있다는 점도 지적해 둘 필요가 있겠다.[385]

어휘발달의 진행은 첫 단어가 등장한 이후 세 단계로 이루어지는 것 같다.[386] 1단계는 단어란 무엇인지, 단어가 어떻게 사물이나 사람을 가리킬 수 있는지, 어떤 단어가 어떤 사물이나 동작과 어울리는지 등을 아이가 깨치는 단계이다. 2단

384 Barret(1986)에 나오는 예이다.

385 단어발화의 아주 이른 시기에 나타나는 이러한 문맥의존적 용법과 문맥탄력적 용법의 공존은 Harris(1992:77ff)에서 보고하고 논의했다.

386 Harris(1992:69ff)에서 초기 어휘발달의 3단계론을 논의하고 옹호했다.

계는 방대한 어휘가 아주 빠른 속도로 습득되는 "어휘폭발(vocabulary explosion)"의 단계이다. 3단계는 어휘지식이 통합, 조정, 재조직되는 단계이다.

【어휘발달의 1단계】

30단어 정도가 습득되기까지의 1단계는 진행이 대체로 아주 더디다. 초기 어휘 습득의 속도는 아이들 사이에 차이가 많다. 나중의 어휘발달과 관련이 있다고 확인된 한 요인은 아이들이 자기가 들은 어형에 대해 어느 정도 효율적으로 단기기억부호(short-term memory code)를 만들어내는가 하는 것이다.[387] 예를 들면 아이들이 낯선 어형의 발음을 따라하는 정확도가 나중에 배우는 어휘의 양과 큰 관련이 있다. 또 아이들의 어떤 언어장애에서는 음운론적 단기기억이 비언어적 지능이나 나이보다 더 중요한 요인임도 밝혀졌다.[388] 음운론적 기억의 차이는 어휘습득의 아주 초기에 개인차와 관련된 주된 요인이기도 하다고 볼 수 있을 듯하다.

이 초기의 단어의미에 관한 연구들에서 볼 수 있는 네 가지 (서로를 부정하지는 않는) 진술은 다음과 같다.

(1) 초기의 단어의미는 모호하고 유동적이다(vague and fluid).
(2) 초기의 단어의미는 어른들이 사용하는 단어의 의미에 비해 과대화되어(over-extended) 있다.
(3) 초기의 단어의미는 어른들이 사용하는 단어의 의미에 비해 과소화되어(under-extended) 있다.[389]
(4) 초기의 단어의미는 기본층위(basic level)의 범주화를 반영한다.

(1) 초기 단어의미의 모호성과 유동성의 예는 프랑스의 연구자 기욤(P. Guillaume)이 1920년대에 자기 아들의 언어발달을 가지고 연구한 데서 볼 수 있다. 탐구의 대상은 '블라블라브(blablab)'라는 형태였다.

> '블라블라브(blablab)'는 손가락으로 입술을 진동시키는 동작을 가리킨다. 그 다음에는 입, 특히 그림 속의 아이의 입을 가리키다가 그 다음에는 아무 사람 그림이나 아무 그림이나 그림이 있는 카드나 …… 글자가 적히거나 인쇄된 종잇조각, 즉 신문지, 책도 가리키고 심지어 읽는 행위 또는 읽고자 하는 욕구까지 표현한다.[390]

387 역주 단기기억은 경험한 것을 몇 초 동안만 의식 속에 유지하는 작용을 말하고, 장기기억은 경험한 것을 약 20초 이상, 길게는 평생 동안 의식 속에 유지하는 작용을 말한다.

388 어휘발달에서 음운론적 단기기억이 중요함은 Gathercole & Baddeley(1989, 1990)에 보고된 연구들에 나와 있다.

389 역주 'over-extension, under-extension'을 각각 '과대확장, 과소확장'으로 직역해 왔으나 '과대화, 과소화'가 더 간단명료한 번역이다.

390 Guillaume(1927:8)에 나오는 것을 저자가 번역한 것이다.

(2) **과대화**(過大化, over-extension)의 흔한 예는 '사과(apple)'라는 말을 사과뿐만 아니라 오렌지, 복숭아, 배 등을 가리킬 때도 쓰거나 '개(dog), 강아지(doggy)'라는 말을 개 외에 고양이, 토끼, 심지어 소나 말한테도 쓰거나 '사탕(sweet, sweety)'이란 말을 케이크, 아이스크림, 시럽 등 단맛 나는 모든 사물에 쓰는 현상이다.[391] 과대화라는 개념과 모호성 및 유동성은 분명히 관련이 있다. 모양, 색깔, 감촉, 맛, 소리 같은 지각상의 실마리(perceptual cue), 배는 사과처럼 먹을 수 있다는 기능상의 특징(functional characteristic), 아이스크림이나 사탕은 보상이나 휴식 같은 비슷한 상황과 관계될 수 있다는 상황적 요인(situational factor) 등에 근거하여 어떤 아이가 어른보다 더 다양한 상황에서 그러한 단어를 사용하는 것은 바로 그 아이에게 그 단어의 의미가 여전히 모호하기 때문이다.

391 과대화는 클라크(E. Clark)의 작업의 주제인데 Clark(1993)에서 자세히 논의하고 있다.

(3) **과소화**(過小化, under-extension)는 아이가 어떤 표현을 아주 특정한 환경에서만 사용하는 경우와 관련하여 언급한 바 있다. 하지만 과소화가 이런 경우로 한정되는 것은 아니다. 상황이 아닌, 지시의 좁힘과 관계있는 두 번째 유형의 과소화가 있다. 예를 들어 해리스(Margaret Harris)는 아이가 '시계(clock)'를 벽시계만 가리키는 것으로, '음악(music)'을 자기 집에 있는 음향기기만 가리키는 것으로, '등(light)'을 보통의 갓이 달린 천장의 등만 가리키는 것으로 사용하는 예를 보고했다.[392] 아이가 어떤 단어의 의미를 과소화하여 쓰기 시작하고 나중에 점점 더 많은 현상에 그 의미를 적용하며 때로는 그 적용을 과대화하는 것이 전형적이라는 주장을 하는 연구자들도 있다.[393] 이러한 전개양상은 단어의미에 대한 아이의 초기 이해가 불명확하고 가변적이라는 생각과 또 한 번 잘 맞아떨어진다.

392 이 예는 Harris(1992:71)에 나온다.

393 이러한 "과소화 먼저" 입장의 옹호자는 그리피스(P. Griffiths)이다. Griffiths(1986) 참조.

(4) 범주화의 **기본층위**의 개념은 아이가 주변 세계에 대해 이해할 때 다음과 같은 방식으로 사물을 분류하면서 시작한다는 주장에서 나온 것이다.[394] ① 각 범주의 속성은 예측할 수 있다. ② 같은 범주에 속하는 항목들은 같은 식으로 행동하거나 사용된다. ③ 같은 범주에 속하는 항목들은 곧바로 확인할 수 있다. ④ 각 범주는 떠올리기 쉽다. ⑤ 범주들은 사용가치가 높다. 이상과 같은 범주들을 기본적(basic)이라고 칭한다. 예를 들면 '꽃(flower)'이라는 범주는 기본적이라고 할 수 있지만 '식물(plant)'이라는 범주는 그렇지 않다. 꽃은 대체로 생김새, 냄

394 기본범주라는 것은 로시(E. Rosch)와 그의 동료들의 작업과 관련된 것인데 Rosch, Mervis, Gray, Johnson & Boyes-Braem(1976)이 그 예이다.

새, 쓰임새 등에서 공유하는 특징이 많고, 꽃이라는 심상(心象, mental image)을 확인하고 형성하는 것이 쉬우며, 꽃이 무엇인지를 아는 것은 여러 상황과 대인관계에서 대단히 유용할 것이다. 반면에 '식물'이라는 범주는 꽃 외에 해초, 덩굴, 잔디 같은 것도 포함하므로 아주 혼질적(混質的, heterogeneous)이며, 그 때문에 '꽃'이라는 범주보다 확인하고 떠올리는 데 더 많은 문제를 일으킨다. 더 상위에 있고 더 포괄적인 '식물'은 더 구체적인 '꽃'보다 대부분의 상황에서 지시할 일이 더 적기 마련이다. 기본범주가 아이의 어휘부에 먼저 등장한다는 주장을 경험적 증거가 뒷받침하는 것이다.[395]

395 기본범주가 어휘발달에서 먼저 나타난다는 견해를 뒷받침하는 증거는 Waxman(1994)에 요약되어 있다.

【어휘발달의 2단계】

이제 2단계로 넘어가자. 아이가 30단어 이상을 습득한 때부터의 단계는 **어휘폭발**이라고도 부르는, 새 단어 습득의 속도가 굉장히 빨라지는 현상이 특징이다. 일부 연구자들은 이 폭발을 이 세계가 이름이 붙은 사물들로 이루어져 있음을 아이가 갑자기 깨닫는, 명명의 직관(naming insight)이라는 발달상의 특별한 지표(地標, landmark)에 도달한 것이라고 해석한다.[396] 이 주장이 논쟁의 여지가 없지는 않지만 이 단계에 사물을 명명하는 부류의 단어, 즉 명사를 급속하게 습득하는 특징이 있음은 무시할 수 없다. 이 점과 관련된 한 가지 현상은 심상성(心象性, imageability)이다. 일반적으로 다른 문법범주보다 명사가 그림으로 표현하기 쉽기 때문에 더 쉽게 배울 수 있다고 몇 연구에서 주장하고 있다. 심상이 형성된 단어가 더 잘 기억된다는 생각을 뒷받침하는 증거를 다른 연구들도 보여준다.[397]

396 어휘폭발과 관련된 명명의 직관은 McShane(1991:143ff)에서 논의하고 있다.

397 심상성이 단어기억에 영향을 미치는 한 요인이라는 견해는 Ellis & Beaton(1993, 1995)에서 다루었다.

2단계에서의 어휘발달의 가속화와 관련된 특징 둘 중 하나는 일종의 명명에 대한 집착(naming obsession)이고 또 하나는 최소의 노출에도 새 단어를 배우는 능력, 즉 "빠른 사상(寫像, mapping)"이다. 이때가 바로 아이들이 접하는 모든 사물과 사람의 이름을 묻고 다니는, 흔히 말하는 '저게 뭐야, 저게 누구야' 단계이다. 사물이나 색깔에 관한 단어라면 이 단계의 아이가 한 번만 접하고도 습득할 수 있다는 사실을 보여주는 증거가 있음은 특기할 만하다.[398] 다시 말해서 이 시기에 자료의 명명에 대한 아이의 굶주림은 그러한 자료를 빠르고도 효율적으

398 이 증거는 Carey & Bartlett(1978), Nelson & Bonvillian(1978)에 나온다.

로 소화하여 기억할 수 있는 비상한 능력과 관련되어 있는 것이다.

【어휘발달의 3단계】

이제 끝으로 3단계에 대해 몇 마디 덧붙이겠다. 이 통합(consolidation)과 수정(revision)의 시기는 유치원 때 싹트는 듯한데 이 시기에 시작되는 일부 재조직 과정은 초등학교 때를 지나 성인기에도 지속되는 것이 분명하다. 재조직 과정 중의 한 현상은 아이가 어휘항목 간의 관련성에 대한 정보를 표상할 수 있도록 해주는 관련어 묶기이다. 머릿속 사전에서 관련어 묶기의 결과로 등장하는 것은 분류계층의 집합이다. 아이는 같은 의미영역의 단어들(개, 고양이, 토끼 등)을 더욱더 긴밀하게 관련짓는 것으로 시작하여 그러한 단어집단을 상위어(애완동물, 동물 등) 밑에 집어넣기 시작한다. 그러한 계층은 상위어 표현이 아주 추상적이 되는 (살아 있는 것, 생물 등) 지점까지 올라가면서 점진적으로 구성된다.[399] 이러한 발달에 대한 증거는 단어연상 실험(word-association test)에서 찾을 수 있다. 이 실험은 초기에 '아빠-일한다, 개-짖는다, 빨간-사과'와 같은 통합적 연상이 우세한 데서부터 '아빠-엄마, 개-고양이, 빨간-파란'과 같은 계열적 반응이 우세한 쪽으로 바뀌는 현상을 보여준다.[400]

마지막으로 강조해 둘 만한 사실은 어휘발달이 아동기가 끝나면서 멈추는 것이 아니고 사실 죽을 때까지도 멈추는 것이 아니라는 점이다. 몇 년 전 미국의 두 연구자 캐럴(John Carroll)과 딜러(Karl Diller)는 일련의 어휘연구를 검토함으로써 어휘습득이 성인기에도 계속된다고 결론지었다. 캐럴은 관련 연구의 검토에서 어휘가 적어도 40세나 50세까지 상당히 많이 증가한다는 쪽으로 결론을 내렸고, 딜러는 죽기 전에 어휘습득이 멈출 것으로 예상될 만한 시기는 없다는 연구결과를 보고했다.[401]

399 역주 5_3의 상위어, 하위어와 관련된 상하관계를 참조.

400 계층관계의 발달에 대한 논의는 주로 Anglin(1970, 1977)에서 인용했다.

401 캐럴의 결론은 Carroll(1971:124)에 나오고 딜러의 논평은 Diller (1971:29)에 나온다.

9_5 어휘처리의 모형

어휘발달을 다각도로 고찰했으니 이제는 한번 습득된 어휘지식이 어떻게 조직되고 이용되는지에 대한 문제로 넘어가자. 어휘정보의 처리에 대한 직접모형

(direct model)과 간접모형(indirect model)을 구분할 때가 있다.[402] 간접모형은 어휘지식의 처리가 사전에서 단어를 찾는 것, 아니면 비유를 좀 확대해서 도서관에서 책을 찾는 것과 똑같은 방식을 따른다고 가정한다. 이 모형은 어휘접속(lexical access)이 둘 이상의 부문 또는 단계를 거친다고 본다. 한편 직접모형은 어휘지식의 접속을 한 단계의 과정으로 묘사한다. 컴퓨터 프로그램이 이름에 따라 저장된 항목을 그 이름의 일부만 타자해도 접속할 수 있도록 해 주는 현상에 그 과정을 비유한다. 많이 거론되는 대표적인 직접모형 두 가지는 로고젠모형(logogen model)과 동질군모형(同質群模型, cohort model)이고 간접모형의 대표적인 예로 인용되는 것은 어휘접속 검색모형(search model of lexical access)이다. 이 셋을 차례로 본 다음, 어휘처리에 대해서 많은 얘기를 하고 있는, 레벨트(Willem J. M. Levelt)의 각광받는 "화자의 청사진(blueprint for the speaker)" 가설을 검토하고, 마지막으로 두 가지 일반적인 언어처리이론인(그렇지만 어휘와 관계가 깊은), 모듈가설(modularity hypothesis)과 연관주의(connectionism)를 간단히 살펴볼 것이다.

402 이 두 모형을 구별한 것은 Garman(1990:260ff)이 한 예이다.

【로고젠모형】

이 모형은 영국의 심리학자 모턴(John Morton)의 발명품인데 단어가 잘 안 쓰일 듯한 문맥보다는 잘 쓰일 듯한 문맥에 있을 때 더 빨리 인식된다는 사실을 설명하려는 가설로 출발했다. 예를 들어 "The three-star seafood restaurant was a splendidly converted station."(그 3성급 해산물음식점은 멋지게 개조한 역이었다.) 같은 문맥보다 "He waved a railway ticket at me and asked the way to the station."(그는 기차표를 나에게 흔들며 역으로 가는 길을 물었다.) 같은 문맥에서 'station(역)'이라는 단어가 더 빨리 인식될 것이다. 모턴은 우리가 머릿속 사전에서 어떤 항목에 접속할 때 신경계의 한 부분(초기에 이것을 신경단위(neural unit)라고만 불렀는데 나중에 '로고젠'이라는 용어를 만들어 붙였다)에 하나의 사건(event)이 일어난다고 가정했다.[403]

403 '신경단위'라는 용어는 Morton(1968)에서 쓰였다.

모턴의 모형에서 핵심적인 부문은 로고젠체계(logogen system), 인지체계(cognitive system), 반응버퍼(response buffer)이다. 로고젠이란 용어는 그리스

404 역주 'logogen'을 '단어생성자'로 번역할 수 있을 듯하나 모턴이 특별한 의미를 부여하여 새로 만든 용어이므로 그 의미가 정확히 표현되지 못한다. '로고젠'이라고 음역하여 쓰기로 한다.

어 'lógos(단어)'와 그리스어 및 라틴어 어근인 'gen'으로 만든 말이다(그리스어 'génesis(출생)', 라틴어 'generare(생성하다)' 참조).[404] 첫 번째 부문인 로고젠체계는 로고젠들에 해당하는 단어들의 존재에 대해 지각적 정보와 의미론적 증거를 수집하는 것을 전문으로 하는 (한 개인의 사전에서 각 단어에 하나씩인) 기제들의 집합으로 설정되었다. 어떤 단어를 향해 있는, 문맥적 정보를 포함한 정보가 일정한 한계치(threshold)에 도달하면 관련 로고젠이 발사되고(fire) 해당 단어가 태어나거나 생성된다(즉 유입되는 신호 속에서 인식되거나 산출을 위한 적합한 항목으로 확인된다). 두 번째 부문인 인지체계는 문맥 또는 문맥적 확률과 관련된 정보를 포함한, 다양한 의미론적 정보의 무더기로 설정되었다. 세 번째 부문인 반응버퍼란 구어 단어와 문어 단어의 생성을 책임지는 부문이다.

이 모형이 작동하는 기본원리는 다음과 같다. 주어진 입력은 대부분 하나 이상의 로고젠에 대한 증거를 제공할 수 있다. 예를 들면 인쇄된 단어 'rat'를 처리할 때 시각분석의 출력은 〈세 글자 단어〉, 〈끝에 키 큰 글자〉 같은 속성을 포함할 것이다. 그러한 정보는 'rat'에만 관련되는 것이 아니라 다른 단어들에도 관련된다. 따라서 위의 두 속성은 'rat'의 로고젠뿐만 아니라 키 큰 글자로 끝나는 모든 세 글자 단어(cat, cut, eat, eel, red, rod 등)의 로고젠들도 흥분시킬 것이다. 그래서 이 모형은 한계치를 고려에 넣어야 한다. 즉 적합한 단어가 선택되기 위해서는 어떤 입력에 자극받은 로고젠들 중에서 한 로고젠이 이용가능한 모든 자료를 바탕으로 발사가 일어날 만큼의 흥분수위(level of excitation)에 도달해야 한다.

【동질군모형】

로고젠모형에 대해 가해진 한 비판은 그것이 기반으로 하고 있는 한계치(threshold)나 흥분수위(activation level) 같은 개념이 정확성을 기하기 어렵다는 것이다. 동질군모형은 영국의 심리언어학자 마슬렌윌슨(William Marslen-Wilson)이 개발한 것인데 각 단어에 대해 결정적인 흥분수위가 정확히 어디에서 일어나는지를 명시하고자 하므로 이 문제에 한 해답을 제공한다고 할 수 있다.[405]

동질군모형은 들리는 범위 안의 누군가 단어를 발화하기 시작하자마자 작동을 시작하는, 구어 단어의 입력에 의해 활성화되는 단어탐지자(word-detector)

405 고전적인 동질군모형은 Marslen-Wilson & Welsh(1978)에서 개관하고 있다. 그 수정이론이 Marslen-Wilson(1987)에서 제시되었다.

의 집합을 설정한다. 유입되는 단어의 첫 소리들이 처리되자마자 그 소리들로 시작하는 단어들의 모든 탐지자들, 어두 동질군(word-initial cohort)이라 부르기도 하는 이 탐지자들이 완전히 활성화된다. 그 동질군의 각 탐지자가 뒤따르는 입력을 계속 감시한다. 잘못된 대응은 이 과정에서 그 입력에 정확히 들어맞는 단어후보가 하나가 될 때까지 차근차근 제거된다. 로고젠모형이 상정하는 다양한 흥분수위와는 달리 동질군모형의 초기 형태에서는 어떤 항목에 대한 활성화 상태를 두 가지만 허용했다. 즉 그 항목이 단어후보들의 동질군의 일부를 형성하면 '켜짐(on)'으로, 어두 동질군으로 선택받는 데 실패하거나 동질군에서 제거되면 '꺼짐(off)'으로 처리했다. 이 모형의 나중 형태에서는 어떤 동질군에서 대응이 안 되는 항목들은 바로 제거되지 않고 유입되는 자료로 더 이상 지지받지 못할 때 활성화쇠퇴(activation decline)에 들어서는 것으로 보고 있다.

이 모형에서는 원칙적으로 어떤 단어가 인식되는 정확한 시점, 즉 단어인식의 유일시점(uniqueness point)을 확인하려 한다. 'elephant(코끼리)' /'ɛlɪfənt/를 살펴보자. 이 단어의 첫 두 음절 /'ɛlɪ/의 발화에서 유입된 자료를 바탕으로 단어후보 동질군은 'elevate, element' 같은 단어들을 포함하게 될 것이다. 그런데 /f/ 소리가 나는 시점에서는 /'ɛlɪf/로 시작하는 단어가 영어에 달리 없으므로 이 동질군은 'elephant'와 그 굴절형들 'elephants, elephant's, elephants''만 지니게 될 것이다. 이때가 바로 'elephant'에 대한 유일시점이다. 이 체계는 최대로 효율적인 듯하다. /f/가 등장하기 전에 'elephant'를 적극 지지하는 체계는 단어 확인에서 오류를 범할 위험을 안게 될 것이고, 그 시점 이후로 단어 확인을 미루는 체계는 정확성을 높이지도 않으면서 처리시간만 늦추게 될 것이다. 이 모형은 또 비단어(非單語, non-word)가 인식되는 시점도 규정한다. 발화된 음소연쇄가 그 언어의 어떤 단어와도 대응하지 않게 되는 때가 바로 그 시점이다.[406] 예를 들어 영어에서 'tnot'에서의 비단어 인식시점(non-word recognition point)은 영어 단어 중 /tn/으로 시작하는 것이 없으므로 /n/의 출현 시점이 될 것이고, 'daffodip'에서는 마지막 소리 /p/가 발화될 때까지 대응의 가능성이 계속 존재하므로 그때가 비단어 인식시점이 될 것이다.[407]

적어도 넓은 의미에서, 동질군모형이 제안한 대로 단어인식이 일어남을 지지

406 비단어 인식에 관한 증거는 Marslen-Wilson(1978)에서 제시되었다.

407 역주 끝소리 'p'가 발화되기 전에는 'daffodil(수선화)'이라는 단어에 대응할 가능성이 존재하기 때문이다.

하는 꽤 많은 실험적 증거가 있다. 발견된 여러 사실 중 한 가지만 들자면, 인식 시점이 단어의 뒤쪽에 있을 때보다 앞쪽에 있을 때 비단어를 인식하는 데 걸리는 시간이 짧다. 그렇지만 동질군모형이 제안한 대로 단어인식이 그렇게 깔끔하게 일어나는 것 같지도 않다. 예를 들면 분절음들은 분리된 단위들로 우리 귀에 들어오는 것이 아니라 서로 어느 정도 겹쳐 있어서 음성신호의 어느 시점이라도 앞뒤의 요소에 대한 증거를 보여줄 가능성이 있다.[408] 음성신호의 지각이 특정한 요소가 등장하는 시점에 대한 정확한 판단만 바라보고 있다는 생각은 옳지 않은 듯하다. 하지만 그것이 동질군모형을 뒤흔드는 정도는 아니다.

408 음성들의 겹치는 성질에 대한 논의는 Garman(1990 : 288)에 나와 있다.

문맥은 모턴이 로고젠모형을 개발할 때 중요한 문제였음을 앞서 언급했다. 문맥효과에 대한 마슬렌윌슨의 관심도 그에 못지않다.[409] 로고젠모형처럼 동질군모형도 문맥적 정보가 어휘처리를 돕는다고 본다. 그러나 로고젠모형에서는 로고젠체계와 관련은 있으되 정보가 독립적인 인지체계를 통과한 결과가 문맥효과라고 보는 반면, 동질군모형에서는 주어진 문맥에서 단어의 어떤 의미가 적용될 수 있는지를 결정하는 절차의 집합이 머릿속 사전의 모든 항목에 갖추어져 있다고 가정한다. 그렇더라도 동질군모형이 문맥적 정보가 단어를 미리 선택한다고 보는 것은 아니다. 마슬렌윌슨은 일상언어가 사용되는 예측불가능한 무한한 상황들 속에서 문맥이 단어를 미리 선택한다는 것은 극히 비효율적이라고 생각한다.

409 동질군모형에서의 문맥효과에 대한 설명은 Marslen-Wilson & Tyler(1980, 1987)에 나온다.

【어휘접속 검색모형】

어휘접속 검색모형으로서 가장 널리 논의된 것은 미국의 심리학자 포스터(Kenneth Forster)가 개발한 것이다.[410] 이 모형에서 머릿속 사전으로부터 어떤 항목을 접속하는 과정은 처음에 음운, 표기, 문법, 의미적 출발점(즉 입력)과 대응하는 것을 검색하고 나서 완전한 단어를 안내에 따라 꺼내는 일련의 단계로 표상된다. 앞에서 언급한 것처럼 이러한 두 단계의 과정은 우리가 사전에서 단어를 찾거나 도서관에서 책을 찾을 때 일어나는 일에 비견된다.

410 이 모형에 대한 아래의 설명은 Forster(1976)에 의거했다.

우리가 어휘접속 작업의 출발점으로 삼는 것은 상황에 따라 다르다. 즉 단어를 들은 것인지 읽은 것인지, 아니면 표현하고 싶은 의미와 범주가 있는 것인지에 따라 다르다. 이것은 마치 도서관에서 책을 찾을 때 사용하는 정보가 저자, 제목,

주제 등으로 그때그때 다른 것과 비슷하다. 포스터의 모형에서 첫 검색은 음운적 특징, 표기상의 특성, 통사의미적 근거 등에 따라 조직된 수많은 주변적 접속파일(access file)의 도움을 받아 진행되는 것으로 본다. 이들은 다양한 도서목록에 대응한다. 주변적 파일들은 각 검색방식에서의 항목들의 목록을 포함하고 또 주파일(master file)에 완전한 형태로 들어 있는 각 항목의 정확한 위치에 대한 지침(pointer)도 포함하고 있다(주파일은 서가(書架)에 대응하고 지침은 도서 청구기호에 대응한다).

따라서 말을 듣고 있을 때는 음운접속파일에 먼저 접근해서 단어를 처리하고 글을 읽을 때는 표기접속파일에 먼저 접근하며 어떤 의미를 표현하려는 의도로 언어를 산출할 때는 통사의미접속파일에 먼저 접근한다. 그 다음에 해당 접속파일이 주파일에 접속하도록 해 주며 주파일에 일단 접속하면 그 단어에 대해 이루어지는 그 다음 작업에 필요한 것을 말하기, 쓰기, 이해 어느 영역에 있든지 주파일이 제공하게 된다.

주파일은 완전히 명시된 개별 어휘항목들의 집합이라 할 수 있으며 항목 간의 의미연관성에 대한 대비가 있어야 하는 것으로 상정된다. 어떤 어휘모형이든지 '의사'라는 단어를 듣지 않았을 때보다 들었을 때 뒤이어 등장한 '간호사'라는 단어를 더 빨리 처리한다는 사실을 설명할 수 있어야 한다.[411] 로고젠모형은 이 **의미점화**(意味點火, semantic priming)라는 현상을 인지체계를 통해, 동질군모형은 단어마다 특수한 문맥조건적 절차를 통해, 포스터의 모형은 의미상 관련 있는 단어들 간의 상호참조 정보를 주파일에 설정함으로써 다루려고 한다. 포스터의 모형에서의 설명은 주파일에서 '의사'를 불러내면 관련된 주변적 접속파일로 돌아갈 필요 없이 주파일 안에서의 직접적 연결을 통해 '간호사'를 처리할 수 있다는 생각이다. 그러나 실제로 이렇게 움직인다는 데 대한 마음에 쏙 드는 증거를 실험적 연구를 통해 찾아내지는 못했다. 실험의 뒷받침이 없어서 접속파일과 주파일의 구별, 두 단계의 어휘처리라는 기본 생각에 의문이 가시지 않고 있다.

411 역주 Meyer & Schvaneveldt (1971)에서 단어인식과 관련하여 실험한 사례이다.

【레벨트의 "화자의 청사진"】

지금까지는 머릿속 사전에만 초점을 맞춘 모형들을 보아 왔다. 이제 보게 될 모형은 더 일반적인 방식으로 언어처리를 설명하려 한다는 점에서 다르다. 그래도 이 모형의 창시자인 네덜란드 심리언어학자 레벨트는 어휘처리에 특별히 관심이 있어서 이 모형의 어휘적 차원을 부각해 설명했다. 이 모형을 정밀화한 연구는 『말하기 : 의도에서 조음까지(*Speaking: from intention to articulation*)』라는 책인데 그 제목대로 그의 "청사진"은 대체로 화자의 언어산출(즉 표현)의 관점을 취하고 있지만 언어처리의 이해 과정을 도외시하지는 않고 있다.[412]

이 모형은 두 종류의 부문으로 구성된다. 하나는 선언형(宣言型) 지식(declarative knowledge)이고 또 하나는 절차형 지식(procedural knowledge)이다. 앞엣것은 사실에 관한 지식(knowledge that), 즉 사실로서의 지식이고 뒤엣것은 방법에 관한 지식(knowledge how)이라고 할 수 있다.[413] 레벨트에 따르면 언어처리에 필요한 선언형 지식은 세계에 대한 일반적 정보(백과사전적 정보), 개별 상황에 대한 정보(상황적 지식), 특정한 상황에서의 문체적 적절성에 관한 지식(담화 모형)을 포함한다. 의미문법적 어휘지식, 즉 표제항(lemma)과 형태론적 어휘지식, 즉 형태(form)도 선언형 지식에 포함된다. 절차적 지식에는 전달내용을 생성하고 감시하는 개념화 장치(conceptualizer), 언어화 이전의 전달내용에 통사적, 음운적 모양을 부여하는 형식화 장치(formulator), 형식화 장치에서 나오는 음성계획을 말로 실현하는 조음 장치(articulator), 유입되는 음성을 분석하는 청취 부문(audition component), 받아들인 음성연쇄를 해석하는 음성이해체계(speech comprehension system)가 포함된다.

앞에서 언급한 대로 어휘부문은 표제항과 형태를 포함하는 것으로 상정된다. 한 단어의 표제항은 기본의미, 통사범주, 개념적 논항구조, 문법적 특징(예를 들면 동사가 직접목적어를 취하는지), 시제, 상, 서법 같은 변이의 매개변항 등에 대한 정보를 가지고 있다. 표제항에는 그 단어의 형태론적, 음운론적 정보가 어휘부의 어디에 있는지를 정확히 알려주는 어휘지침(lexical pointer)도 포함된다. 어휘검색은 두 단계로 이루어진다는 것인데 이 점에서 이 모형은 포스터의 모형과 비슷하다. 어형은 음운론적 부호화가 일어날 수 있도록 정확한 형태론적 정보를 표시해 주는 것으로 상정한다.

레벨트는 음성산출에서 어휘부의 역할이 중심적이라고 본다. 즉 활성화된 어

412 레벨트의 모형에 대한 설명은 위의 책 Levelt(1989)에 나온 내용을 간추린 것이다.

413 역주 저자는 이에 대해 "이것은 무엇이 어떠어떠하다는 것을 아는 것과 그것을 어떻게 해야 하는지를 아는 것의 차이다."(The distinction is between knowing that something is the case and knowing how to do something.)라고 부연설명을 한다.

휘항목의 통사적, 형태론적, 음운론적 속성들이 발화생성의 바탕이 되는 문법적, 형태론적, 음운론적 부호화 절차를 촉발하는 식으로 언어화 과정 전체가 어휘적으로 작동한다는 것이다. 어휘부를 개념화와 문법적, 음운론적 형식화 사이의 중개자로 단정하는 이러한 어휘적 가설(lexical hypothesis)은 1장과 2장에서 논의한, 어휘와 문법 사이의 상호침투(interpenetration)에 대한 증거와도 잘 어울린다. 한편 이 모형에서 단어의미와 백과사전적 지식을 분리한 것은 논란의 여지가 있다. 이러한 구별이 가능한지 의심하는 언어학자가 많다. 어휘지식을 순수히 선언적인 것으로 표상하는 것도 문제가 있다. 이것은 어휘부가 정적인 것이 아니라 아주 역동적인 것임을 암시하는, 조어법, 어휘변화, 문맥효과 등과 관련된 증거에 역행하는 것 같다.

【모듈가설】

이제 모듈가설이라는 언어처리의 한 견해를 살펴보기로 하자.[414] 이 가설은 언어능력 전체를 완전히 자율적인 모듈이라고 주장한다. 이 가설을 요약하면 다음과 같다.[415]

> 인간의 마음은 기능들끼리 끊임없이 합쳐지는, 붙인 자국 없는(seamless) 단일한 전체가 아니다. 비교적 붙인 자국 없는 소수의 범용 구조들 외에 아주 제한적으로만 다른 인지구조들과 소통하는, 전문화되고 구조적으로 특이한 많은 독립적 모듈들로 이루어져 있다.

이 관점에서 모듈적이라고 보는 체계에는 지각체계나 언어수용체계 부문 같은 입력체계, 그리고 동작제어나 언어산출 부문 같은 출력체계가 포함된다.

마음에 대한 모듈론의 지지자로 영향력이 큰 인물이 둘 있는데 바로 이론언어학자인 촘스키와 심리언어학자인 포더(Jerry Fodor)이다. 두 사람 사이에도 차이가 있어서 촘스키는 선천적 언어능력 가설(9_3 참조)과 관련하여 언어습득 쪽으로 모듈론을 펼치는데 포더는 전체적으로 언어처리 과정에 관심이 있다. 이 절은 언어처리에 관한 것이므로 포더의 설명을 중심으로 살펴보겠다.[416]

포더의 모듈론의 주춧돌이자 가장 논란이 심한 부분은 모듈들이 정보의 면에서 캡슐화되어 있다는(informationally encapsulated), 즉 예를 들어 언어처리와

414 역주 모듈(module)이란 더 큰 구조를 구성하는 데 쓰이는 독립적이고 자율적인 단위이다.

415 이 인용문은 Garfield (ed)(1987)에 실린 가필드(J. Garfield)의 총론 1쪽에서 가져왔다.

416 모듈에 대한 포더의 설명은 대부분 Fodor(1983)에 의거했다.

관련하여 일반지식, 문맥적 정보 등이 모듈의 작동 중에는 아무 역할도 수행하지 못한다는 주장이다. 모듈적 처리와 다른 지식의 관련은 모듈의 작동영역 밖에서 이루어진다는 것이다. 예를 들면 언어이해의 경우에 일반적, 문맥적 정보가 언어적 정보와 상호작용을 하는 것은 해당 언어형식들이 언어모듈의 기제에 의해 완전히 처리되고 분석된 이후라는 것이다. 모듈들의 정보의 캡슐화에 대해 포더는 그러한 캡슐화가 모듈들이 효율적인 작동을 위해 필요하다는 논의를 편다. 여기서 포더가 사용하는 한 예는 시지각(視知覺)의 영역에서 가져온 것으로, 어떤 사람이 뉴욕에서 "노란 줄무늬 물체(yellow stripey thing)"를 목격하고 그것이 호랑이인지를 재빨리 판단해야 하는 예이다.[417] 실제로 지각처리가 일어나는 동안에 문맥적 예상을 고려하는 지각체계는 참사를 피할 만큼 빨리 정보를 처리하지 못할 것이므로 모듈적 처리는 해당 모듈이 특별히 집중하는 사항 이외의 어떤 것도 침투하지 못하도록 면역이 되어 있어야 한다고 주장했다.[418]

이런 식의 논의와는 반대로 사람들이 자기들 감각의 증거를 믿지 못해 적절하게 반응하지 못하는 예들을 쉽게 찾아볼 수 있다. 그래서 언어와 관련된, 핀란드어 원어민의 다음 사례는 특이한 것이 아니다.[419]

> 내 여동생이 프랑스에서 공부하고 있을 때 길거리에서 어떤 사람이 핀란드어로 말을 걸었다고 한다. 프랑스어를 기대하고 있었기 때문에 그 사람이 몇 마디를 더 한 후에야 그것이 모어인 핀란드어임을 깨달았다고 한다. 나도 영어라는 것을 깨달으면 쉽게 이해할 수 있는 말을 핀란드어로 이해하려고 애쓴 비슷한 경험이 있다.[420]

깊은 최면의 효과에 대해 알려진 사실들도 포더의 견해에 불리하게 작용한다.[421] 최면술사들은 최면에 걸린 사람이 그 자리에 있는 사물이나 사람을 지각하지 못할 수도 있고 그 자리에 없는 사물이나 사람을 지각하거나 그런 사물이나 사람과 교류할 수도 있다고 말한다. 반사에 의한 반응도 최면에 영향을 받는 듯하다. 예를 들면 최면으로 수술 받는 환자를 마취할 수도 있고 침 분비나 출혈을 막을 수도 있다. 생리적 반사만큼 빠르고 자동적인 어떤 것이 외부에서 들어오는 정보나 정보 비슷한 것에 영향을 받을 수 있다면 언어처리에서의 정보의 캡슐화란 개념은 의심할 수밖에 없는 것이다.

417 이 예는 Fodor(1991)에서 논의한 것이다.

418 역주 뉴욕에 호랑이가 나타날 가능성이 있는지, 나타난다면 어떤 일이 벌어질 것인지 등에 대한 일반적, 문맥적 지식과 관계없이 지각체계는 시지각 정보를 독립적으로 처리할 것이라는 뜻이다.

419 이 예는 몇 년 전 핀란드 심리학자 세르비스(Elisabet Service)에게서 받은 편지에 나온 이야기다.

420 역주 프랑스에서 핀란드어가 사용될 가능성이 낮다는 일반적, 문맥적 지식이 언어수용체계의 작동에 영향을 주었으므로 모듈가설의 주장과 어긋난다는 것이다.

421 최면에 관한 내용은 Orne & Hammer(1974)와 Chertok(1989)에서 발췌했다.

어쨌든 포더 자신이 인정한 대로 정보의 캡슐화란 개념은 심리언어학자들의 연구결과, 특히 빈칸넣기 질문처럼 잉여성을 줄인 실험의 결과와 잘 들어맞지 않는 듯하다. 빈칸넣기 질문에서 빈칸에 들어갈 사항이 문맥상 예측하기 쉬울수록 피실험자들의 응답이 더 성공적이라는 것은 널리 알려져 있다. 예를 들어 다음 두 문장 중 앞문장이 완성하기 훨씬 쉽다.

I was so thirsty that I absolutely had to have something to ______.
(너무 목이 말라서 뭔가를 꼭 _______해야 했다.)
I was so happy that I absolutely had to ______.
(너무 행복해서 꼭 _______해야 했다.)

이것은 일반지식과 문맥에 근거한 피실험자들의 예상을 문제 삼는 실험에 어떤 기제가 작용한다는 강력한 증거라고 할 수 있다. 이런 종류의 증거를 처리하기 위해 포더는 두 가지 논의를 편다. 그 하나는 약해진 언어자극을 재구성하는 "아주 주의 깊은(highly attentional)" 과정에 관한 기제가 일상적 언어사용의 "자동적이고 유창한(automatic and fluent)" 과정에 관한 기제와 똑같은 것인지 의심스럽다는 것이고,[422] 또 하나는 일반지식과 문맥지식이 언어모듈의 과정들을 간섭하는 것처럼 보이는 것은 사실 문맥의미를 전혀 고려하지 않고도 어떤 단어가 관련된 단어를 활성화하는 것으로 설명할 수 있다는 주장이다. 그래서 위의 앞문장에서 'thirsty(목마른)'와 'drink(마시다)'가 어휘망에서 관련되어 있어서 'thirsty'가 활성화되면 의미와 문맥에 관계없이 'drink'도 활성화된다고 포더는 설명할 것이다.

422 역주 위의 빈칸넣기 질문에 응답하는 것은 두 가지 과정 중 전자에 해당하며 모듈가설에서 다루는 후자와는 다른 기제로 설명해야 할 것이라는 뜻이다.

포더가 언어모듈의 개념을 의미적 역할이 없는 형식적 처리장치로 한정한 것은 위에서 논의한, 언어적 의미와 비언어적 의미의 경계선을 어디서 긋느냐 하는 문제가 발생하지 않는다는 이점이 있다. 하지만 문맥효과에 대한 그의 해명은 설득력이 다소 부족하다. 비표준적 언어처리에 대한 그의 논의와 관련하여, 부분적으로 불완전한 언어를 처리해야 하는 것이 특별히 비정상적인 일은 아니다. 낯선 사투리 발음을 하는 사람의 말을 이해하려고 애를 쓰거나, 지직거리는 전화 목소리를 알아들으려고 귀를 잔뜩 기울이거나, 악필로 쓴 편지를 한없이 들여다보거나, 얼룩지거나 흐린 복사본을 읽으려고 끙끙댄 적이 없는 사람이 누가 있겠는가?[423] 단어 복합체의 활성화에 대한 포더의 설명은[424] 그것이 전제하는 단어끼리의 관련성의 성격을 문제 삼지 않는다면 의미 관련 현상처럼 보이는 것을 비의미론적으로 설명하는 한 방안으로 괜찮을 듯싶기도 하다. 앞에서 본 바와 같이 그러한 단어끼리의 관련성이 존재한다는 증거가 많이 있지만 유창한 언어사용자에게서는 그 관련성이 대개 의미적 관련성이라는 점이 재미있다. 사실 포더의 활성화가 의미적으로 관련된 항목들을 연결하는 통로를 따라 진행된다고 보지 않는다면 포더가 언급한, 문맥의미의 효과의 모방이란 것은 설명이 불가능한 채로 남게 된다. 이 점은 문맥효과로 보이는 현상을 순수히 형식적 과정으로 해명할 수 있다는 포더의 주장에 먹구름을 드리운다고 하지 않을 수 없다. 연결망 안에서 작동하는(online) 문맥효과처럼 보이는 현상이 실제로도 그렇다고 인정하는 것이 훨씬 더 단순명쾌한, 그래서 더 타당성이 높은 설명방식이다.

423 역주 이런 경우에 일반적, 문맥적 지식이 언어수용체계의 작동에 영향을 미칠 수밖에 없다는 것이다.

424 역주 앞단락에서 예를 든 바와 같이 'thirsty'가 활성화될 때 'drink'도 활성화되기 위해서는 두 단어가 같은 복합체 안에 들어 있다고 보는 것이다.

【연관주의】

이제 어휘처리 모형에 대한 마지막 이론을 살펴보겠다. 이 이론은 모듈가설처럼 일반적 심리작용을 아우르지만 모듈가설과 달리 언어처리와 비언어적 정보의 처리가 본질적으로 다르다고 보지는 않는다. 이 이론을 연관주의 또는 **병렬분산처리론**(parallel distributed processing)이라 부른다.[425] 서로 신호를 주고받는 연관된 뉴런(neuron)들의 망으로 이루어진 뇌의 신경생리적 활동에서 영감을 얻어 연관주의란 이름이 붙게 되었다. 연관주의모형은 뇌에서 일어나는 뉴런의 상호작용이라는 비유를 마음의 작용에 대한 은유로 보는데 이 경우에는 그 비유가 은유 이상의 것이다. '병렬분산처리론'이란 이름은 여러 정보 요소들이 서로 다른 층위에서(분산) 서로 독립적으로 동시에(병렬) 처리된다는 주장을 나타낸다.

425 연관주의에 대한 설명은 Rumelhart, McClelland & the PDP Research Group (eds)(1986)과 McClelland, Rumelhart & the PDP Research Group (eds)(1986)을 주로 참고했다. Elman(1990a, 1990b)의 통찰력 있는 생각도 가져왔다.

마음에 대한 연관주의이론은 앞에서 본 모듈이론과 양립할 수 없는 것으로 보는 것이 보통이다. 그런데 서로 다른 유형의 정보를 병렬적이지만 완전히 자율적으로 처리하기 위한 여러 연관망들을 상정하고 이것을 모듈이론의 연관주의적 해석일 뿐이라고 생각하는 언어학자들도 있다. 연관주의는 직렬처리론과 대립하는 훨씬 넓은 의미의 병렬처리론에 속함을 지적해 두어야겠다. 여기서 쟁점은 엄밀한 의미에서 동시성과 계기성(sequentiality)에 관한 것이 아니다. 계기적으로 제시되는 언어요소들이 나타나는 순서대로 처리되어야 하므로 병렬모형에서도 작용들의 연쇄는 발견된다. 또 서로 다른 영역에서 작용하겠지만 서로 다른 층위의 작용들이 동시에 일어날 때는, 예를 들어 x라는 항목의 처리가 한 층위에서 시작되는 순간 y라는 항목의 처리가 다른 층위에서 끝나갈 때는 직렬모형에서도 작용의 동시성이 발견된다. 병렬론과 직렬론의 진정한 차이는 병렬론이 개별 사건과 자극이 일으키는 처리작용들의 독립성을 전제하는 반면 직렬론은 각 단계가 전단계의 출력에 의존하는 식으로 언어처리가 단계에 따라 조직화되어 있다고 보는 데 있다. 연관주의모형 같은 병렬모형에서 처리작용들이 독립적이라고 본다고 해서 그것이 정보의 캡슐화이론과 실제적으로 양립할 가능성은 없다. 병렬모형에서 각 언어처리의 독립성은 미시작용(micro-operation)에 대한 것이라서 상위의 의미론적 처리와 하위의 형식의 처리 같은 것들 사이의 장벽과 동일시될 수는 없다. 오히려 병렬처리모형을 의미론적 처리와 형식의 처리 사이에 강한 상호작용이 일어난다고 보는 견해로 해석하는 것이 일반적이다.

연관주의가 언어와 마음에 대한 촘스키와 포더의 견해(그리고 대부분의 다른 견해들)에 도전하는 것으로 생각되어 온 부분은 심리작용이 기호의 조작에 관한 것이라는, **기호적 틀**(symbolic paradigm)이라고도 부르는 것을 부정한 점이다. 이 장의 지금까지의 논의는 언어에 관해서, 외부 현상을 가리키는 대상들이 머릿속에 저장되어 있고 꺼낼 수 있으며 역시 저장되어 있는 규칙과 유형에 따라 그 대상들을 결합할 수 있는 것으로 전제하는 그와 같은 틀에 바탕을 두어 왔다. 연관주의 틀(connectionist paradigm)은 이 모든 것을 의심하고 규칙이나 유형 대신에 **연관력**(connection strength)의 관점에서 지식을 표상한다. 연관주의에 따르면 저장되어 있는 것은 유형도 아니고 우리가 단어, 형태소, 음소로 알고 있는 것을 구성하는 자질의 유형도 아니며, 이러한 유형을 재창조할 수 있는, 훨씬 낮은 층위에 있는 요소들 사이의 연관력이다.[426] 컴퓨터 모의실험은 훈련과정에 어떤 규칙도 끌어들이지 않고 관련된 형상(configuration)의 출현빈도에 근거하여 적절한 형태론적, 음운론적 구조를 제공하도록 아주 단순한 망을 훈련할 수 있음을 보여줌으로써 이 견해를 지지하는 증거를 제공하고 있다. 그러한 연구결과의 의

426 역주 단어를 예로 들면, 형태와 의미가 연결되어 있는 기호로서의 단어라는 단위를 화자가 기억하고 있어서 그 형태를 의미로 이해할 수도 있고 그 의미를 형태로 표현해 낼 수도 있다는 전제를 연관주의가 부정한다는 것이다.

의를 둘러싸고 다양한 견해들이 나왔고 아주 열띤 논쟁이 전개되었다.

그렇지만 기호주의자와 반기호주의자를 화해시키려는 시도도 있었다.[427] 어쨌거나 연관주의와 다른 언어처리모형들은 중요한 면에서 겹치는 부분도 분명히 있다. 예를 들어 동질군모형도 병렬처리론을 따른다. 또 연관주의의 영향이 너무 넓고 커서 다른 모형들도 연관주의 쪽으로 점차 진화하고 있다. 연관주의 자체도 진화 중임을 언급해 두어야겠다. 즉 초기 이론에서는 언어의 형식면에만 초점을 맞추었었는데 지금은 의미론적 문제를 설명하려는 관심도 나타나고 있다.

427 연관주의와 모듈가설을 화해시키려는 예는 Tanenhaus, Dell & Carlson(1987)에서 볼 수 있다. 의미적 차원을 갖춘 연관주의 이론은 MacWhinney & Leinbach(1991) 같은 데서 그 대강을 볼 수 있다.

9_6 제2언어 차원[428]

428 역주 제2언어(second language, L2)는 외국어(foreign language)를 포함하는 넓은 의미로 쓰일 때는 모어를 배우고 난 후에 배우게 되는 언어를 뜻한다. 외국어를 포함하지 않는 좁은 의미로 쓰일 때는 특정한 언어사회에서 모어 외에 사용하는 언어를 가리킨다. 저자는 본문에서 넓은 의미로 쓰고 있다.

둘 이상의 언어가 관련되어 있을 때는 머릿속 사전이 어떻게 구성되고 조직되는지에 대한 문제를 짤막하게 탐색하는 것으로 이 장을 마무리하고자 한다.[429] 그런 상황이 생기는 때는 아이가 유아 때부터 둘 이상의 언어를 습득하게 되는 이언어사용(biligualism)이나 다언어사용(multilingualism)의 초기일 수도 있고 한 개인이 모어(first language) 외에 다른 언어를 아동기의 언어발달 직후든, 청소년기든, 성인기든 나중에 습득하는 경우일 수도 있다.

429 언어 간 영향의 역할은 제2언어 습득에 관한 많은 논저에서 논의하고 있다. 예를 들어 Odlin(1989) 참조. 특히 언어 간 영향의 어휘적 차원은 Laufer(1990, 1994)에서 다루었다.

【모어와 제2언어의 어휘발달】

이언어사용이나 다언어사용의 초기에는 대체로 한 언어에 대해 9_3과 9_4에서 서술한 바와 똑같은 단계를 각 언어에 대해 거친다. 반면에 아동기 후기나 아동기 이후에 언어를 습득할 때는 유아 때 언어발달과 관련되었던 다양한 이정표들을 다시 방문해야 한다는 데 이견이 있을 수 없다. 이런 학습자는 옹알거리거나 옹알거리지 않는다. **목표어**(target language)의 어떤 발화를 만들어내기 시작할 때 그런 발화는 처음부터 의미 있는 요소들의 결합으로 구성되는 것이 대부분이다.[430] 따라서 9_3과 9_4에서 언어전(pre-verbal) 발달과 진짜 말(true speech) 사이의 관계에 대해 논의한 것 대부분과, 단어를 발화하기 시작한 이후의 어휘발달에 대해 언급한 많은 것들이 유아기 이후의 다른 언어의 습득과는 무관하다. 그렇더라도 두 가지 사이에는 만나는 부분이 있는데, 말의 흐름 속에서 어휘단위

430 역주 여기서의 목표어는 학습의 대상이 되는 언어를 뜻한다. 즉 외국어 학습자에게는 모어(native language, first language)와 목표어가 대립관계에 있다. 한편 번역과 통역 분야에서 목표어는 원어(source language)를 번역하거나 통역한 결과를 표현하는 언어를 가리킨다. 예를 들어 영어를 한국어로 번역하는 상황에서는 영어가 원어, 한국어가 목표어가 된다. 이때는 원어와 목표어가 대립관계를 형성한다.

를 분석해내고 전달하고자 하는 의미를 그런 단위와 관련짓는 일이 포함된다는 점에서 다른 언어를 나중에 배우는 학습자가 부딪치는 어휘도전과 유아가 직면하는 어휘도전이 본질적으로 똑같다는 것이다.

음성학, 음운론의 영역에서, 유아가 자신에게 노출된 언어의 음성형태들을 처음부터 파악하려고 애쓰는 것처럼(이것이 옹알이인데 음성학적으로 썩 유익한 것은 못된다) 다른 언어를 나중에 배우는 학습자도 모어와 아주 다른 음성들을 익혀야 한다. 또 나중 학습자는 음소변별의 원리 및 어휘항목 구별에서 음소변별이 하는 역할을 내면화한 후에도 유아처럼 어떤 음성적 차이가 음소적인지를 파악해내야 한다. 더욱이 여기서 음운체계 하나를 이미 알고 있다는 것이 도움이 되기도 하고 방해가 되기도 한다. 그리고 음운론적 작업기억의[431] 상대적 능률이 모어 어휘발달의 속도를 결정할 때처럼 제2언어 어휘발달의 속도를 결정할 때도 똑같이 중요하며, 그래서 음운론적 형태를 처리하는 것이 새 단어를 습득하는 초기에 특히 중요하다는 점을 지적해 둔다.[432]

개념과 의미의 영역에서, 나중 학습자가 모어를 습득하는 유아보다 개념발달의 단계에서 더 앞쪽에 있음은 확실하다. 실제로 모어 습득 과정에서 내면화된 많은 의미와 의미계층이 최소한의 조정만 거쳐서 다른 언어에 다시 적용될 수 있을 것이다. 그렇지만 두 언어사회의 개념적 일치가 어느 정도이든 차이가 나는 의미영역은 항상 존재한다. 완전히 새로운 개념을 습득해야 할 만큼 차이가 나는 경우도 있기는 하지만, 각 언어사회의 문화적 특수성이 반영되어 의미가 달리 구조화되고 다른 분포를 보이는 경우가 더 흔하다(그리고 더 많은 문제를 제기하는 듯하다). 이런 경우에, 모어의 발달에서 나타나 친숙한, 어휘적 유동성, 과대화, 과소화가 제2언어의 어휘발달에서도 나타나는 일은 놀라운 일이 아니다.[433] 모어와 제2언어의 어휘발달이 공유하는 또 다른 의미 관련 특징은 의미를 그림으로 표현하기 쉬운 단어가 그렇지 않은 단어보다 빨리 습득된다는 것이다. 끝으로, 한 단어의 습득이 진행되는 과정을 보면 단어의미가 통합되는 방식에 변화가 일어난다는 점을 지적할 수 있겠다. 처음에는 그 단어가 연어를 이루는 단어들의 의미와 주로 관계를 형성한다(이것은 'blue(푸른)'와 'sky(하늘)' 같은 통합적 단어관계에 반영된다).[434] 이러한 관계가 나중에는 'little(작은)–small(작은)' 같은 동의

431 역주 작업기억(working memory)은 수행 중인 일과 관련된 정보를 임시로 기억하는 것을 뜻한다. 엄격히 말하면 단기기억(short-term memory)과 차이가 있으나 여기서는 단기기억과 같은 개념을 나타내는 것으로 보아도 무방하며 저자도 둘을 혼용하고 있다.

432 이에 대한 증거는 Baddeley, Papagno & Vallar(1988), Papagno, Valentine & Baddeley (1991), Sevice(1992) 같은 논문에서 제시하고 있다.

433 역주 어휘적 유동성, 과대화, 과소화의 개념은 9_4 참조.

434 역주 연어에 대해서는 4장 참조.

관계, 'fat(뚱뚱한)-thin(마른)'을 비롯한 여러 종류의 반의관계, 'carrot(당근)-vegetable(채소)' 같은 상하관계 등의 계열관계에 바탕을 둔 어휘망 속에서 연결되는, 동일한 넓은 의미영역을 포괄하는 단어들로 구성된 더 계층화된 조직에 자리를 내주는 일이 많다.[435]

435 제2언어 어휘발달에서의 통합적-계열적 추이는 Söderman(1993)에서 자세히 다루었다.
역주 단어 간의 계열관계는 5_3 참조.

【머릿속 사전의 구조】

모어와 제2언어의 어휘발달에 이러한 유사성들이 있지만 두 경우에 머릿속 사전의 구조가 질적으로 다르다는 견해가 널리 받아들여지고 있다.[436] 이 견해에 따르면 모어의 머릿속 사전에서는 어휘단위 간의 관계가 주로 의미론적이지만 제2언어의 경우에는 주로 음운론적이다. 이를 뒷받침하는 증거는 단어연상 실험 자료에서 나온 것인데, 그 실험에서 각각의 경우에 자극과 음운론적으로 관련된 단어로 반응을 하므로 제2언어의 머릿속 사전에서는 음운론적 관련성이 우세하다는 주장이다.

436 제2언어 머릿속 사전이 모어 머릿속 사전과 질적으로 다르다는 견해는 Meara(1985)가 개진하였다. Singleton & Little(1991) 같은 논문은 그 입장을 반박하고 있다.

반대의 견해, 즉 모어의 머릿속 사전과 제2언어의 머릿속 사전이 본질적으로 똑같이 작용한다는 견해를 옹호하고 지지하는 쪽도 있다. 이 관점에 따르면, 어떤 어휘항목이 주로 의미에 기반한 관련성에 의지하는지 음운론적 관련성에 의지하는지는 그 언어가 모어인지 제2언어인지에 달린 것이 아니라 특정 시점에서 특정 화자에게 그 단어가 얼마만큼 친숙한가에 달려 있다고 한다. 새로 접하는 어휘항목들은 적절한 증거가 없어서 화자의 내면적인 의미론적 도식에 아직 들어앉지 못했기 때문에 형태 위주의 처리를 촉발하게 되고, 아주 친숙한 어휘항목들은 주로 의미의 관점에서 다루어지게 된다고 본다. 이에 대한 증거를 제공하는 연구들은, 제2언어 숙달도가 높아질수록 단어연상 실험에서 의미론적 동기가 있는 반응의 비율 또한 높아지며, 단어연상 실험이나 글의 빈칸넣기 실험에서 제2언어의 고급 학습자에게 어느 정도 아는 어휘를 제시하면 의미론적 동기가 별로 없는 반응은 거의 하지 않음을 보여준다.

또 다른 문제는 제2언어 머릿속 사전이 모어 머릿속 사전과 분리되어 있느냐 통합되어 있느냐이다. 분리되어 있음을 나타내는 한 현상은 뇌손상으로 언어를 잃었다가 한 언어를 먼저 회복하는 경우이다. 이 현상으로 보고된 것 중 아주 흥미로운 사례는 한 스위스독일어 화자의 이야기인데 그는 어른이 되어서 불완전하게 배운 프랑스어를 먼저 회복하고 학교교육의 언어였던 표준고지독일어를 그다음에 회복했으나 모어였던 스위스독일어는 회복하지 못했다. 이와 다르지 않은 사례로 영국의 고전학자가 고대그리스어, 라틴어, 프랑스어, 영어(그의 모어) 순으로 회복한 일을 들 수 있다.[437] 이들 언어가, 그리고 이들 언어의 어휘가 이런 식으로 하나씩 회복될 수 있다면 이들이 따로 저장되고 조직된다고 추론하지 않을 수 없는 것이다.

통합주의 논의도 어렵지 않게 찾아볼 수 있다. 언어가 몇 개가 관련되더라도 언어능력은 단일하다는 다중능력(multi-competence)의 상황을 몇 년 동안 제기해 왔던 영국의 언어학자 쿡은 다음과 같은 어휘적 증거를 인용했다.[438]

- 한 언어에서 한 단어에 대한 반응시간은 알고 있는 다른 언어의 동원어(同源語)의 빈도와 관계가 있다.
- 알고 있는 두 언어의 형태소의 유사성이 번역의 실행에 영향을 준다.
- 이언어사용자(bilingual)에게 한 언어에 대한 어휘검사를 할 때 그는 두 언어 모두가 관련된 어휘창고를 뒤진다.

이런 증거는 모어 머릿속 사전과 제2언어 머릿속 사전이 관련되어 있음을 지지하는 것이 틀림없지만 두 언어의 어휘적 작용이 완전히 통합되어 있음도 증명하는 것은 아니다. 이런 증거와 계기적 언어회복에 관해 앞에서 본 증거를 함께 고려하는 한 견해는 두 언어의 머릿속 사전이 완전히 분리되어 있거나 완전히 통합되어 있는 것이 아니라고 본다.

관련 연구들에서 이에 대한 흥미 있는 제안들을 볼 수 있다. 그중 하나는 한 개인이 알고 있는 두 언어에서 구체적인 의미를 지닌 번역대응어 쌍과 두 언어에서 동원어로 인식되는 단어 쌍은 "합성적으로(in a compound manner)", 즉 같은 의미를 공유하는 두 형태로 저장되어 있는 반면, 추상적 의미의 비동원어인 번역대응어 쌍은 "대등하게(in a co-ordinate manner)", 즉 형태에서나 의미에서나 구별되는 항목으로 저장되어 있다는 것이다. 또 한 제안은 모어 단어와 관련된 것으로 느껴지는 제2언어의 형태가 모어 단어의 변이형으로 저장되어 있다는 것

437 스위스에서의 언어회복 사례는 Grosjean(1982:260)에서, 영국에서의 언어회복 사례는 Whitaker (1978:27)에서 보고했다.

438 Cook(1992) 참조.

이다(예를 들면 프랑스어 'table(식탁)'과 영어 'table(식탁)'). 이들 제안을 지지하는 증거로 동원어 간의 번역이 비동원어 간의 번역보다 훨씬 빠르다는 사실을 들 수 있다. 예를 들어 영어 'table'을 프랑스어 'table'로 번역하는 것은 영어 'armchair(팔걸이의자)'를 프랑스어 'fauteuil(팔걸이의자)'로 번역하는 것보다 빠르다. 또 모어와 제2언어 어휘가 통합되는 정도에 학습환경 요인과 숙달도 요인이 작용한다는 증거도 있다. 즉 제2언어를 학습하는 환경에 모어가 더 많이 관련될수록 두 언어의 머릿속 사전이 통합되는 정도가 커지고, 제2언어 숙달도가 높아질수록 제2언어 머릿속 사전이 모어 머릿속 사전에 덜 의존하게 되고 더 독립적이 되는 것으로 보인다. 이들을 종합하면 모어와 제2언어의 머릿속 사전에 주어진 어휘항목 간의 정확한 관계는 단어를 얼마나 습득했는지, 습득한 단어를 얼마나 잘 알고 있는지, 두 언어의 단어 간의 형태적, 의미적 유사성을 얼마나 잘 느끼고 있는지에 달려 있는 듯하다.[439]

439 이러한 여러 요인에 관한 논의는 De Groot(1995), Kirsner, Lalor & Hird(1993), Weinreich(1953)에서 볼 수 있다.

9_7 요약

9장은 머릿속 사전(mental lexicon)을 다루었다. 모어 습득에서의 머릿속 사전의 습득에 관한 몇 문제를 검토했고, 머릿속 사전이 조직되는 방식과 머릿속 사전에 접속하는 방식에 관한 몇 가지 주장을 서술했으며, 한 개인이 두 언어 이상을 습득하거나 사용할 때 일어나는 어휘적 문제 몇 가지도 고찰했다. 어휘습득이란 제목으로 다룬 주제들은 언어신호 속에서 어휘단위를 분리해내어 적절한 내용과 관련짓는 문제가 언어습득자에게 제기하는 도전, 아이가 처음 내뱉는 의미 있는 단어와 이 첫 단어라는 이정표에 앞서는 모든 현상들 사이의 관계, 단어 발화의 시작에 뒤따르는 어휘발달의 여러 단계 등이다. 그리고 어휘처리와 관련하여, 머릿속 사전의 조직과 기능에 관한 여러 심리언어학적 모형, 즉 모턴의 로고젠모형, 마슬렌윌슨의 동질군모형, 포스터의 어휘탐색모형, 레벨트의 화자의 청사진 모형을 요약하고 평가했으며, 어휘처리에 관한 모듈이론과 연관주의이론도 살펴보았다. 제2언어의 차원과 관련하여, 모어와 제2언어의 어휘발달의 수많은 유사성과 몇 가지 차이를 언급했고 모어와 제2언어의 어휘조직과 어휘처리에서의 유사성과 차이의 문제, 통합성과 분리성의 문제도 다루었다.

어린이 언어습득 일반에 관한 탁월한 입문서는 다음 책이다.

포스터코헨(S. Foster-Cohen)(1998) 『어린이의 언어발달(*Language development in children*)』.

다음은 엄격한 의미의 입문서는 아니지만 이 분야에 관해 참고할 만한 잘 쓴 책이다.

해리스(M. Harris)(1992) 『언어경험과 초기 언어발달(*Language experience and early language development*)』.

언어처리에 관한 괜찮은 입문서는 다음 책들이다.

엘리스(A. Ellis) · 비티(G. Beattie)(1986) 『언어와 소통의 심리학(*The psychology of language and communication*)』.

포리스터(M. Forrester)(1996) 『언어심리학 : 비판적 입문(*Psychology of language: a critical introduction*)』.

해리스(M. Harris) · 콜트하트(M. Coltheart)(1986) 『어린이와 어른의 언어처리(*Language processing in children and adults*)』.

머릿속 사전의 모든 면에 대한 최고의 입문서는 다음 책이다.

에이치슨(J. Aitchison)(1994) 『마음속의 단어 : 머릿속 사전 입문(*Words in the mind: an introduction to the mental lexicon*)』, 제2판.[440]

다음은 입문서 성격이 약하지만 머릿속 사전을 꽤 잘 다룬 책이다.

가먼(M. Garman)(1990) 『심리언어학(*Psycholinguistics*)』.

다음은 제2언어 머릿속 사전이라는 주제에 관해 참고할 만한 책이다.

싱글턴(D. Singleton)(1999) 『제2언어 머릿속 사전의 탐구(*Exploring the second language mental lexicon*)』.

440 홍우평 역(2004) 『언어와 마음』, 역락. 제3판(2002)의 번역.

연습문제 및 토론거리

1 당신이 2세 아이와 한 방에 있는 상황에서 그 방의 여러 특징과 그 방에 있는 사물들에 대해 아이에게 말한다고 상상해 보라. 그 대화를 적어서 9_2에서 어린이지향어의 전형적 특징에 대해 기술한 것과 비교해 보라. 당신 가족 중에 또는 집에 어린아이가 있다면 당신을 포함한 어른들이 그 아이에게 실제로 어떻게 말하는지 관찰해 보고 9_2에서 제안한 것이 당신의 관찰과 얼마나 잘 대응하는지 평가해 보라.

2 많은 문화권에서 어른들이 어린아이들에게 말할 때 'baba'와 'mama' 같은 단어를 사용한다. 왜 그런 단어를 사용한다고 생각하는가? 또 그런 단어의 사용 때문에 옹알이와 나중의 언어발달 사이의 관계를 분류하는 작업이 어떻게 복잡해질 것이라고 보는가?

3 다음 단어연상 자극에 대하여 (1) 영어를 모어로 배우는 취학전 아이와 (2) 성인인 영어 원어민이 어떻게 반응할 것 같은가?

ask (묻다)	go (가다)
cake (케이크)	hot (뜨겁다)
mummy (미라)	sweet (달다)
doll (인형)	two (둘)
eat (먹다)	water (물)

4 동질군모형에서 'bottle(병), egregious(지독한), endeavour(노력), policy(정책), sterility(불임)'의 이해과정을 어떻게 다룰지 간단히 설명하라. 각 경우에 유일시점(uniqueness point)은 언제인가?

5 다음 영어 단어에 대해 당신이 알고 있는 어떤 언어로 번역어를 적어 보라.

apple	quality
kiosk	totality
beautiful	red
lamp	unbelievable
charity	real
meaning	vary
desk	seat
note	vapour
kindness	terrible
piety	wash

9_6의 논의에 비추어 이제 어떤 번역대응어 쌍이 머릿속 사전의 조직상 특별히 밀접한 관계를 가질 것으로 보는가? 그리고 그 이유는?

10 사전편찬과 어휘교육

10_1 사전과 교수법

어휘를 다양한 언어적 차원, 즉 통사론적, 형태론적, 음운론적 차원에서 탐색하고 어휘의 사회적, 역사적 차원도 살펴보고 한 개인의 어휘발달과 어휘처리도 검토했으니, 이제 개인의 어휘능력을 지원하고 향상시키는 두 가지 유서 깊은 방식, 즉 사전을 편찬하는 문제와 정규교육에서 어휘학습을 촉진하는 문제로 들어가 보자.

사전의 역사는 오래고 사전편찬(dictionary-making, lexicography)의 목표와 방법론도 계속 변해 왔다.[441] 이러한 계속적인 변화 속에서 변하지 않았던 것은 사전의 높은 지위였다. 언어의 다양한 실제 용례로부터 추출한 전산화된 광대한 언어자료 뭉치가 갈수록 사전의 더 큰 기반이 되고 있다는 사실은 진실로 사전의 권위를 더 높였다. 이 장의 앞부분에서는 고대의 용어집(glossary)으로부터 현대의 인터넷사전에 이르기까지의 사전의 발달을 영어사전을 중심으로(영어사전만 다루지는 않겠지만) 추적할 것이다. 그리고 어떻게 해서 사전편찬자들이 어휘적 현상들을 언어의 다른 면으로부터 분리해서 고찰하지 못하게 되었는지도 살펴보게 될 것이다.

교실에서의 어휘와 관련하여, 언어교육 역시 예전부터 있었던 관습이자 분야라고 말할 수 있다. 사전편찬처럼 언어교육도 형태상의 변화를 겪어 왔다. 이 장의 뒷부분에서는 정규적인 언어교육의 관점에서 어휘학습과 어휘교육에 대한 여

441 역주 'lexicography'는 문맥에 따라 '사전편찬, 사전편찬론, 사전편찬학' 등으로 번역할 수 있다. 최근에는 사전을 이론적으로 연구하는 학문인 사전학을 설정하기도 하는데 사전학 역시 영어로는 'lexicography'라고 한다. 사전학을 넓게 보면 사전편찬학은 실용사전학으로, 사전을 이론적으로 연구하는 분야는 이론사전학으로 구분하고 둘을 합쳐 사전학이라 부를 수 있을 것이다.

러 견해를 고찰할 것이고, 앞장들에서 서술한 내용에 비추어 어휘교육을 언어의 다른 차원의 교육과 얼마만큼 분리할 수 있다고 생각할 수 있는지도 살펴볼 것이다.

10_2 사전편찬의 간략한 역사[442]

【사전 이전】

8장에서 본 바와 같이 단어의 형태와 의미는 시간이 지나면 변화하는데 비교적 짧은 시간 동안에 변화할 때도 있다. 수십 년 아니면 수백 년이 지나서 단어의 형태와 의미가 현재와 다른 문헌을 이해하고 해석할 때 이것이 문제가 된다. 해당 문헌이 그 사회에서 중요한 것이면 문제가 특히 심각해진다. 이 경우에 한 해결책은 그 문헌을 현대화하는 것, 즉 현대어로 "번역"하는 것이다. 그러나 원전의 미학적 완전성을 손상할 것이라는 두려움이나 "신의 언어(the word of God)"를 변개하는 데 대한 금기 같은 요인들이 이런 개작을 방해한다. 그 대안은 더 이상 쓰이지 않는 형태나 의미에 주석을 달고 설명을 붙이는 것이다. 요즘 셰익스피어의 작품을 교과서에 실을 때 볼 수 있는 형태가 바로 이것이다. 옛날에도 예를 들면 서기 1세기에 그리스에서 그 이전 그리스어 문학작품들에, 8세기에 북프랑스에서 성경의 라틴어판인 불가타성경(the Vulgate)에 똑같은 원리를 적용했었다.

그리스의 경우 서기 1세기 무렵 호메로스(Homeros)의 언어나 플라톤 같은 저자들의 언어는 대부분 그 당시의 그리스어 사용자들이 이해할 수 없게 되어 있었다.[443] 따라서 이때부터 알렉산드리아의 팜필루스(Pamphilus)나 디오게니아누스(Diogenianus), 조피리온(Zopyrion) 같은 주석자들이 그런 문헌에 쓰인 어려운 요소들의 풀이를 모아 책으로 편찬하게 되었다.[444] 8세기의 라틴어 풀이는 『라이헤나우 용어집(*Glosses of Reichenau*)』이라는 문서에서 찾아볼 수 있는데 이 용어집의 목적은 주로 불가타성경에 쓰인 많은 라틴어 단어들을 그 당시에 그 지역에 사는 학식 있는 라틴어 사용자나 로맨스어 사용자가 이해할 수 있는 말로 설명하는 것이었다. 단어풀이의 몇 예를 보면 다음과 같다.[445]

442 이 절의 서술에 참고가 된 주요 논저는 Whittaker(1966)의 1장, Osselton(1983), Walker-Read(1986)이다.

443 역주 호메로스는 기원전 9세기 또는 8세기에 고대그리스에서 살았던 인물로, 서사시 《일리아스(Iliad)》, 《오디세이아(Odyssey)》의 저자로 추정된다. 영어식 이름은 호머(Homer)이다. 플라톤은 기원전 4세기경에 고대그리스에서 활동한 철학자이다.

444 역주 팜필루스와 조피리온은 서기 1세기에, 디오게니아누스는 서기 2세기에 활동한 고대그리스의 문법학자들로 알려져 있다.

445 이 예들은 Studer & Waters (eds)(1924:14-19)에 인용된 것에서 뽑았다.

Ager: campus (들)
Cecenit: cantavit (그가/그녀가/그것이 노래한다)
In foro: in mercato (시장에서)
In ore: in bucca (입안에)
Semel: una vica (한 번)

이러한 설명은 기본적으로 언어변화의 과정에서 한 시기의 단어를 그 다음 시기의 단어로 번역하는 것이다. 서로 다른 언어 간의 번역이 관련된 경우도 있었다. 예를 들어 기원전 2000년경 고대메소포타미아에서는 수메르어가 모어의 자격을 잃고 아카드어라는 셈어의 방언에 자리를 넘겨주기 시작하기는 했지만 여전히 메소포타미아문화의 중요한 요소들을 전달하는, 중세 유럽의 라틴어와 비슷한 역할을 하고 있었다. 학교에서 수메르어를 정규적으로 가르쳐서 중요한 문헌이 계속 이해될 수 있었고 이런 상황에서 참고자료로 사용되었던 한 요소는 수메르어 형태론 기술법과 수메르어 · 아카드어 어휘목록에 관한 대규모 자료집이었다.[446] 좀더 후대로 내려와 초기 앵글로색슨시대에 수도원에서는 라틴어 원고의 행간에 어려운 라틴어 단어에 대한 고대영어 대응어를 끼워넣는 것이 관행이었다. 시간 절약을 위해 관련 풀이를 여백에나 원고에 덧붙인 페이지에 제시하는 관습이 생겼다. 이러한 라틴어 · 고대영어 번역대응어 자료집은 8세기로 거슬러 올라간다.[447]

446 수메르어 · 아카드 어휘목록과 문법서에 대해서는 Black(1989), Jacobsen(1974)에 나온다.

447 역주 한국의 경우 특정한 책의 난해어구만 모아 풀이한 책은 드물지만 15세기에 한글이 창제된 이후 한문책들을 한글로 번역할 때 번역문 외에 난해어구에 대한 주석도 함께 제시하는 전통이 있었다. 『월인석보』 같은 불경 번역서나 『논어언해』 같은 유교경전 번역서 등에서 난해어구에 대한 주석을 많이 볼 수 있다.

【사전의 태동】

이상의 어느 것도 요즘에 사전이라고 부르는 것과는 다르겠지만 사전에 대한 개념이 싹트고 있었음은 인정할 수 있다. 용어집의 규모와 범위가 커짐에 따라 자료를 어떻게 조직할 것인가 하는 문제가 대두되었다. 이것은 오늘날에도 사전편찬자들을 계속 괴롭히는 문제이다. 한 가지 방안은 주제별로 단어를 모으는 것이었다. 그래서 단어목록을 라틴어 식물명에 영어(프랑스어, 독일어 등) 대응어를 덧붙인 것을 모아서 구성할 수도 있고 동물명이나 신체부위를 중심으로 구성할 수도 있었다. 이런 전문화된 분류는 현대의 전문어사전의 효시인데 노멘클라토레스(nomenclatores)라 불렀다. 원래 라틴어 '노멘클라토르(nomenclator)'는 주인이 만난 사람들 이름을 주인에게 말해 주는 노예를 부르던 이름이다. 어떤 노멘클라토레스는 **이언어사전**(bilingual dictionary)을 넘어서 **다언어사전**(multilingual dictionary)이었다. 16세기에 유니우스(Hadrianus Junius)가 만든 『노멘클라토르 옴니움 레룸(*Nomenclator omnium rerum*)』은 '모든 것의 명명자'라는 뜻인데 라틴어, 그리스어, 프랑스어, 영어로 대응어를 제시한 것이다. 주제별사전은 아직도 존재한다. 『로제 유어사전(*Roget's Thesaurus*)』, 『옥스퍼드 유어사전(*Oxford Thesaurus*)』 같은 유어사전(類語辭典, thesaurus)들은 다음과 같이 표제항 아래 단어를 모아 보여준다.[448]

448 Urdang (comp)(1991)에서 뽑은 예이다.

border(경계) : edge(가장자리), margin(언저리), hem(옷단), …
nimble(민첩한) : agile(재빠른), lively(활기 있는), active(활동적인), …
scatter(흩다) : spread(펴다), diffuse(퍼뜨리다), shower(퍼붓다), …

또 어떤 사전들은 주제별로 폭넓게 조직되어 있다. 예를 들어 『옥스퍼드 속어사전(*Oxford Dictionary of Slang*)』은[449] '사람과 사회', '화폐와 상업과 고용', '행위와 태도와 정서' 같은 항목들로 구성되고 각 항목은 다시 하위주제들로 나누어져 있다.

449 Ayto (comp)(1988).

자모문자를 쓰는 문화권에서 용어집의 내용을 배열하는 다른 방식은 표기형을 가지고 관습적인 자모의 순서에 따라 항목들을 나열하는 것이다. 이런 식으로 만든 라틴어 · 영어사전은 15세기에 처음 등장했다.[450] 인쇄술 발명 이후 제법 큰 자모순 라틴어 · 영어사전이 나왔고 그 과정에서 영어 단어 뒤에 라틴어 단어를 덧붙인 인쇄된 사전이 출현했는데 이것이 헐롯(Richard Huloet)의 『영어 · 라틴어 자모순사전(*Abecedarium Anglico-Latinum*)』(1552)이다. 이 초기의 용어집과 사전들의 자모순이 어느 정도 서로 비슷했음을 언급해 두어야겠다. 예를 들어 15세기의 『영국가톨릭사전(*Catholicon Anglicum*)』에서 'to Nee as a horse(말이 울다)'와 'Negligent(소홀한)'가 'a Nede(필요)' 앞에 배열되어 있다.

450 초기 사전들의 알파벳순 배열에 대해서는 Osselton(1995)의 12장에 의거했다.

【단일어사전의 탄생】

당대의 일상어를 대상으로 한 **단일어사전**(monolingual dcitionary)은 유럽에서

16세기와 17세기에 나타나기 시작했다.[451] 물론 이 시기는 고대그리스와 고대로마의 언어에 관심이 아주 많던 때이다. 역설적으로 이런 높은 관심 때문에 여러 유럽국가의 학자들과 문인들은 자기네들 언어와 문화가 고대그리스어와 라틴어의 풍부함, 정연함, 안정성 등에 가까워지기를 바라게 되었다. 그래서 사전 편찬이나 언어현상에 대한 논문 발표를 통해 유럽 각 지역의 언어들을 정비하고 규칙화하고 고급화하려는 노력이 이어졌다. 일상어사전 이전의 사전이 대개 라틴어 중심이었다는 점과 중세의 용어집으로 소급되는, 난해어 중심이라는 전통이 초기의 일상어사전의 내용으로 뭘 빼고 뭘 실을지 하는 문제에 큰 영향을 주었다. 그래서 첫 영어 단일어사전인 코드리(Robert Cawdrey)의 『자모순 표(*The Table Alphabeticall*)』(1604)는 "숙녀나 서투른 사람들을 돕기 위해 모은 어려운 일상적인 영어 단어"(hard vsual English wordes gathered for the benefit & helpe of Ladies, Gentlewomen, or any other vnskilfull persons) 2560개를 풀이하는 것을 목적으로 했다. 그러한 "어려운 일상적인 단어(hard usual words)"의 예로서 이 책의 'O'편의 처음 8단어를 보면 'obdurate(완고한), obeisance(경의), object(사물), oblation(봉헌), oblectation(대희, 大喜), obliged(할 수밖에 없는), oblique(비스듬한), oblivious(망각하는)'인데 이들은 모두 라틴어나 프랑스어 기원이고 대부분은 학문적인 담화에서만 "일상적인(usual)" 단어였을 것이다.[452] 'oaf(저능아), oak(참나무), oar(노), oath(맹세), oats(귀리), obey(복종하다)' 같은 덜 어려운 단어에 대해 이 책은 아무 언급이 없다.

이후 "난해어(hard word)" 위주의 영어사전들이 잇따라 나왔다. 불로커(John Bullokar)의 『영어해설자(*English Expositor*)』(1616)와 블라운트(Thomas Blount)의 『글로소그라피아(*Glossographia*)』(1656) 등이 그것이다. 실제로 사전편찬에서 난해어 위주의 전통은 수세기 동안 이어졌고 현대에도 영향을 미치고 있다. 그렇지만 17, 18세기의 일부 사전편찬자들은 더 넓은 시각을 가지고 있었다. 예를 들어 코커램(Henry Cockeram)의 『영어사전(*English Dictionarie*)』(1623)은 속어를 수록하고 더 세련된 대응어로 풀이를 달았으며 'hair(털), tavern(술집), yellow(노란)' 같은 일상어도 실었다. 수십 년 후에 편자 미상으로 출판된 『영어의 보고(寶庫)(*Gazophylacium Anglicanum*)』(1689)라는 사전은

451 유럽 최초의 일상어 사전들과 르네상스의 관계는 Harris & Taylor(1997:94) 같은 데서 논의하고 있다.

452 이 예들은 Osselton(1983:16)에서 인용했다.

범위가 훨씬 넓었다. 18세기 초에 커시(John Kersey)의 『신영어사전(*New English Dictionary*)』이 이전의 어떤 사전보다 일상어를 아주 많이 실음으로써 난해어 위주의 편찬에 뚜렷한 전환을 가져왔다.[453]

베일리(Nathaniel Bailey)의 『일반 어원사전(*Universal Etymological Dictionary*)』(1721)은 그 당시 사전의 표준이 되었는데 일상어를 수록하는 정책을 따르고 **인용례**도 실었다.[454] 인용례를 싣는 관습은 고대로부터 친숙한 것이었다. 이 관습은 콧그레이브(Cotgrave)의 『불영사전(*Dictionarie of the French and English Tongues*)』(1632) 같은 이언어사전이나 다언어사전에서 제한적인 형태로 볼 수 있었으며 프랑스학술원이 낸 사전(1694) 같은 대륙의 사전에서는 완전한 형태로 볼 수 있었다. 인용례는 위에서 본 블라운트의 『글로소그라피아』에도 등장하는데 18세기의 가장 유명한 사전인 존슨(Samuel Johnson)의 『영어사전(*Dictionary of the English Language*)』(1755)의 중요한 특징이기도 하다.

【존슨의 사전】

존슨의 사전은 그 당시의 최선의 용법을 담으려 했는데 일부 옛 용법도 18세기 독자가 이해할 수 있도록 풀이했다. 그래서 그 당시의 의미뿐 아니라 옛 의미도 싣되 그 뜻풀이를 뒷받침하는 100,000개 이상의 인용례를 보였다. 존슨의 처리 방식은 진실로 나중에 『옥스퍼드 영어사전(*Oxford English Dictionary*)』의 편찬자들이 채택한 역사적 태도(historical approach)의 선구적 형태였다. 그러나 자기가 최선의 용법으로 생각한 것만 중시하고 자기가 인정하지 않는 필자를 제외하는 고집스러운 태도 때문에 존슨이 처리한 단어의 상당수는 역사적 기술이 다소 불완전하게 되었다. 사실 언어적이거나 문체적인 이유가 아니라 존슨이 그들과 의견이 다르다는 이유로 제외된 필자들도 있다. 예를 들어 존슨이 철학자 홉스(Thomas Hobbes)의 견해를 좋아하지 않았기 때문에 그의 글을 인용하지 않았다.

18세기의 다른 영어사전들은 표기나 바른 용법, 또 점점 발음에 초점을 두는 등 조금 다른 방향으로 나아가게 되었다. 한편 역사적 방법에 관심이 있는 사전 편찬자들도 자신들의 존재를 계속 알렸다. 예를 들어 재미슨(John Jamieson)의

453 영어사전에서 일상어를 포함하는 쪽으로의 움직임에 대해서는 Osselton(1995)의 3장에 바탕을 두었다. 이 책의 26쪽에는 커시의 서문의 인용문도 나온다.

454 역주 사전에서의 용례는 인용례와 작성례로 나누어진다. 실제로 쓰인 언어자료의 일부를 가져와 실은 용례는 인용례, 사전편찬자가 만들어낸 용례는 작성례이다.

『스코틀랜드어 어원사전(*Etymological Dictionary of the Scottish Language*)』(1808)은 각 표제어에 표시된 모든 의미에 대해 최초의 출전을 제시했다.[455] 재미슨이 존슨보다 문헌을 더 폭넓게 이용했다는 점에서 더 대담했던 것은 사실이나 평자들은 그 출전들 일부가 보잘것없는 것이라고 비판했다.

대서양 건너편에서 미국 사전편찬가의 아버지인 웹스터(Noah Webster, 1758~1843)는 존슨의 방법을 부분적으로만 따랐다. 웹스터는 존슨이 다 아는 단어를 인용례로써 쓸데없이 풀이하느라 지면을 낭비했다고 생각했다. 웹스터의 태도는 아주 규범적이기도 해서 의미의 변이나 발달을 고려하려는 쪽과는 거리가 멀었다. 웹스터 자신의 『미국영어사전(*American Dictionary of the English Language*)』(1860)은 인용례의 역할을 축소하고 어원과 뜻풀이에 중점을 두었다.

455 역주 한국어사전 중 최초의 출전을 처음으로 제시한 사전이 『표준국어대사전』(1999)이다. 그러나 각 표제어의 모든 의미에 대해 최초의 출전을 제시한 것은 아니다.

【옥스퍼드 영어사전】

정보공학이 도래하기 이전에 영어사전 편찬의 최후의 위대한 지표(地標)는 그 제목에 역사적 태도에 근거했음을 선언한 사전이었다. 이것은 『역사적 원리에 의한 신영어사전(*A New English Dictionary on Historical Principles*)』(1884~1928)인데 『옥스퍼드 영어사전(*Oxford English Dictionary*)』, 줄여서 *OED*로 더 잘 알려져 있다.[456] 이 사전의 대표 발기인인 트렌치(Richard Cheveix Trench)는 어떤 단어의 용법이 옳은지 그른지 판정하는 것이 가능은 하지만 덜 자연스러운 용법으로 생각하는 것을 사전에서 제외해야 한다고 생각하지는 않았다. 앞서 보았듯이 역사적 원리는 존슨의 사전을 포함하여 초기 영어사전들의 특징이었으므로 *OED*가 영어사전 편찬에서 이미 확립된 전통의 정점을 이룬다고 할 수 있다. 하지만 *OED*의 편찬에 이용한 방법의 형성에 아주 중대한, 아마 결정적인 영향을 준 것이 따로 있었는데 그것은 독일의 사전편찬가 파소브(Franz Passow)의 연구였다. 파소브는 각 단어의 역사를 보여줄 때 연대적으로 정렬된 인용례를 제시해야 한다는 생각을 강력히 지지하는 논문을 1812년에 발표했다. 파소브의 주장은 리델(H. G. Liddell)과 스콧(R. Scott)이 편찬한 『프란츠 파소브의 연구에 근거한 그리스어 · 영어사전(*Greek-English Lexicon Based on the*

456 *OED*에 대한 논의는 전체적으로 Aarsleff(1990)에 의거했다.
역주 초판은 전부 12권으로 출판되었다.

Work of Franz Passow)』(1843)에 큰 영향을 주었다. *OED*의 첫 편집자인 콜리지(Herbert Coleridge)는 모든 단어가 "자신의 이야기를 하도록 해 줘야 한다(should be made to tell its own story)"는,[457] 리델과 스콧의 사전의 서문에 나오는 명제를 인용하는 것으로 자신과 자신의 팀이 채택한 태도를 설명했다. *OED*의 제2판은 벤보(Timothy Benbow)의 행정적 감독과 심슨(John A. Simpson)과 바이너(Edmund S. C. Weiner)의 편집 지휘에 따라 1983년에 준비가 시작되어 1989년에 출판되었다.[458]

457 Aarsleff(1990:160)에서 인용.

458 역주 *OED* 제2판은 전부 20권의 종이사전으로 출판되었는데 나중에 CD롬으로도 출판되었다. 2000년에는 '온라인 옥스퍼드 영어사전(Oxford English Dictionary Online)' 이라는 이름의 웹사전의 형태로도 선을 보였다(http://oed.com/).

【말뭉치를 바탕으로 한 사전】

아주 최근에는 사전학적 연구와 사전적 자료의 산출과 제시에서 정보기술을 이용함으로써 사전편찬이 큰 진보를 이룩하고 있다.[459] 4장에서 본 바와 같이 연구의 일선에서는 자연스럽게 쓰이는 구어와 문어의 전산화된 말뭉치를 구축하고 활용하는 데에 1980년대부터 대규모의 투자가 이루어지고 있다. 앞에서 말했듯이 이 분야의 주도자는 코빌드(COBUILD) 사업이다. 이 사업은 콜린스출판사(지금은 하퍼콜린스출판사)와 버밍엄대학교 영어학부가 공동으로 벌인 것이며, 자연스럽게 출현하는 영어자료의 말뭉치, 지금은 영어은행(Bank of English)이라 부르는 것을 구축해 왔는데 그 규모가 3억 단어를 넘어섰다. 비원어민인 고급의 영어 학습자와 사용자를 주요 독자로 한 많은 참고서들이 이 말뭉치를 바탕으로 나왔다. 다음이 그중 일부이다.

459 사전편찬에서 전자말뭉치의 이용에 대한 논의는 Sinclair (ed)(1987), Sinclair(1991), Carter(1998:6장)을 참고했다.

- 『콜린스 코빌드 영어사전(*Collins COBUILD English Language Dictionary*)』, Glasgow: Collins, 1987.
- 『콜린스 코빌드 영어사전(*Collins COBUILD English Dictionary*)』, Glasgow and London: HarperCollins, 1995.
- 『콜린스 코빌드 관용구사전(*Collins COBUILD Dictionary of Idioms*)』, Glasgow and London: HarperCollins, 1995.
- 『콜린스 코빌드 영어단어 용법(*Collins COBUILD English Words in Use*)』, Glasgow and London: HarperCollins, 1997.

최근의 사전편찬을 특징짓는 말뭉치로서 전에 언급한 다른 예는, 다시 특별히,

그러나 이것이 전부는 아니지만, 다음과 같은 것들을 들 수 있으며, 비원어민인 고급의 영어 학습자를 주요 독자로 한 다음 사전들의 편찬에 활용되었다.[460]

460 역주 한국에서는 1990년대에 말뭉치 구축이 시작되었다. 말뭉치를 바탕으로 편찬된 한국어사전으로는 『연세 한국어 사전』(1998)과 『표준국어대사전』(1999)이 있다.

- 영국 국립 말뭉치(British National Corpus) : 영국영어 문어 9천만 단어, 영국영어 구어 천만 단어.
  『롱맨 현대영어사전(*Longman Dictionary of Contemporary English*)』. 제3판, London: Longman, 1995.
  『옥스퍼드 고급학습자사전(*Oxford Advanced Learner's Dictionary*)』. 제5판, Oxford: Oxford University Press, 1995.
- 롱맨 · 랭카스터 말뭉치(Longman-Lancaster Corpus) : 영국영어와 미국영어 문어 및 구어 3천만 단어.
  『롱맨 미국영어사전(*Longman Dictionary of American English*)』. 제2판, London: Longman, 1997.
  기타 롱맨출판사에서 최근에 출판한 사전들.
- 케임브리지 국제 말뭉치(Cambridge International Corpus) : 영어 문어 9천5백만 단어에 부록으로 구어자료 5백만 단어 추가. 이 구어 말뭉치는 케임브리지 · 노팅엄 영어 담화 말뭉치(Cambridge and Nottingham Corpus of Discourse in English)라 부름.
  『케임브리지 국제 영어사전(*Cambridge International Dictionary of English*)』. Cambridge: Cambridge University Press, 1995.

사전편찬에서 말뭉치를 사용하는 것의 이점은 다음과 같다. 첫째, 대량의 실증적인 영어자료가 있으므로 사전편찬자가 서술하고자 하는, 단어의 모든 용법에 대해 예를 즉각 인용할 수 있다. 말뭉치 기반의 사전은 뜻풀이를 뒷받침하는, 작성례가 아닌 "실제의" 용례에 전적으로 근거하는 만큼 "역사적 원리"를 따르는 경향이 있다. 이러한 사전이 *OED* 같은 사전과 다른 점은 수세기에 걸친 언어변화를 추적하는 대신 한 역사적 국면(즉 현재의 용법)에만 집중한다는 것, 그리고 활용하는 용례들의 출전이 "진지한(serious)" 저작물의 범위를 넘어선다는 것이다.

둘째, 근거로 삼는 말뭉치가 전산화되어 있으므로 구어, 문어, 영국영어, 미국영어 같은 변종 안에서 또는 그 언어 전체에서 어떤 항목의 출현빈도에 대한 정보를 추출하기가 지극히 쉽다. 더 신나는 일은 **용례색인**(concordance)의 기술을 이용하여 각 변종에서나 그 언어 전체에서 어떤 단어가 들어 있는 결합에 대한 정보를 얻는 일이 간단한 문제라는 것이다.[461] 따라서 말뭉치로 작업하는 사전편찬자는 어떤 항목이나 용법이 주된 것인지 그리고 더 주변적인지 결정할 때 더 이상 직관이나 인상에 기대지 않아도 된다. 빈도통계나 용례색인을 통해 얻은 자료를 이용하면, 어떤 풀이와 관련하여 제시할 정보의 배열 문제, 예를 들어 덜 전형적인 용법 앞에 더 전형적인 용법을 제시하고 설명할 것인지 하는 문제도 쉽게 해결할 수 있다.

끝으로, 전산화된 말뭉치에서 얻을 수 있는 정보 덕분에 사전편찬자는 'well'과 'right' 같은 단어의 담화표시 기능에 대한 정확하고 유용한 설명을 제시할 수 있다. 이러한 설명을 종래의 사전에서는 대체로 간과해 왔다. 다음 예에서 보듯이 'right'는 한 문제나 주제에 마침표를 찍고 다른 문제나 주제로 넘어감을 나타낸다.

> That's how Descartes saw the matter. Right. Now let's have a look at what the Empiricists had to say about this issue.
> (데카르트는 그 문제를 그렇게 본 것이다. 됐다. 이제 경험론자들이 그 문제에 대해 어떻게 말했는지 살펴보자.)

【전자사전】

이제 사전편찬 자료의 작성과 제시에 정보기술을 활용하는 문제로 넘어가자. 여기서는 CD롬사전과 인터넷사전을 주로 다루게 된다. 원칙적으로 이러한 전자사전은 여러 세기 동안 사전편찬자들을 괴롭혀 온 많은 문제들, 특히 수록할 자료의 양의 문제와 자료의 배열 문제를 해결할 수 있을 것이다. 전통적인 책 형태의 사전은 각 항목의 풀이에 실을 수 있는 정보의 양에 큰 제약이 있었다. 전자사전은 그러한 제약에 얽매이지 않으며, 다른 항목의 풀이나 다른 정보원을 연결해 주는 기능 때문에 전자사전이 제공하는 자료의 양은 사실상 무한하다고 할 수 있다. 또 자료의 배열과 관련하여, 사용자가 입력할 수 있는 정보가 어형, 뜻풀이, 공통의 연어항(common collocate)[462] 등 무엇이든 즉각 작동하는 검색 기능이 있으므로, 자모순처럼 형태적 기준에 따르든 주제별 분류의 틀에 따르든 어휘자료를 일관되고 사용자 친화적으로 배열하는 일이 더 이상 중요한 문제가 아니다.

461 역주 용례색인은 어떤 언어자료에 나타나는 모든 단어를 그 출현환경(문맥)과 함께 목록으로 작성하는 일을 말한다. 해당 단어를 그 앞뒤 문맥과 함께 가나다순 등으로 정렬하는 문맥내 핵심어(Key Word in Context, KWIC) 형식으로 작성하는 일이 많다. 아래 예는 색인어를 { } 안에 표시한 KWIC 형식의 용례색인을 부분만 보인 것이다. 각 행 끝에는 출전을 표시한다.

토끼란 놈이 {꾀를} 내었다.
로운 일들을 {꿈꾸는} 것은
... 속된 말로 {꿈도} 야무지
... 나는 정말 {꿈만} 같았다.
가 되겠다는 {꿈을} 꿀 수
다. 그럴까? {꿈이} 이루어
젊은이들은 {꿈쩍도} 하지

462 역주 공통의 연어항이란 둘 이상의 연어에 공통으로 들어 있는 단어를 말한다. 연어 '몸부림을 치다', '박수를 치다', '헤엄을 치다', '화투를 치다'에는 '치다'라는 동사가 공통의 연어항으로 들어 있다.

CD롬 형태로 최근에 나온 사전의 한 예는 위에서 언급한 『옥스퍼드 고급학습자사전』이다. 이 사전의 CD롬판은 연속된 텍스트를 넘길 수 있다는 점에서 책처럼 사용할 수 있다. 게다가 검색기능을 사용하여 용법 설명, 지도, 삽화, 사진, 수만 개의 말뭉치 기반 용례를 즉각 열람할 수 있다. 옥스퍼드 집단에서 만들어 낸 다른 CD롬사전은 『옥스퍼드 미국 어휘력사전(*Oxford American Wordpower Dictionary*)』(Oxford: Oxford University Press, 1999)이다. 이것은 미국영어를 제2언어로 배우는 중급 학습자들을 대상으로 기초적인 생존어휘(survival vocabulary)와 더 폭넓은 어휘 사이의 틈을 메워 주기 위해 만든 사전이다. 이 사전에는 사전에서 우리가 기대하는 일반적인 정보들 말고도 미국문화에 관한 특집과 불규칙동사, 수, 지명 같은 분야를 다룬 부록도 있고, 연어, 구동사(phrasal verb),[463] 학습요령 등에 관한 정보를 도표로 정돈하여 제시한 학습란도 들어 있다. 그래서 사전과 학습서의 경계가 모호해지고 있다. 이 사전의 CD롬판은 이 방향으로 더 나아가고 있다. 즉 본문의 어느 부분이든지 즉시 열람할 수 있는 검색기능뿐만 아니라 어려운 단어의 용법을 설명하는 수백 장의 그림, 동영상, 모범적인 발음을 들려주는 음성정보, 문법과 어휘의 연습문제, 교육게임도 제공한다.

인터넷사전을 보자면 많은 사전들이 정보기술이 부여한 굉장한 가능성을 활용하지 못하고 아주 한정된 검색기능이 딸린, 상당히 조잡한 단어풀이밖에 제공하지 못하고 있다는 점에서 실망스럽다.[464] 그 외의 인터넷사전들은 자유로이 검색할 수 있는 다량의 정보를 제공하고는 있지만 정보의 유형 면에서 책 형태의 사전을 제대로 넘어서지 못하고 있다. 하지만 정보기술을 충분히 활용하고 전통적인 형태를 극복하려 한 인터넷사전도 많이 있다. 그중 하나가 『뉴베리하우스 온라인사전(*Newbury House Online Dictionary*)』인데 http://nhd.heinle.com/ 에서 이용할 수 있다. 이것은 『뉴베리하우스 미국영어사전(*Newbury House Dictionary of American Dictionary*)』(제3판, Boston: Heinle & Heinle, 2000)의 전자판이다. 이 온라인판에 크게 추가된 부분은 각 풀이에서 '관련사진(Related Photograph)'이라는 단추를 딸깍하는 것으로 접속할 수 있는 5만여 장의 사진 데이터베이스이다. 훨씬 더 인상적인 것은 『라루스 컴퓨터지원 다매체 백과사전(*Larousse Multimédia Encyclopédique sur CompuServe*)』인데 이것은

463 역주 구동사는 영어에서 동사가 부사 또는 전치사와 이어져 하나의 동사처럼 쓰이는 구를 뜻한다. 'sit down(앉다), turn on(켜다), do away with(없애다), look forward to(고대하다)' 등이 그 예이다.

464 인터넷사전에 대한 정보와 하이퍼링크는 다음 인터넷사이트에서 찾을 수 있다.
http://www.facstaff.bucknell.edu/rbeard/diction.html
http://clicnet.swarthmore.edu/dictionnaires.html
http://www.encyberpedia.com/glossary.html
http://cctc.commnet.edu/libroot/dictionaries.html

465 역주 한국어사전의 경우, 『표준국어대사전』(1999)의 표제어를 인터넷에서 쉽게 검색할 수 있다(http://www.korean.go.kr). 그밖에도 주요 인터넷사이트들이 다양한 사전들의 검색기능을 제공하고 있어서 종이사전은 점점 뒷전으로 밀리는 추세이다.

http://larousse.compuserve.com에 올라 있는 백과사전으로 회원가입을 통해 이용할 수 있다. 이 사전은 일반 사전에 나오는 뜻풀이나 다른 정보들 외에 관련 시각자료뿐만 아니라 관련 주제에 관한 기사도 열람할 수 있다.[465]

10_3 어휘부 : 사전학자의 늪

앞장들에서 알 수 있었던 분명한 사실은 어휘가 전통적으로 생각해 왔던 것보다 훨씬 더 복잡하고 범위도 훨씬 더 넓으며 언어의 다른 분야와 훨씬 더 깊이 관련되어 있다는 점이다. 사전편찬자가 볼 때 이것은 사전편찬자가 조직하려는 자료가 일상적인 사전사용자가 상상하는 것보다 더 많은 문제를 안고 있음을 뜻한다.

【표기법】

흔히 사전의 기본적 역할이라고 생각하는 면, 즉 어떤 항목의 옳은 표기와 뜻풀이를 제공하는 일을 살펴봄으로써 그러한 문제들의 검토를 시작할 수 있겠다. 표기 분야에서 규범, 즉 어떤 항목의 "정확한" 한 가지 표기를 많은 사람들이 요구하는 것이 사실이지만 사전편찬자는 그러한 요구에 부응하기 힘들다는 것을 자주 느낀다. 예를 들면 7_3에서 본 바와 같이 영어권에서도 나라에 따라 서로 다른 표기가 옳은 것으로 통용되고 있다. 그래서 전 세계 영어화자를 대상으로 작업하는 사전편찬자는 지역에 따른 표기의 변이형에 대한 언급을 할 수밖에 없는 것이다.

한 나라 안에서도 개별 단어에 대한 둘 이상의 표기가 통용되는 때가 있다. 그래서 지금의 영국과 아일랜드의 표준영어에서 다음 형태들이 모두 해당 단어의 옳은 표기로 통용된다.

connection – connexion (연관성)
jail – gaol (감옥)
publicize – publicise (공표하다)
wagon – waggon (짐차)
yogurt – yoghurt (요구르트)

현대의 본토프랑스어('metropolitan' French)에서 다음의 (발음이 똑같은) 쌍들도 마찬가지이다.

bistrot – bistro (작은 술집)
essaie – essaye (동사 'essayer(시도하다)'의 1인칭, 3인칭 단수 현재형)
paiement – payement (지불)
remerciement – remercîment (감사)
serre-freins – serre-frein (브레이크 거는 사람)

다시 말해서 사전편찬자는 이러한 형태적 변이를 설명해야 하는 것이다.[466]

자모문자가 아닌 문자를 쓰는 언어에서도 이러한 변이의 문제가 있다. 8_3에서 본 예를 다시 들자면 1950년대에 중국 정부는 한자 수백 개의 간체자를 공표했다. 그러나 대만과 싱가포르는 간체자 사용 정책을 시행하지 않았고 세계 각국의 화교들도 간체자를 받아들이지 않았다. 따라서 이 개혁의 대상이 되었던 표기들을 완벽하게 설명하고자 한다면 해당 한자들의 전통적인 표기(번체자)와 개혁된 표기(간체자)를 모두 포함해야 할 것이다.[467]

466 역주 한국어사전의 경우, 『표준국어대사전』은 '녀자(여자), 리론(이론), 뻬스(베이스), 옳바르다(올바르다)' 등 남한에서와 표기가 다른 북한어를 다수 싣고 있다.

467 중국의 문자개혁과 중국 이외 지역에서 그 개혁을 따르지 않고 있는 상황에 대해서는 Calvet(1996:101)을 참고했다.

【의미】

사전이 제공하는 뜻풀이 쪽에서 사전편찬자가 안게 되는 주요 문제는 두 가지인데 그 하나는 얼마나 많은 정보를 제공할 것인가이고 또 하나는 의미를 몇 가지나 명시할 것인가 하는 것이다. 어떤 단어의 기본의미와 더 상세한 의미를 엄격히 구별할 수 있는 간단한 방법이 있는지 확실치 않다. 더 실용적인 관점에서 이 문제를 보자면, 사전편찬자가 지향해야 할 바는 사전이용자가 해당 항목을 이해하고 스스로 적절히 사용할 수 있을 만큼 충분하면서도 최대한 경제적인 뜻풀이일 것이다(적어도 종이사전의 제약이 있다면 말이다). 전통적인 형태의 사전이라면 사전의 분량이 크게 늘어난다거나 표제어 수가 준다거나 하는 점에서 더 백과사전적인 뜻풀이를 제공하려면 값이 비싸지는 문제가 있다. 그러나 원칙적으로 **언어사전**과 **백과사전**의 경계가 모호해서는 안 될 이유가 없다.[468] 오래 전부터 있어 왔던 백과사전적 사전(encyclopedic dictionary)이 이 점을 아주 분명히 보여준

468 역주 백과사전이나 전문사전 같은 사전(事典)과 구별하기 위해 사전(辭典)을 언어사전이라 부르기도 한다.

469 Mével, Chapel & Mercier (comp)(1996).

470 역주 뜻풀이를 번역대응어로 제시한 이언어사전을 대역사전(對譯辭典)이라고 부른다.

471 역주 동전던지기게임 투업(two-up)은 6m 정도의 원 안에서 킵(kip)이라는 작은 나무판의 구멍 안에 동전 두 개를 하나씩 넣고 동전을 던져 바닥에 떨어졌을 때 둘 다 같은 면이 나오는 것에 내기를 걸고 하는 놀이로서 호주에서 19세기에 도박의 일종으로 생겨났다고 한다.

다. 그 한 예가 『일반 백과사전적 사전(*Dictionnaire Encyclopédique Général*)』이다.[469] 이 사전은 보통명사 및 다른 품사와 함께 고유명사도 싣고 있는데 본문이 1587쪽에다 약 3500개의 그림이 들어 있고 신어, 영어투, 지도 등 여러 가지 부록이 붙어 있다. 앞절에서 보았듯이 신기술 덕분에 백과사전적 사전의 개념이 전통적인 사전 형태에서 상상했던 것보다 훨씬 더 많이 발달할 가능성이 있다.

이언어사전에서는 백과사전적 태도가 잘 드러나지 않고 있다. 이언어사전에서는 뜻풀이가 번역대응어의 형태일 때가 많다.[470] 한편 앞서 본 바와 같이 비원어민 고급학습자를 대상으로 한 일부 단일어사전들이 더 백과사전적인 방향으로 나아가기 시작했다. 『옥스퍼드 고급학습자사전』(앞절 참조)이 좋은 예이다. 여기서도 정보기술이 궁극적으로 위의 범주들을 뛰어넘게 될 것이다. 즉 특정 시대에 특정 사용자의 요구에 따라 한 뭉치의 검색기능을 통해 다른 언어로의 번역, 전통적인 단일어사전식의 뜻풀이, 더 쉬운 고급학습자사전식의 뜻풀이나 더 백과사전적인 정보를 열람할 수 있도록 진화할 것이다.

둘 이상의 의미 문제에 대한 전통적인 해결법은 의미론자들의 동음어와 다의어 구별을 따라 한 형태가 지닌 여러 의미가 어떤 식으로든 관련이 있는 경우와 완전히 무관한 경우를 구별하는 것이었다. 후자의 경우 서로 다른 의미는 서로 다른 단어를 나타내는 것이라서 표제어도 따로 설정하게 되고, 전자의 경우 서로 다르지만 관련된 의미는 같은 단어에 속하므로 같은 표제어 안에서 처리하게 된다. 이에 대한 좋은 예로 『간명 옥스퍼드사전(*Concise Oxford Dictionary*)』의 'kip'에 관한 의미의 처리를 들 수 있다(제8판 651쪽). 이 형태는 독립된 네 표제어로 나뉘어 각각 다음과 같이 풀이되어 있다.

kip[1] **1** a sleep or nap (잠 또는 낮잠). **2** a bed or cheap lodging house (침대 또는 싸구려 여인숙). **3** a brothel (매음굴).

kip[2] the hide of a young or small animal as used for leather (가죽으로 쓰는 작거나 어린 동물의 껍질).

kip[3] the basic monetary unit of Laos (라오스의 기본 화폐단위).

kip[4] a small piece of wood from which coins are spun in the game of two-up (동전던지기게임에서, 담아 둔 동전을 던질 때 쓰는 작은 나무판).[471]

kip[1]에 풀이된 세 의미는 침대에서 일어나는 또는 통상 침대가 있어야 하는 일을 가리키므로 서로 관련되어 있다고 할 수 있다. 반면에 kip[2], kip[3], kip[4]의 의미는 서로의 의미와도, 잠, 투숙, 간음과도 분명한 관련은 없는 것으로 보인다.

동음어와 다의어를 구별할 때 생기는 문제는, 은유적 확장으로 생겨나서 그 단어의 이전 의미 또는 더 중심적인 의미와 관련이 있는 의미가 '낮잠'과 '작은 나무판' 사이의 거리만큼이나 멀리 옮겨갈 수 있다는 점이다. 예를 들어 영어단어 'cool(시원한)'은 'fairly cold(꽤 차가운)' 정도를 뜻한다. 이 단어가 확장에 의해 감정의 영역에서는 'calm(평온한)' 또는 'unexcited(차분한)'를 뜻한다. 여기서 더 확장되어 긴장이 풀어진 연주법(특히 재즈에서)을 뜻하게 되었고 더욱더 확장되어 'excellent(훌륭한)'와 거의 같은 칭찬의 말로 쓰이고 있다. 사전편찬자가 부딪치는 문제는 '꽤 차가운'을 뜻하는 'cool'을 '훌륭한'을 뜻하는 'cool'과 함께 처리해야 할지, 이 둘이 너무 달라져서 'cool[1]'과 'cool[2]'로 표제어를 나누어야 할지 하는 것이다.[472] 이 같은 문제에 대해 결코 쉽게 대답할 수 없다.

472 역주 전자는 다의관계로 보는 것이고 후자는 동형관계로 보는 것이다. 5_3 참조.

둘 이상의 의미가 관련되어 있음이 분명한 경우에도, 그중 어느어느 의미를 명시할 것인지, 또 그것들을 어느 정도까지 문맥에 의한 것으로 다루어야 할 것인지 하는 문제가 여전히 남는다. 어떤 경우에는 특정 표현의 거의 모든 의미가 문맥에서 도출되는 것으로 생각된다. 그 좋은 예로 요즘 영어에서 동의(同意)를 표시하는 데 쓰는 'nice'를 들 수 있다(4_2 참조). 'nice'의 동의와 관련된 정확한 의미는 다음 예문들에서 알 수 있듯이 'nice'가 들어 있는 특정한 결합, 지시대상의 특정한 유형, 발화의 성격 등이 지니는 기능이다.

She has nice hair. (매력적인)
(그녀의 머리가 매력적이다.)
He's a very nice man. (상냥한)
(그는 아주 상냥한 남자다.)
Nice shot, my son! (잘한)
(잘했다, 우리 아들!)
Nice girls don't kiss on first dates. (도덕적으로 건전한)
(참한 여자는 첫 데이트 때 키스하지 않는다.)
He said some very nice things about you. (칭찬하는)
(그 사람이 너에 대해 아주 칭찬을 하더라.)

이런 경우에 'nice'의 모든 가능한 문맥적 해석을 사전에 싣는 것은 비실용적이고 지나친 일일 뿐 아니라 부정확한 면도 있다고 하겠다. 그렇지만 가능한 문맥적 해석을 너무 제한적으로 설명하는 것도 부정확한 일일 것이다. 이런 경우에는 그러한 뜻의 'nice'가 그것이 붙는 어떤 대상에 "플러스 기호를 더한다(add a plus sign)"는 점을 일반화하여 표시할 필요가 있고, 또 'nice'가 그런 역할을 할 수 있는 다양한 문맥의 예(선택적 용례임을 분명히 표시한 예)를 활용한 어떤 설명도 필요하다.

【문법】

사전편찬자가 안게 되는 문제들을 전통적으로 사전의 내용으로 기본적이라고 여겨 온 정보의 유형에 따라 논의한 셈인데 이제는 사전의 풀이에서 찾을 수 있는 다른 정보요소들을 폭넓게 훑어보기로 하자. 그런 요소 중 1, 2, 3장에서 자세히 살펴본 것이 문법, 즉 통사론과 형태론이다. 앞장들에서 통사론은 크게 보아 단어선택으로 결정되며 형태론은 파생과 굴절 두 영역 다 진정 어휘적인 문제임을 보았다. 따라서 사전에 실리는 실용 지향의 기술을 포함하여, 어휘에 대한 어떤 기술도 문법을 피해갈 수 없다. 이에 대한 증거는 사전이 많건 적건 항상 문법정보를 싣고 있다는 데 있다.[473] 여기서 사전편찬자가 맞닥뜨리는 한 문제는 문법을 더 많이 다루어야 하는지 더 적게 다루어야 하는지 하는 것이다. 만약 문법을 꽤 풍부하게 다루기로 한다면 이번에는 문법정보를 어떻게 하면 적당히 경제적이고 (종이사전에서) 이해하기 쉬우면서도 되도록 완전하게 제시할 수 있는가 하는 문제와 만나게 된다.

사전에서 문법을 최소로 다루어야 한다는 입장을 취한 사전으로는 스타브로풀로스(D. N. Stavropoulos)가 편찬한『영어 · 그리스어 그리스어 · 영어 휴대용 옥스퍼드 학습자사전(*Oxford Learner's Pocket Dictionary: English-Greek, Greek-English*)』(Oxford: Oxford University Press, 1990)을 들 수 있다. 이 사전의 영어 · 그리스어 편에서 풀이에서 제시한 기본적인 문법범주는 명사(n), 형용사(adj), 부사(adv), 전치사(prep) 등이고 동사의 경우 타동사(vt)인지 자동사(vi)인지 자타동사(vti)인지에 대한 정보와 불규칙동사(irreg)인지에 대한 정보

473 역주 단어와 문장에 관한 규칙적인 사실들은 문법이, 불규칙적인 사실들은 사전이 기술해야 한다고 규정하면 동일한 사실을 문법과 사전이 중복하여 기술하는 일이 없어야 한다. 그러나 실제로는 그러한 중복기술이 꽤 많다.

가 부가적으로 제시되어 있다. 그리스어 · 영어편도 이와 똑같은 유형을 따르고 있으나 그리스어 명사에 대해 남성(nm), 여성(nf), 중성(nn)으로 성이 표시되어 있는 점만 다르다. 이 체계의 장점은 약호를 이해하는 데 특별한 지식이 필요치 않아서 매우 투명하다는 것이다. 약점은 사전이 제시한 정보와 학습자가 문맥 속에 주어진 단어를 이해하고 활용하는 데 실제로 필요한 정보 사이에 거리가 있다는 점이다. 예를 들면 동사 'give(주다)'를 'vt'라고만 표시해서는 이 단어가 실제로 직접목적어와 간접목적어를 전형적으로 요구하는 이중타동사(ditransitive)라는 점과 두 목적어가 다음과 같이 두 가지로 배열될 수 있다는 점을 알려줄 수 없으며, 불규칙활용의 내용(give, gave, given)도 알려줄 수 없다.

I gave the cat to my sister. (직접목적어+to+간접목적어)
I gave my sister the cat. (간접목적어+직접목적어)
(나는 그 고양이를 누나에게 주었다.)

문법에 대한 더 야심적인 처리는 『옥스퍼드 고급학습자사전』 제3판(1974)에서 볼 수 있다.[474] 이 사전은 복잡한 약호로 문형을 표시했다. 예를 들어 동사 'determine(결정하다)'의 첫 두 가지 의미를 다음과 같이 정의하고 예시했다.

474 이에 대한 논의는 Carter(1998: 155–157)에 의거했다.

decide (결정하다); fix precisely (정확히 정하다); to ____ the meaning of a word (단어의 의미를 규정하다); to ____ a date for a meeting (모임날짜를 정하다)
calculate (계산하다); find out precisely (정확히 밝히다); to ____ the speed of light/the height of a mountain by trigonometry (광속을 계산하다/삼각법으로 산의 높이를 계산하다)

앞엣것은 약호 VP6A와 VP10으로 표시했고 뒤엣것은 VP6A로 표시했다. 이 약호들은 사전의 다른 곳에서 다음과 같이 설명했다.

VP6A : 주어+vt 명사/대명사
VP10 : 주어+vt 종속절/질문

약호가 이 동사의 특별한 용법과 관련하여 문형에 들어 있는 목적어의 종류를 나타내주므로 이 약호가 제공하는 정보는 특히 비원어민 영어학습자에게 지극히 유용함이 틀림없다. 문제는 약호로 표시된 정보를 이용하기 위해 사용자가 (그다지 투명하지 않은) 약호를 익히거나 약호의 뜻을 계속 찾아보거나 하는 데 시간과 노력을 투자해야 한다는 점이다. 대부분의 사전사용자가 이러한 투자를 할 준비가 되어 있는지 확실치 않다.

『옥스퍼드 고급학습자사전』의 최신판인 제5판(1995)는 이 마지막 문제를 인식한 듯 더 익히기 쉬운 약호를 마련했다.[475] 그래서 동사에 대한 약호는 그 동사의 통사적 특성과 직접 관련지을 수 있는 글자, 단어 또는 단어의 일부를 이용하고 있다.

475 이 약호체계는 이 사전의 B1-B8쪽(특히 B4쪽)에서 가져왔고 'give'에 대한 풀이(499-500쪽)와 'drop'에 대한 풀이(357-358쪽)도 참고했다.

[V], [Vpr], [Vadv], [Vp]

- 자동사는 목적어를 취하지 않는다. 자동사가 다음과 같이 주어 뒤에서 홀로 쓰일 때 약호 [V]로 나타낸다.

A large dog appeared. (큰 개가 나타났다.)

- 일부 자동사들은 전치사구나 부사, 부사적 첨사('down, out, over' 같은 부사)와 함께 쓰일 때가 많다. 각 동사와 함께 사용되는 단어나 구의 유형이 어떤 것인지를 약호와 용례가 다음과 같이 보여준다.

[Vpr] = 동사(verb) + 전치사구(prepositional phrase)
He doesn't care about other people's feelings.
(그는 다른 사람 감정에 아랑곳하지 않는다.)
[Vadv] = 동사(verb) + 부사(adverb)
Well done, you guessed right!
(잘했다. 잘 맞혔다.)
[Vp] = 동사(verb) + 첨사(particle)
Sit down and tell me all about it.
(앉아서 다 털어놔.)

- 마찬가지로 다른 동사들도 다음과 같이 약호로 나타낸다.

타동사 : [Vn] = 동사(verb) + 명사구(noun phrase)

이중타동사 : [Vnn] = 동사(verb) + 명사구(noun phrase) + 명사구(noun phrase)

계사(copula, linking verb)[476] : [V-adj] = 동사(verb) + 형용사보어(adjective complement)

Her voice sounds hoarse. (그녀는 목이 쉬었다.)

[V-n] = 동사(verb) + 명사구보어(noun phrase complement)

Elena became a doctor. (엘레나는 의사가 되었다.)

이 사전은 결국, 무엇을 나타내는지 쉽게 연상이 되어서 사용자의 기억이나 참을성에 부담을 주지 않는 약어와 약호를 이용하여 많은 양의 문법정보를 능률적으로 잘 제시하고 있다. 다른 면들처럼 신기술의 면에서도 다매체 상호연결이 가능해짐으로써 사전의 문법 분야가 더 진보할 수 있는 잠재력이 있다. 즉 전자사전에서 어떤 표제어의 풀이로부터 완전한 문법 설명이나 다수의 용례(시각적, 청각적 용례 포함), 관련 문법 연습까지도 즉시 접속이 가능한 것이다.

【발음】

1장과 6장에서 본 것처럼 단어가 의미적, 문법적, 표기법적 단위이면서 동시에 음성적 형식을 가진 단위이므로 사전이 단어의 발음 방법을 설명하려고 하는 것은 당연한 일이다. 이 작업에 장애가 되는 두 가지 큰 문제는 (1) 어느 언어사회에나 각 어휘항목을 발음하는 방식에 지역적 변이 같은 것이 흔히 있다는 점과 (2) 사전사용자 대다수는 음운전사(phonological transcription)에 사용하는 기호를 잘 모르므로 발음을 표시하는 일은 종이사전 편찬자에게 만만치 않은 일이라는 점이다.

(1)과 관련하여, 해당 언어의 표준적인 방언이 인정되고 있더라도 교체 가능한 발음들이 흔히 공존한다. 예를 들어 북미, 아일랜드, 스코틀랜드의 영어 표준방언에서 'bar, fear, hire' 같은 단어들은 말음 'r'이 발음되는데 잉글랜드, 호주, 뉴질랜드, 남아프리카공화국의 영어 표준방언에서는 발음되지 않는다. "Let's hire another van."(다른 트럭을 고용하자.) 같이 모음으로 시작하는 단어 앞에 직접 쓰일 때를 제외하고 그렇다는 것이다.[477] 『간명 옥스퍼드사전』은 '모음 뒤 r'의 출

476 역주 계사(繫辭)는 영어에서 be 동사처럼 주격보어를 취하는 불완전자동사를 말한다. 한국어에서는 품사가 모호한 '이다'를 계사라고 부르기도 한다.

477 역주 이 예문에서는 말음 'r'이 모음 앞에 놓여 있으므로 발음이 된다는 것이다.

현가능성을 열어두는 'hire /haɪə(r)/' 같은 전사를 제시함으로써 이 문제를 해결하려 하고 있다. 잉글랜드, 호주, 뉴질랜드, 남아프리카공화국의 방언에서도 위의 예문에서처럼 모음 앞에 '모음 뒤 r'이 나타나는 경우가 포괄되기 때문에 이것은 어떻게 보면 산뜻한 해결책이다. 그렇지만 다른 각도에서 보면 영어권의 어느 지역에서 어느 발음이 전형적인지를 사전사용자에게 알려주지 못하고 있다.

표기법의 경우에도 그렇지만 한 지역 안에서조차 둘 이상의 발음이 표준으로 인정될 수 있다. 예를 들어 잉글랜드 남서부의 표준영어에서 'controversy'의 주강세가 첫 음절에 놓일 수도 있고 둘째 음절에 놓일 수도 있다. 또 'either'는 /ˈaɪðə/와 /ˈiːðə/로, 'garage'는 /ˈɡærɑːdʒ/와 /ˈɡærɪdʒ/로, 'scone'은 /skɒn/과 /skəʊn/으로 발음된다. 이런 예들에 대해 사전편찬자는 가능한 주요 형태들을 모두 설명해야 한다.

발음표시의 문제로 넘어가서, 최근에 사전편찬자들이 즐겨 쓰는 방법은 사전사용자들의 표기법에 나타나는 글자나 글자결합을 가장 보편적인 발음을 기준으로 발음기호처럼 이용하는 것이다. 『후고 네덜란드어 · 영어 영어 · 네덜란드어 휴대용사전(*Hugo Pocket Dictionary: Dutch-English, English-Dutch*)』의 1969년 판에서는 네덜란드어 단어의 발음을 영어화자에게 다음과 같은 방식으로 표시했다(37쪽, 101쪽).

blad, bl*a*t (잎)
huis, howss (집)

이런 식의 체계는 이용하기 쉬울 듯 보인다. 그렇지만 사실 표기규약에 대한 다음과 같은 설명은 여전히 필요하다.[478]

a : 영어 'was'에서의 'a' 같은 소리를 나타낸다.
ow : 영어 'now'의 'ow'처럼 발음한다.

게다가 이런 식의 발음기호는 필연적으로 근사치만 보여주게 된다. 그것도 가끔은 꽤 부정확한 근사치를 말이다. 예를 들어 영어 'ow'의 발음은 영국의 얼스

478 이러한 설명이 이 사전의 「모방한 발음에 대한 설명(Explanation of the Imitated Pronunciation)」(네덜란드어 발음의 표기에 사용한 부호의 해설)(xi쪽)에 나와 있다.

터(Ulster) 일부 지역의 발음에서만 네덜란드어 이중모음 'ui' /œy/와 비슷할 뿐이고 영어권의 다른 곳에서 쓰는 'ow'의 표준발음 /əʊ/는 네덜란드어 이중모음 발음과 거리가 멀다. 그래서 요즘 대부분의 사전은 국제음성기호로 발음을 나타낸다. 어차피 발음기호를 설명해 주어야 할 것이라면 음성을 정말 정확하게 표시할 수 있고 국제적으로 통용되고 있기도 한 국제음성기호를 안 쓸 이유가 없기 때문일 것이다.[479]

여기서 또 신기술은 사전편찬의 음운론적 차원에 관한 이러한 문제들 대부분을 원칙적으로 해결할 수 있다. 전자사전에서는 해당 음운전사에 쓰인 발음기호에 대한 설명을 각 풀이 안에서 즉각 열람하게 해 줄 수 있고 버튼을 한 번 누르기만 하면 그 단어의 발음을 들려줄 수도 있다.[480] 실제로 전자사전에서는 자유변이 관계에 있는 발음이나 각 발음이 쓰이는 지역(미국, 호주 등)을 표시하는 등 모든 항목에 대해 발음의 전모를 보여줄 수 있을 것이다.

479 역주 한국어사전의 경우, 발음은 한글로 표시하는 것이 일반적이다. 글자들의 음가가 일정치 않은 영어와 달리 한국어는 한글 낱글자의 음가를 살려 소리 나는 대로 적는 것이 별 문제가 없기 때문이다. 발음사전에서는 발음을 정밀하게 보이기 위해 국제음성기호를 사용하기도 한다.

480 역주 『표준국어대사전』 인터넷판에서 상당수의 표제어에 대해 해당 약호를 딸깍하면 발음을 들려준다.

【연어】

이 책의 앞에서(특히 4장) 다룬 어휘의 중요한 차원으로 연어 분야가 있다. 연어 쪽도 사전편찬에 다양한 문제를 제기하는데 그중 두 가지만 보기로 한다. (1) 독립적으로 풀이되어야 할 단어결합을 확인하는 것이 자의적이라는 것과 (2) 어떤 단어결합이 얼마나 고정적이고 자유로운지를 전달하기가 어렵다는 것이 그것이다. (1)과 관련하여 고정표현과 합성어를 구별하는 정연한 방법은 없으며 아주 자의적인 표기법을 주된 규칙으로 적용할 수밖에 없음을 4장에서 보았다. 예를 들면 'greenfinch(방울새), schoolteacher(교사), teapot(찻주전자)'은 합성어로, 'blue whale(흰긴수염고래), bus driver(버스운전사), tea caddy(차통, 茶桶)'는 고정표현으로 처리되는 것이다. 사전학적으로 말하자면, 마땅한 이유는 없지만 전자에는 독립된 풀이를 부여하고 후자에는 그러지 않는다는 뜻이다. 이와 관련하여 표기법상의 관습이라는 한계를 넘어서려는 기미는 최근의 종이사전에서도 눈에 띄지 않는다. 전자사전은 비선형적 검색을 허용하는 한편 검색을 작동시키는 방아쇠로 연어항(collocate)을 이용할 수 있기 때문에[481] 그러한 한계를 초월할 가망이 가장 높다. 그렇지만 어떤 결합이 짝을 이루어 연어나 고정표현의 범주에

481 역주 연어항은 연어를 구성하는 단어이다. '여념이 없다'라는 연어에서 '여념'과 '없다'가 각각 연어항이 된다.

포함되어야 할 만큼 자주 쓰이는지에 대해 어떤 판정을 내려야 하기 때문에 이 문제를 완전히 해결하지는 못할 것이다.

사전에서 고정표현의 고정성이나 개방성의 정도를 명시하는 문제에 대해 또 4장의 논의를 참고할 수 있다. 거기서 어떤 고정표현은 다른 고정표현보다 더 고정적임을 보았다. 그래서 'seeing is believing(백문이 불여일견)'과 'the more the merrier(사람이 많을수록 즐겁다)' 같은 표현은 최소한의 변화만 허용하지만 'the other side of the coin (현상의 이면)' 같은 표현은 표현력의 손상 없이 통사적 변화나 성분의 변화가 가능하다. 사전에서 절대적으로 불변하는 표현을 표시하는 것은 아주 쉽지만 어느 정도 유동성을 허용하는 표현에 대해서 어떤 종류의 변이가 가능한지, 유동성의 한계가 어디까지인지를 표시하는 것은 문제가 아주 많다. 이와 관련하여 흥미로운 발전을 보여주는 것이 『옥스퍼드 현대 영어숙어사전(*Oxford Dictionary of Current Idiomatic English*)』(1975/1983)이다.[482] 이 사전에서는 어떤 동사가 잘 취하는 주어와 목적어의 종류를 명시하고 엄격한 연어적 제약을 경고성 느낌표로 표시하고 있다. 예를 들어 '부풀리다(make bigger)'를 뜻하는 'blow up'이 영상과 관련된 것만 목적어(O)로 취한다고 표시해 놓았다.

482 사전에 대한 설명은 Carter (1998:106ff)에 의거했다. 이 사전은 두 권으로 나왔는데 첫 권은 Cowie & Mackin (eds)(1975)이고 둘째 권은 Cowie, Mackin & McCaig (eds) (1983)이다.

O : ! 부정적, 사진, 그림, 스냅사진

그러나 이런 장치가 쓸모 있기는 하지만 고정성의 정도가 다양한 표현들의 (이렇다 할 이유도 없는) 연어적 가능성과 불가능성이 어지럽게 펼쳐져 있기 때문에 조심스러운 시작이라고밖에는 할 수 없다. 어느 것이 일반적인 결합유형인지를 확립하는 일과 전자사전에서 관련된 주석과 용례들을 쉽게 열람할 수 있도록 하는 일을 신기술이 어느 정도 도울 수 있을 것이다. 그러나 그런 기술의 도움이 있더라도 그 작업은 어마어마하다.

【변이】

표기와 발음의 변이에 대해 앞에서 말한 바 있다. 그런데 7장에서 보았듯이 언어의 다른 영역에도 변이가 있다. 어떤 어휘단위가 어떤 지역방언, 사회방언, 민족방언에서, 또는 격식체와 비격식체의 연속선상의 어느 한 끝에서 더 쉽게 출현할 수 있다. 그러한 확률의 집합이란 것은 결국 어떤 표현을 쓸 법한 화자와 필자의 부류 또는 그 표현의 전형적인 사용 상황에 따른 연상 또는 내포의 집합으로써 그 표현을 규정할 수 있음을 뜻한다. 사전편찬자들은 전통적으로 그러한 연상을 사전사용자들에게 전달하려고 나름대로 노력을 해 왔다. 불행히도 여기서 전통적으로 사용해 온 분류는 투박한 것이었다. 첫째, 지역에 관한 꼬리표('영국식, 미국식' 등)는 그 지역 안에서의 변이를 무시하고 있고, 둘째, 사회계층, 성별, 민족과 관련된 변이에 관심이 없으며, 셋째, 흔히 쓰는 문체 표시('구어적, 시적, 외설적' 등)는 연속선상의 어떤 점을 가리키기보다 엄격한 경계로 나누어진 범주를 암시하고 있다. 한편 아주 최근 사전들은 이 분야에서 더 정밀화된 정보를 제공하는 쪽으로 나아가고 있고 전자사전에서 문맥 속의 용례를 제시하는 방식도 효과적으로 활용되기 시작했다.

어떤 표현의 의미와 문법유형 또한 변이가 있을 수 있다. 예를 들어 5장에서 본 것처럼 의미는 문맥에 따라 변이한다. 'note'라는 단어는 통신의 문맥에서 '짧은 편지'를 뜻하지만 음악에서는 '음악적 소리의 높이와 길이를 표시하는 기호', 즉 '음표'를 뜻한다. 사전에서 전통적으로 이러한 문맥 관련의 의미변이를 각 의미에 꼬리표를 다는 것으로 나타냈다. 예를 들어 '음악'의 뜻으로 'Mus.'라는 꼬리표를 달았다.[483] 한편 'kick the bucket'이 글자 그대로 '발로 양동이를 차다'의 뜻인지 '죽다'의 뜻인지(5_3 참조) 하는, 담화에서의 문맥의 전개와 관계된, 문맥 관련의 의미변이는 사전에서 여러 의미가 용례로써 풀이될 때만 설명되었다. 또 지역, 사회계층, 민족, 성별에 따른 변이나 문체적 변이도 의미차이를 일으킬 수 있다. 사전이 이러한 변이도 '속어, 구어적, 시적' 등의 꼬리표로 어느 정도 표시해 왔다. 문법적 변이의 분명한 예로 동사 'get'의 활용이 미국영어(get-got-gotten)와 딴 지역 영어(get-got-got)에서 다른 점을 들 수 있다. 이것도 사전에서 '영국식, 미국식' 같은 꼬리표로 표시해 왔다. 이상의 경우에 대해서도 앞절에서와 마찬가지로 대부분의 사전의 처리가 아직 미흡하지만 기술적 발전으로 개선의 가능성이 엿보인다는 똑같은 평가를 내릴 수 있겠다.

483 역주 여기서 'Mus.' 같은 꼬리표는 전문어 표시가 된다. 『표준국어대사전』에서 '마디¹'의 일곱 번째 뜻을 "〔음〕 악보에서, 세로줄과 세로줄로 구분된 부분."이라고 풀이한 것은 이 단어가 음악이라는 전문분야에서 이 뜻으로 쓰임을 나타낸다.

【어휘변화】

끝으로 어휘변화(8장 참조)가 사전에 어떻게 반영되고 있는지를 간단히 살펴보자. 『간명 옥스퍼드사전』 같은 널리 쓰이는 사전 대부분은 고대영어, 고대프랑스어, 라틴어, 고대그리스어 등에 나타난 고형과 그 의미를 제시하면서 표제어의 **어원**을 간략히 표시하고 있다. 한편 앞절에서 보았듯이 *OED* 같은 다른 여러 사전들은 수십 년 또는 정말로 수백 년간의 용법의 변화를 추적하고 예시하는 좀더 일반적인 "역사적 태도"를 취하고 있다. 그러나 그 언어의 현재 사용자의 요구에 부합하는 어휘변화를 고려하고 예시하려 할 때 얼마나 과거로 거슬러 올라가야 하는지에 대해 사전편찬자가 결정을 내려야 하므로 후자는 전자보다 문제의 소지가 훨씬 많다. 새 어휘변화를 얼마나 빨리 받아들여야 하는지를 결정하는 것도 문제다.

사전편찬자가 언어사의 과거로 얼마나 소급해야 하는지와 관련된 다른 골치 아픈 문제는 수백 년간 쓰이지 않았을 수도 있는 형태와 의미가 세르반테스, 단테, 루터, 라블레, 셰익스피어 등의 작품을 읽는 사전사용자에게는 여전히 중요할 수 있다는 것이다.[484] 그리고 한 집단에서 더 이상 쓰이지 않는 표현이나 용법이 다른 집단에서는 아직도 매우 활발히 쓰이고 있을 수도 있다. 예를 들면 'press'라는 영어 단어는 한때 '큰 찬장'이라는 뜻으로 널리 쓰였다. 잉글랜드의 일상어에서는 이제 이 뜻으로 쓰지 않고 있지만 아일랜드에서는 아직도 흔히 쓰고 있다. 더 이상 쓰지 않는 형태나 의미에 대해 사전에서 '고어, 구형' 등의 꼬리표를 달아 처리하고 있지만 무엇을 넣고 무엇을 뺄지 판단하는 일은 결코 쉬운 문제가 아니다. 그런 꼬리표는 'press'에 대해 방금 말한 변이의 종류도 나타내지 못한다.

사전의 풀이에서 **신어**나 새 의미를 얼마나 빨리 인정해야 하는지는 훨씬 더 성가신 문제이다. 기존의 형태가 새 의미를 아주 빨리 얻게 된 예는 영어 단어 'hopefully'의 경우이다. 이것은 1960년대에 '희망적인 방식으로'라는 원래 의미에 더하여 '희망하는 바이다'라는 의미로 널리 쓰이기 시작했다. 사전편찬자들은 'hopefully'의 새 용법이 단순한 유행인지 더 지속되는 변화인지(결국 이것이었지만) 어떻게 알 수 있었을까? 사실 사전편찬자들은 그런 개신을 사전에 싣기

484 역주 세르반테스(Miguel de Cervantes Saavedra) : 1547~1616. 스페인의 소설가. 《돈키호테(Don Quixote)》의 작자.
단테(Alighieri Dante) : 1265~1321. 이탈리아의 시인. 《신곡(神曲, La Divina Commedia)》의 작자.
루터(Martin Luther) : 1483~1546. 독일의 성서학자이자 종교개혁가.
라블레(Francois Rabelais) : 1494경~1553. 프랑스의 소설가. 《가르강튀아(Gargantua)》의 작자.

전에 때를 기다리는, 즉 두고 보는 편이다. 그런 보수적 태도 때문에 정말 일시적인 형태와 의미를 싣는 가능성을 줄이게 되므로 사전의 권위와 관련하여 유리한 점이 있다. 그렇지만 달리 보면, 자기가 접하는 낯선 단어나 용법에 대한 정보를 그 유래나 수명과 관계없이 궁금해 하는 사전사용자들과, 사전편찬자가 외면하는 아주 최근의 어휘적 개신 때문에 어휘적 빈곤을 느끼는 사전사용자들에게는 그런 태도가 별 도움을 주지 못한다.[485]

485 역주 신어를 사전에 싣기까지는 꽤 시간이 걸릴 수밖에 없으므로 최신의 사물이나 개념에 관한 단어를 사전에서 찾아 정보를 얻기는 어렵다. 전통적인 형태의 출판이 아주 복잡한 절차를 거쳐 이루어지고 한번 출판된 출판물은 수정이 어렵다는 점, 그리고 사전이 제공하는 언어규범이 쉽사리 바뀔 수 없다는 점이 신속한 사전편찬과 개정을 어렵게 하는 것이다. 신어나 유행어에 대해서는 다양한 인터넷문서를 검색함으로써 필요한 정보를 찾는 것이 효과적이다.

10_4 언어교육에서의 어휘교육의 방법

【모어 어휘교육】

이제 모어교육에서의 어휘의 차원으로 넘어가겠다. 9장에서 언급한 바와 같이 모어 어휘교육의 주된 목표는 아이들이 구어에서 이미 이해하고 표현할 수 있는 단어를 읽고 쓸 수 있도록 해 주는 것이다. 또 9장에서 밝혔듯이 여러 방식으로 새 어휘를 도입하는 것 역시 모어 어휘교육의 관심사이다. 교실에서 모어 아닌 언어를 가르치는 경우라면 학습자가 정규교육의 환경에서 제2언어에 노출되기 시작할 때 학습자가 접하는 단어는 모든 면에서 낯설다. 이 때문에 제2언어 교육과정에서 어휘 부문을 설계하고 교육하는 사람은 꽤 부담스러운 과제를 안게 된다.

모어를 가르치는 교실에서나 제2언어를 가르치는 교실에서나 실제적으로 모든 교육방법론이 취한 어휘교육의 전형적인 태도는, 가르칠 때 특별히 새 단어를 강조하지 않더라도 그 단어가 포함된 대화나 읽기 자료 등에 노출되게 하면 일정한 양의 새 어휘를 "부수적으로(incidentally)" 터득하게 된다는 가설에다 개별 표현을 중심으로 한 설명과 활동을 조합한 형태였다.[486] 재미있는 것은 "예시적 정의(ostension)"를 통한 일정량의 특별한 교육과 문맥으로부터의 습득에 동시에 근거하여 진행되는 듯 보이는 아이들의 자연적인 어휘습득 현상(9_2 참조)에서 나온 이러한 일반론을 일부 논의들이 옹호하는 것 같다는 것이다.

486 역주 부수적 학습(incidental learning)은 배우려는 의도가 없는 상태에서, 또는 다른 것을 배우는 동안에 자연스럽게 배우는 것을 뜻한다. 의도적 학습(intentional learning)과 대립하는 개념이다.

초등학교 저학년의 읽기수업 대부분에서 위의 두 가지 태도가 조합된 사례를 아주 많이 발견할 수 있다. 흔히 교실 벽에는 일일이 단어가 적힌 동물, 식물, 자연현상의 그림이 포스터와 차트에 화려한 색깔로 그려져 붙어 있다. 눈에 잘 띄는 위치에 요일명, 월명, 계절명 같이 계열을 이루는 단어들의 목록도 걸려 있을 것이다. 이들은 모두 특정 단어들에 교육의 초점이 놓여 있는 사례가 된다. 또 시나 속담 같은 문구가 적힌 벽보도 있을 만하다. 이러한 벽보는 어휘교육의 문맥지향적이고 부수적인 차원과 더 많이 관련된 것이라 할 수 있다. 실제 읽기활동에서는 교사가 앞에서 전체 학생을 한꺼번에 지도하거나 조별, 짝별, 개인별로 활동하도록 하거나 간에 텍스트의 의미를 해독하는 일, 즉 글의 전체적인 전개과정에 주의하는 일과 특정한 표현들을 자주 거론하는 일이 모두 읽기활동의 내용이 될 것이다. 이 두 갈래 전략을 이끌고 반영하는 전형적인 교재읽기 활동에는 글이 전달하는 내용에 관한 주석과 질문뿐만 아니라 개별 단어와 구에 대한 설명, 정의, 예시, 연습문제도 포함될 것이다. 나아가 교사는 학생들이 그 맥락에서 더 익숙한 표현으로 새 단어를 이해할 수 있도록 학생들의 어휘수준으로 낮추어 설명함으로써 문맥적 학습을 돕게 될 것이다. 교사는 "이것은 X를 뜻해요."처럼 명시적으로, 또는 "삼각형이요?", "변이 셋이에요."처럼 억양으로 암시적으로 뜻풀이를 제공하면서 특정한 단어나 구를 자주 사용할 것이다.[487]

487 명시적 정의와 암시적 정의에 대한 설명과 예는 Hatch & Brown (1995:401)에서 가져왔다.

교육과정의 다음 단계에서 위의 일부 요소는 바뀐다. 즉 학생들의 모어 어휘구사력이 어른 수준에 근접하면 화려한 색깔의 벽보가 사라지고 설명에 반복적으로 사용하는 표현의 수가 줄며 교사의 말도 수준을 낮추는 일이 적어진다. 그렇지만 위의 이중적 태도는 아직 역력하다. 시간이 지날수록 학생 개인이 텍스트에 집중하도록 더욱 강조하게 되지만 낯선 단어와 구를 강조해야 할 때가 아직은 많은데 특히 문맥을 통해 그 뜻이나 통사적 특징 등을 잘 알 수 없을 때 그렇다. 그런 강조는 앞에서처럼 교사말(teacher talk), 교실활동, 교재의 주석에 나타날 수 있다.

【제2언어 어휘교육】

제2언어 어휘교육도 기본적으로 같은 방식으로 이루어진다. 여기서도 수업을 관찰하면 이 사실을 확인할 수 있다. 제2언어 교사도 단어가 적힌 벽보와 포스터를 이용한다. 제2언어 수업에서는 다른 교구도 가끔 쓰인다. 특히 초급반에서는 교실의 생김새나 가구, 즉 창문, 문, 캐비닛, 교사의 책상, 칠판 등에 목표어로 단어를 적은 쪽지를 붙여 놓기도 한다. 또 시나 가사 같은 이어진 문장을 목표어로 적은 것도 자주 게시해 놓는다. 교실활동에서는 녹음한 대화, 인쇄한 교재, 비디오, 노래, 다른 비슷한 실제 사용되는 언어의 단편들이 전형적으로 쓰이는 자료이다. 이들 자료는 전체적인 의미가 도출될 수 있는 성격의 것이고 해석을 위해 문맥의 서로 다른 부분들이 서로 관련되어 있어야 하는 자료이다. 그렇지만 모어교육에서와 마찬가지로 그런 단편들로부터 설명이나 연습을 위해 개별 표현을 끄집어내기도 한다. 특히 초급의 제2언어 교육에서는 뜻풀이나 연습을 위해 단어 하나를 문맥에서 완전히 떼어내어 설명할 수도 있다. 제2언어교재의 내용도 언어자료 제시의 관점에서 보면 문맥중심적 교수법과 원자론적 교수법을 조합하는 것이 전형적이다.[488] 또 모어교육을 받는 학생들처럼 제2언어 학습자도 교사의 언어 수준 조절을 잘 받아들이는 것 같다. 제2언어 교사가 학생들에게 말을 할 때는 성인 원어민의 담화보다 표준적인 발음이나 일반적인 의미의 단어를 더 많이, 관용구를 더 적게 사용하고 통사적으로 더 단순한 문장을 사용하려고 한다. 이런 점들이 결국 의식적이든 아니든 교사말의 이해가능성과 부수적 습득의 가능성을 높이려는 노력이 된다. 끝으로 모어 교사만큼이나 제2언어 교사도 시각, 청각, 촉각자료(그림, 교실의 사물, 소리, 물체의 결 등)나 목표어의 다른 표현, 아니면 학습자의 모어에서의 번역대응어를 이용한 예시적 정의를 위해 특정한 단어나 구를 자주 거론한다.

이쯤에서 잠깐 부수적 학습과 예시적 정의를 통한 학습이 다 자연적인 어휘습득에서 제자리를 차지하고 있음과, 곧 보게 되듯이 **문맥기반 교수법**(context-based approach)과 **개별단어중심 교수법**(individual word-focused approach)이 정규적 교육환경에서 똑같이 효험이 있음을 고찰하는 것도 의미가 있을 것이다.[489] 어휘습득에서의 문맥의 역할에 대한 연구는 다음과 같이 주장한다. (1) 주어진 상황, 주어진 문맥에서 습득할 수 있는 단어 수가 어느 정도 제한적이긴 하지만 보통의 읽기와 대화 과정에서 부수적으로 단어를 습득한다. (2) 정보에 대한 학습자의 요구와 미지어(未知語)의 관련성은 학습자가 그 단어에 기울이는 주의의 양을 결정하는 요인이다. (3) 문맥적, 형식적 단서에서 미지어의 의미를 끄

488 역주 이 두 교수법은 다음 단락에 나오는 문맥기반 교수법과 개별단어중심 교수법에 각각 해당한다.

489 부수적 어휘학습 논의는 대부분 Nagy(1997)과 Singleton(1999:4장)의 관련 절들에 의거했다.

집어내려고 노력한 경우에 그 단어가 더 잘 기억된다. (a) 〈읽기+독해 연습문제+더 읽기〉와 (b) 〈읽기+독해 연습문제+몇 단어를 선별적으로 다룬 연습문제(단어의 의미나 형태의 인식, 단어와 단어성분의 형태통사적 운용, 문맥 속의 단어 해석, 문맥 속의 단어 산출 등에 관한 문제)〉라는 두 활동을 각각 같은 시간 동안 수행할 때 어휘학습의 면에서 나타나는 차이에 대한 연구가 이 문제에 빛을 던진다. 이 연구에서 두 가지 활동으로 상당한 어휘적 향상이 나타났지만 연습을 더 많이 한 집단이 다른 집단보다 향상의 정도가 훨씬 컸음이 드러났다. 이것을 보면 어휘 향상의 관점에서 개별 표현을 중심으로 한 문맥 속의 활동이 그런 활동 없이 의미를 처리하는 것보다 낫다고 할 수 있는 것 같다.[490]

490 문맥기반 활동과 단어중심 활동의 결합에 대한 연구는 Paribakht & Wesche(1997)에 보고되어 있다.

【단어기억의 좋은 방법】

원자론적 태도로 교실에서 개별 표현을 다루는 고전적인 방식은 학생들에게 단어목록을 그 정의와 함께(제2언어 교육에서는 모어 번역대응어와 함께) 익히도록 시키는 것이었다. 다른 원자론적 기법으로 연구문헌에서 많이 논의된 것은 학습자들이 새 단어와 이미 아는 단어 또는 그림의 의미적 연상관계를 형성하도록 유도하는 것이다. 그런 과정이 어휘습득에서 자연스럽게 나타난다는 증거도 있다. 그래서 언어습득이 단순한 모방에 그치는 것은 분명 아니지만, 모방과 암송(rehearsal)(큰 소리로 하든 들릴락 말락 하게 하든)이야말로 모어 습득과 제2언어 학습에서 어린이 학습자든 성인 학습자든 새 단어의 음운형식의 기억부호(memory code)를 형성하는 중요한 과정이라는 주장이 있어 왔던 것이다.[491] 목표 단어의 음운형식을 단기기억에서 충실히 모방하려 할 때 암송이 중요함을 보여주는 몇 연구를 보면, 가능한 한 목표 단어와 이미 아는 단어의 의미적 연상을 잘 활용해야 새 단어 학습이 성공적임을 알 수 있어 흥미롭다.[492]

"암송을 더 오래 하면" 기억한 단어를 더 잘 회상할 수 있고 "더 폭넓게 처리하면 기억부호가 더 잘 유지될 수 있으며"[493] "새로 배운 지식과 기존 지식의 관계를 다양하게 확립하는 깊은 처리(deep processing)"를[494] 해야 언어적 입력이 더 잘 기억됨을 언어기억 연구들이 보여주는 것은 오랜 그리고 케케묵은 전통이 되었다. 부수적 어휘습득에 관해 앞에서 언급한 연구에서처럼 언어기억 연구에

491 새로 접한 단어를 위한 기억부호의 형성에서 암송의 역할을 다룬 연구로는 Baddeley, Papagno & Vallar(1988:586-595), Gathercole & Baddeley(1989:200-213), Papagno, Valentine & Baddeley(1991:331-347), Service(1992, 1993)이 있다.

492 제2언어 어휘학습에서 연상책략에 대해 많이들 인용하는 연구는 Cohen & Aphek(1980)이다.

493 Wingfield & Byrnes(1981:290).

494 Gagné(1977:197).

서도 복합적 전략이 최선의 결과를 가져온다고 주장한다. 그래서 예를 들어 단어의 형태만 단순히 달달 외우는 것은 형태와 의미 둘 다에 주의를 기울이는 것보다 효과가 적은 것으로 보인다. 앞에서 부수적 어휘습득에서의 개인의 요구가 중요함과 관련하여 언급한 내용의 관점에서 특히 재미있는 것은 언어기억 실험에서 언어자료를 정확히 회상하는 것이 "실험 참여자에게 개인적 중요성을 지닌 진술"과[495] 관련이 큰 것 같다는 연구결과이다.

495 Ellis & Beattie(1986:251).

모어와 제2언어 어휘학습에서 다 효과적임이 밝혀진 특별한 기억법은 이른바 핵심어기억법(keyword technique)이다.[496] 이것은 학습자가 새로 접하는 단어를 같은 언어든 다른 언어든 이미 아는 단어와 연결하는 심상을 형성하는 것이다. 어휘습득 및 어휘검사 연구자인 네이션(Paul Nation)이 영어 단어 'parrot(앵무새)'을 배우려고 하는 인도네시아인 영어학습자의 경우를 가지고 다음과 같이 이 기억법을 설명한 바 있다.[497]

496 핵심어기억법의 효율성은 특히 Ellis & Beaton(1995)에 언급되어 있다.

497 Nation(1990:166).

> 먼저 학습자가 'parrot'처럼 또는 'parrot'의 일부처럼 발음되는 인도네시아어 단어를 떠올린다. 예를 들면 '도랑'을 뜻하는 인도네시아어 단어 'parit' 같은 것이다. 이것이 핵심어이다. 그 다음에는 학습자가 도랑에 누워 있는 앵무새를 상상한다! 그 심상이 더 인상적이고 별날수록 더 효과적이다.

사실 핵심어기억법은 원자론적 전략으로 분류되어야 하지만 심상을 일반화하여 사용하는 것은 언어의 다른 면에 대해서도 적용할 수 있으며 기억을 유지하는 면에서 특히 유리하다. 그래서 모어든 제2언어든 읽기에서 시각화를 하는 것은 독해에서나 특정 내용(어휘적 내용 포함)에 대한 기억의 유지에서나 주어진 텍스트의 인상을 크게 강화하는 것으로 나타났다.[498] 제2언어 독자는 모어 독자만큼 시각화를 자주 하지 못하는데 시각화를 하는 제2언어 독자가 텍스트를 가장 잘 회상한다. 독해와 재미를 위해 독서를 할 때 독자가 시각화하도록 유도하는 것은 부수적 어휘습득을 촉진하는 듯하고 심상을 형성하는 것이 원자론적 태도와 부수적 태도의 격차를 뛰어넘는 효과를 지닌 전략임을 이로부터 알 수 있음을 관련 연구들이 보여준다.

498 시각화(visualization)에 대한 일반적인 연구는 Tomlinson(1996)에 보고되어 있다.

【제2언어 교육의 세 가지 교수법】

정규교육 환경에서의 제2언어 학습과 교육의 한 특징은 지난 50, 60년간 상당히 큰 변화를 겪어 왔다는 점이다. 이 기간에 제2언어 교육 현장을 차례로 지배한 이론이 셋이 있다. 문법중심 교수법(grammar-translation method), 구어중심 교수법(audio-lingual method), 소통중심 교수법(communicative approach)이 그것이다.[499] 이 셋만 제시되었던 것은 아니지만 이 셋은 다른 이론들의 자리를 매기는 기준점이 되고 있다는 점에서 중요하다.[500]

문법중심 교수법은 본질적으로 수백 년간 고전어(특히 고대그리스어와 라틴어) 교육에 사용되어 왔던 것과 똑같은 이론을 현대의 언어에 적용하려 한 것이다. 말하자면 문법적 계열(명사의 곡용, 동사의 활용 등)과 규칙(다양한 구와 절에서의 어순 등)을 의식적으로 암기하고 이 기억한 형태와 규칙을 활용하여 문장이나 단락을 목표어로 번역하듯이 표현했다(주로 쓰기에서). 이 교수법의 목표는 주로 학습자가 해당 언어의 문학적 보물에 다가갈 수 있도록 하는 것이었다.

구어중심 교수법의 목표는 처음부터 문학적 보물에 다가가는 것과는 거리가 멀었다. 이것은 "군대 교수법(army method)"으로 탄생했다. 즉 2차 세계대전 후반에 미군이 유럽 본토에서 임무를 수행할 수 있도록 돕기 위해 미국에서 개발한 교수법이다. 따라서 미학적인 영역보다 구체적이고 실용적인 영역에 그 목표를 두었고 말하기와 듣기 능력을 우선적으로 지향했다. 대체로 어문학과 교수들이 아닌 구조언어학자들이 개발한 교수법이라서 당시 유행하던 심리언어학의 모형에 큰 영향을 받아 언어습득과 언어사용에 행동주의심리학을 적용하게 되었다. 5_3에서 미국 구조언어학이 관찰가능한 형태에 주로 관심을 가지고(음운론, 형태론, 통사론) 과학적 분석이 어려운 의미를 도외시하는 경향이 있었음을 보았다. 또 9_3에서 행동주의심리학이 언어습득을 선택적 강화와 모방을 통한 습관형성이라고 본다는 사실을 지적했다. 이런 점들을 생각하면 구조언어학자들이 만들어 낸 이 교수법이 특히 형태를 다루는 데 집중하고 구조에 관한 훈련과 반복을 아주 많이 포함했던 것은 놀랄 일이 아니다. 2차 세계대전 후에 이 교수법은 구어중심주의(audio-lingualism)로 알려지게 되었고[501] 교실에서 시각자료(슬라이드, 비디오 등)를 더 많이 이용하게 되면서 1960년대와 1970년대에(사실 1980년대에

499 역주 이 셋을 흔히 '문법번역식 교수법, 청각구두 교수법, 의사소통 중심 교수법'으로 번역해 왔다. 본문에 제시한 번역어는 셋의 관계가 체계적으로 간결하게 표현되도록 의역한 것이다.

500 역주 이 밖에 제안되었던 교수법으로는 직접 교수법(direct method), 인지적 교수법(cognitive method), 자연적 교수법(natural approach), 전신반응 교수법(total physical response method), 공동체 언어 학습 법(community language learning), 암시 교수법(suggesto-pedia), 총체언어 교수법(whole language approach), 발음법중심 교수법(phonics-based method), 상황언어 교수법(situational language teaching), 절충적 교수법(eclectic approach) 등이 있다.

501 역주 이에 반해 문법중심 교수법은 문어중심주의라고 할 수 있다.

도) 전 세계적으로 제2언어를 가르치는 교실에서 사용되었던 이른바 "시청각(audio-visual)" 수업의 기반이 되었다.

위의 세 번째 교수법인 **소통중심 교수법**이 개발된 계기도 아주 실용적인 데 있었다. 즉 유럽의 인력 중 이동이 많은 사람들이 다른 나라에서 직업적, 개인적 필요에 부응할 수 있는 외국어능력을 갖추도록 해야 했던 것이다. 학습자들의 소통적 요구를 분석하는 것, 그러한 요구에 부응하기 위해 이해하고 표현해야 할 의미의 관점에서 학습의 목표를 정의하는 것, 목표어의 실제 용례들을 학습자들이 일찍 접하는 것, 실생활의 요구와 관련된 활동의 개발 등에 관한 전체적 구상이 이러한 상황에서 나왔다.[502] 다시 말해서 소통중심 운동의 초기 이론가들의 관심은 교실에서의 언어교육과 언어학습을 학습자들이 사용해야 할 목표어의 용법들과 가능한 한 투명하고 밀접하게 관련짓는 것이었다. 그런 구상이 초 · 중 · 고등학교의 제2언어 학습에 적용되기 시작할 때는 요구라는 것을 넓은 의미로 파악해야 했다. 본국에서 먼 지역에서 살아나가려고 애쓰는 이주노동자들과는 달리 학교에서 제2언어를 배우기 시작한 학생들 대부분(그리고 그 교사들)의 경우에 목표어에서 학생들이 안게 되는 실생활 요구라는 것이 무엇인지가 분명치 않았다. 따라서 학교에서는 요구라는 개념이 넓은 의미로 해석되어 학습자들의 흥미와 기대가 이 이론 속에 포함될 수 있었다. 또 교실 밖에서의 생활뿐만 아니라 교실 안에서의 생활과 관련된 학습자들의 요구에도 주의를 기울이게 되었다. 소통중심 교수법은 이런 조정이 있기는 했어도 변하지 않았다. 즉 학습자가 목표어로 무엇을 할 수 있으리라고 기대하는지, 하고 싶어 하는지, 할 수 있어야 하는지를 분석한 바탕 위에서 언어교육 과업의 틀을 짠다거나, 의미의 매개(mediation of meaning)가 언어의 핵심 기능이라는 명제뿐만 아니라 언어습득이 진전되는 것은 주로 언어의 의미매개 차원을 경험함으로써 가능하다는 명제도 받아들인다는 점에서 변하지 않았다고 할 수 있다.

502 역주 이 절의 끝에서 보게 되듯이 학습자의 요구에 맞추어 교육의 방향을 잡으려 하는 이러한 태도를 학습자 중심주의라고 부를 수 있다.

【문법중심 교수법과 어휘교육】

이제 이 세 교수법 이론이 앞에서 논의한 어휘습득의 여러 차원을 어떻게 설명하는지 살펴보자. 문법중심 교수법에 따른 전형적인 수업은 읽기와 번역에 필요한,

목표어로 된 도입 본문, 본문에 나오는 새 단어의 풀이, 본문에 쓰인 문법사항의 설명, 문법 연습문제, 목표어로 번역하는 연습문제, 목표어로 시나 노래 배우기 같은 부수적 활동으로 구성된다. 예시를 위해 문법중심 교수법에 따라 제작된 교재의 한 장을 살펴보자. 『오늘 저녁(*Heute Abend*)』이라는 교재가 그 예이다.[503] 이 책은 독일어를 외국어로 배우는 영어권 학습자를 위한 것으로 1938년에 처음 출판되어 1950년대를 지나 그 이후 한동안 계속 사용되었다. 이 책의 15장(임의로 선택한 것이다)의 내용은 다음과 같다.

503 Kelber(1938).

- 읽기와 번역용인 '역에서(Am Bahnhof)'라는 제목의 4쪽짜리 본문.
- 본문에 등장하는 단어목록. 영어 번역대응어와 문법적 특징에 대한 정보가 붙어 있음(명사의 경우 복수어미, 정관사 형태를 표시함으로써 성을 표시하고, 동사의 경우 불규칙한 3인칭 단수형을, 형용사의 경우 불규칙한 비교급형을 표시하는 등).
- 번호 붙인 독일어 단어의 목록과, 같은 번호를 붙인 영어 대응어의 목록을 제시한 어휘복습 부분.
- 동사, 대명사, 관사, 형용사, 명사의 형태론에 초점을 맞춘 문법 연습문제.
- 본문에 관한 독일어 독해 문제(학습자들이 서로 묻도록 되어 있음).
- 영어를 독일어로 번역할 글(바바리아알프스의 휴일에 관한 글).[504]
- 짤막한 노래 배우기.

504 역주 바바리아알프스는 바이에른 알프스라고도 하는데 독일과 오스트리아 국경에 있는 산맥이다.

부수적 어휘학습의 기회를 제공하는지의 관점에서 보면 단원을 시작하는 본문이 그런 기회를 제공하고 있음을 알 수 있다. 어휘가 전체적인 의미와 함께 문맥 속에 숨어 있어서 아마도 학습자들은 본문의 탐구 과정에서 그 의미를 이해하려고 애를 썼을 것이다. 대부분 독일어로 되어 있는, 연습문제 관련의 설명과 용례, 그리고 적절한 형태론적 조정이 있어야 할 의미 있는 문맥도 부수적 어휘학습의 가능성을 보여준다. 후자는 "Es tut mir leid, aber ich (können) morgen nicht zu meinem Freund gehen." (유감이지만 난 내일 친구한테 갈 수 없다.)[505] 목표어로 번역하는 일도 부수적 어휘습득의 한 가지가 된다. 왜냐하면 학습자들은 영어 본문을 독일어로 정확히 옮기려고 하면서 자신들이 활용했던 어떤 표현들을 의식적으로 암기하려고 하지 않고도 기억하게 되었을 것이기 때문이다. 부수적 어휘학습의 마지막 기회는 장의 끝에 있는 노래 가사가 제공한다.

505 역주 영어의 'can'에 해당하는 조동사 'können'을 형태론적으로 조정하여 적절한 형태 'kann'으로 만들어 넣는 연습을 하는 문장이다.

이 장에서 원자론적 어휘학습의 차원이라고 할 수 있는 것은 학습자들이 그 내

용을 암기하라고 실어 놓은 본문 단어의 풀이이다.[506]

der Bodensee (kein Pl.), Lake Contance(콘스탄스호) (복수형 없음)

⋮

die Eisenbahn (en), railway(철도)

⋮

abfahren, fährt ab, leave(떠나다)

⋮

hoch, höher, high(높은), higher(더 높은)

이들 풀이에서는 우선 단어의 지속적 기억부호를 만들어 주는 것으로 보이는 의미정보의 존재가 눈에 띄고 또 어휘증진을 일으키는 인지적 처리와 관련 있는 것으로 보이는 형태론적 특징의 강조도 눈에 띈다.[507] 독일어 단어가 영어 대응어와 나란히 배치된 것도 'hoch'와 'high'는 뜻이 같고 둘 다 'h'로 시작하고 끝난다는 식의 의미연상적 관련(semantic-associative connection)의 형성을 촉진하는 것이라 할 수 있다. 어휘복습 부분에 대해서도 거의 같은 평가를 내릴 수 있다.

학습자들은 문법 연습문제를 풀면서도 다양한 형태로 실현되는 특정 어휘단위들에 주목했을 것이다. 더구나 형태에 주목하는 것이 의미를 지닌 문맥 속에서일 때가 많으므로 학습자가 각 항목에 주의하도록 요구받는 경우 그 주의는 형태적 차원뿐만 아니라 의미적 차원이기도 했을 것이다. 언어기억 연구에 대해 논의할 때 보았던 것처럼 이것이 어휘처리를 "깊게 하고(deepen)" 항목을 회상할 기회도 늘렸을 것이다. 그 장에 등장하는 본문완성 연습문제도 비슷하다.

전체적으로 문법중심 교수법은 부수적 어휘습득이나 특정항목 중심의 어휘습득이 작용할 기회를 많이 제공했던 것 같다. 이 교수법의 큰 결점은 대개 학습자의 모어를 매개로 가르치게 된다는 점이었다. 교실에서 학습자들이 접하는 목표어가 교재의 본문이나 연습문제 정도에 한정되었던 셈이다. 또 학습자들이 받아들인 목표어 입력이 주로 문어여서 단어의 음운형태에 충분히 익숙해질 기회가 적었던 것도 한계이다. 게다가 그러한 본문과 적어도 일부 연습문제에 의미적 차원이 있었음을 말한 바 있지만 그러한 의미가 항상 학습자들의 관심과 관련이 있었는지는 분명치 않다. 예를 들어 15장의 노래 본문은 배낭에 있는 작은 파이프

506 역주 이탤릭체로 된 독일어 부분이 표제어, 영어 부분이 그에 대한 풀이인 셈입니다.

507 역주 여기서 각 단어의 형태론적 특징은 '복수형 없음'. '*en*'이라는 복수형 어미, '*fährt ab*'라는 3인칭 단수형, '*höher*'라는 비교급형으로 표시되어 있다.

를 잃어버려서("Ich hab' verlor'n – mein Pfeiflein aus meinem Mantelsack") 행군을 할 수 없게 된("Ich kann nicht mehr marschieren") 남자에 대한 이야기이다.[508]

508 역주 두 독일어 문장의 뜻은 각각 "나는 배낭에 있는 작은 파이프를 잃어버렸다."와 "나는 행군을 더 할 수 없다."이다.

【구어중심 교수법과 어휘교육】

이제 구어중심 교수법에서 어휘를 어떻게 다루는지 살펴보자. 1972년에 『구어로(*De Vive Voix*)』라는 제목으로 프랑스어보급연구소(Centre de Recherche et d'Étude pour la Diffusion du Français)에서 출판한 외국어로서의 프랑스어 시청각교재가[509] 이 교수법을 잘 설명해 준다. 이 교재의 4과는 대화가 녹음된 비디오자료 두 가지로 시작하는데 교사용 참고서에는 그 제목이 각각 「미레유 집에서(Chez Mireille)」, 「호기심 많은 두 노파(Deux vieilles dames curieuses)」로 되어 있다. 각 대화 뒤에는 교사가 관련 대화에서 튀어나오는 형태와 구문을 학습자들에게 연습시키도록 되어 있는 연습문제들이 제시되어 있다. 이 과에는 구조훈련(structural drill)을 위한 "재사용 연습문제(exercices de réemploi)"가 많이 붙어 있는데 테이프로 따로 녹음되어 있어서 어학실습실에서 쓸 수 있다.[510]

509 Moget & Boudot(1972).

510 역주 구조훈련은 반복(repetition), 대치(substitution), 변형(transformation) 등을 통한 문형연습(pattern practice)을 말한다.

이 두 대화와 관련 시청각자료가 부수적 어휘학습의 기회를 제공하는 것은 분명하다. 두 대화가 들려주는 이야기는 교재 전체를 통해 이어지는 긴 서사적 주제(피에르와 미레유 두 주인공의 발전하는 관계, 삶의 방식과 활동 등)와 관련되어 있다. 두 대화의 이야기가 수준 높은 드라마는 아니지만 재미있는 부분이 충분히 담겨 있다. 이야기의 의미에 관심을 끌려고 흥미롭게 제작한 비디오자료를 보며 들으면 특히 더 그렇다. 한편 길이는 짧아서 전체가 행간이 넉넉한 교사용 참고서 두 페이지밖에 안 된다.

문법중심 교수법에서와 마찬가지로 각 단원에 붙어 있는 연습문제를 통해 학습의 기회를 더 가질 수 있다. 대화 바로 다음에 교사가 지도하는 연습문제와 나중에 어학실습실에서 학습자가 수행하는 재사용 연습문제가 그것이다. 「미레유 집에서」라는 대화가 제시된 직후 교사용 참고서가 제안한 연습문제의 한 예로 인칭대명사와 다양한 소유표현에 관한 것이 있다. 소유표현은 'à+X(X에), de+X(X의), son/sa+X(그의/그녀의 X)'이다. 교사용 참고서의 제안은 이런 표현들을 그 대화와 관련지어 질문을 잘 만들어서 학습자들에게서 끌어내라는 것이다.

질문 :	Á qui est?	(누구의 것입니까?)
예상되는 대답 :	Elle/il est à X.	(그것은 X의 것입니다.)

그 대화들과 관련된 연습문제가 이처럼 문맥과 어울리게 되므로 의미적 차원이 분명하게 된다. 반면에 재사용 연습문제는 그 자체로 의미를 지닌 문장으로 구성되긴 하지만 더 큰 의미 있는 문맥과 연결되거나 문맥 속에 편입되지 못하기 때문에 부수적 어휘습득에 덜 유리한 듯하다.

끝으로 구어중심 교수법에서의 부수적 어휘학습의 기회에 대해 살펴보자. 구어중심 교수법에 따라 수행되는 모든 수업이 전적으로 목표어로 진행되어야 하므로 학습자들은 대화 자료나 연습문제 자료 외에도 대화에 대한 주석, 활동에 대한 설명, 교실운영과 관련된 지시[511] 등의 형태로 교사의 제2언어 입력을 계속 받아들였음을 주목할 필요가 있다. 학습자들은 교실에서 이루어지는 일과 자기들이 할 일이나 하지 말아야 할 일에 발맞추어 나가기 위해 그런 입력의 의미에 신경을 써야 했을 것이고 그 과정에서 원하든 원하지 않든 교실담화에서 되풀이되어 쓰이는 단어들 중 일부를 습득했을 것이다.

앞에서 보았던 어휘학습의 원자론적 차원을 구어중심 수업에서 살펴보자. 교사용 참고서 4장에 「어휘(Vocabulaire)」라는 제목이 붙은 절이 몇 개 있다. 「미레유 집에서」라는 대화와 관련지어 가르치도록 되어 있는 어휘는 'Excusez-moi(실례합니다만)' 같은 경어표현과 영화장면에 등장하는 가구나 물건 관련 단어들, 즉 'étagère(여러 층짜리 선반), livre(책)' 등이다. 「호기심 많은 두 노파」와 관련된 어휘 절에서는 'un jeune homme(젊은 남자)'의 복수형과 'un jeune homme+une jeune femme(젊은 남자+젊은 여자),' 즉 'des jeune gens(글자 그대로는 '젊은 사람들')' 같은 표현을 교사가 제시하도록 되어 있다.

사실 「연습(Pratique)」이라는 제목으로 제시한 다른 많은 활동도 본질적으로 어휘와 관련되어 있다. 예를 들면, 「미레유 집에서」에 관해 연습하도록 되어 있는 예들로 'petit(작은), gentil(친절한), bon(좋은)' 같은 형용사의 남성형과 여성

511 역주 활동에 대한 설명의 예로는 "따라하세요.", 교실운영과 관련된 지시의 예로는 "맨 나중에 나가는 사람이 전등을 끄세요."를 들 수 있다.

형, 동사 'avoir(가지다)'의 여러 형태가 있고, 「호기심 많은 두 노파」에 관해 연습하도록 되어 있는 예들로 'parler(말하다), dire(말하다)' 같은 동사에 여격어로 대명사를 연결한 구문, 즉 이들 동사와 'lui(그에게/그녀에게)'를 함께 쓴 구문, 그리고 'dire' 같은 동사 뒤에 명사절을 목적어로 쓴 구문, 즉 'Il lui dit que…(그가 그녀에게 …라고 말한다)'가 있는 것이다.[512] 앞서 언급한 대로 이런 활동이 의미 있는 문맥과 관련되어 있으므로 형식적 차원뿐 아니라 의미론적 차원도 분명히 가지고 있다. 한편 어학실습실에서 쓰도록 한 구조 연습문제는 학습의 요점이 비슷하기는 하나 대화와 관련되어 있지 않아서 의미에 관한 뒷받침이 적은 셈이다.

따라서 구어중심 교수법은 부수적 어휘습득과 개별항목 중심의 어휘습득이 쉽게 일어날 수 있는 여건을 제공하는 듯 보인다. 아직껏 지적하지 않았지만 지적해야 할 듯한 사실 하나는 영화화면으로 제시한 풍부한 시각자료가 학습자들이 개별 단어에 대한 심상을 구성하는 데 도움이 되었을 것이며 앞서 논의한, 학습에서의 시각화의 이점을 얻게 되었을 것이라는 점이다.

구어중심 교수법의 한 결점은 다소 제한된 어휘만 활용하는 경향이 있다는 것이다. 그래서 예를 들어 『구어로』는 프랑스어에서 가장 많이 쓰이고 가장 널리 활용하는 표현들의 말뭉치로서 1960년대의 조사사업의 결과인 『기초프랑스어 *(Le Français Fondamental)*』에서 어휘를 뽑았다. 그런데 어휘가 제한적이고 고빈도에다가 활용가치가 높은 것들이라서 『구어로』의 자료가 좀 맥 빠진 느낌을 준다. 교재의 필자로서는 대화문의 주목적이 재미보다는 프랑스어 문법과 기초어휘의 용법을 예시하는 것이었기 때문에 그런 점이 더 심화되었을 것이다. 또 본문이 의미상으로 통일성이 있고 앞에서 언급한 대로 어느 정도 학습자의 흥미를 끌 만한 줄거리가 있었겠지만 실생활의 대화라는 느낌이 강하지 않아서 대화의 내용이 학습자 자신에게 현실적으로 중요하거나 자신의 생활과 관계가 깊다고 느끼는 정도로 흥미를 끌지는 못했던 것으로 보인다. 앞에서 보았듯이 이 모든 것이 인지적 처리의 깊이와 기억의 지속성에 영향을 주었을 것이다.[513] 문법중심 교수법에서는 교재의 필자가 문법요점의 예시를 염두에 두고 교재의 본문을 스스로 작성하는 일이 흔했음을 지적할 필요가 있겠다. 그래도 애초에 목표어 원어민의 재미나 계몽을 염두에 두고 창작된 점에서 "실제(authentic)" 자료라 할

512 역주 'Il lui dit que…'에서 'que'가 명사절을 이끄는 접속사라서 그 뒤에는 절이 온다.

513 역주 학습자가 자신에게 관련이 깊다고 느낄수록 인지적 처리가 깊어지고 기억이 오래가는데 『구어로』가 제시한 대화는 그렇지 못한 것이라는 것이다.

수 있는 가사와 문학작품을 문법중심 교수법에서의 이러한 인공적인 본문 뒤에 덧붙이거나 아예 본문을 이런 글로 차차 대체하게 되었다. 대체하는 경우의 문제점은 앞에서 보았듯이 본문의 선택이 늘 직관적으로 만족스럽거나 학습자에게 공감을 주는 것은 아니었다는 점이다.

어휘습득과 관련하여 구어중심 교수법은 목표어 항목을 친숙한 모어 표현과 관련짓는 일에 드러나게 애쓰지는 않음을 주목할 필요가 있다. 구어중심 교수법에서는 제2언어 수업에서 (새 단어를 풀이할 때조차도) 학습자의 모어를 절대로 쓰지 말아야 한다고 주장한다. 설명의 도구로 목표어를 사용하는 것이 부수적 학습의 관점에서 이점이 많았음은 분명하지만 수업시간에 학습자의 모어를 전적으로 금지한 결과 제2언어와 모어 표현의 의미연상적 관련을 형성하도록 돕는 데 실패함으로써 어휘학습 과정의 더 원자론적인 면을 취약하게 만들었을 수 있다. 더 심각한 문제는 새로 나오는 단어의 의미를 오해하게 한 일이 많았다는 것이다. 목표어로 설명한 것을 완전히 이해하지 못하거나 심상을 잘못 해석하는 일이 자주 일어났음이 수많은 보고서에 나와 있다.[514]

514 역주 학습자에게 모어로 대역어를 제시하면 쉽게 이해할 수 있는 단어를 목표어로만 설명하려다 보니 교사의 설명과 학습자의 이해에 문제가 자주 생겼다는 것이다.

어휘습득에 관한 구어중심 교수법의 세 번째 약점은 교육과정의 후기에까지도 목표어로 듣고 말하기에만 치중하고 문어는 도외시하는 일이 많았다는 것이다. 그 배경에는 학습자가 표기법의 복잡성과 무질서에 대처하기 전에 구어를 완전히 파악해 놓도록 하려는 의도가 있었다.[515] 문제는 학습자가 배운 내용을 기억하기 위해 다른 과목 수업에서 이미 필기를 하고 있기가 쉽다는 것이었다. 학습자가 제2언어 수업에서도 그런 전략을 택하는 것이 당연한 일이고 제2언어의 표기법을 접하지 못한 상태에서 자신만의 독특한 표기법을 만듦으로써 학습자의 머릿속 사전에 있는 목표어 단어의 표기가 실제 정서법에 따른 표기와 비슷하지도 않은 일이 자주 일어났다. 또 꽤 오래 학습자를 목표어 문식력에 접근하지 못하게 한 결과 읽기를 통해 부수적으로 목표어 어휘를 습득할 기회를 뺏기도 했다.

515 역주 원어민 아이들이 구어를 웬만큼 익힌 상태에서 글자를 배우기 시작한다는 사실을 고려한 결과라 할 수 있다.

【소통중심 교수법과 어휘교육】

이제 마지막으로 소통중심 교수법으로 들어가자. 이 교수법은 방법론적인 면에서 극단적인 통합주의이기 때문에 정의와 기술이 쉽지 않다.[516] 이 교수법에 속하는 모든 이론이 학습자의 요구, 흥미, 기대를 처리하려고 하고 관념적인 의미뿐 아니라 사회적인 의미의 관점에서도 그러한 요구, 흥미, 기대를 다루고 있다. 다양한 종류의 정보를 주고받는 일의 관점, 견해, 기호 등을 표현하고 이해하는 일의 관점, 초대하기와 초대받기와 요청 수용자 되기와 같은 사회적 교류의 조직에 참여하는 일의 관점이 그 예이다. 그러나 소통중심 교수법 가운데에도 학습자의 모어 사용, 직접적인 문법수업, 교육과정의 목표를 (인사, 경고, 싫어함의 표현 같은 일반적 소통기능으로서, 또는 식당에서 음식 주문하기, 옷이나 식료품 사기, 전화 통화 같은 소통과업의 관점에서) 제시하는 방식 등의 문제에서 차이가 나는 여러 이론들이 있다.

516 역주 '극단적인 통합주의'는 원문의 "extremely 'broad church'"를 의역한 표현이다. 영국 국교회(the Church of England)의 여러 종파의 서로 다른 이념에 관대한 일파를 'Broad Church(광교회파)' 라고 하는데 이에 빗대어 다양한 견해를 아우르는 태도를 가리키는 'broad church' 라는 표현이 생겼다.

소통중심 교수법을 예시하기 위한 교재로 1985년에 처음 출판되어 지금도 쓰고 있는, 아일랜드 학습자를 위한 프랑스어교재 『안녕하세요!(*Salut!*)』의 제3부를 살펴보자.[517] 이 책은 교실에서의 모어사용에 다소 관대한 태도를 보이고 있고 직접적인 문법 설명에 반대하지 않으며 학습목표를 과업의 관점에서 표현하고 있다. 이 책의 6과가 「차례」에 다음과 같이 설명되어 있다.

517 Sheils & McDermott(1985). 실즈(J. Sheils)와 맥더못(S. McDermott)의 지휘 아래 아일랜드언어학연구원(Institiúid Teangeolaíochta Éireann) 현대어사업(Modern Languages Project) 참여자들이 공동으로 만든 것이다.

> 이 과에서는 전화로 친구와 이야기하는 법과 전화메시지를 주고받는 법을 배울 수 있다.

6과의 내용은 다음과 같다.

- 전화통화의 상황에서 학습자가 마주칠 수 있고 표현하고 싶어 할 말들의 요약. 예를 들어 전화에서 대답하기 : "Allô! J'écoute."(여보세요. 말씀하세요.)
- 짤막한 프랑스어 전화대화 4가지. 이 대화는 녹음테이프에 담겨 있는데 책에는 빈칸을 넣어 실어서 학습자가 그 빈칸을 채우게 되어 있다.
- 녹음테이프와 책에 수록된 프랑스어 전화대화 4가지 추가.
- 프랑스어에서 (공중전화 부스, 커피숍 등에서) 전화를 거는 방법을 프랑스어로 소개한 글.
- 프랑스의 전화번호부와 (공중전화 이용, 음성 알람시계 사용, 모닝콜 예약, 프랑스의 지역별 전화나 국제전화 걸기 등의) 다양한 전화이용법의 설명을 담은 다른 자료들에서 뽑은 많은 짧은 글. 이들 글에는 사진, 그림, 기호, 도식, 지도 같은 시각자료가 덧붙어 있다. 예를 들면 'mettez les pièces(동전을 넣으시오)' 라는 설명에 동전 그림이 함께 나와 있다.

- 프랑스에서 아일랜드로 전화 거는 것에 관한 프랑스어 예 몇 개.
- 짤막한 프랑스어 전화대화 녹음자료. 각 대화 뒤에는 프랑스어 확인문제 한두 개가 있다.
- 전화메시지를 프랑스어로 적은 메모 몇 개.
- 학습자가 프랑스 안에서 또는 프랑스에서 다른 나라로 전화를 걸도록 유도하는 연습문제.
- 동사 'pouvoir(할 수 있다), vouloir(하고 싶다), devoir(해야 한다)'의 현재시제, 미완료 시제를 다룬 문법 부분.[518]
- 특별한 의미를 프랑스어로 표현하도록 한 연습문제. 예를 들어 "오늘밤 영화 보러 가면 안 되고 숙제해야 돼."
- 프랑스의 록그룹 '텔레폰(Téléphone)'에 관한 한 페이지 분량의 글(녹음테이프에도 수록)과 그 그룹의 사진. 그 뒤에 프랑스어 확인문제가 하나 있다.
- 태양열주택에 관한 한 페이지 분량의 프랑스어 글과 사진 및 그 집의 구조도. 그 뒤에 프랑스어 연습문제가 있다.

518 역주 '미완료(imperfect)'는 프랑스어 'imparfait'에 해당하는데 한국에서는 흔히 '반과거(半過去)'로 번역한다.

위의 개요에서 볼 수 있듯이 이 과의 듣기와 읽기 자료는 매우 풍부하다. 그 자료가 대부분 전화라는 주제와 관계가 있어서 전체 맥락과 잘 통하고 각 대화나 본문 또한 각 층위에서 의미 있는 전체를 구성한다. 게다가 그 자료의 상당 부분을 적절한 시각자료가 이렇게 저렇게 뒷받침하고 있다. 교과과정의 바탕을 학습자의 요구, 흥미, 기대에 두는 소통중심 교수법의 철학에 발맞추어 자료의 내용이 학습자가 멀지 않은 미래(휴일이나 수학여행 등)에 대처해야 하리라고 생각하는 활동(프랑스에서 전화 사용하기)과 많은 학습자가 관심을 가질 법한 주제들(록음악, 환경)에 관한 것으로 되어 있다. 그리고 대체로 본문 자료가 앞에서 지적한 의미에서의 실제 자료이기 때문에 학교 밖의 실생활의 냄새를 교실에까지 가져온다. 이 모든 특징은 학습자가 의미를 위해 듣고 읽으며 관련 문맥과 시각자료를 활용하도록 돕는다. 미래에 생길 개인적 요구와 흥미를 그 자료가 다루어서 그 자료가 말하는 내용과 말하는 방식을 관심을 가지고 대하도록 유도하고 있다. 요컨대 이 과가 제공하는 입력은 부수적 어휘학습에 아주 유리한 조건들을 구성하는 셈이다.

여러 대화 및 본문과 관련된 질문과 연습문제도 부수적 학습의 기회를 제공하고 있다.

Quelle heure veulent-ils se lever?
(그들은 몇 시에 일어나고 싶어 하는가?)

Où se donnent-ils rendez-vous?
(그들은 어디서 만나기로 했는가?)
Cherche les mots qui font penser au soleil.
(해를 생각나게 하는 단어를 찾으시오.)

그리고 여기서 택한 소통중심 교수법이 교실에서 학습자의 모어를 조금은 사용하도록 허용하지만 실행가능하다면 교사가 수업의 수단으로 프랑스어를 사용해야 한다는 것이 일반적인 생각이다. 이 때문에 구어중심 교수법에서와 마찬가지로 부수적 어휘학습의 기회가 많아지는 것은 분명하다.

이 과에는 더 원자론적 유형의 어휘학습의 기회도 나온다. 그 한 가지는 의미 있는 문맥에서 "ça va?"(잘 지내?), 'désolé(미안한)' 같은 특별한 표현에 초점을 맞춘, 앞쪽 네 대화와 관계가 있는 본문완성 문제이다. 또 한 가지는 동사 'pouvoir, vouloir, devoir'의 여러 형태를 그 의미와 용법을 풀이하면서 자세히 다룬 부분이다. 세 번째는 태양열주택에 관한 본문 뒤에 나오는 단어찾기 연습문제이다. 또 단원 개요에서 영어 표현과 프랑스어 표현을 나란히 보인 것(예를 들어 "Asking if you can take a message(전할 말이 있는지 묻기): Voulez-vous laisser un message?")도 해당 표현들을 관련지어 기억하기 쉽도록 돕는 것 같다(프랑스어 단어 'message'가 영어 단어와 철자가 똑같으므로).[519] 끝으로 구어중심 교수법에서와 마찬가지로 시각자료를 (자주 특별한 표현과 직접 관련지어) 제공하는 것이 이해를 돕기도 하고 그런 표현에 관한 심상의 형성도 촉진할 것이다.

519 역주 영어 'message'와 프랑스어 'message'가 형태가 같은 동원어이므로 머릿속 사전에 더 쉽게 저장된다는 것이다. 9_6 참조.

어휘학습의 관점에서 소통중심 교수법을 칭찬할 것이 아주 많다. 적어도 위에서 예시한 이론은 문법중심 교수법의 장점(풍부한 본문 자료, 목표어 형태와 모어 형태의 관련, 단어의 문법적 용법의 직접적 강조, 표기형태의 이용)과 구어중심 교수법의 장점(목표어로 이루어지는 교실 담화, 시각자료, 실질적인 말하기 및 듣기 자료의 제공)을 조합한 것으로 보인다. 더욱이 소통중심 교수법은 학습자의 요구, 흥미, 기대를 다른 두 교수법과는 다른 식으로 다루고 있으므로 원론적으로는 다른 교수법들이 제공하는 것보다 더 학습자 개인에게 중요성이 큰 교육자료와 학습자료를 제공하는 것이 분명하다. 그렇다고 소통중심 교수법에서의 어휘학습이 모든 면에서 금빛인 것은 아니다. 소통중심 교수법의 자료가 어휘학습의 더 원자론적인 부분에 기울였던 만큼의 주의를 늘 기울였던 것은 아니다. 예를 들어 새 목표항목의 암송을 적극적으로 권하지 않는다거나 어휘에 특별히 직접 치중한 연습문제가 너무 적다는 점에서 그렇다. 소통중심 교육과정이 안고 있는 또 다른 문제는 막 벌여 놓았을 때 살아 있는 자료라고 했던 것이 금방 퇴색한다는 것이다. 예를 들어 『안녕하세요!』(1985)의 제6과 (3)에 나오는 장거리전화와 국제전화 안내문은 몇 해 사이에 낡은 정보가 되어 버렸다. 이러한 내재된 노후화 때문에 소통중심 교수법이 실세계에서의 목표어 사용의 관점에서 학습자의 요구에 부응한다는 주장은 다소 힘을 잃게 된다.

노후화 문제를 해결할 수 있는 한 방안은 최신의 교재를 만들어야 한다는 강박관념에서 벗어나 교사와 학습자가 "**교육화**(didacticizing)" 전략을 갖추도록 하는 것이다.[520] 여기서 교육화란 학습자의 언어사용 목적에 맞고 그래서 교육과정의 교육목적 및 학습목적에도 맞는 목표어의 실제 용례(대화, 우스개, 언론, 문학, 전문자료 등)면 무엇이든지 이용할 만한 교육자료 및 학습자료로 가공하는 것을 뜻한다. 이 교육화 전략이 신비로울 것도 없다. 여러 각도의 이해를 위해 보조자료(예를 들어 특정 표현에 대한 설명이나 시각자료)를 제공한다든지 해당 목표어 용례를 최대로 활용하기 위한 연습문제나 과제를 몇 가지 고안하는 것이 그 예가 될 것이다. 어휘학습에 관해서라면 연습문제와 과제라는 것이 다양한 유형의 독해 연습문제도 될 수 있고, 동일한 하위 어휘체계로부터 단어를 뽑아 분류하는 과제도 될 수 있으며,[521] 단어의 문맥적 의미를 외연적 성분과 내포적 성분으로 분석하는 것,[522] 아니면 본문에서 특정 단어의 연어적 가능성의 증거를 모으는 것이[523] 될 수도 있는 것이다. 목표어 용례를 이런 식으로 교육화하는 것은 교사가 학습자를 위해 할 수도 있지만 앞에서 언급했듯이 학습자가 자신을 위해서나 서로를 위해 할 수도 있다. 이 마지막 경우는 **학습자 자율성**(learner autonomy)의 개념과 관련된다.

어떻게 보면 학습자를 "자율화(autonomize)"하려는 관심은 소통중심 교수법의 **학습자중심주의**의 필연적 귀결이다. 소통중심 교수법이 학습자에 초점을 맞추고 있다면 학습자가 자율학습에서 가능한 한 많은 역할을 할 수 있도록 힘을 길러주는 데 당연히 관심을 가져야 한다. 학습자 자율성의 개념을 지난 20년간

520 실제 자료의 교육화에 관한 다양한 생각은 Little, Devitt & Singleton (1989)에 나온다.

521 역주 예를 들어 한국어에서 신체에 관한 어휘로부터 고유어를 뽑아 음절수에 따라 분류하는 과제를 들 수 있다. 1음절어(눈, 코, 귀, 입, …), 2음절어(머리, 다리, 허리, 무릎, …), 3음절어(엉덩이, 종아리, 장딴지, …) 등.

522 역주 예를 들어 한국어에서 "그 곰이 그걸 알까?"의 '곰'의 문맥적 의미가 '미련한 사람'이라면 그 의미를 분석하여 외연적 성분 [동물], [몸집이 크고 뚱뚱하다], [다리가 짧다], [동작이 느려 보인다], [지능이 낮아 보인다] 등과 내포적 성분 [사람], [미련하다], [동작이 느리다] 등을 찾아내는 과제를 들 수 있다.

523 역주 예를 들어 한국어에서 '참다'의 연어적 가능성의 증거로는 '웃음을 참다, 소변을 참다, 참을 만큼 참았다, 참는 데도 한계가 있다' 등과 '추위를 견디다/참다, 무게를 견디다/참다(×), 모래바람을 견디다/참다(×), 한 팔로 버티다/참다(×)' 등을 들 수 있다.

탐구해 온 더블린의 연구자 리틀(David Little)은 학습자 자율성을 "애착, 비판적 성찰, 결정, 독립적 행동에 대한 …… 역량"이라고 정의한다.[524] 학습자 자율성과 어휘습득의 관련은 학습자가 어떤 활동을 자신에게 개인적으로 중요하다고 생각하는 것이 어휘처리의 깊이에 영향을 주는 문제에 대해 전에 언급한 내용과 관계가 있다. 학습자가 목표어 읽기 자료, 토론 주제, 수행과제의 주제, 연습문제 등을 선택해도 된다면, 그리고 그런 선택을 자신 있고 현명하게 할 수 있는 정도에 도달했다면, 해당 활동에 더 흥미를 가지게 되고 전념할 것이며 그 결과 하늘이 명한 길만 따라갈 때보다 어휘 (및 기타) 자료의 기억이라는 더 높은 수준에서 얻는 바가 많을 것이다.

524 Little(1991:4).
역주 리틀은 저자가 소속되어 있는 더블린대학교 언어소통과학부의 학부장이다.

10_5 언어학습의 다른 면과 어휘학습

이 책 전체의 정신이 어휘부가 언어 전반과 얽히고설켜 있다는 것이므로 이 장의 마지막 절의 내용, 즉 학습자가 언어의 다른 영역에 대처하는 것과 어휘습득이 격리된 것이 아니라는 점은 애써 길게 논할 필요가 없다. 다만 앞에서 본 관점에서 부수적 방식이나 원자론적 방식의 어휘학습이 일어나는 특정한 절차들을 살펴보자.

다음에 인용하는 글은 의미를 위한 읽기에서 새 단어를 접하는 이상적인 기회가 어떤 것인지를 전형적으로 보여준다.[525] 문제의 단어 'pygostile'은[526] 사실 그것을 정의하는 문맥 속에 나타나고 있다.[527]

525 역주 부수적 학습의 예이다.

526 역주 'pygostyle'이라는 철자가 더 많이 쓰인다.

527 《내셔널지오그래픽(*National Geographic Magazine*)》 196권 5호(1991)에서 '탐방'이라는 제목의 도입부에 페이지 번호 없는 「깃털 달린 공룡(Feathered dinosaurs)」이라는 기사에 나온다.

> "One of the fossils we heard about was a dinosaur in Mongolia that had a pygostile – the fused vertebrae that support a bird's tail feathers…"
> (우리가 소식을 들은 화석 한 가지는 미단골(尾端骨), 즉 새의 꼬리털을 지탱하는 붙은 등뼈가 있는 몽골의 한 공룡이었다.)

이와 같은 단순한 예에서도 독자가 단어를 다룰 때 어휘와 다른 언어영역이 서로에게 미치는 영향은 명백하다. 'pygostile'이 동사 'had'의 목적어 구실을 하고 관사 'a' 뒤에 쓰였고 'the'라는 다른 관사를 가진 명사구와 동격으로 제시되어 있으므로 독자는 이 단어를 명사로 해석한다. 독자가 명사, 동사, 관사 따위의 용어를 알든 모르든 이 정도의 증거만 있으면 'pygostile'이 'a small pygotile(작은 미단골)'처럼 형용사 뒤에 쓰일 수 있고 'beneath the pygostile(미단골 아래)'처럼 전치사 뒤에 쓰일 수 있으며 'the pygostile was the final proof(미단골이 마지막 증거였다)'처럼 동사의 주어 구실을 할 수 있음을 안다. 또 그 문맥을 보면 'pygostile'이 'verterbrae(등뼈)' 같은 해부상의 부위 명칭이나 'feathers(깃털)' 같은 새 관련 단어와 어울려 쓰임이 확실하다. 《내셔널지오그래픽》에 실린 기사라는 더 큰 문맥에서 보면, 그리고 그 단어의 일반적 관점을 고려하면 'pygostile'이 일상대화보다 과학적 담화에 더 잘 쓰이는 학술용어임을 추론할 수 있다. 또 독자는 'pygostile'의 가능한 발음을 알아내게 될 것이다. ('py'는 'pie'처럼 발음될까 'pig'의 'pi'처럼 발음될까? 'stile'은 'style, steel, still' 중 어느 것처럼 발음될까?)[528] 결국 이 단어를 기억하게 된다면 틀림없이 그 철자와 의미뿐만 아니라 문법적, 연어적, 문체적, (용케 알아맞힌) 음운적 특징과 함께 기억될 것이다.

528 역주 'py'는 'pie'처럼, 'stile'은 'style'처럼 발음된다.

원자론적 단어학습을 위한 교실활동의 사례를 많이 인용한 바 있다. 앞에서 논의한 독일어교재『오늘 저녁』발췌 부분이 보여주는 기계적 암기용 단어목록이라는 가장 전통적인 전략으로 되돌아가 보자. (여기 다시 보인다.)

der Bodensee (kein Pl.), Lake Contance(콘스탄스호) (복수형 없음)
⋮
die Eisenbahn (en), railway(철도)
⋮
abfahren, fährt ab, leave(떠나다)
⋮
hoch, höher, high(높은), higher(더 높은)

앞절에서 이 목록에 관해 언급한 바와 같이 이 목록은 해당 항목들의 철자와 의미에 대한 정보뿐만 아니라 다른 문법환경에 쓰이는 다른 어형들(명사의 복수형, 동사의 3인칭 단수 현재형 등)에 대한 정보도 보여주고 있다. 또 이 목록은 특정 단어가 문장 속에서 결합하는 다른 단어에 미치는 영향에 관해서도 어떤 사실을 표시하고 있다. 예를 들면 각 명사와 함께 정관사의 주격형[529]을 보임으로써 정관

529 역주 앞의 목록에 나오는 'der'와 'die'가 정관사의 주격형이다.

사, 부정관사, 'viel(많은), mehrere(여러)' 같은 수량사, 'dieser(이), jener(저)' 같은 지시사, 형용사 등 그 명사를 둘러싸는 요소가 취하는 일정한 형태적 유형을 명시하고 있는 것이다.

이런 식의 단어목록은 개별 단어의, 의미에 따른 통사적 유형을 표시하는 데까지 나아가기도 한다. 예를 들면 영어 화자를 위한 고급프랑스어교재인 『시사 프랑스(*Actualités Françaises*)』는 각 본문 뒤에 본문에 나온 동사의 목록을 보어 유형과 함께 체계적으로 제시하고 있다.[530]

530 Nott & Trickey(1971) 제2권의 32쪽.

résister à qch. [quelque chose]: to resist sth.
(~에 저항하다)
se rendre compte de qch.: to realise sth.
(~을 알아차리다)
apprendre à faire qch.: to learn to do sth.
(~하는 것을 배우다)
permettre à qqn. [quelqu'un] de faire qch.: to allow s.o. to do sth.
(~이 ~하는 것을 허락하다)
insister pour faire qch.: to insist on doing sth.
(~하겠다고 우기다)

그러므로 적어도 전통적인 단어목록, 즉 암기를 위한 단어목록은 정서법이나 의미에 관한 정보뿐만 아니라 형태론적 정보도 포함하게 되며 통사적 정보도 포함할 때가 많은 것이다. 어휘에 중점을 둔 일부 교육활동은 그러한 다차원성을 더 많이 띤다. 실제 자료로 외국어를 배우는 문제에 있어서는 꽤 잘 알려진 책에서 가져온 다음 예가 그 점을 보여준다.[531] 해당 활동은 부수적 학습의 면과 더 원자론적인 면을 동시에 갖춘 것이라고 할 수 있다.

531 Little, Devitt & Singleton (1989 :51-53)에서 재인용.

도난 차와 관련된 사고에 관한 독일어 텍스트 읽기의 준비과제

- 'Polizei(경찰), Wagen(승용차), stehlen(훔치다), melden(신고하다)' 처럼 명사와 동사가 섞인 무리를 의미에 따른 범주로 분류하기
- 명사와 동사의 조합으로부터 이야기 꾸미기
- 위의 단어들이 들어 있는 문장들을 일관성 있는 사고 신고 텍스트로 재배열하기
- 신고 텍스트를 이용하여 이야기를 편집하기
- (원래의 단어 무리에 있는 단어 전체를 포함한) 실제 텍스트 읽기

이 과제는 형식과 의미, 형태론과 통사론, 연어유형과 문맥에 주의하도록 요구하고 있다. 예를 들어 문맥에 관해서는, 다른 문맥에서 수레(cart)나 (철도) 객차(carriage)를 뜻할 수도 있는 'Wagen'이란 단어가 차에 관해 사용될 때는 승용차(car)를 뜻한다는 사실을 깨닫도록 이 과제가 요구하고 있다.

앞절의 논의를 통해서 볼 때, 그리고 이 책 다른 부분의 논의도 잘 생각하면, 어휘학습 과제가 더 많은 차원을 통합할수록, 어휘지식이 조금이라도 쓸모가 있으려면 다차원적이어야 한다는 사실을 제기하는 측면에서뿐만 아니라 어휘지식이 지속성 있게 실제로 추가될 수 있도록 깊은 단계의 인지적 처리를 촉진하는 측면에서도 더 효과적이라고 말할 수 있다. 여기서 **어휘평가**에 대한 교훈도 하나 얻을 수 있다. 어휘평가에서 고립된 단어만 다룰 때가 너무 많았다. 그런 식의 어휘평가는 언어사용에서 결정적인 역할을 하게 될 어휘지식의 측면을 활용하는데 실패했을 뿐 아니라 그런 평가가 수업에 미치는 "후류효과(後流效果, washback effect)"(이것은 그런 평가 때문에 교사의 수업에 나타난 결과이다)는 언어교육의 어휘부문을 아주 허약하게 만들 때가 많았다.[532] 어떤 목적으로 활용할 수 있을 어휘지식을 적절히 측정할 수 있으려면, 그리고 교수학습활동이 그런 지식을 구성하도록 촉진할 수 있으려면, 어휘평가는 개별적으로든 집합적으로든 단독 어휘항목을 문맥 없이 인식하거나 내뱉는 것보다 훨씬 더 많은 것을 피평가자에게 요구해야 한다.

532 역주 후류(washback, back wash)는 배가 나아갈 때 배 뒤에 생기는 물결과 같이, 유체 속을 움직이는 물체의 뒤쪽에 생기는 유체의 흐름을 말한다. 후류효과는 언어평가가 언어교수와 언어학습에 미치는 영향을 말한다. 교사나 학습자가 시험에 나오는 사항을 위주로 가르치고 배우게 되기 때문에 시험이 교육에 큰 영향을 미치게 됨을 표현하는 용어이다.

10_6 요약

이 장에서는 어휘지식과 그 발전을 뒷받침해 온 두 방법, 즉 사전편찬과 언어수업에서의 어휘학습 증진을 살펴보았다. 사전편찬의 역사를 영어사전의 발전을 중심으로 간략히 훑어보고 어휘부의 다면적 속성 때문에 사전편찬자가 겪는 어려움 몇 가지를 제시했다. 후자와 관련해서는 신기술을 충분히 그리고 이상적으로 활용하면 사전편찬자들이 오래도록 직면해 왔던 문제들을 전부는 아니지만 일부는 해결할 수 있을 것이라고 보았다. 그 다음에는 언어수업에서 어휘부를 다루는 여러 방법을 개관하면서 제2언어 교육에서 사용한 세 가지 중요한 방법론이 어휘학습을 어떻게 다루어 왔는지 논의했다. 그 논의의 결과는 어떤 교수법을 사용하든 언어수업에서의 어휘학습에 부수적 차원과 원자론적 차원이 모두 존재했으며 두 차원 모두 어휘학습 과정에 소중한 기여를 함이 드러났다. 마지막으로 특수한 어휘학습 기회와 절차 몇 가지를 살폈고 모든 경우에 어떤 다차원성의 특징이 있는데 그것은 목표로 하는 지식 자체가 다차원적임을 반영한다는 것을 보였다.[533]

533 역주 어휘지식이 다양한 언어요소에 관한 지식과 밀접히 관련되어 있다는 점에서 다차원적이라는 것이다.

사전편찬의 발달에 대해 잘 서술한 책으로 앞에서 언급한 것 외에 다음 두 책을 들 수 있다.

그린(J. Green)(1996) 『태양을 쫓아서 : 사전편찬자들과 그들의 사전(*Chasing the sun: dictionary-makers and the dictionaries they made*)』.

매카서(T. McArthur)(1986) 『참고의 세계 : 점토판에서 컴퓨터까지의 사전편찬, 학습, 언어(*Worlds of reference: lexicography, learning and language from the clay tablet to the computer*)』.

이 주제에 대한 (특히 영어를 중심으로 한) 더 간략한 소개는 『옥스퍼드 영어길잡이(*Oxford companion to the English language*)』에 실린 많은 논문들에 나와 있다. 그밖에 사전편찬에 대해 추천할 만한 논저들은 다음과 같다.

베주앵(H. Béjoint)(1994) 『근대 영어사전들의 전통과 개혁(*Tradition and innovation in modern English dictionaries*)』.

벤슨(M. Benson) · 벤슨(E. Benson) · 일슨(R. F. Ilson)(1986) 『영어의 사전학적 기술(*Lexicographic description of English*)』.

하르트만(R. R. K. Hartman) · 제임스(G. James)(1998) 『사전학 사전(*Dictionary of lexicography*)』.

하우스만(F. J. Hausman) · 라이히만(O. Reichmann) · 비간트(H. E. Wiegand) · 즈구스타(L. Zgusta) 편(1989-1991) 『사전 : 국제 사전학백과사전(*Wörterbücher/dictionaries/dictionnaires: An international encyclopedia of lexicography*)』.

워커(D. A. Walker) · 잠폴리(A. Zampolli) · 칼촐라리(N. Calzolari) 편(1995) 『어휘부의 자동화 : 다언어환경에서의 연구와 실제(*Automating the lexicon: research and practice in a multilingual environment*)』.

즈구스타(L. Zgusta)(1986) 「이언어사전의 문제점(Problems of the bilingual dictionary)」.

언어수업에서의 어휘학습에 대해서는 10_4, 10_5에서 논의한 주제들을 다음 책들이 다양한 관점에서 상세히 탐구하고 있다.

카터(R. Carter) · 매카시(M. McCarthy) 편(1988) 『어휘와 언어교육(*Vocabulary and language teaching*)』.

코디(J. Coady) · 허킨(T. Huckin) 편(1997) 『제2언어 어휘습득 : 교육의 원리(*Second language vocabulary acquisition: a rationale for pedagogy*)』.

해치(E. Hatch) · 브라운(C. Brown)(1995) 『어휘, 의미론, 언어교육(*Vocabulary, semantics and language education*)』.

슈미트(N. Schmitt) · 매카시(M. McCarthy) 편(1997) 『어휘 : 기술(記述), 습득, 교육(*Vocabulary: description, acquisition and pedagogy*)』.

정규교육 상황에서 어휘를 다루는 구체적 전략을 다룬 책으로는 Nation(1990), Little, Devitt & Singleton(1989) 외에 다음 책들이 있다.

게언스(R. Gairns) · 레드먼(S. Redman)(1986) 『단어 다루기 : 어휘교육과 어휘학습 안내서(*Working with words: a guide to teaching and learning vocabulary*)』.

루이스(M. Lewis)(1993) 『어휘적 교수법 : 영어교육의 현황과 앞날(*The lexical approach: the state of ELT and a way forward*)』.

루이스(M. Lewis)(1993) 『어휘적 교수법의 실행 : 이론의 실용화(*Implementing the lexical approach: putting theory into practice*)』.

월리스(M. Wallace)(1982) 『어휘교육(*Teaching vocabulary*)』.

트레비유(M-C. Tréville) · 뒤케트(L. Duquette)(1996) 『언어수업에서 어휘 가르치기(*Enseigner le vocabulaire en classe de langue*)』.

연 습 문 제 및 토 론 거 리

1 사전의 권위가 언어에 관한 논쟁을 해결하는 데 쓰이는 상황 몇 가지를 생각해 보라.

2 종이사전보다 전자사전이 나은 점을 열거하고 전자사전보다 종이사전이 나은 점도 생각해 보라.

3 당신이 쓰는 사전에서 다의성을 다루는 방식을 검토해 보라. 그 원리가 무엇인지를 찾아보고 개선 가능성을 그 근거와 함께 제시해 보라.

4 (모어나 제2언어 교육과정에서) 부수적 어휘학습과 원자론적 어휘학습의 기회를 제공하는 연속된 교실활동을 고안해 보라.

5 (모어나 제2언어 교육과정에서) 다른 차원과 함께 문체적 차원을 포함한 어휘학습 활동을 만들어 보라.

결론

지금까지 이 책에서 다룬 주제의 범위가 넓은 데다 각 장 끝에서 소결론 겸 요약을 제시했으니 여기서 그 내용을 일일이 언급하는 것은 합당치 않을 듯하다. 그 대신 모든 장을 꿰뚫는 일반적인 주제, 즉 종래 상대적으로 분리되어 있다고 생각했던 **어휘부**와 언어의 다른 차원들이 상당한 정도로 상호작용을 한다는 점에 초점을 맞추겠다. 그렇다면 앞에서 다룬 내용들을 되새겨 볼 때 어휘부를 언어의 다른 부분과는 구별되는 어떤 존재로 보아도 좋은가, 그리고 어휘부가 일관성 있고 통일된 부문을 형성하는가가 문제가 된다.[534]

534 역주 이러한 문제는 어휘부를 연구대상으로 삼는 어휘론이 독립된 언어학의 하위분야가 될 수 있는가 하는 문제와 직결된다.

언어 전체로부터 어휘부를 떼어내는 것이 가능한지 하는 문제와 관련하여, 언어학자들이 어휘부가 불규칙적인(idiosyncratic) 정보를 다루는 부문이라는 기본적인 생각을 바꾼 것이 아니라, 언어를 연구해 보고 연구한 바를 성찰해 보니 전에 상상했던 것보다 훨씬 더 많은 언어적 기능이 불규칙적이라는 결론을 내리지 않을 수 없게 된 것이다. 그러한 발견의 결과는 언어학적 모형에서 일반화 요소를 줄이고 어휘부에 더 많은 것을 맡기는 것으로 나타났다. 이러다가 얼마 안 가 어휘부의 개념과 언어의 개념을 바꿔 써도 되는 지경에 이르지 않을까 하는 생각이 들 때도 있다.

어휘부를 여전히 언어의 다른 차원으로부터 분리할 수 있는 것으로 볼 수 있음을 옹호할 때 통상 하는 얘기는 언어의 많은 국면이 어휘적 관점에서 처리될 수 있지만 어휘적 개별성과 관계없이 기술할 수 있는 언어현상도 확인할 수 있다는 것이다. 예를 들어 인간의 언어는 모두 이중분절이라는 특징을 지닌다. 6_1에서 언급한 바와 같이 언어가 두 층위로 조직되어 있다는 것이다. 한 층위에서는 의미 없는 단위들(음소, 글자)이 결합해 의미 있는 단위들(굴절형, 접사, 단어 등)을 구성하고, 더 높은 층위에서는 의미 있는 작은 단위들(형태소, 단어 등)이 의미 있는 더 큰 단위들(구, 문장 등)을 구성한다. 언어의 이러한 일반적 특징은 어휘부에 암시하는 바가 많기는 하지만 어떤 개별 언어에서의 어휘적 특수성과도 무관한 것이 사실이다.

언어조직의 다른 특징 중에는 언어의 개별 영역(통사론, 음운론 등)에 관련된다는 점에서 더 특수하지만 해당 단위의 어휘적 속성과는 무관하게 보편적으로 작용하는 것도 있다. 그중 하나가 **구조의존성**(structure-dependency)이라는 특징이다. 이것은 모든 언어의 통사론에 공통되는 원리로 문장들끼리 관련되는 방식에 구조적 차원이 있다는 것이다. 예를 들면 영어에서 진술을 의문문으로 만들려면 단어를 어떤 순서로 배열할지뿐만 아니라 단어가 어떻게 성분들로 묶이고 그 성분들이 어떻게 조직되고 계층화되는지도 고려해야 한다.[535] 문장의 집합 두 가지를 살펴보자. 각 집합의 세 번째 문장은 부적격한 문장이다.

535 역주 여기서의 논증은 한국어에서는 통하지 않는다. 평서문을 의문문으로 만들 때 한국어는 어순을 바꾸지 않고 종결어미를 바꾸기 때문이다.

The tall chap is one of the men she has been seeing.
(그 키 큰 친구는 그녀가 만나고 있는 남자 중 한 명이다.)
Is the tall chap one of the men she has been seeing?
(그 키 큰 친구는 그녀가 만나고 있는 남자 중 한 명인가?)
Has the tall chap is one of the men she been seeing (×)

The tall chap who kissed her is one of the men she has been seeing.
(그녀에게 키스한 키 큰 친구는 그녀가 만나고 있는 남자 중 한 명이다.)
Is the tall chap who kissed her one of the men she has been seeing?
(그녀에게 키스한 키 큰 친구는 그녀가 만나고 있는 남자 중 한 명인가?)
Kissed the tall chap who her is one of the men she has been seeing (×)

첫 번째 문장 집합을 보면 진술을 의문문으로 만들려면 문장의 첫 동사를 앞으로 옮기기만 하면 되는 것처럼 보이지만, 두 번째 문장 집합을 보면 그러한 "단선적(linear)" 규칙이 통하지 않고 어떤 요소를 옮길 때 무엇보다도 그 문장의 어떤 단어들이 주절을 구성하고(The tall chap is one of the men) 어떤 단어들이 종속절을 구성하는지(she has been seeing, who kissed her)를 고려해야 함을 알 수 있다.[536]

536 역주 한국어에서 구조의존성의 예를 보자. "철수는 물론 물도 못 먹었다."는 '물론'을 문두로 옮겨 "물론 철수는 물도 못 먹었다."로 바꿀 수 있다. 그러나 "밥은 물론 물도 못 먹었다."에서는 '물론'을 전혀 옮길 수 없다. 두 문장은 구조가 비슷해 보이지만 실제로는 다른 것이다.

어휘적 고려가 필요 없다고 생각했던 많은 언어현상이 이제는 본질적으로 어휘적 성격을 띠는 것으로 인정되고 있고 따라서 앞으로 어휘적 방향으로 관점이 더 이동할 가능성이 늘 존재함은 앞에서 지적한 바와 같이 확실하다. 그렇지만 보편문법이라는 촘스키의 개념을 인정하든 하지 않든 각 언어의 어휘적 특수성 밖에 놓여 있다고 생각되는 언어의 국면이 계속 남으리라고 가정하는 것이 여전히 타당할 듯하다.

최근 몇 년 사이에 다면적인 어휘부의 다양한 측면들이 단일한 언어적 실재의 층위로 집약될 수 있다고 진정 볼 수 있는지 의문을 제기하는 목소리가 많이 나왔다. 그러한 목소리들이 대체로 심리학과 심리언어학의 영역에서 나오고 있는 점도 재미있지만 더 재미있는 것은 다른 면에서는 날카로운 대립을 보여 온 두 학파, 즉 포더(Jerry Fodor) 식의 모듈가설 주장자들과 연관주의 주장자들이 한 목소리를 내고 있다는 점이다.

9_5에서 본 것처럼 언어모듈에 대한 포더의 개념은 "정보의 캡슐화"(언어처리 기제가 자신이 작용하도록 설계된 언어자료 외에는 알아보지 못한다는 개념)와 "모듈 내적 처리의 얕음"(언어모듈 내의 언어처리는 근본적으로 형식적인 문제라서 처리가 이루어지는 단위 내부에서는 의미분석이 일어나지 않는다는 개념)이라는 두 가지 본질적 속성을 지닌다. 9_5에서 본 바와 같이 모듈주의자들이 언어모듈의 개념을 의미적 역할이 없는 형식적 처리장치로 제한하는 것의 이점은 언어적 의미와 비언어적 의미의 경계를 어디서 그어야 하는지 고민하지 않아도 된다는 것이다. 결국 형식적 어휘부(formal lexicon)가 정보적으로 캡슐화된 어휘부 안에 들어 있고 의미적 어휘부(semantic lexicon)는 그 바깥에 있기 때문에 의미론적인 어휘지식은 어형의 처리에서 아무 역할도 하지 않는다고 보는 셈이다.

이러한 입장은 어휘부가 형식적 기준과 의미적 기준 각각에 따라 조직되는 것으로 보인다는 사실에서 어느 정도 지지를 받는 듯하다. 예를 들면 발화실수(slip of the tongue)가 'iniquities(부정함, 사악함)' 대신 'antiquities(옛 물건)'라고 하는 것처럼 음운론적으로 비슷한 단어로 대치하는 것일 때도 있고, 'hand(손)' 대신 'finger(손가락)'라고 하거나(전체어→부분어) 'awake(깬)' 대신 'asleep(잠든)'이라고 하는(상보어) 것처럼 의미적으로 관련된 단어로 대치하는 것일 때도 있는 것이다. 한편으로 이 입장은 언어기호의 형식 면과 의미 면이 종이의 양면처럼 밀접하게 연관되어 있다는, 현대언어학의 창시자 소쉬르가 선언했던 고전적인 견해에서 출발한다. 9_5에서 논의했듯이 그것은 또한 단어처리에서 "연결망 안에서 작동하는(online)" 문맥효과의 증거와 충돌한다.

또 9_5에서 본 것처럼 연관주의 견해는 지식을 유형이 아닌 연관력(connection strength)의 관점에서 표상한다. 저장되는 것은 유형이 아니라, 우리가 단어, 형태소, 음소를 구성하는 것으로 알고 있는 특징들의 유형도 아니라 이러한 유형들이 재창조되도록 돕는 훨씬 낮은 층위의 요소들 사이의 연관력이라고 본다. 그렇게 보면 단어조차 기호로서 안정된 심리언어학적 존재를 가지는 층위는 없는 것이고 단어의 집합도 그러한 어떤 존재를 가지는 층위는 더더욱 없는 셈이다.

자연과학자들이 어떤 현상을 성분들로 환원할 수 있다고 해서 그러한 환원이 해당 현상에 대한 완벽하고도 유용한 설명인 것은 아니라는 사실을 인식하면서 **환원주의**(reductionism)에 어떻게 방어하고 있는지를 언급할 필요가 있겠다. 이 맥락에서 가끔 드는 예는 'AMUSEMENTS(오락실), BAR(술집), CIRCUS(서커스), DANCING(춤), SOUTH PIER(남부두)'[537] 등의 글자를 색전구로 표현한 광고판이다. 그러한 광고판을 전구가 많이 모인 것으로만 해석하는 것은 그런 현상을 한 층위에서만 설명하는 것이다. 완전한 설명이 되려면 예를 들어 글자층위에서의 생김새, 단어층위에서의 생김새, 생김새의 의미 등 더 높은 여러 층위와, 각 전구의 부품, 각 부품의 화학원소 등과 같은 낮은 층위를 동시에 인식하지 않으면 안 된다. 연관주의와 어휘부로 돌아가서, 어휘지식을 미시층위에서 연관력의 관점에서 분석할 수 있다고 해서 다른 분석 층위가 존재할 수 있다는 생각이 배제되는 것은 아니다.

어휘부에 대한 모듈주의자와 연관주의자의 이론은 1장에서 보았듯이 단어가

537 역주 여기서의 남부두(South Pier)는 영국 랭커셔 주 블랙풀(Blackpool)에 있는 놀이공원 이름이다.

그 복합성에도 불구하고 언어의 기본요소로 너무나도 널리 인식되고 있어서 의심을 받게 되는 것 같다. 이러한 인식이 다차원적이면서도 통일된 어휘적 분석 층위라는 개념에 높은 수준의 심리적 실재가 따라다님을 강하게 암시한다고 하지 않을 수 없다. 이 점은 어휘부라는 개념을 분열이나 사방의 바람에 맡기려는 이들을 틀림없이 제지하게 될 것이다.[538]

요 앞 몇 페이지에 걸쳐 어휘부라는 이름으로 언어의 한 영역을 잘라내고 그 영역을 어떤 통일된 실재로 다루는 쪽으로 논의를 진행해 왔지만 어휘적 구성물이 다른 언어적, 심리언어학적 영역으로부터 이론적으로나 경험적으로나 분리할 수 없음이 증명되고 말 것이라는 것을 우리는 인정할 수밖에 없다. 뇌의 기능을 직접 관찰할 수 있을 만큼 기술이 놀랍게 발전했으므로 결국 결정적인 논의는 언어이론이나 심리언어학적 실험이 아닌 뇌과학에서 나올지도 모른다.

이제까지의 서술에서 점점 더 분명해지는 것은 언어학의 많은 저택들 사이에서 어휘부와 그 주변에 관한 연구와 저술들이 "성장산업"으로 남으리라는 것이다. 수십 년간 대부분의 언어학자들이 언어에서 가장 재미없는 국면으로 다루어 왔던 단어가 이제는 언어학자의 시야의 중심으로 돌아왔다. 때가 무르익었다. 이 발언을 뒷받침하기 위해 고별의 말을 언어학자 아닌 과학소설 작가에게서 인용하겠다. 시몬스(Dan Simmons)의 소설 《히페리온(Hyperion)》(London: Hodder, 1989)의 등장인물이 단어라는 주제로 해야 했던 말이다.[539]

> 단어/개념이라는 샴쌍둥이가 인류가 이 떠들썩한 우주에 기여할 수 있고, 할 것이고, 해야 하는 유일한 것이라는 논의가 가능하다. (물론 우리의 DNA는 유일하다. 그렇지만 도롱뇽의 DNA도 마찬가지다. 우리는 인공물을 만든다. 비버로부터 개미에 이르는 수많은 다른 생물들도 마찬가지다. 우리는 수학이라는 추상물을 가지고 진짜 인공물을 엮어낸다. 우주는 처음부터 산수로 짜여져 있다. 원을 그려 보라. 원주율(π)이 드러날 것이다. 그렇지만 우주가 생물학, 기하학이나 감각 없는 바윗덩어리 같은 그 껍질 밑 어디에 단어를 숨겼겠는가?[540])

538 역주 여기서 "사방의 바람"이란 구약성서의 구절을 인용한 표현이다. "이 일 후에 내가 네 천사가 땅 네 모퉁이에 선 것을 보니 땅의 사방의 바람(the four winds)을 붙잡아 바람으로 하여금 땅에나 바다에나 각종 나무에 불지 못하게 하더라."(요한계시록 7:1)

539 역주 '히페리온'은 그리스신화에 나오는 거인족 중의 한 명이다. 우주를 배경으로 한 과학소설인 이 소설에서는 행성의 이름으로 등장한다.

540 역주 단어는 우주가 숨겨 놓은 것을 인류가 발견한 것이 아니라 인류가 창조한 것이라는 뜻이다

참고문헌

Aarsleff, H. (1990) 'The original plan for the *OED* and its background', *Transactions of the Philological Society* 88.

Aijmer, K. and Altenberg, B. (eds)(1991) *English corpus linguistics: studies in honour of Jan Svartvik*, London: Longman.

Aitchison, J. (1981) *Language change: progress or decay*, London: Fontana.

Aitchison, J. (1994) *Words in the mind: an introduction to the mental lexicon*, 2nd edition, Oxford: Blackwell. [홍우평 역(2004) 『언어와 마음』, 역락, 제3판(2002)의 번역]

Akmajian, A., R. A. Demers, A. K. Farmer & R. M. Harnish (1990) *Linguistics: an introduction to language and communication*, Cambridge, MA: MIT Press.

Allen, R. E. (ed) (1991) *Concise Oxford Dictionary*, 8th edition, Oxford: Oxford University Press.

Allerton, D. J. (1982) *Valency and the English verb*, London: Academic Press.

Allerton, D. J. (1995) 'Valency grammar', in E. F. K. Koerner & R. E. Asher (eds)(1995).

Altman, G. (ed)(1990) *Cognitive models of speech processing*, Cambridge, MA: MIT Press.

Anapol, D. (1997) *Polyamory: the new love without limits*, Initinet Resources Center.

Anderson, J. A. (1973) *Structural aspects of language change*, London: Longman.

Anderson, R., R. Reynolds, D. Schallert & E. Goetz (1977) 'Frameworks for comprehending discourse', *American Educational Research Journal* 14.

Anglin, J. (1970) *The growth of word meaning*, Cambridge, MA: MIT Press.

Anglin, J. (1977) *Word, object and conceptual development*, New York: Norton.

Antilla, R. (1988) *An introduction to historical and comparative linguistics*, 2nd edition, New York: Macmillan. [박기덕 · 남성우 역(1995) 『역사비교언어학개론』, 민음사]

Aronoff, M. & F. Ashen (1998) 'Morphology and the lexicon: lexicalization and productivity', in A. Spencer & A. M. Zwicky (eds)(1998).

Austin, J. L. (1962) *How to do things with words*, Oxford: Clarendon Press. [김영진 역(1992) 『말과 행위 : 오스틴의 언어철학, 의미론, 화용론』, 서광사. 제2판(1975)의 번역]

Ayto, J. (comp)(1998) *The Oxford Dictionary of Slang*, Oxford: Oxford University Press.

Backus, A. (1996) *Two in one: bilingual speech of Turkish immigrants in the Netherlands*, Tilburg: Tilburg University Press.

Baddeley, A., C. Papagno & G. Vallar (1988) 'When long-term learning depends on short-term storage', *Journal of Memory and Language* 27.

Baker, C. L. (1995) *English Syntax*, Cambridge, MA: MIT Press. [박의재 역(1991) 『영어통사론』, 한신문화사. 초판 (1989)의 번역]

Barrett, M. (1986) 'Early semantic representations and early semantic development', in S. Kuczaj & M. Barrett (eds)(1986).

Baskin, W. (1974) *Course in general linguistics*, revised edition, Glasgow: Fontana/Collins. An English translation of Saussure (1916).

Béjoint, H. (1994) *Tradition and innovation in modern English dictionaries*, Oxford: Clarendon Press.

Benson, M. (1986) 'Collocations and idioms', in R. Ilson

(ed)(1986a).

Benson, M., E. Benson & R. F. Ilson(1986) *Lexicographic description of English*, Amsterdam: John Benjamins.

Berger, D., G. Drosdowski & O. Käge (1985) *Richtiges und gutes Deutsch*, Mannheim: Dudenverlag.

Bernstein, B. (1961) 'Social structure, language and learning', *Educational Research* 3.

Bernstein, B. (1962) 'Social class, linguistic codes and grammatical elements', *Language and Speech* 5.

Bickerton, D. (1975) *The dynamics of a creole system*, Cambridge: Cambridge University Press.

Biemiller, A. (1970) 'The development of the use of graphic and contextual information as children learn to read', *Reading Research Quarterly* 6.

Black, J. A. (1989) 'The Babylonian grammatical tradition: the first grammars of Sumerian', *Transactions of the Philological Society* 87.

Blom, J-P. & J. J. Gumperz (1972) 'Social meaning in linguistic structure: code-switching in Norway', in J. J. Gumperz & D. H. Hymes (eds)(1972).

Bloom, L. (1973) *One word at a time: the use of single word utterances before syntax*, The Hague: Mouton.

Bloom, P. (ed)(1993) *Language acquisition: core readings*, Hemel Hempstead: Harvester Wheatsheaf.

Bloomfield, L. (1933) *Language*, New York: Holt.

Bolinger, D. (1965) 'The atomization of meaning', *Language* 41.

Bomba, P. & E. Siqueland (1983) 'The nature and structure of infant from categories', *Journal of Experimental Child Psychology* 35.

Borsely, R. D. (1996) *Modern phrase structure grammar*, Oxford: Blackwell.

Brédart S. & J-A. Rondal (1982) *L'analyse du langage chez l'enfant: les activités métalinguistiques*, Brussels: Pierre Mardaga.

Bresnan, J. & R. Kaplan (1982) 'Introduction: grammars as mental representations of language', in J. Bresnan (ed)(1982).

Bresnan, J. (ed)(1982) *The mental representation of grammatical relations*, Cambridge, MA: MIT Press.

Brown, K. & J. Miller (eds)(1996) *Syntactic theory*, Oxford: Elsevier Science.

Bruner, J. (1975) 'The ontogenesis of speech acts', *Journal of Child Language* 2.

Calvet, L.-J. (1996) *Histoire de l'écriture*, Paris: Plon.

Campbell, R. (1986) 'Language acquisition and cognition', in P. Fletcher & M. Garman (eds)(1986).

Carey, S. & E. Bartlett (1978) 'Acquiring a new word', *Papers and Reports on Child Language Development* 15.

Carney, E. (1994) *A survey of English spelling*, London: Routledge.

Carr, P. (1993) *Phonology*, London: Macmillan.

Carroll, J. B. (1971) 'Development of native language skills beyond the early years', in C. Reed (ed)(1971).

Carroll, J. B. (ed)(1956) *Language, thought and reality: selected writings of Benjamin Lee Whorf*, Cambridge, MA: MIT Press.

Carroll, J. B. & J. B. Casagrande (1958) 'The function of language classifications in behaviour', in E. E. Maccoby, T. M. Newcomb & E. L. Hartley (eds)(1958).

Carstairs-McCarthy, A. (1991) *Current morphology*, London: Routledge.

Carter, R. (1998) *Vocabulary: applied linguistic perspectives*, 2nd edition, London: Routledge. [원명옥 역(1998) 『어휘론의 이론과 응용』, 한국문화사. 초판(1987)의 번역]

Carter, R. & M. McCarthy (eds)(1988) *Vocabulary and language teaching*, London: Longman.

Chambers, J. K. & P. Trudgill (1980) *Dialectology*, Cambridge: Cambridge University Press.

Chapelle J. & M-T. Claes (eds)(1993) *Actes: 1er Congrès International: Mémoire et Mémorisation dans l'Acquisition et l'Apprentissage des Langues/Proceedings:1st International Congress: Memory and Memorization in Acquiring and Learning Languages*, Louvain-la-Neuve: CLL.

Chen, M. (1972) 'The time dimension: contribution toward a theory of sound change', *Foundations of Language* 8.

Chen, M. & W. Wang (1975) 'Sound change: actuation and implementation', *Language* 51.

Chertok, L. (1989) *Hypnose et Suggestion*, Paris: Presses Universitaires de France.

Cheshire, J. (ed)(1991) *English around the world*, Cambridge: Cambridge University Press.

Chomsky, N. (1957) *Syntactic structures*, The Hague: Mouton.

Chomsky, N. (1959) 'Review of B. F. Skinner's *Verbal behaviour*', *Language* 35.

Chomsky, N. (1972) *Language and mind*, enlarged edition, New York: Harcourt Brace Jovanovich.

Chomsky, N. (1981) *Lectures on Government and Binding*, Dordrecht: Foris. [이홍배 역(1987) 『지배·결속이론』, 한신문화사]

Chomsky, N. (1988) *Language and problems of knowledge: the Managua lectures*, Cambridge, MA: MIT Press.

Chomsky, N. (1995) *The Minimalist Program*, Cambridge, MA: MIT Press.

Clark, E. (1993) *The lexicon in acquisition*, Cambridge: Cambridge University Press.

Clark E. & E. Andersen (1979) 'Spontaneous repairs: awareness in the process of acquiring language', presented at the Biennial Meeting of the Society for Research in Child Development. San Francisco.

Clark, M. (1976) *Young fluent readers*, London: Heinemann.

Coady, J. & T. Huckin (eds)(1997) *Second language vocabulary acquisition: a rationale for pedagogy*, Cambridge: Cambridge University Press.

Coates, J. (1993) *Men, women and language: a sociolinguistic account of gender difference in language*, London: Longman.

Cohen, A. & E. Aphek (1980) 'Retention of second-language vocabulary learning over time: investigating the role of mnemonic associations', *System* 8.

Coleman, L. & P. Kay (1981) 'Prototype semantics: the English word "lie"', *Language* 57.

Cook, V. (1988) *Chomsky's Universal Grammar: an introduction*, Oxford: Blackwell. 2nd edition = V. Cook & M. Newson (1996).

Cook, V. (1992) 'Evidence for multicompetence', *Language Learning* 42.

Cook, V. (1997) *Inside language*, London: Arnold.

Cook, V. & M. Newson(1996) *Chomsky's Universal Grammar: an introduction*, Oxford: Blackwell.

Coulmas, F. (1996) *The Blackwell encyclopedia of writing systems*, Oxford: Blackwell.

Coulmas, F. (ed) (1997) *The handbook of sociolinguistics*, Oxford: Blackwell.

Coulthard, M. C. (1969) 'A discussion of restricted and elaborated codes', *Educational Review* 22.

Coupland N. & A. Jaworski (eds)(1997) *Sociolinguistics: a reader and coursebook*, London: Macmillan.

Cowie, A. (1988) 'Stable and creative aspects of vocabulary use', in R. Carter & M. McCarthy (eds)(1988).

Cowie, A. & R. Mackin (eds)(1975) *Oxford Dictionary of Current Idiomatic English*, 1st edition, Oxford: Oxford University Press.

Cowie, A., R. Mackin & I. R. McCaig (eds)(1983) *Oxford Dictionary of Current Idiomatic English*, 2nd edition, Oxford: Oxford University Press.

Cromer, R. E. (1991) *Language and thought in normal and handicapped children*, Oxford: Blackwell.

Crowley, T. (1992) *An introduction to historical linguistics*, Oxford: Oxford University Press.

Crowther, J. (ed)(1995) *Oxford Advanced Learner's Dictionary*, Oxford: Oxford University Press.

Cruse, D. (1986) *Lexical Semantics*, Cambridge: Cambridge University Press. [임지룡·윤희수 역(1989) 『어휘의미론』, 경북대출판부]

Daniels, P. T. & W. Bright (eds)(1996) *The world's writing systems*, Oxford: Blackwell.

Davies, A., C. Criper & A. P. R. Howatt (eds)(1985) *Interlanguage*, Edinburgh: Edinburgh University Press.

De Groot, A. (1995) 'Determinants of bilingual lexicosemantic organization', *Computer Assisted Language Learning* 8.

DeFrancis, J. (1996) 'How efficient is the Chinese writing system?', *Visible Language* 30.

Dik, S. C. (1981) *Functional Grammar*, Dordrecht: Foris.

Diller, K. (1971) *Generative grammar, structural linguistics and language teaching*, Rowly, MA: Newbury House.

Drosdowski, G., W. Müller, W. Scholze-Stubenrecht & M. Wermke (1991) *Rechtschreibung der deutschen Sprache*, Mannheim: Dudenverlag.

Eco, U., M. Santabrigio & P. Violi (eds)(1988) *Meaning and mental representations*, Bloomington, IN: Indiana University Press.

Edwards, V. (1986) *Language in a black community*, Clevedon: Multilingual Matters Ltd.

Eimas, P. (1985) 'The perception of speech in early infancy', *Scientific American* 252.

Ellis, A. & G. Beattie (1986) *The psychology of language and communication*, London: Weidenfeld & Nicolson.

Ellis, N. & A. Beaton (1993) 'Factors affecting the learning of foreign language vocabulary: imagery keyword mediators and phonological short-term memory', *Quarterly Journal of Experimental Psychology: Human Experimental Psychology* 46A.

Ellis, N. & A. Beaton (1995) 'Psycholinguistic determinants of foreign language vocabulary learning', in B. Harley (ed)(1995).

Elman, J. (1990a) 'Finding structure in time', *Cognitive Science* 4.

Elman, J. (1990b) 'Representation and structure in connectionist models', in G. Altman (ed)(1990).

Ewert, A. (1933) *The French language*, London: Faber & Faber.

Fasold, R. W. (1984) *Sociolinguistics of society*, Oxford:

Blackwell.

Fasold, R. W. (1990) *Sociolinguistics of language*, Oxford: Blackwell. [황적륜 외 역(1994) 『사회언어학』, 한신문화사]

Ferguson, C. (1959) 'Diglossia', *Word* 15.

Finch, G. (2000) *Linguistic terms and concepts*, Houndmillls: Macmillan.

Firth, J. R. (1957) 'A synopsis of linguistic theory', in *Studies in linguistic analysis* (Special Volume of the Philological Society). Oxford: Blackwell.

Fishman, J. (1997) 'Language and ethnicity: the view from within', in F. Coulmas (ed)(1997).

Fishman, J. (ed)(1973) *New ways of analyzing variation in English*, Washington, DC: Georgetown University Press.

Fisiak, J. (ed)(1990) *Further insights into contrastive linguistics*, Amsterdam: John Benjamins.

Fletcher, P. & M. Garman (eds) (1986) *Language acquisition: studies in first language development*, 2nd edition, Cambridge: Cambridge University Press.

Fodor, J. (1983) *The modularity of mind: an essay on faculty psychology*, Cambridge, MA: MIT Press.

Fodor, J. (1991) 'Why should the mind be modular?', in A. George (ed)(1991).

Forrester, M. (1996) *Psychology of language: a critical introduction*, London: Sage.

Forster, K. (1976) 'Accessing the mental lexicon', in R. Wales & E. Walker (eds)(1976).

Foster-Cohen, S. (1998) *Language development in children*, London: Longman.

Frawley, W. (1992) *Linguistic semantics*, Hillsdale, NJ: Lawrence Erlbaum.

Frege, G. (1892) *'Über Sinn und Bedeutung', Zeitschrift für Philosophie und philosophische Kritik* 100.

Fries, C. C. (1940) *American English grammar*, New York: Appleton-Century-Crofts.

Fromkin, V. & R. Rodman (1998) *An introduction to language*, 6th edition, New York: Harcourt Brace. [박의재 역(2004) 『현대영어학개론』, 경문사. 제7판(2003)의 번역]

Gagné, R. M. (1977) *The conditions of learning*, 3rd edition, New York: Holt, Rinehart & Winston.

Gairns, R. & S. Redman (1986) *Working with words: a guide to teaching and learning vocabulary*, Cambridge: Cambridge University Press.

Garfield, J. (ed)(1987) *Modularity in knowledge representation and natural-language understanding*, Cambridge, MA: MIT Press.

Garman, M. (1990) *Psycholinguistics*, Cambridge: Cambridge University Press.

Garnica, O. (1977) 'Some prosodic and paralinguistic features of speech to young children', in C. Snow & C. Ferguson (eds)(1977).

Gathercole, S. & A. Baddeley (1989) 'Evaluation of the role of phonological STM in the development of vocabulary in children: a longitudinal study', *Journal of Memory and Language* 28.

Gathercole, S. & A. Baddeley (1990) 'Phonological memory deficits in language-disordered children: is there a causal connection?', *Journal of Memory and Language* 29.

Geach, P. & M. Black (1952) *Translations from the philosophical writings of Gottlob Frege*, Oxford: Blackwell.

George, A. (ed)(1991) *Reflections on Chomsky*, Oxford: Blackwell.

Giegerich, H. (1992) *English phonology: an introduction*, Cambridge: Cambridge University Press. [김명호 역 (1996) 『영어음성음운론』, 한신문화사]

Giglioli, P. P. (ed)(1972) *Language and social context*, Harmondsworth: Penguin.

Gleitman, L. & B. Landau (eds)(1994) *The acquisition of the lexicon*, Cambridge, MA: MIT Press.

Goldsmith, J. (ed) (1995) *The handbook of phonological theory*, Oxford: Blackwell.

Goodluck, H. (1991) *Language acquisition: a linguistic introduction*, Oxford: Blackwell.

Green, J. (1996) *Chasing the sun: dictionary-makers and the dictionaries they made*, London: J. Cape.

Griffiths, P. (1986) 'Early vocabulary', in P. Fletcher & M. Garman (eds)(1986).

Grosjean, F. (1982) *Life with two languages: an introduction to bilingualism*, Cambridge, MA: Harvard University Press.

Guillaume, P. (1927) 'Les débuts de la phrase dans le langage de l'enfant', *Journal de Psychologie Normale et Pathologique* 24.

Gumperz, J. J. & D. H. Hymes (eds)(1972) *Directions in Sociolinguistics: the ethnography of communication*, New York: Holt, Rinehart & Winston.

Haas, W. (ed) (1976) *Writing without letters*, Manchester: Manchester University Press.

Hall, C. J. (1992) *Morphology and the mind: a unified approach to explanation in linguistics*, London: Routledge.

Halliday, M. A. K.(1961) 'Categories of the theory of grammar', *Word* 17.

Halliday, M. A. K.(1994) *Functional grammar*, 2nd edition. London: Edward Arnold.

Harley, B. (ed)(1995) *Lexical issues in language learning*, Ann Arbor / Amsterdam / Philadelphia: Language Learning/John Benjamins Publishing Company.

Harris, J. (1990) *Early language development: implications for clinical and educational practice*, London: Routledge.

Harris, J. (1994) *English sound structure*, Oxford: Blackwell.

Harris, M. (1992) *Language experience and early language development: from input to uptake*, Hove & Hillsdale, NJ: Lawrence Earlbaum.

Harris, M. & M. Coltheart (1986) *Language processing in children and adults*, London: Routledge & Kegan Paul.

Harris, M., D. Jones & J. Grant (1983) 'The non-verbal context of mothers' speech to children', *First Language* 4.

Harris, R. & T. J. Taylor (1997) *Landmarks in linguistic thought Ⅰ: the western tradition from Socrates to Saussure*, 2nd edition, London: Routledge.

Hartmann, R. R. K. (ed)(1983) *Lexicography: principles and practice*, London: Academic Press.

Hartmann, R. R. K. & G. James (1998) *Dictionary of lexicography*, London: Routledge.

Hatch, E. & C. Brown (1995) *Vocabulary, semantics and language education*, Cambridge: Cambridge University Press.

Hausman, F. J., O. Reichmann, H. E. Wiegand & L. Zgusta (eds) (1989-1991) *Wörterbücher/dictionaries/dictionnaires: An international encyclopedia of lexicography*, Berlin: De Gruyter.

Hickey, T. & J. Williams (eds)(1996) *Language, education and society in a changing world*, Clevedon: IRAAL/

Multilingual Matters Ltd.

Holmes, J. (1992) *Sociolinguistics: an introduction to language and society*, Harlow: Longman.

Hudson, R. A. (1996) *Sociolinguistics*, 2nd edition, Cambridge: Cambridge University Press. 1st edition (1980). [최현욱 외 역(1986) 『사회언어학』, 한신문화사. 초판(1980)의 번역]

Hughes, G. (1998) *Swearing: a social history of foul language, oaths and profanity in English*, 2nd edition, London: Penguin.

Humphreys, R. L. (1996) 'Lexicon in formal grammar', in K. Brown & J. Miller (eds)(1996).

Hymes, D. (ed)(1974) *Studies in the history of linguistics: traditions and paradigms*, Bloomington: Indiana University Press.

Ilson, R. (ed)(1986a) *Dictionaries, lexicography and language learning*, Oxford: Pergamon/The British Council.

Ilson, R. (ed)(1986b) *Lexicography: an emerging international profession*, Manchester: Manchester University Press.

Ingemann, F. (ed)(1983) *Proceedings of the 1982 Mid-America Linguistics Conference*, Kansas: University of Kansas Press.

Jackendoff, R. (1990) *Semantic structures*, Cambridge, MA: MIT Press.

Jackendoff, R. (1992) *Languages of the mind*, Cambridge, MA: MIT Press.

Jackson, H. (1988) *Words and their meaning*, London: Longman.

Jacobsen, T. (1974) 'Very ancient linguistics: Babylonian grammatical texts', in D. Hymes (ed)(1974),

Jean, G. (1992) *Writing: the story of alphabets and scripts*, London: Thames & Hudson.

Jensen, J. T. & M. Strong-Jensen (1984) 'Morphology is in the lexicon', *Linguistics Inquiry* 15.

Joseph, B. D. (2001), 'Historical Linguistics', in M. Aronoff & J. Rees-Miller (eds), *The Handbook of Linguistics*, MA: Blackwell Publishers Ltd.

Katamba, F. (1989) *An introduction to phonology*, London: Longman. [조학행 외 역(1997) 『현대음운론입문』, 한신문화사]

Katamba, F. (1993) *Morphology*, Basingstoke: Macmillan. [김경란 · 김진형 역(1995) 『형태론』, 한신문화사]

Katz, J. & J. Fodor (1963) 'The structure of a semantic theory', *Language* 39.

Kelber, M. (1938) *Heute Abend*, London: Ginn & Co.

Kennedy, G. (1998) *Introduction to corpus linguistics*, London: Longman.

Kenstowicz, M. (1994) *Phonology in generative grammar*, Oxford: Blackwell. [안상철 외 역(1997) 『생성문법의 음운론』, 한신문화사]

Kiparsky, P. (1982) 'Lexical phonology and morphology', in I. S. Yang (ed)(1982).

Kiparsky, P. (1983) 'Word formation and the lexicon', in F. Ingemann (ed)(1983).

Kiparsky, P. (1985) 'Some consequences of lexical phonology', *Phonology Yearbook* 2.

Kirsner, K., E. Lalor & K. Hird (1993) 'The bilingual lexicon: exercise, meaning and morphology', in R. Schreuder & B. Weltens (eds)(1993).

Kjellmer, G. (1991) 'A mint of phrases', in K. Aijmer & Altenberg, B. (eds)(1991).

Koerner, E. F. K. & R. E. Asher (eds)(1995) *Concise history of the language sciences*, Oxford: Kidlington.

Krishnamurthy, R. (1987) 'The process of compilation', in J. Sinclair (ed)(1987).

Kuczaj, S. & M. Barrett (eds)(1986) *The development of word meaning*, New York: Springer.

Kuhl, P. & J. Miller (1975) 'Speech perception by the chinchilla: voice-voiceless distinction in alveolar plosive consonants', *Science* 190.

Kuhl, P. & J. Miller (1978) 'Speech perception by the chinchilla: identification functions for synthetic VOT stimuli', *Journal of the Acoustical Society of America* 63.

Labov, W. (1963) 'The social motivation of sound change', Word 19.

Labov, W. (1972a) *Sociolinguistic patterns*, Philadelphia: University of Pennsylvania Press.

Labov, W. (1972b) *Language in the inner city: studies in the Black English vernacular*, Philadelphia: University of Pennsylvania Press.

Labov, W. (1973) 'The boundaries of words and their meanings', J. Fishman (ed)(1973).

Labov, W. (1994) *Principles of linguistic change, I: internal factors*, Oxford: Blackwell.

Labov, W. (2001) *Principles of linguistic change, II: external factors*, Oxford: Blackwell.

Lakoff, G. (1975) *Language and woman's place*, New York: Harper & Row.

Lakoff, G. (1987) *Women, fire and dangerous things: what categories reveal about the mind*, Chicago: University of Chicago Press.

Lamiroy, B. (1991) 'Oú en sont les rapports entre les études de lexique et la syntaxe?', *Travaux de Linguistique* 23.

Laufer, B. (1990) 'Words you know: how they affect the words you learn', in J. Fisiak (ed)(1990).

Laufer, B. (1994) 'Appropriation du vocabulaire: mots faciles, mots difficiles, mots impossibles', *Acquisition et Interaction en Langue Etrangère* 3.

Lawton, D. (1968) *Social class, language and education*, London: Rourledge & Kegan Paul.

Leech, G. (1981) *Semantics: the study of meaning*, 2nd edition, Harmondsworth: Penguin.

Lehmann, W. P. (1992) *Historical linguistics: an introduction*, 3rd edition, London: Routledge. [김재복 역(1984/1993) 『역사언어학개설』, 형설출판사. 제2판(1973)의 번역]

Lehrer, A. (1990) 'Prototype theory and its implications for lexical analysis', in S. L. Tsohatzidis (ed) (1990).

Levelt, W. (1989) *Speaking: from intention to articulation*, Cambridge, MA: MIT Press.

Lewis, M. (1993) *The lexical approach: the state of ELT and a way forward*, Hove: Language Teaching Publications.

Lewis, M. (1997) *Implementing the lexical approach: putting theory into practice*, Hove: Language Teaching Publications.

Little, D. (1991) *Learner autonomy 1: definitions, issues and problems*, Dublin: Authentik Language Learning Resources.

Little, D., S. Devitt & D. Singleton (1989) *Learning foreign languages from authentic texts: theory and practice*, Dublin: Authentik Language Learning Resources.

Lucy, J. A. (1992) *Language diversity and thought: a reformation of the linguistic relativity hypothesis*, Cambridge: Cambridge University Press.

Lyons, J. (1963) *Structural semantics: an analysis of part of the vocabulary of Plato*, Oxford: Blackwell.

Lyons, J. (1968) *Introduction to theoretical linguistics*, Cambridge: Cambridge University Press.

Lyons, J. (1973) 'Structuralism and linguistics', in D. Robey (ed)(1973).

Lyons, J. (1977) *Semantics*, two volumes, Cambridge: Cambridge University Press.

Lyons, J. (1981) *Language, meaning and context,* London: Fontana. [현대언어학연구회 역(1984) 『언어, 의미와 상황맥락』, 한신문화사]

Lyons, J. (1995) *Linguistic semantics: an introduction*, Cambridge: Cambridge University Press.

Maccoby, E. E., T. M. Newcomb & E. L. Hartley (eds)(1958) *Readings in social psychology*, 3rd edtion, New York: Holt, Rinehart & Winston.

Maclaran, R. (1976) 'The variable (ʌ): a relic form with social correlates', *Belfast Working Papers in Language and Linguistics* 1.

MacWhinney, B. & J. Leinbach (1991) 'Implementations are not conceptualizations: revising the verb learning model', *Cognition* 48.

Mansion, J. E. (ed) (1940) *Harrap's Shorter French and English Dictionary*, London: Geroge G. Harrap & Company.

Markman, E. (1993) 'Constraints children place on word meanings', in P. Bloom (ed)(1993).

Marslen-Wilson, W. (1978) 'Sequential decision processes during spoken word-recognition', presented at the Psychonomic Society meeting, San Antonio, Texas.

Marslen-Wilson, W. (1987) 'Functional parallelism in spoken word recognition', *Cognition* 25.

Marslen-Wilson, W. & A. Welsh (1978) 'Processing interactions and lexical access during word-recognition in continuous speech', *Cognitive Psychology* 10.

Marslen-Wilson, W. & L. Tyler (1980) 'The temporal structure of spoken language understanding', *Cognition* 8.

Marslen-Wilson, W. & L. Tyler (1987) 'Against modularity', in J. Garfield (ed)(1987).

Martinet. A. (1949) 'La double articulation linguistique', *Travaux du Cercle Linguistique de Copenhague* 5.

Martinet. A. (1957) 'Arbitraire linguistique et double articulation', *Cahiers Ferdinand de Saussure* 15.

Matthews, P. H. (1974) *Morphology: an introduction to the theory of word-structure*, Cambridge: Cambridge University Press.

Matthews, P. H. (1993) *Grammatical theory in the United States from Bloomfield to Chomsky*, Cambridge: Cambridge University Press.

Mauro, Tullio de (1973) *Cours de linguistique générale*, Paris: Payot. A critical edition of Saussure (1916).

McArthur, T. (1986) *Worlds of reference: lexicography, learning and language from the clay tablet to the computer*, Cambridge: Cambridge University Press.

McClelland, J., Rumelhart, D. & the PDP Research Group (eds)(1986) *Parallel distributed processing: explorations in the microstructure of cognition, Volume 2: Psychological and biological models*, Cambridge, MA: MIT Press.

McEnery, T. & A. Wilson (1996) *Corpus linguistics*, Edinburgh: Edinburgh University Press.

McIntosh, A. & M. A. K. Halliday (1966) *Patterns of language: papers in general descriptive and applied linguistics*, London: Longman.

McIntosh, A. (1966) 'Patterns and ranges', in A. McIntosh & M. A. K. Halliday (1966).

McMahon, A. M. S. (1994) *Understanding language change*, Cambridge: Cambridge University Press.

McShane, J. (1991) *Cognitive developments: an information processing account*, Oxford: Blackwell.

Meara, P. (1985) 'The study of lexis in interlanguage', in A. Davies, C. Criper & A. P. R. Howatt (eds)(1985).

Mével, J-P., V. Chape & A. Mercier (comp)(1996) Dictionnaire Encyclopédique Général, 2nd edition, Paris: Hachette.

Meyer, D. E. & R. W. Schvaneveldt (1971) 'Facilitation in recognizing pairs of words: Evidence of a dependence between retrieval operations', *Journal of Experimental Psychology* 90.

Mills, S. (1995) *Language and gender: interdisciplinary perspectives*, London: Longman.

Milroy, J. (1978) 'Lexical alternation and diffusion in vernacular speech', *Belfast Working Papers in Language and Linguistics* 3.

Milroy, J. & L. Milroy (1997) 'Varieties and variation', in F. Coulmas (ed)(1997).

Milroy, L. (1987) *Language and social networks*, 2nd edition, Oxford: Blackwell.

Minsky, M. (1975) 'A Framework for representing knowledge', in P. Winston (ed)(1975).

Mitford, N. (ed)(1956) *Noblesse oblige*, London: Hamish Hamilton.

Moget, M.-T. & J. Boudot (1972) *De vive voix*, Paris: Didier.

Mohanan, K. P. (1986) *The theory of lexical phonology*, Dordrecht: D. Reidel Publishing.

Moon, R. (1997) 'Vocabulary connections: multi-word items in English', in N. Schmitt & M. McCarthy (eds)(1997).

Moore, A. W. (ed)(1993) *Meaning and reference*, Oxford: Oxford University Press.

Moreau, M. L. & M. Richelle (1981) *L'acquisition du langage*, Brussels: Pierre Mardaga.

Morse, P. & C. Snowdon (1975) 'An investigation of categorical speech discrimination by rhesus monkeys', *Perception and Psychophysics* 17.

Morton, J. (1968) 'A preliminary functional model for language behaviour', in R. Oldfield & J. Marshall (eds)(1968). originally published in *International Audiology* 3, 1964.

Myers-Scotton, B. (1993) *Social motivation for code-switching*, Oxford: Clarendon.

Myking, L. (ed) (1959) *Collins Scandinavian phrase book*, London: Collins.

Nagy, W. (1997) 'On the role of context in first- and second-language vocabulary learning', in N. Schmitt & M. McCarthy (eds)(1997).

Nash, F. O. (1957) *You can't get there from here*, London: Little Brown & Co.

Nation, I. S. P. (1990) *Teaching and learning vocabulary*, Boston, MA: Heinle & Heinle.

Neidle, C. (1996) 'Lexical-Functional Grammar', in K. Brown & J. Miller (eds)(1996).

Nelde, P. H. (1997) 'Language conflict', in F. Coulmas (ed)(1997).

Nelson, K. (ed)(1978) *Children's language, Volume 1*, New York: Gardner.

Nelson, K. & J. Bonvillian (1978) 'Early language development: coneptual growth and related processes between 2 and 4 1/2 years', in K. Nelson (ed)(1978).

Nott, D. O. & J. E. Trickey (1971) *Actualités Francaises*, London: The English Universities Press.

Odlin, T. (1989) *Language transfer: crosslinguistic influence in language learning*, Cambridge: Cambridge University Press.

Ogden, C. & I. Richards (1936) *The meaning of meaning*, 4th edition, London: Routledge & Kegan Paul.

Oldfield, R. & J. Marshall (eds)(1968) *Language: selected readings*, Harmondsworth: Penguin.

Orne, M. & A. Hammer (1974) 'Hypnosis', in *Macropaedia*, Volume 9, *Encyclopedia Britannica*.

Osselton, N. E. (1983) 'On the history of dictionaries', in R. R. K. Hartmann (ed)(1983).

Osselton, N. E. (1995) *Chosen words: past and present problems for dictionary makers*, Exeter: University of Exeter Press.

Palmer, F. (1971) *Grammar*, Harmondsworth: Penguin. [박경수 역(1981)『문법론』, 한신문화사]

Palmer, H. E. (1933) *Second interim report on English collocations*, Tokyo: Institute for Research in English Teaching.

Papagno, C., T. Valentine & A. Baddeley (1991) 'Phonological short-term memory and foreign-language vocabulary learning', *Journal of Memory and Language* 30.

Paribakht, T. & M. Wesche (1997) 'Vocabulary enhancement activities and reading for meaning in second language vocabulary acquisition', in J. Coady & T. Huckin (eds)(1997).

Peters, A. (1983) *The units of language acquisition*, Cambridge: Cambridge University Press.

Pinker, S. (1994) *The language instinct*, New York: William Morrow & Co. [김한영·문미선·신효식 역(1998)『언어본능』 상·하, 그린비]

Pollard, C. & I. A. Sag (1994) *Head-driven phrase structure*, Chicago: University of Chicago Press and Stanford: CSLI Publications.

Poplack, S. (1980) 'Sometimes I'll start a sentence in English *y termino en español*: toward a typology of code-switching', *Linguistics* 18.

Potter, S. (1966) *Our language*, revised edition, Harmondsworth: Penguin.

Pulman, S. (1983) *Word, meaning and belief*, London: Croom Helm.

Putnam, H. (1993) 'Meaning and reference', in A. W. Moore (ed)(1993).

Radford, A. (1981) *Transformational syntax*, Cambridge: Cambridge University Press. [서정목·이광호·임홍빈 역(1984)『변형문법이란 무엇인가』, 을유문화사. / 이홍배 역(1984)『Chomsky의 확대표준 통사론』, 한신문화사]

Radford, A. (1997a) *Syntactic theory and the structure of English: a minimalist approach*, Cambridge: Cambridge University Press.

Radford, A. (1997b) *Syntax: a minimalist introduction*, Cambridge: Cambridge University Press. [이홍배 역(1999)『최소주의 통사론』, 한신문화사]

Reed, C. (ed)(1971) *The learning of language*, New York:

Appleton-Century-Crofts.

Rickard, P. (1989) *A history of the French language*, 2nd edition, London: Unwin Hyman.

Ringbom, H. (ed)(1993) *Near-native proficiency in English*, Åbo: Åbo Akademi, English Department Publications.

Ritchie, W. (ed)(1978) *Second language acquisition research: issues and implications*, New York: Academic Press.

Robey, D. (ed)(1973) *Structuralism: an introduction*, Oxford: Clarendon Press.

Robins, R. H. (1979) *A short history of linguistics*, 2nd edition, Harlow: Longman.

Robins, R. H. (1989) *General linguistics: an introductory survey*, London: Longman.

Robinson, W. P. (1965) 'The elaborated code in working class', *Language and Speech* 8.

Robinson, W. P. (1972) *Language and social behaviour*, Harmondsworth: Penguin.

Roeper, T. & E. Williams (eds)(1987) *Parameter setting*, Dordrecht: Foris.

Romaine, S. (1982) *Socio-historical linguistics: its status and methodology*, Cambridge: Cambridge University Press.

Romaine, S. (1989) *Bilingualism*, Oxford: Blackwell.

Rosch, E. (1978) 'Principles of categorization', in E. Rosch & B. Lloyd (eds)(1978).

Rosch, E. & B. Lloyd (eds)(1978) *Cognition and categorization*, Hillsdale, NJ: Lawrence Erlbaum.

Rosch, E., C. Mervis, W. Gray, D. Johnson & P. Boyes-Braem (1976) 'Basic objects in natural categories', *Cognitive Psychology* 8.

Rosen, H. (1972) *Language and class: a critical look at the theories of Basil Bernstein*, Bristol: Falling Wall Press.

Ross, A. S. C. (1954) 'Linguistics class-indicators in present-day English', *Neuphilologische Mitteilungen* 55.

Ross, A. S. C. (1956) 'U and Non-U: an essay in sociological linguistics', in N. Mitford (ed)(1956).

Rumelhart, D., J. McClelland & the PDP Research Group (eds)(1986) *Parallel distributed processing: explorations in the microstructure of cognition, Volume 1: Foundations*, Cambridge, MA: MIT Press.

Saeed, J. (1997) *Semantics*, Oxford: Blackwell. 2nd edition (2003). [이상철 역(2004) 『최신의미론』, 한국문화사. 초판(1997)의 번역]

Sag, I. A. & T. Wasow (1999) *Syntactic theory: a formal introduction*, Stanford: CSLI Publications. 2nd edition (2003).

Sampson, G. (1980) *Schools of linguistics: competition and evolution*, London: Hutchinson.

Sampson, G. (1985) *Writing systems: a linguistic introduction*, London: Hutchinson. [신상순 역(2000) 『세계의 문자체계』, 한국문화사]

Sapir, E. (1921) *Language: an introduction to the study of speech*, New York: Harcourt Brace & World.

Sapir, E. (1929) 'The status of linguistics as a science', *Language* 5.

Saussure, F. de (1916) *Cours de linguistique générale*, Paris: Payot. [오원교 역(1983) 『일반언어학강의』, 형설출판사. / 최승언 역(1991/2006) 『일반언어학 강의』, 민음사]

Scaife, M. & J. Bruner (1975) 'The capacity for joint visual attention in the infant', *Nature* 253.

Schank, R. & A. Kass (1988) 'Knowledge representation in people and machines', in U. Eco, M. Santabrigio & P. Violi (eds)(1988).

Schank, R. & R. Abelson (1977) *Scripts, plans, goals and understanding*, Hillsdale, NJ: Lawrence Erlbaum.

Schatzman, L. & A. Strauss (1955) 'Social class and modes of communication', *American Journal of Sociology* 60.

Schmitt, N. & M. McCarthy (eds)(1997) *Vocabulary: description, acquisition and pedagogy*, Cambridge: Cambridge University Press.

Schreuder, R. & B. Weltens (eds)(1993) *The Bilingual Lexicon*, Amsterdam: John Benjamins.

Seligman, H. (1988) *Haitian Creole: a sociolinguistic and sociocultural exploration*, unpublished undergraduate dissertation, Dublin: Trinity College, Department of French.

Service, E. (1992) 'Phonology, working memory and foreign-language learning', *Quarterly Journal of Experimental Psychology* 45A.

Service, E. (1993) 'Phonological and semantic aspects of memory for foreign language', in J. Chapelle & M-T. Claes (eds)(1993).

Shapiro, L. P. (1997) 'Tutorial: an introduction to syntax', *Journal of Speech, Language and Hearing Research* 40.

Sheils, J. & S. McDermott (1985) *Salut!* (3), Dublin: the Educational Co.

Shirely, F. A. (1979) *Swearing and perjury in Shakespeare's plays*, London: Allen & Unwin.

Sholl, A. (1999) *Bloomers, biros and Wellington boots: how the name became the words*, Oxford: Past Times.

Sinclair, J. (1991) *Corpus, concordance, collocation*, Oxford: Oxford University Press.

Sinclair, J. (ed) (1987) *Looking up: an account of the COBUILD project in lexical computing and the development of the Collins COBUILD English Language Dictionary*, London: Collins.

Singleton, D. (1976) *A structural survey of the vocabulary denoting social status in Late Imperial and Early Merovingian Latin*, Doctoral thesis, University of Cambridge.

Singleton, D. (1992) *French: some historical background*, Dublin: Authentik,

Singleton, D. (1999) *Exploring the second language mental lexicon*, Cambridge: Cambridge University Press.

Singleton, D. & D. Little (1991) 'The second language lexicon: some evidence from university-level learners of French and German', *Second Language Research* 7.

Skinner, B. F. (1957) *Verbal behaviour*, New York: Appleton-Century-Crofts.

Smith, M. D. & J. Locke (eds)(1988) *The emergent lexicon: the child's development of a linguistic vocabulary*, London: Academic Press.

Snow, C. (1986) 'Conversations with children', in P. Fletcher & M. Garman (eds)(1986).

Snow, C. & C. Ferguson (eds)(1977) *Talking to children*, Cambridge: Cambridge University Press.

Söderman, R. (1993) 'Word associations of foreign language learners and native speakers: the phenomenon of a shift in response type and its relevance for lexical development', in H. Ringbom (ed)(1993).

Spencer, A. (1991) *Morphological theory: an introduction to word structure in generative grammar*, Oxford: Blackwell. [전상범 · 김영석 · 김진형 역(1994) 『형태론』, 한신문화사]

Spencer, A. (1996) *Phonology: theory and description*, Oxford: Blackwell. [김경란 역(1999) 『음운론』,

한신문화사]

Spencer, A. & A. M. Zwicky (eds)(1998), *The handbook of morphology*, Oxford: Blackwell.

Stowell, T. (1992) 'The role of the lexicon in syntactic theory', in T. Stowell & E. Wehrli (eds)(1992).

Stowell, T. & E. Wehrli (1992) 'Introduction', in T. Stowell & E. Wehrli (eds)(1992).

Stowell, T. & E. Wehrli (eds)(1992) *Syntax and semantics, Volume 26, Syntax and the lexicon*, San Diego: Academic Press.

Stubbs, M. (1980) *Language and literacy*, London: Routledge & Kegan Paul.

Stubbs, M. (1997) 'Language and the mediation of experience: linguistic representation and cognitive orientation', in F. Coulmas (ed)(1997).

Studer, P. & E. G. R. Waters (eds)(1924) *Historical French reader: medieval period*, Oxford: Clarendon.

Swerdlow, J. L. (1999) 'The power of wiriting', *National Geographic* 1962.

Tanenhaus, M., G. Dell & G. Carlson (1987) 'Context effects in lexical processing: a connectionist approach to modularity', in J. Garfield (ed)(1987).

Thomas, J. & Short, M. (eds) (1996) *Using corpora for language research: studies in the honour of Geoffrey Leech*, London: Longman.

Thomas, L. (1994) *Beginning Syntax*, Oxford: Blackwell. [손장진 역(1997) 『통사론 입문』, 한신문화사]

Tomlinson, B. (1996) 'Helping L2 readers to see', in T. Hickey & J. Williams (eds)(1996).

Trask, R. L. (1996) *Historical linguistics*, London: Arnold.

Tréville, M-C. & L. Duquette (1996) *Enseigner le vocabulaire en classe de langue*, Vanves: Hachette.

Trier, J. (1931) *Der deutsche Wortschatz im Sinnbezirk des Verstandes*, Heidelberg: Carl Winter.

Trudgill, P. (1974) *The social differentiation of English in Norwich*, Cambridge: Cambridge University Press.

Trudgill, P. (1994) *Dialects*, London: Routledge.

Trudgill, P. (1995) *Sociolinguistics: an intoduction*, 3rd edition, London: Penguin. [이철수 역(1986) 『사회언어학: 언어와 사회』, 범한서적. / 남원식 역(1993) 『사회언어학』, 형설출판사. / 황보근 역(1998) 『사회언어학입문』, 문창사]

Tsohatzidis, S. L. (ed) (1990) *Meanings and prototypes: studies in linguistics categorization*, London: Routledge.

Tzeng, O. & W. S.-Y. Wang (1983) 'The first two R's', *American Scientist* 71.

Ullmann, S. (1962) *Semantics: an introduction to the science of meaning*, Oxford: Blackwell. [남성우 역(1995) 『의미론 : 의미과학입문』, 탑출판사]

Ungerer, F. & H. J. Schmid (1996) *An introduction to cognitive linguistics*, London: Longman. [임지룡 · 김동환 역(1998) 『인지언어학 개론』, 태학사]

Urdang, L. (comp)(1991) *The Oxford Thesaurus: an A-Z dictionary of synonyms*, Oxford: Oxford University Press.

Van Der Wouden, T. (1997) *Negative contexts: collocation, polarity and multiple negation*, London: Routledge.

Vihmann, M. & R. Miller (1988) 'Words and babble at the threshold of language acquisition', in M. D. Smith & J. Locke (eds)(1988).

Wales, R. & E. Walker (eds)(1976) *New approaches to language mechanisms*, Amsterdam: North-Holland.

Walker, D. A., A. Zampolli & N. Calzolari (eds)(1995) *Automating the lexicon: research and practice in a multilingual environment*, Oxford: Oxford University Press.

Walker-Read, A. (1986) 'The history of lexicography', in R. Ilson (ed)(1986b).

Wallace, F. & J. Atkins (1960) 'The meaning of kinship terms', *American Anthropologist* 62.

Wallace, M. (1982) *Teaching vocabulary*, London: Heinemann.

Walter, H. (1994) *L'aventure des langues en Occident: leur origine, leur histoire, leur géographie*, Paris: Robert Laffont.

Wang, W. (1969) 'Competing changes as a cause of residue', Language 45.

Wardhaugh, R. (1998) *An introduction to sociolinguistics,* 3rd edition, Oxford: Blackwell. [박의재 역(1994/1998) 『현대 사회언어학』, 한신문화사]

Waxman, S. (1994) 'The development of an appreciation of specific linkages between linguistic and conceptual organization', in L. Gleitman & B. Landau (eds)(1994).

Weekley, E. (1961) *The romance of words*, new edition, London: John Murray.

Weinreich, U. (1953) *Languages in contact*, New York: Linguistic Circle of New York.

Wexler, P. & R. Manzini (1987) 'Parameters and learnability in Binding Theory', in T. Roeper & E. Williams (eds)(1987).

Whitaker, H. (1978) 'Bilingualism: a neurolinguistics perspective', in W. Ritchie (ed)(1978).

Whittaker, K. (1966) *Dictionaries*, London: Clive Bingley.

Widdowson, H. G. (1996) *Linguistics*, Oxford: Oxford University Press. [유석훈 · 김현진 · 강화진 역(2001) 『언어학』, 박이정]

Wierzbicka, A. (1997) *Understanding cultures through their key words*, Oxford: Oxford University Press.

Wingfield, A. & D. Byrnes (1981) *The psychology of human memory*, New York: Academic Press.

Winston, P. (ed)(1975) *The psychology of computer vision*, New York: McGraw-Hill.

Yang, I. S. (ed)(1982) *Linguistics in the morning calm*, Seoul: Hanshin.

Zgusta, L. (1986) 'Problems of the bilingual dictionary', *Lexicographica International Annual* 2.

찾아보기

* '영어'라는 용어는 워낙 많이 등장하므로 찾아보기에 싣지 않았다.
* 면수 뒤의 'n'은 주석을 나타낸다.

〈ㄱ〉

〈ㄴ〉

〈ㄷ〉

〈ㄹ〉

〈ㅁ〉

〈ㅂ〉

〈ㅅ〉

〈ㅇ〉

〈ㅈ〉

〈ㅊ〉

〈ㅎ〉

〈로마자〉

〈숫자〉

옮긴이 **배주채**는 가톨릭대학교 국어국문학과 교수이다. 주된 연구분야는 국어음운론, 국어형태론, 국어어휘론이고 대조언어학 및 번역학에도 애정을 가지고 있다. 국어학의 첨단적인 주제들에 대한 연구 외에 국어학과 언어학의 주제들을 쉽게 풀어쓰는 일에 계속 관심을 기울이고 있다.
언어학자 가운데 세종대왕과 소쉬르를 존경하고 촘스키를 싫어한다.
저서로 『국어음운론 개설』(1996), 『고흥방언 음운론』(1998), 『한국어의 발음』(2003) 등이 있고, 논문으로 「현대국어 매개모음의 연구사」(1993), 「〈귀촉도〉의 운율구조와 통사구조」(1996), 「외국인을 위한 한국어사전의 방향」(2001), 「지정사 활용의 형태음운론」(2001), 「한자어의 구조와 두음법칙」(2003), 「표준발음법의 이상」(2006) 등이 있다. 번역서는 이 책이 처음이다.

전자우편 cukbjc@catholic.ac.kr
홈페이지 http://blog.daum.net/jolijo

언어의 중심 어휘

초판 1쇄 2008년 4월 30일 발행

지은이 | 데이비드 싱글턴
옮긴이 | 배주채
펴낸이 | 박종성
펴낸곳 | 삼경문화사
주소 | 서울시 마포구 서교동 468-24
전화 | 732-1244 **팩스** | 332-6185
출판등록 1998년 7월 6일 제10-1614호
북디자인 | 전혜순

ISBN 978-89-88408-30-8 93700

값 18,000원